L'ENJEU MONDIAL

L'ENJEU MONDIAL

Les migrations

sous la direction de Christophe Jaffrelot et Christian Lequesne

SciencesPo. Les Presses | L'EXPRESS

Catalogage Électre-Bibliographie (avec le concours de la Bibliothèque de Sciences Po)

L'Enjeu mondial. Les migrations / sous la direction de Christophe Jaffrelot et Christian Lequesne – Paris : Presses de Sciences Po-L'Express, 2009.

ISBN 978-2-7246-1131-1

RAMEAU :
- Émigration et immigration : 1990-....
- Migration intérieure : Cas, Études de
- Diasporas : 1990-....

DEWEY :
- 304.4 : Mouvements de population – Migrations – Immigration – Émigration

Public concerné : public intéressé

Crédits photos couverture
Migrant africain, enclave espagnole de Melilla © Melmoth/AFP – Manifestant réclamant la régularisation des immigrés, Londres © Caroline Eluyemi/CAMERAPRESS/Gamma/Eyedea – Passeport avec visa © Angelo Cavalli/Age Fotostock/Eyedea – Fête de Ganesha, Paris © Damien Vandesande.

Sommaire

PARTIE 5
DES DIASPORAS UTILES ?

Remerciements

Cet ouvrage est le fruit d'un travail collectif. Il a pu être mené à bien grâce aux contributions de plusieurs collègues chercheurs français et étrangers qui suivent de près les questions d'immigration. Qu'ils soient chaleureusement remerciés pour la qualité de leur travail et de leur effort. Les tâches éditoriale et cartographique ont été conduites avec professionnalisme au CERI par Corinne Deloy et Dorian Ryser, et à l'Atelier de cartographie de Sciences Po par Aurore Colombani, Marie-Françoise Durand, Benoît Martin et Patrice Mitrano. Aux Presses de Sciences Po, François Capelani, Fabien Crespin et Marie-Geneviève Vandesande ont édité avec soin le manuscrit afin qu'il devienne un livre. Que chacun soit vivement remercié pour sa contribution qui rend possible la parution de ce nouveau volume.

Christophe Jaffrelot et Christian Lequesne

Introduction

Christophe Jaffrelot et Christian Lequesne

Le phénomène migratoire a pris au fil des décennies – et même des siècles – une ampleur telle que l'on peut y voir un phénomène social global. Les flux de migrants du Sud vers le Nord, mais aussi vers d'autres pays du Sud, n'ont cessé d'augmenter, créant de véritables diasporas transnationales. Au Nord et au Sud, les États d'accueil ont élaboré de nouvelles politiques publiques d'intégration et de contrôle des migrants, source de débats passionnés sur l'identité et les valeurs fondamentales de leurs sociétés, la question du multiculturalisme et celle des droits de l'homme y jouant un rôle structurant.

Mais ces développements récents ne doivent pas occulter la longue histoire du phénomène migratoire ni le fait que les migrations Nord-Nord ont longtemps été les plus importantes et conservent d'ailleurs un rôle prépondérant dans bien des pays.

Des migrations contemporaines en mutation

Que sont au juste les migrations ? La confusion naît parfois du mélange des genres, quand certains auteurs classent dans cette rubrique les lointains pèlerinages, les voyages de commerçants au long court sur les routes de la soie ou de l'encens, les invasions des Celtes ou des Barbares, ou encore les conquêtes des musulmans ou des Mongols qui répondaient à des objectifs politiques propres aux élites dirigeantes[1].

La notion de migration se définit par la mobilité collective, volontaire ou forcée, des hommes sur de grandes distances. Ce processus est attesté depuis la fondation de cités grecques sur le pourtour méditerranéen à partir du VIIIe siècle av. J.-C. et de la formation d'une diaspora juive à compter du IVe siècle avant notre ère. On peut

1 Cet inventaire à la Prévert n'est qu'un mince échantillon du florilège qu'offre à lire *L'Atlas des migrations* publié par *Le Monde* et *La Vie* en 2008.

figure 1 : **Rythmes de la traite des Noirs par l'Atlantique**

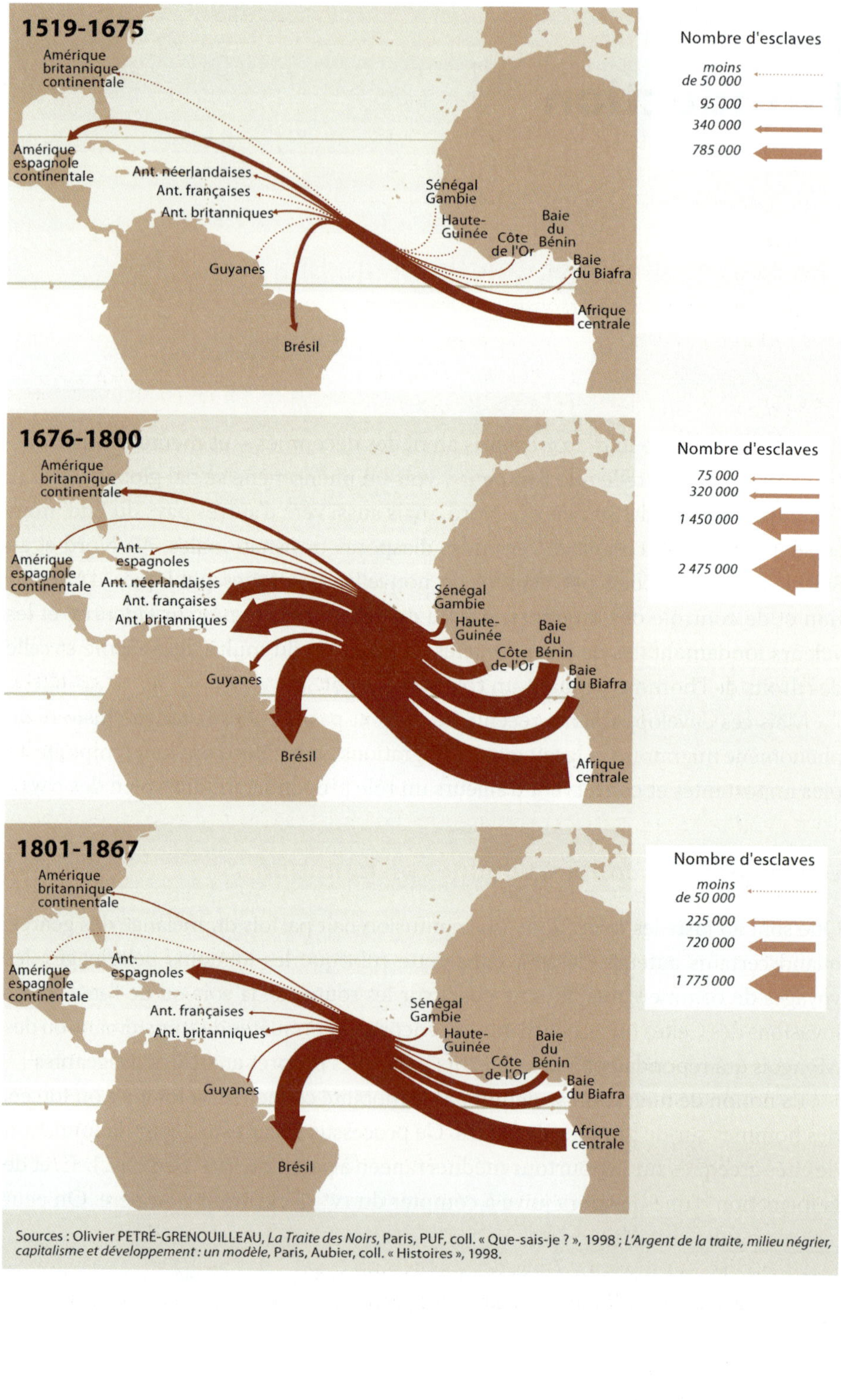

Sources : Olivier PETRÉ-GRENOUILLEAU, *La Traite des Noirs*, Paris, PUF, coll. « Que-sais-je ? », 1998 ; *L'Argent de la traite, milieu négrier, capitalisme et développement : un modèle*, Paris, Aubier, coll. « Histoires », 1998.

Sciences Po / CERI et Atelier de cartographie, avril 2009

citer la traite des Noirs comme le premier cas de migrations massives et l'exemple de déplacements forcés à grande échelle, avec le transfert de 11 millions de personnes de l'autre côté de l'Atlantique entre le XVIe et le XIXe siècles.

figure 2 : **Nombre total d'esclaves embarqués en Afrique**

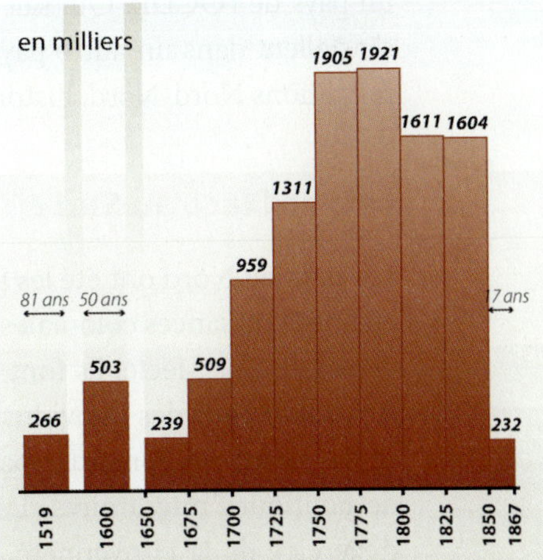

Sources : Olivier PETRÉ-GRENOUILLEAU, *La Traite des Noirs*, Paris, PUF, coll. « Que-sais-je ? », 1998 ; *L'Argent de la traite, milieu négrier, capitalisme et développement : un modèle*, Paris, Aubier, coll. « Histoires », 1998.

Sciences Po / CERI et Atelier de cartographie, avril 2009

Mais c'est bien sûr à partir du XIXe siècle que la modernisation des sociétés européennes accélère et amplifie le mouvement. La révolution industrielle précipite l'exode rural et celle des transports, véritable tournant dans la compression de l'espace-temps, permet à des dizaines de millions de personnes de traverser les continents et les mers, à commencer par l'océan Atlantique comme en témoigne le peuplement des États-Unis et de l'Amérique du Sud. Entre 1850 et 1914, un million d'Européens s'embarquent en moyenne chaque année à destination des Amériques, soit une cinquantaine de millions d'hommes et de femmes en moins d'un siècle, de 1820 à 1930.

Les migrations changent de nature au XXe siècle : les flux atteignent de nouveaux sommets, non pas seulement en valeur absolue, mais aussi en valeurs relatives. Le nombre de migrants internationaux passe de 75 millions en 1965 à 191 millions en 2005, avec un rythme de croissance supérieur à celui de la population mondiale. Résultat, la proportion des migrants, dans leur propre pays et dans les pays d'accueil, ne va pas cesser d'augmenter. On voit ainsi se développer des diasporas dont la masse démographique représente une fraction considérable de la société d'origine (les Tamouls du Sri Lanka et les Philippins). Ces communautés sont le creuset de cultures métisses dont la créolisation est le meilleur exemple. La notion de « seuil de tolérance » fait alors son apparition, en réaction à ces flux, et en fonction des changements d'attitude des pays d'accueil au gré des fluctuations de l'économie. Certains pays du golfe Persique comptent une majorité de migrants au sein de leur population, mais il n'est pas toujours facile d'en préciser le nombre car il serait politiquement trop périlleux de mener des opérations de recensement.

Non seulement l'ampleur du phénomène change la donne, mais celui-ci acquiert une forme nouvelle à mesure que les migrations deviennent pendulaires. Si les migrations saisonnières ont toujours existé, c'est autre chose quand il ne s'agit plus d'ouvriers agricoles mais d'individus hautement qualifiés qui naviguent entre deux pays – dont ils ne savent plus forcément d'ailleurs lequel des deux est le « leur » – où ils possèdent chaque fois un logement, voire une famille.

La nature des flux migratoires change parce que les catégories de migrants évoluent : les réfugiés climatiques font ainsi partie des réalités nouvelles. Mais surtout, le sens des flux connaît une inflexion significative. Les flux Sud-Sud prennent leur essor : en Afrique comme en Asie, deux migrants sur cinq seulement se dirigent vers un pays de l'OCDE. Qui sait que près de la moitié des migrants des pays pauvres s'installent dans un autre pays pauvre ? Mais ceci ne doit pas faire oublier que les migrations Nord-Nord, historiquement premières, demeurent très importantes.

Le Nord face au Sud ?

Les pays du Nord ont été les premiers à accueillir des immigrés, soit en tant qu'anciennes puissances coloniales (France, Grande-Bretagne, Pays-Bas), soit parce que, depuis le XIXe siècle, ils font figure de « Nouveau Monde » (États-Unis, Canada, Australie) pour des individus originaires de la planète entière.

Le Nord ne constitue pas pour autant un ensemble homogène en matière de politiques migratoires. Les trajectoires sont liées à des traditions différentes d'exercice de la citoyenneté et à des pratiques variées d'intégration sociale. Les migrants tirent d'ailleurs partie de cette diversité d'une manière très pragmatique. Si le projet d'émigrer consiste à quitter définitivement son pays, mieux vaut par exemple se rendre au Canada où l'on aura plus rapidement une chance de se voir accorder la citoyenneté par naturalisation. Si le choix d'immigrer est temporaire ou pendulaire et que la question de la naturalisation ne se pose pas, le choix du pays d'accueil peut alors être différent.

Les conditions d'accueil des migrants venant du Sud ne sont précisément pas les mêmes partout, et les barrières mises aux frontières vont souvent de pair avec les politiques d'intégration sociale. L'Europe est l'exemple type d'un espace qui se protège sur un mode sécuritaire des flux en provenance du « Sud » *via* des contrôles migratoires stricts si ce n'est brutaux, mais dont les États consacrent tous des politiques publiques à l'intégration des immigrés. Comme le montrent l'exemple de l'Europe, mais aussi des États-Unis, les politiques de contrôle strict aux frontières sont toutefois impuissantes à arrêter les flux migratoires. Elles servent plus souvent à rassurer des opinions publiques inquiètes qu'à contenir les arrivées de façon fiable. Partout, l'immigration du Sud pose au Nord la question de l'exercice de la citoyenneté, en particulier de l'équilibre à trouver entre l'apprentissage des valeurs du pays d'accueil et le respect des valeurs propres aux communautés immigrées. En Europe, certains pays qui n'avaient pas l'habitude de traiter de ce genre de problèmes dans les débats publics, comme les pays du Sud (Espagne, Italie, Portugal), s'y trouvent aujourd'hui confrontés. Les controverses autour du degré d'autonomie qu'il convient d'accorder à la variable « communautaire » alimentent le débat public et nourrissent parfois l'extrémisme politique. Ces débats font oublier que de nombreux immigrés du Sud réussissent leur aventure migratoire au Nord et contribuent, par la réussite économique et les mariages mixtes, à l'histoire plurielle des peuplements de l'Europe, des États-Unis ou de l'Australie.

Il serait tout aussi erroné de considérer l'immigration au Nord uniquement à partir des flux en provenance du Sud. Une immigration Nord-Nord, voire Est-Ouest, existe bel et bien. L'Europe postcommuniste, malgré sa formidable entrée depuis vingt ans dans la modernité, n'a pas encore atteint le niveau de développement économique de l'Europe de l'Ouest et des États-Unis. Ce différentiel de développement alimente une logique de flux, en particulier à partir de la Pologne, de la Lituanie, mais aussi de l'Ukraine, qui concernent tous les niveaux de qualification professionnelle. Nombreux sont ainsi les médecins polonais qui travaillent pour le National Health Service britannique, ou les médecins serbes qui exercent au Canada. On peut aujourd'hui continuer de vivre à Gdansk ou à Cracovie et passer trois jours par semaine en Allemagne ou en Irlande. Les lignes aériennes *low cost* facilitent ces vies décentrées. L'objectif d'une telle immigration n'est plus du tout la recherche de la nationalité du pays d'accueil. Quel est d'ailleurs l'intérêt de devenir allemand ou britannique lorsque l'on est polonais et que les dispositions sur la citoyenneté européenne garantissent des droits sociaux identiques aux immigrés européens et aux nationaux du pays d'accueil ? Cette immigration Nord-Nord en Europe favorise d'ailleurs une certaine homogénéisation des pratiques économiques et sociales. Un long séjour à l'étranger se traduira souvent au retour par l'importation de nouvelles normes, de nouveaux savoir-faire. Après une expérience en Allemagne ou au Royaume-Uni, un médecin ou un maçon polonais ne travailleront plus forcément de la même manière.

Le Nord offre donc un paysage contrasté : terribles images d'immigrés africains, grelottants et hagards, sur les plages de Lampedusa

figure 3 : **Évolution des migrants polonais dans quelques pays d'Europe de l'Ouest, 1997-2006**

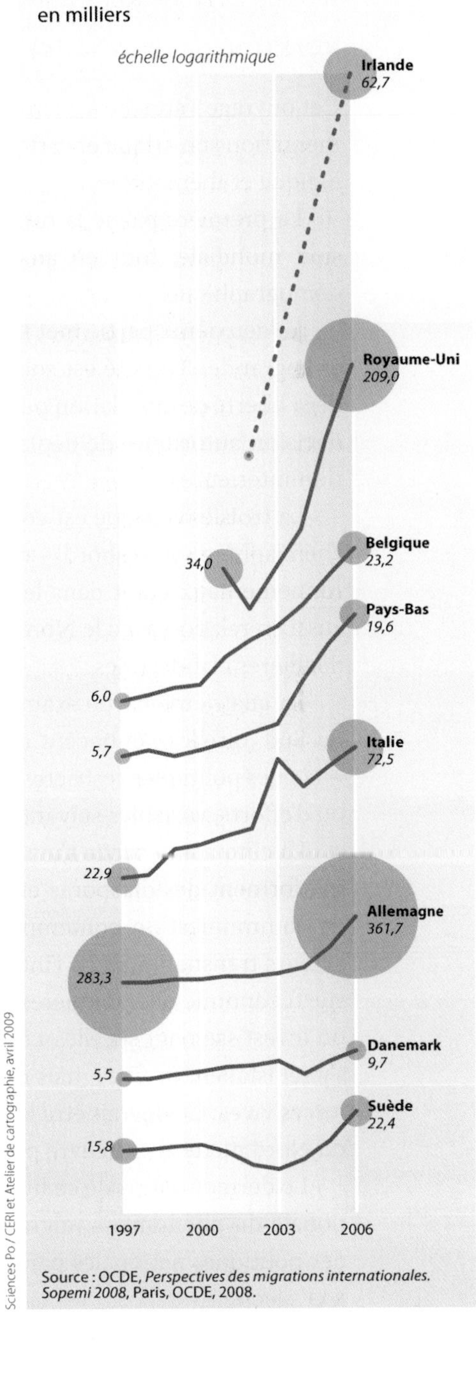

Source : OCDE, *Perspectives des migrations internationales. Sopemi 2008*, Paris, OCDE, 2008.

ou du Sud de l'Andalousie, mais aussi intégration (souvent moins visible) de nombreux immigrants qui ont simplement réussi leur expérience au Nord et aspirent soit à s'y établir définitivement, soit à y partager une existence ordinaire entre leur pays d'origine et leur pays d'accueil.

Vers une gouvernance mondiale du phénomène migratoire ?

Cet ouvrage s'attache à examiner la question migratoire à partir d'une riche documentation statistique et cartographique en suivant une démarche à la fois chronologique et thématique.

La première partie la resitue dans son contexte historique et dans sa dimension mondiale, tout en analysant la relation qu'elle entretient avec la donne démographique.

La deuxième partie met l'accent sur les migrations intérieures, dont l'ampleur et la grande diversité est souvent sous-estimée, ce phénomène pouvant résulter de la liberté de circulation permise par les pouvoirs publics ou, au contraire, d'une décision autoritaire de déplacer des populations entières à des fins de colonisation intérieure.

La troisième partie est consacrée aux pays du Sud d'un point de vue interne à l'hémisphère sud d'abord – migrants économiques, personnes déplacées et environnementaux étant dans leur écrasante majorité des habitants du Sud –, mais aussi en relation avec le Nord vers lequel les passeurs gèrent un nombre croissant de filières clandestines.

La quatrième partie examine précisément les réactions du Nord aux migrants du Sud, qu'elles s'énoncent en termes de rejet croissant des nouveaux arrivants – *via* des politiques restrictives mettant en péril le respect des droits de l'homme – ou d'efforts, variables suivant les pays, d'intégration.

La cinquième partie s'intéresse aux migrants installés loin de leur mère-patrie qui forment des diasporas en réseaux de plus en plus denses grâce aux moyens de communication contemporains. Quel est en effet l'impact de ces nouveaux acteurs transnationaux à l'interface des sociétés d'origine et des sociétés d'accueil sur l'économie des premières ? Le départ des élites des pays du Sud peut s'avérer un investissement si celles-ci envoient des fonds conséquents à leur famille, voire s'y réinstallent *in fine* ; mais cette saignée peut priver les sociétés du Sud de leurs forces vives. Ce devrait être là une des raisons de l'aide au retour que certains pays du Nord mettent en œuvre pour des motifs souvent bien différents.

Le dernier temps de ce livre conclut à la nécessité d'une gouvernance internationale du phénomène migratoire, tant la régulation des flux et l'harmonisation des politiques nationales paraissent urgentes et un enjeu mondial en ce début du XXIe siècle.

PARTIE 1

LE PHÉNOMÈNE MIGRATOIRE

Vers un droit à la mobilité

Catherine Wihtol de Wenden

Au tournant du XXe siècle, les migrations internationales se sont mondialisées : leur volume a triplé en trente ans, et presque toutes les régions du monde sont aujourd'hui concernées, soit par le départ, le transit ou par l'arrivée de populations devenues de plus en plus mobiles, aux profils de plus en plus diversifiés, femmes, enfants, travailleurs qualifiés, entrepreneurs ou populations peu qualifiées (ou encore qualifiées mais prêtes à une déqualification), venus offrir leurs bras et parfois leur corps. Ce phénomène est le fruit d'une combinaison de facteurs intervenue au cours des vingt dernières années. Il est en passe de devenir l'un des grands enjeux des relations internationales, appelant à une prise de conscience et à un mode de gestion à une échelle plus large que celle des seuls États d'accueil.

Une première migration de masse au XIXe siècle

Le passage d'une société agraire à une société industrielle dans l'Europe du XIXe siècle a entraîné la première grande vague migratoire de masse. La mécanisation de l'agriculture libérait de la main-d'œuvre pour l'industrie naissante, quand l'exode rural ou l'émigration offrait une opportunité d'améliorer ses conditions de vie. La révolution industrielle et le Nouveau Monde avaient besoin de bras. Plus de 50 millions d'Européens ont alors émigré outre-Atlantique au XIXe siècle, mais une partie d'entre eux ne s'y sont pas installés (les « hirondelles » comme on qualifiait les saisonniers). Cet exode de masse a été rendu possible par le développement des transports, notamment du chemin de fer (construction du Transsibérien entre 1891 et 1904), et le remplacement progressif de la marine à voile par les grands bateaux transatlantiques à vapeur, plus rapides, plus confortables et meilleur marché, mais

figure 4 : **La grande migration transatlantique, fin XIXe-début XXe siècle**

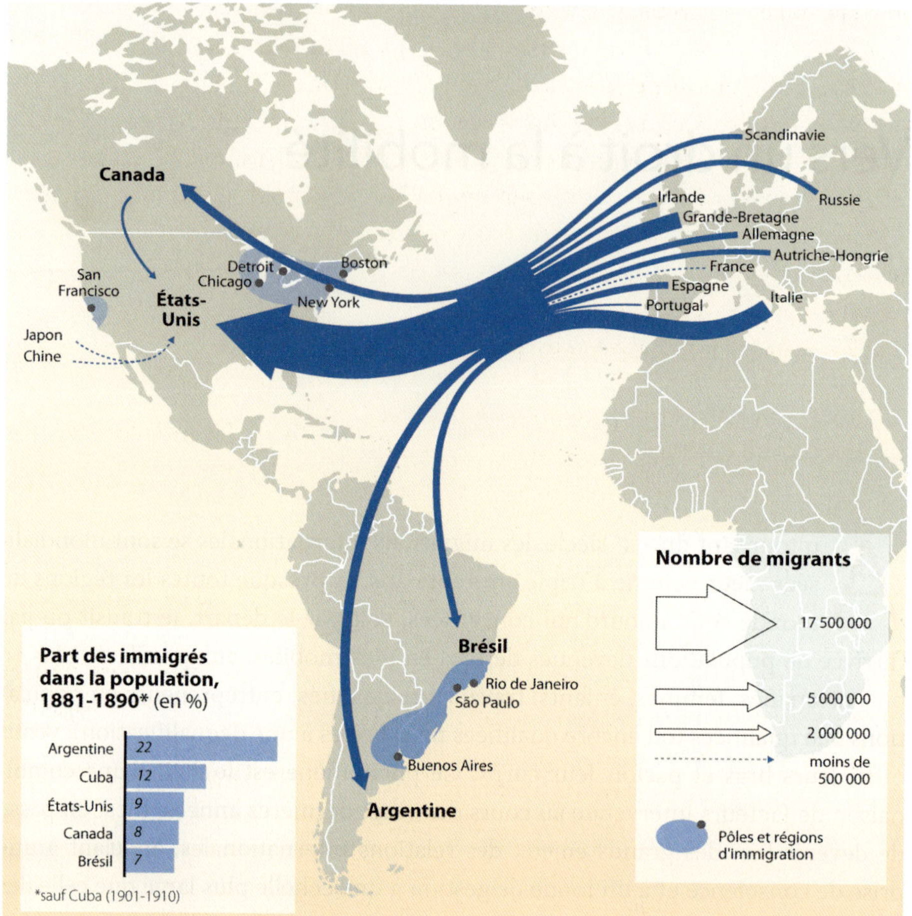

Source : d'après l'espace *Prologue* de l'exposition permanente de la Cité nationale de l'histoire de l'immigration, Paris.

Sciences Po / CERI et Atelier de cartographie, avril 2009

qui nécessitaient un taux de remplissage plus conséquent pour être rentabilisés. Il fallait en 1880 une semaine pour gagner New York à partir des ports européens. Ces nouveaux moyens de communication ont généralisé la présence d'agents d'émigration qui sillonnaient l'Allemagne, grand réservoir de main-d'œuvre, mais aussi la Russie, la Pologne, en proie aux pogroms, et l'Irlande frappée par la maladie de la pomme de terre et par la famine. Ces agents se sont livrés à une course aux passagers pour les compagnies de navigation allemandes et britanniques. La liste des pays demandeurs de main-d'œuvre s'est allongée à partir de 1860 : d'abord États-Unis et Australie, puis Brésil, Argentine et Mexique. Entre 1910 et 1917, le nombre de personnes migrant vers le Canada et la Nouvelle-Zélande a dépassé celui des individus choisissant les États-Unis. En Europe, l'émigration était encouragée, car elle était vue comme un moyen de diminuer les revendications sociales.

Quant aux pays d'accueil, ils appréciaient les qualités et la disponibilité de cette nouvelle main-d'œuvre souvent corvéable à merci.

À ces migrations de travail vont s'ajouter des migrations coloniales. Entre 1815 et 1912, 21 millions de personnes ont quitté le Royaume-Uni pour les régions éloignées de l'Empire. Certains territoires (Australie, Guyane) ont accueilli des délinquants, des prostituées, des proscrits de tous ordres, d'autres, comme l'Algérie, des réfugiés et des exilés après les révolutions ou les crises politiques. Des travailleurs coloniaux ont également contribué à la reconstruction de l'Europe après chacune des deux guerres mondiales. La décolonisation de la seconde moitié du XXe siècle a entraîné le retour vers la mère patrie : entre 1940 et 1975, 7 millions de personnes sont rentrées des anciennes colonies.

L'apparition de régimes totalitaires a donné lieu à de nouveaux déplacements de population : expulsions, déportations, exils, etc. Dans les années 1920, période où se met en place l'ancêtre du Haut Commissariat aux réfugiés et le passeport Nansen, le nombre total des réfugiés et déplacés avoisine 9,5 millions de personnes en Europe. Après la seconde guerre mondiale, 12,5 millions d'Allemands ont encore été déplacés d'Est en Ouest.

La deuxième vague migratoire

Nous connaissons aujourd'hui la deuxième grande vague migratoire. Les déplacements se font à l'échelle de la planète tout entière et concernent des pans de plus en plus larges de la population des pays d'émigration. Qu'elles soient temporaires, pendulaires ou définitives, ces mobilités affectent plus particulièrement les grandes lignes de partage du monde, là où les écarts de richesses, de niveaux de vie, de profils démographiques sont les plus criants : la Méditerranée, la frontière entre le Mexique et les États-Unis, celle séparant le Japon de ses voisins ou encore la Russie de la Chine. Certaines régions du monde ont connu récemment de grandes mutations migratoires, passant du statut de terre d'émigration à celui de terre

figure 5 : **Étrangers, fin XIXe-début XXe siècle et 2006**

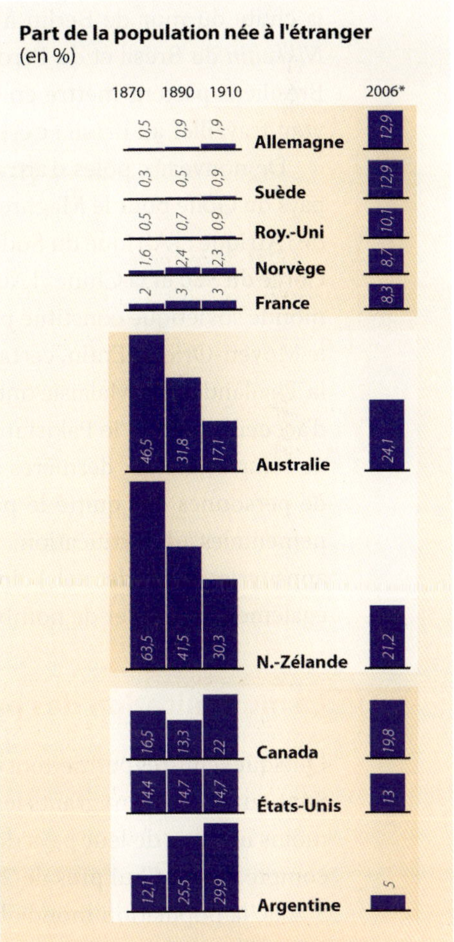

* sauf pour l'Allemagne (2003) et l'Argentine (2001)

Sources : d'après Timothy J. HATTON et Jeffrey G. WILLIAMSON, *Global Migration and the World Economy*, Cambridge (Mass.), The MIT Press, 2006 ; OCDE, *Perspectives des migrations internationales. Sopemi 2008*, Paris, OCDE, 2008.

Sciences Po / CERI et Atelier de cartographie, avril 2009

d'accueil. C'est le cas de l'Europe du Sud, mais aussi de l'Europe de l'Est : tandis que les Polonais vont travailler en Allemagne, au Royaume-Uni ou en Irlande, les Ukrainiens et les Biélorusses viennent s'établir en Pologne. La Roumanie voit ses médecins et ses infirmières partir vers l'Ouest de l'Europe et les Moldaves frapper à sa porte. L'évolution est tout aussi brutale au Maroc, au Mexique et en Turquie, devenus pays d'accueil et de transit pour des migrations venant d'Afrique subsaharienne, du Proche et du Moyen-Orient, d'Amérique latine et centrale. L'Inde et la Chine exportent plusieurs dizaines de millions de migrants, entrepreneurs et manutentionnaires, vers les pays riches comme vers les pays pauvres.

On observe aussi des migrations de retour comme celles des *Aussiedler*, ces Allemands installés parfois depuis plus de trois cents ans en Russie, dans les pays baltes et en Europe orientale : 2 millions sont rentrés en Allemagne depuis la chute du mur de Berlin à la faveur du droit de la nationalité. Une partie des *Nikkeijin* du Brésil et du Pérou sont retournés au Japon ces dernières années. Les Brésiliens partent mettre en valeur les terres du Paraguay, pays dont les paysans vont travailler au Brésil : c'est le *Brasiguay*.

De nouveaux pôles d'attraction sont apparus ces trente dernières années : les pays du Golfe pour le Maghreb, l'Égypte, l'Inde, le Pakistan, l'Indonésie et la Corne de l'Afrique ; l'Afrique du Sud, pour ses voisins d'Afrique australe ; le Japon pour la Corée du Sud et la Chine ; l'Australie pour l'Asie du Sud-Est ; la Russie pour l'ancien monde soviétique constitué par les nouveaux États indépendants ; la Turquie pour le Moyen-Orient. Enfin, certains pays ont un statut qui varie selon la conjoncture : la Thaïlande et la Malaisie ont été respectivement des terres de départ et des terres d'accueil. L'Iran et le Pakistan sont les pays qui ont accueilli le plus grand nombre de réfugiés ces dix dernières années, tandis qu'en Afghanistan, plus de 6 millions de personnes ont quitté le pays depuis les années 1980. Les questions environnementales (désertification, réchauffement climatique, catastrophes naturelles, appauvrissement des sols) ainsi que la faim et l'urbanisation galopante pourraient également entraîner de nombreuses migrations dans un avenir proche.

La multiplication des profils de migrants

Quelques chiffres permettent de mesurer l'importance de ce grand bouleversement. Sont qualifiées de migrants les personnes nées à l'étranger, ayant dû se déplacer au moins une fois de leur pays de naissance vers celui où elles vivent aujourd'hui. On compte aujourd'hui près de 200 millions de migrants dans le monde, soit près de 3 % de la population mondiale. Selon les Nations unies, on dénombrait, en 2005, 190 millions de migrants, 115 millions dans les pays développés et 75 millions dans les pays en développement. Le rythme de cette progression s'est accéléré récemment. Ils étaient 75 millions en 1965, 155 millions en 1990. Entre 1990 et 2005, leur nombre dans le monde augmente de 36 millions (3 millions seulement dans les pays en développement). En 2005, 61 % des migrants vivaient dans les pays développés, dont 34 % en Europe, 23 % en Amérique du Nord, 28 % en Asie, 9 % en Afrique et 4 % en Amérique latine et dans les Caraïbes. Vingt-huit pays accueillent aujourd'hui 75 % des migrants. Les États-Unis en comptent 20 % (+ 15 millions entre 1990 et 2005). En Europe, l'Allemagne est le pays qui recense le plus grand nombre d'immigrés. Leur nombre a presque doublé depuis la chute du mur de Berlin, si l'on y ajoute les *Aussiedler*.

Concentrés dans un petit nombre de pays, les migrants représentent au moins 20 % de la population dans quarante et un États : pays du Golfe, Hong Kong, Israël, Jordanie, Singapour, Luxembourg et Suisse. En Australie et en Arabie Saoudite, ils constituent plus d'un cinquième de la population. 80 % des migrants vivant dans les pays en développement sont originaires d'autres pays en développement, alors que 54 % de ceux vivant dans les pays développés sont originaires de pays en développement.

Le migrant « moyen » est asiatique (l'Asie est le plus grand réservoir mondial de population), vit et circule en Asie, dans des pays en développement. Mais ce portrait-robot ne rend pas compte de l'ensemble des migrations :

- les migrations d'établissement concernent principalement l'Australie, le Canada, les États-Unis et la Nouvelle-Zélande, pays qui octroient aux migrants un titre de résident permanent au regard du regroupement familial, de la qualification professionnelle ou de l'asile ;
- les migrations de travail (contractuels, stagiaires, saisonniers, personnel d'entreprises multinationales) ont vu leur nombre passer en Europe de 6,4 millions à 9,6 millions entre 1990 et 2005 pour une population totale d'étrangers de plus de 25 millions ;
- les migrations familiales ont représenté plus de la moitié des migrations vers les pays européens ces dix dernières années ;
- les migrations étudiantes, avec 2 millions d'étrangers inscrits en 2000 dans les universités des pays développés ;
- les réfugiés et les demandeurs d'asile : leur nombre est tombé de 18,5 millions à 13,5 millions entre 1990 et 2005 ; les pays en développement en abritent 10,8 millions ;
- les migrants illégaux, occasionnellement régularisés, estimés à environ 12 millions aujourd'hui aux États-Unis et à 5 millions en Europe ;
- les réfugiés environnementaux constituent une tendance nouvelle mais croissante, notamment du fait du réchauffement climatique.

Les nombreux facteurs de la mobilité

Plusieurs facteurs expliquent la forte hausse récente des migrations. La plupart sont le fruit des évolutions politiques, économiques et sociales de ces vingt dernières années. La chute du mur de Berlin a permis à des populations enfermées depuis cinquante ou soixante-dix ans de sortir de leur pays et de voyager, voire de le quitter. La généralisation des passeports a rendu les déplacements possibles dans de nombreux pays fermés jusqu'à une période récente (les États du bloc communiste mais également le Portugal ou encore certains pays africains). Aujourd'hui, très peu d'États interdisent à leurs ressortissants de quitter le pays. Ce « droit de sortie », quoique limité par les politiques de contrôle des pays d'accueil et l'instauration de visas, a provoqué un désir de mobilité, devenue pour certains un mode de vie comme on peut le constater parmi les migrants pendulaires des pays de l'Est européen qui s'installent dans une coprésence entre l'Est et l'Ouest du continent.

L'urbanisation est également à l'origine de nombreuses migrations. L'Afrique, peuplée aux trois quarts de ruraux il y a un siècle, comptera 70 % d'urbains au milieu du XXIe siècle. Les migrants sont autant poussés hors de leur pays par la démographie et la pauvreté qu'ils ne le sont attirés par la richesse de l'Occident. De même, ils sont moins des ruraux pauvres et analphabètes, que des urbains scolarisés qui ont pu accumuler un pécule et tentent de franchir les frontières. L'économie du passage, qui a toujours existé, s'est particulièrement développée à mesure que les frontières se fermaient et que les transports se développaient. La frontière est devenue une ressource. Des réseaux de passeurs proposant leurs services d'un bout à l'autre du voyage se sont constitués à l'Est depuis la chute du mur de Berlin, mais aussi en Asie et, de façon plus artisanale, en Afrique. Cette économie est devenue prospère et s'enrichit à la faveur de la sophistication des documents administratifs exigés des migrants.

Les solidarités transnationales – de nature familiale, économique, associative (les associations de développement), culturelle (notamment linguistiques), religieuse (pèlerinages chrétiens ou musulmans) – ont créé des liens et des interdépendances, traversant les frontières, créant des « couples migratoires » (présence importante d'individus d'une même nationalité au sein d'un pays d'accueil) ou au contraire des « quasi-diasporas » (un même groupe dans une multiplicité de pays lié par une activité transnationale, souvent en rapport avec le pays d'origine qui pratique une sorte de « diplomatie de la migration »). La création de larges espaces de libre circulation des personnes et des marchandises (Union européenne, États-Unis-Canada-Mexique, etc.) a également contribué à multiplier les déplacements.

Enfin, les médias ont contribué à construire un imaginaire migratoire, notamment la télévision qui dépeint l'Occident comme un eldorado, une terre de consommation, de libertés, où les salaires sont sans commune mesure avec ceux des pays de départ pour la même qualification ou le même emploi. Ce rêve est aussi alimenté par les migrants qui transfèrent des fonds dans leur pays d'origine dans lesquels ils reviennent pour les vacances, avec dans leurs bagages les symboles de la prospérité.

Pénuries de main-d'œuvre et circulations migratoires

Les évolutions démographiques et écologiques affecteront les dynamiques migratoires futures. Concernant l'immigration légale, les plus fortes progressions depuis ces quatre dernières années ont été observées aux États-Unis, en Espagne, au Royaume-Uni, en Italie, en Irlande et en Nouvelle-Zélande. Dans la plupart des pays, l'immigration familiale représente entre 45 % et 60 % des migrations permanentes (70 % aux États-Unis). Les migrations humanitaires constituent entre 15 % et 20 % du total de l'immigration au Royaume-Uni, en Norvège et au Canada et près de 30 % aux Pays-Bas. Les migrations de retraités sont importantes en France (le *Britishland*), en Espagne et au Portugal. En Europe, la Pologne et la Roumanie sont devenues les principaux pays d'émigration, principalement à destination du Royaume-Uni, de l'Allemagne, de l'Italie, de l'Irlande et de l'Autriche. Le nombre d'Indiens et de Chinois quittant leur pays est en progression. Aux États-Unis, l'immigration s'est diversifiée et les Mexicains ne représentent plus que 15 % des arrivées. Les Africains continuent quant à eux à émigrer majoritairement en Europe.

Le Maroc, la Turquie et le Mexique sont devenus des pays d'accueil et de transit pour des migrants venus de plus loin. Les crises du Proche et du Moyen-Orient continuent de générer un vaste exode notamment dans les pays voisins. Ainsi, la Syrie héberge 2 millions d'Irakiens, le Pakistan accueille des réfugiés venus d'Afghanistan, etc. Les demandes d'asile, qui avaient explosé dans les années 1990 (notamment dans l'Afrique des Grands Lacs, dans les Balkans, en Amérique centrale, etc.), ont rapidement chuté. De nombreuses personnes ont été déplacées par exemple dans la Corne de l'Afrique (Érythrée, Darfour) et accueillies par des pays en crise, aussi pauvres que ceux qu'elles ont quittés.

La plupart des pays de l'OCDE, dont l'économie repose de façon croissante sur le savoir, anticipent une pénurie de main-d'œuvre hautement qualifiée et cherchent à attirer les « cerveaux » de l'étranger. Le nombre des inactifs devrait en outre dépasser celui des actifs au cours des quinze prochaines années à cause du vieillissement démographique dans de nombreux pays d'Europe, en Russie et au Japon. Faute de migrations, la population active déclinera dans

figure 6 : **Qualification des immigrés dans quelques pays de l'OCDE, 2007**

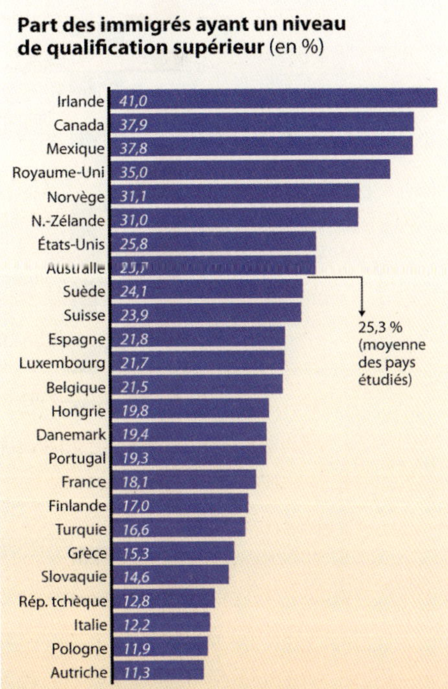

Source : OCDE, *Perspectives des migrations internationales. Sopemi 2008*, Paris, OCDE, 2008.

Sciences Po / CERI et Atelier de cartographie, avril 2009

figure 7 : **Variation de la population active, 2005-2020**

Évolution de la population active par rapport à 2005 (en %)
en supposant une migration nette nulle

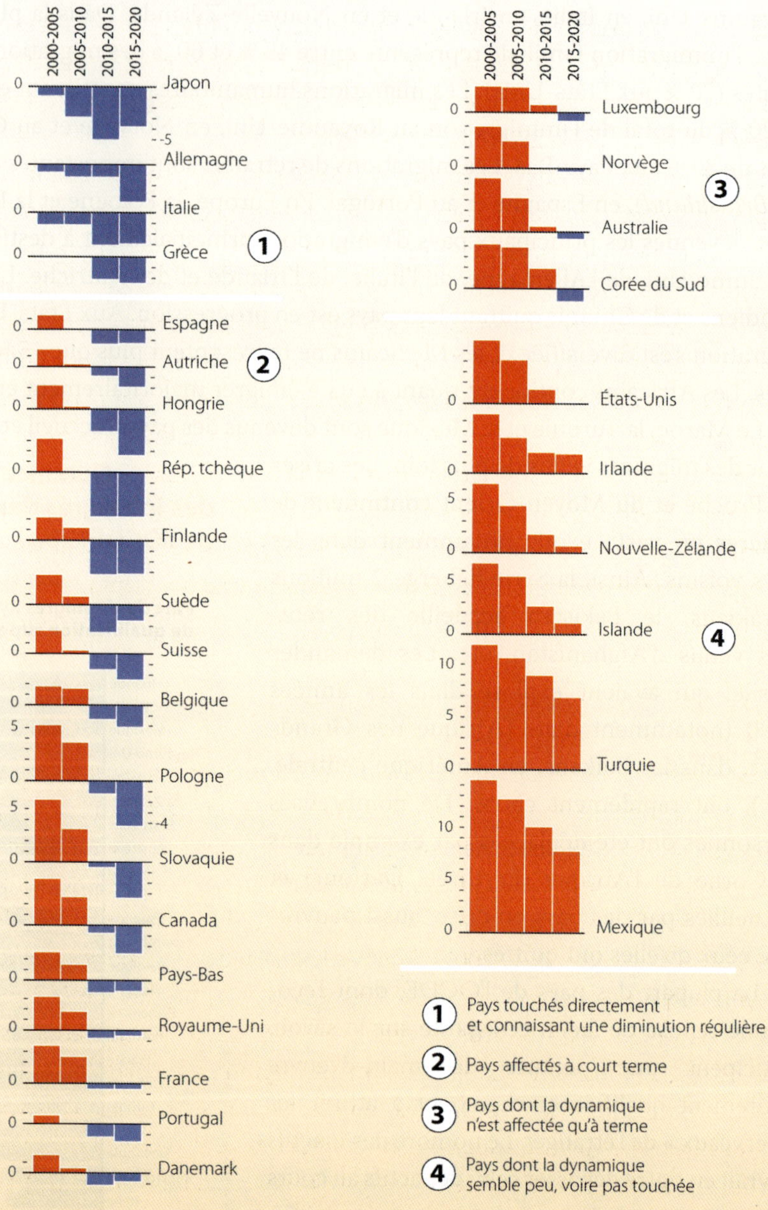

© Le Monde/La Vie, *L'Atlas des migrations*, hors série 2008-2009.
Source : OCDE, *Perspectives des migrations internationales. Sopemi 2007*, Paris, OCDE, 2007.

Sciences Po / CERI et Atelier de cartographie, juin 2009

un contexte de demande accrue de biens et de services (notamment de métiers liés aux services à la personne). À l'horizon 2030, l'immigration sera le seul facteur de croissance de la population dans tous les pays européens. Or sur la rive sud de la Méditerranée, la moitié des habitants a moins de 25 ans et le chômage touche 30 % à 40 % de la population. La dégradation de l'environnement suscite d'autres inquiétudes. Selon les experts, les changements climatiques (dégel en Alaska et en Sibérie, élévation du niveau de la mer dans le Pacifique, désertification du Sahel) pourraient multiplier par deux le nombre de migrants dans les années à venir. Les déplacés pourraient atteindre les 200 millions en 2050.

Les mouvements de population sont également dépendants de la façon dont les pays d'accueil gèrent les migrations. Conséquence de la plus grande mobilité des facteurs de production, comme le capital et la main-d'œuvre très qualifiée, on parle aujourd'hui de circulation migratoire : beaucoup de migrants aspirent en effet à se déplacer sans nécessairement s'établir définitivement dans un lieu. Certains pays d'accueil voient dans ce phénomène une façon de résoudre le difficile problème de l'intégration. Les personnes qui circulent ainsi ont souvent un statut de résident privilégié, des titres de séjour à entrées multiples ou possèdent une double nationalité, une situation qui tend à se développer. Plus les frontières leur sont ouvertes, plus les gens circulent et moins ils s'installent car ils peuvent aisément aller et venir, partir et revenir. Ceux qui se sédentarisent sont ceux, de fait, qui sont entrés clandestinement ou qui jouissent d'un statut précaire. Ils savent que s'ils repartent dans leur pays d'origine, ils ne pourront plus revenir.

Une nécessaire gouvernance mondiale des migrations

L'autre évolution récente concerne l'intérêt porté par les pays d'accueil comme par les pays de départ sur les liens existant entre migration et développement. Longtemps considérés comme peu productifs, les transferts de fonds des migrants sont devenus aujourd'hui un facteur essentiel du développement des pays d'origine. Ils représentent trois fois le montant de l'aide publique au développement (105 milliards de dollars en 2007). D'après la Banque mondiale, les envois de fonds ont presque triplé au cours de la dernière décennie, passant de 102 milliards de dollars en 1995 à 300 milliards de dollars en 2007, et à 337 milliards en 2008. Les pays d'accueil essaient de coopérer avec les régions de départ pour favoriser les investissements productifs et la création d'entreprises grâce à la « bancarisation » des transferts ; les pays de départ commencent de leur côté à changer de discours sur les effets négatifs de l'émigration et peuvent même favoriser l'exportation de leur main-d'œuvre (Philippines, Indonésie). Quatorze milliards d'euros ont été envoyés par les migrants travaillant en Europe en 2005 vers leurs pays d'origine. Des associations de développement canalisent cette manne et mettent en œuvre des projets collectifs (approvisionnement en eau, en électricité, construction d'écoles, de dispensaires, développement du réseau de transports, etc.). Mais les *remittances* servent surtout à apporter un mieux-être aux populations restées sur place et constituent une assurance dans les pays économiquement fragiles. L'exode des cerveaux (*brain drain*) est considéré comme un *brain gain* pour les pays de départ comme l'Inde ou la Chine dans lesquels l'approche « gagnant-gagnant » fait tache d'huile. Ce nouveau regard reste cependant décalé par rapport aux politiques migratoires des pays d'accueil, qui justifient leurs mesures de restriction par la pression qu'ils subissent de la part de leurs sociétés.

Le regard des institutions internationales sur l'immigration s'est également modifié. De nombreux rapports font état des effets bénéfiques des migrations pour les sociétés de départ (transferts de connaissances et de technologies, développement de l'économie, évolution des mentalités, etc.) et d'accueil (occupation de métiers délaissés par les nationaux, apport démographique, accroissement de la consommation, création d'entreprises dans des niches inexplorées, créativité culturelle).

Enfin, les migrations clandestines interpellent un monde à ce jour dépourvu de règles communes pour les gérer, révélant ainsi la nécessité et l'urgence de la mise en place d'une gouvernance mondiale des migrations. Un véritable droit à la mobilité se profile, énoncé par la Déclaration universelle des droits de l'homme de 1948 et par la Convention internationale sur la protection des droits de tous les travailleurs migrants et des membres de leur famille établie par les Nations unies en 1990, ainsi que par des initiatives onusiennes (Forum global migration de Bruxelles en 2007 et de Manille en 2008) qui réunissent pays de départ, associations de migrants et société civile, autour de la définition des migrations comme bien public mondial.

Pour en savoir plus

« Migrations internationales, chaînon manquant de la mondialisation », *Le Courrier de la planète*, 81-82, juillet-décembre 2006.

BADE (Klaus), *L'Europe en mouvement*, Paris, Seuil, 2002.

BADIE (Bertrand), BRAUMAN (Rony), DECAUX (Emmanuel), DEVIN (Guillaume) et WIHTOL DE WENDEN (Catherine), *Pour un autre regard sur les migrations. Construire une gouvernance mondiale*, Paris, La Découverte, 2008.

CASTLES (Stephen) et MILLER (Mark), *The Age of Migration*, Basingstoke, Palgrave-Macmillan, 2009 [4e éd.].

GUTCHENEIRE (Paul de) et PECOUD (Antoine) (eds), *Migration without Borders*, Paris, Unesco, 2007.

OCDE, *Tendances des migrations internationales. Sopemi*, Paris, OCDE, 2007 et 2008.

WIHTOL DE WENDEN (Catherine), *Atlas mondial des migrations*, Paris, Autrement, 2009 [2e éd.].

Immigration et démographie des pays d'accueil

Michèle Tribalat

Mesurer les effets démographiques de l'immigration, c'est répondre à quelques questions simples comme : 1) quelle aurait été, ou quelle pourrait être, la population d'un pays ou d'un groupe de pays, en l'absence d'immigration ? On parle alors d'*apport démographique* ; 2) quelle est l'ampleur de la *population d'origine étrangère* résultant de la diffusion des immigrés et de leurs descendants dans l'ensemble de la population ? 3) quels sont les déséquilibres d'implantation sur un territoire de cette population ?

Pour ce faire, il ne suffit pas de réunir quelques données sur les soldes migratoire et naturel ou sur les naissances selon la nationalité des parents. La mesure de l'apport démographique doit se référer à une période précise. De la longueur de la période dépend le nombre de générations de descendants d'immigrés inclus. L'ambition de mesurer l'impact de l'immigration sur une période très longue, couvrant trois ou quatre générations, ne pourra être satisfaite directement car aucune statistique ne collecte ces données. L'apport démographique a un caractère fictif et ne se confond pas avec une population existante et identifiable. Autre question d'importance : souhaite-t-on faire le bilan de l'ensemble des flux migratoires, nationaux compris, ou seulement celui de l'immigration étrangère ?

La mesure de la population d'origine étrangère à une date donnée nécessite que l'on précise le nombre de générations sur lequel elle porte. Là encore, l'ambition peut être limitée par la faisabilité. Quant à la mesure des déséquilibres territoriaux, elle rencontre les mêmes contraintes et nécessite des outils de collecte lourds, et par conséquent standardisés, tels que les recensements ou les registres de population.

La mesure peut être rétrospective ou prospective. Si cette dernière peut sembler plus facile à mettre en œuvre – il suffit d'appliquer des hypothèses –, son caractère prédictif est faible et la prédiction n'est d'ailleurs pas son but. En outre, ces questions sont d'ordre quantitatif. Les réponses qu'elles reçoivent n'équivalent pas à des jugements normatifs et ne sont pas prescriptives, en elles-mêmes, d'une action politique particulière. L'aspect démographique n'est qu'un des éléments à prendre en compte dans l'élaboration d'une décision politique. Ainsi, ce n'est pas parce que l'immigration apporte des personnes en âge de travailler que l'économie en tirera profit. Tout dépend de leurs qualifications et de leur taux d'emploi, lesquels sont conditionnés par bien d'autres facteurs que le fait d'avoir l'âge adéquat.

Une population moins nombreuse sans apport démographique

Les mesures rétrospectives ont été peu nombreuses et sont de deux types. La première, la plus simple, consiste à simuler, à partir d'une date donnée, ce qu'aurait été la population d'un pays, à mortalité et fécondité identiques, en l'absence de mouvements migratoires. Hervé Le Bras a mené cet exercice au début des années 1990 pour mesurer l'impact des flux migratoires depuis la seconde guerre mondiale dans quelques pays de l'OCDE. Il mettait notamment en évidence le caractère cyclique plus marqué et l'importance numérique de l'apport migratoire plus grande dans les pays neufs que dans les pays européens. À la même époque, Louis Duchesne l'a fait pour le Canada et le Québec sur différentes périodes (1851-1991 ; 1871-1991 et 1941-1991). L'impact global des flux migratoires sur longue période a été négatif au Québec et légèrement positif au Canada. Ces résultats s'expliquent par les effets de compensation plus ou moins importants entre mouvements d'étrangers et mouvements de nationaux.

Ces simulations ne disent cependant pas en quoi la démographie d'un pays a été affectée par l'installation durable d'étrangers. Pour ce faire, il faut estimer la population fictive présente à une date donnée entièrement imputable à l'immigration étrangère en ajoutant, aux immigrés entrés au cours d'une période donnée et encore présents en fin de période, les descendants des femmes nés sur place au fil du temps et présents en fin de période. À ma connaissance, peu de démographes contemporains ont tenté d'en donner la mesure. Aux États-Unis, Campbell Gibson (US Bureau of the Census) l'a fait par deux fois à la suite des recensements de 1970 et de 1990. Il a estimé, à ces deux dates, la population descendant de celle déjà présente en 1790 et celle due aux différentes vagues d'immigration. Ainsi, sur les 249 millions d'habitants recensés en 1990, 98 millions auraient été apportés par les 28 millions d'immigrants « nets » (entrées moins les sorties) de la période 1830-1930. En 1990, 51 % de la population serait due à l'immigration nette depuis 1790.

J'ai moi-même fait cet exercice pour estimer, au milieu des années 1980, l'apport d'un siècle d'immigration étrangère en France, en « reconstituant » les descendants des femmes ayant immigré au cours de ces cent ans, de leurs filles et petites-filles, et encore présents à cette date. J'ai renouvelé l'exercice à partir de l'enquête *Famille* de 1999 pour mesurer l'apport démographique de l'immigration étrangère depuis 1960 à la population recensée en 1999. Celui-ci équivaut à 6,3 millions de personnes. Sans cette immigration, la population française aurait été inférieure de 11 % à celle effectivement recensée en 1999. Près de la moitié de l'accroissement démographique sur la période 1968-1999 est ainsi imputable à l'immigration étrangère.

Il est également possible de mesurer l'impact sur la natalité par vague migratoire décennale, comme l'indique la figure 8. La succession de ces vagues, à partir de 1960, a maintenu une croissance quasi continue du nombre de naissances dues à l'immigration des années 1960-1998. En 1998, elles représentaient 18 % des naissances enregistrées à l'état civil. L'effet sur l'indicateur conjoncturel de fécondité est moins spectaculaire (7 %). Au fil du temps, les filles d'immigrées arrivent en âge d'être mères mais n'ont pas plus d'enfants que les autres Françaises.

figure 8 : **Vagues de naissances qui ont suivi les vagues décennales d'immigration depuis 1960 en France**

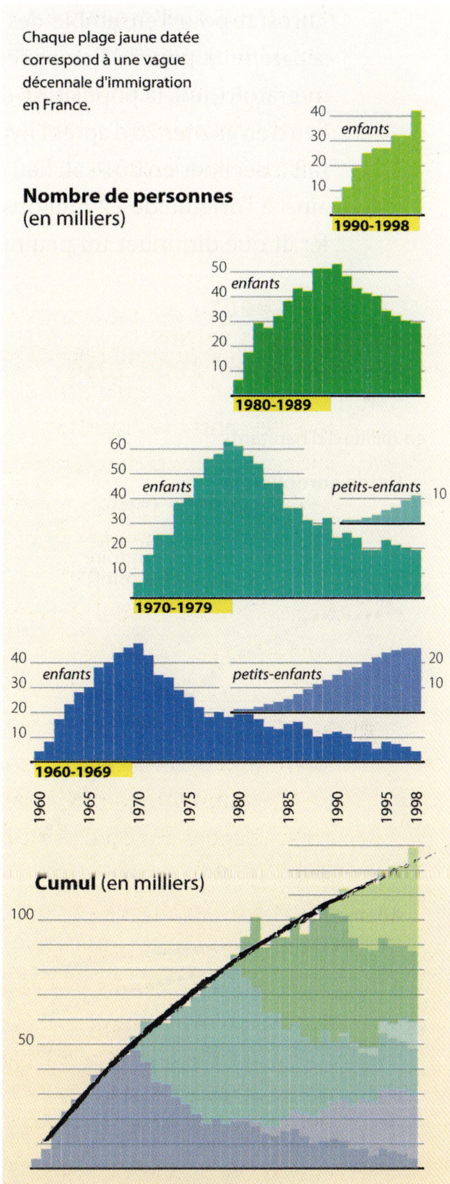

Source : compilation de Michèle TRIBALAT, d'après l'Insee, *Enquête famille 1999*.

Sciences Po / CERI et Atelier de cartographie, avril 2009

Les exercices de projection de populations fournissent des éléments d'appréciation de l'effet démographique à attendre des migrations futures. Mais ces projections sont grossières car fondées sur des hypothèses elles-mêmes sommaires. L'effet des migrations peut alors être apprécié en comparant les populations obtenues selon que le solde migratoire est nul ou non, à hypothèses de fécondité et de mortalité identiques. L'exercice est voisin de celui effectué rétrospectivement par Le Bras et Duchesne, avec toutefois des incertitudes sur la fécondité et la mortalité. Il ne dit pas grand-chose de l'effet à attendre de l'immigration étrangère. Dans le cas hypothétique d'un solde migratoire nul, qui serait le résultat d'un nombre de départs de nationaux équivalant à celui des entrées d'étrangers, l'apport démographique de l'immigration étrangère ne serait pas pour autant égal à zéro. Par ailleurs, ce type d'estimation ne tient pas compte des différences de fécondité entre les immigrées et les natives.

La figure 9 présente, malgré tout, les résultats des projections réalisées par Eurostat pour l'ensemble des vingt-sept États membres de l'Union européenne et séparément pour l'Allemagne et la France sur la période 2008-2050. En cas de solde migratoire nul, la population de l'Union perdrait 52 millions d'habitants d'ici 2050 au lieu d'en gagner 20 d'après l'hypothèse migratoire retenue. La population commencerait à décliner en 2014 au lieu de croître jusqu'en 2039. L'hypothèse migratoire serait ainsi à l'origine de 72 millions d'habitants en 2050. En Allemagne, la population ne ferait que diminuer un peu moins vite, malgré un apport migratoire de 10 millions de personnes. En France, l'immigration accentue une croissance de la population qui, sans elle, aurait été plus faible et ne se serait pas prolongée au-delà de 2045. Sans apport migratoire, la population de l'Allemagne pourrait passer au-dessous de celle de la France. Ces résultats sont suspendus à la validité des hypothèses différentielles de solde migratoire, de mortalité et surtout des hypothèses de fécondité qui prévoient un faible rattrapage de l'écart qui sépare l'Allemagne de la France.

figure 9 : **Projections démographiques selon le solde migratoire, 2008-2050**

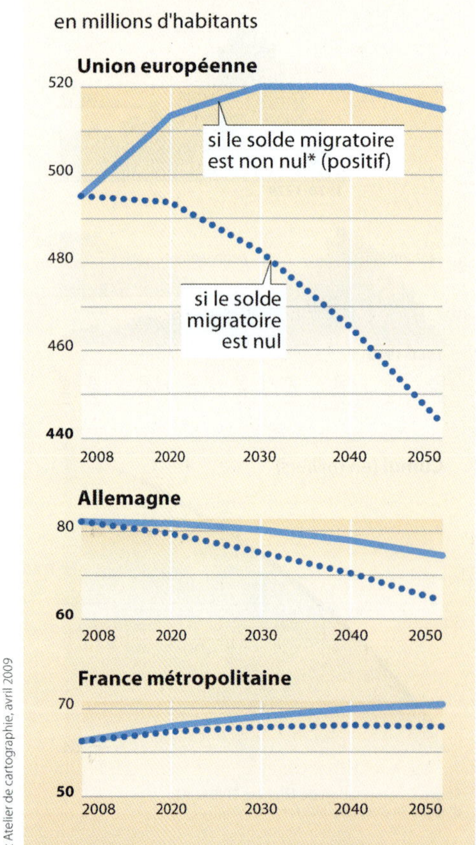

* Il varie de 1,7 million en 2008 à 933 000 en 2049 pour l'UE-27, de 160 000 à 137 000 pour l'Allemagne et de 99 000 à 71 000 pour la France (évolutions non linéaires).

Source : compilation de Michèle TRIBALAT, d'après Eurostat.

Ces effets quantitatifs de l'immigration se doublent d'effets sur la structure par âge, lesquels sont nets mais pas très spectaculaires. Ainsi, si la France n'avait accueilli aucun étranger depuis 1960, les personnes âgées de 60 ans ou plus auraient été un peu moins nombreuses dans le pays mais auraient pesé davantage dans l'ensemble de la population recensée en 1999 (22,3 % au lieu de 20,6 %). Il aurait « manqué » 2,4 millions de jeunes de moins de 20 ans et ceux-ci auraient représenté 24,3 % de la population au lieu de 25,7 % dans la réalité. Dans les exercices de projection d'Eurostat, l'absence de migrations tend à vieillir la pyramide des âges, sans surprise de façon beaucoup plus forte en Allemagne qu'en France (accroissement de 4,5 points de la proportion des 65 ans et plus outre-Rhin pour 1,6 dans l'Hexagone). La France, avec des migrations bien plus faibles que l'Allemagne, s'en tirerait mieux, du fait de la situation de départ et d'une fécondité supposée restée bien supérieure.

Quelles populations d'origine étrangère ?

La mesure de la diffusion des immigrés et de leurs descendants dans la population des pays d'accueil n'a aucun caractère fictif. Il s'agit de personnes bien réelles. Pour connaître la population d'origine étrangère, il faut disposer de données adéquates, complétées par des estimations si l'on veut aller au-delà des deux premières générations (immigrés et enfants d'immigrés). Les exercices prospectifs sont difficiles car, aux incertitudes déjà évoquées dans le calcul de l'apport démographique de l'immigration, s'ajoutent celles portant sur la mixité des unions.

De plus en plus d'États européens concernés par l'immigration étrangère se sont engagés dans la production de données qui ne se limitent pas aux nombres d'étrangers ou d'immigrés. C'est le cas des pays à registre de population centralisé (fichier d'enregistrement, dans les communes, des naissances, décès et mouvements migratoires) du Nord de l'Europe qui, dans les années 1980-1990, ont introduit des informations sur la génération des enfants d'immigrés. L'Allemagne a inclus en 2005 de nouvelles questions dans son *Mikrozensus*. Les États-Unis ont également tiré de leurs *Current Population Surveys* des données sur les deux générations. La France ne possède pas d'outil systématique, mais des estimations ont pu être réalisées, au milieu des années 1980, par reconstitution et, en 1999, à partir de l'enquête *Famille*. Les recensements (jusqu'en 1999) et les enquêtes annuelles (depuis 2004) permettent de produire des informations sur les 0-17 ans vivant encore au foyer de leurs parents, mais aucune sur les adultes, faute d'avoir introduit les questions adéquates.

L'absence d'harmonisation des définitions reste cependant problématique, même pour les statistiques relatives aux immigrés. En outre, les manières officielles de comptabiliser les enfants d'immigrés diffèrent, selon que l'on prend en compte ceux dont les deux parents sont immigrés (en Norvège ou en Suède) ou également ceux dont un seul des parents est immigré (aux Pays-Bas, en France ou aux États-Unis). Certains pays produisent les données qui permettent de compter autrement que ce qu'indiquent leurs publications habituelles. C'est le cas de la Norvège. Autour de 2000, la proportion d'immigrés et de personnes ayant au moins un parent immigré était de 9,6 % en Norvège, d'environ 17 % en France et aux Pays-Bas et de 22 % aux États-Unis. Ces proportions se sont accrues partout, s'élevant à 14,7 % en Norvège en 2009 et à 20 % aux Pays-Bas en 2009. Lors du *Mikrozencus* de 2006, l'équivalent allemand de la population d'origine étrangère sur deux générations (« antécédent migratoire ») était supérieur à 18 %.

Les concentrations locales des populations d'origine étrangère

Dans aucun pays, l'immigration étrangère ne s'est répartie de façon égale sur l'ensemble du territoire. Outre les raisons économiques, le rôle majeur joué depuis quelques décennies par les flux familiaux favorise les concentrations locales, les migrants s'installant là où résident ceux qu'ils rejoignent. Dans certaines villes, le dynamisme démographique naturel est très bas, en raison de la faible fécondité des natives. C'est le cas en Allemagne. La part de la jeunesse d'origine étrangère y est alors très importante. Si la proportion des personnes ayant un « antécédent migratoire » est de l'ordre de 40 % dans des villes comme Stuttgart, Francfort ou Nuremberg, cette proportion atteint les deux tiers parmi les plus jeunes (0-5 ans). En France, où l'histoire migratoire est plus ancienne, les bastions industriels de l'Est et le Sud comptaient il y a quarante ans les plus fortes concentrations de jeunes d'origine étrangère. Aujourd'hui, l'Île-de-France, particulièrement les villes de banlieue autour de Paris, et surtout en Seine-Saint-Denis, abrite les concentrations locales les plus fortes (cf. figure 10). En outre, un grand quart ouest de la France, autrefois peu touché par l'immigration et ses effets, connaît désormais des concentrations locales importantes dans certaines de ses villes. À Blois, un tiers des jeunes étaient, en 2005, d'origine étrangère (pays du Maghreb, d'Afrique subsaharienne et de Turquie principalement).

L'origine de cette jeunesse a également beaucoup changé. Il y a quarante ans, c'était principalement l'Europe du Sud. En 2005, plus de 10 % des jeunes sont d'origine maghrébine, subsaharienne ou turque (moins de 3 % à la fin des années 1960). La contribution subsaharienne a été décisive dans certaines villes. En 2005, les jeunes d'origine maghrébine, subsaharienne ou turque sont devenus majoritaires dans un certain nombre de communes de la région parisienne (Clichy-sous-Bois, Mantes-la-Jolie, Grigny, Saint-Denis, Les Mureaux, Saint-Ouen, Sarcelles, Pierrefitte-sur-Seine, Garges-lès-Gonesse, Aubervilliers, Stains, Gennevilliers et Épinay) et dans les trois premiers arrondissements marseillais. L'étude des bilans intercensitaires entre 1968 et 1999 montre que, comme aux États-Unis dans les années 1960-1970 ou en Suède plus récemment, ce n'est pas tant la fuite des natifs qui a contribué à la formation de

figure 10 : **20 villes françaises où la proportion de jeunes d'origine étrangère dépasse 60 % en 2005**

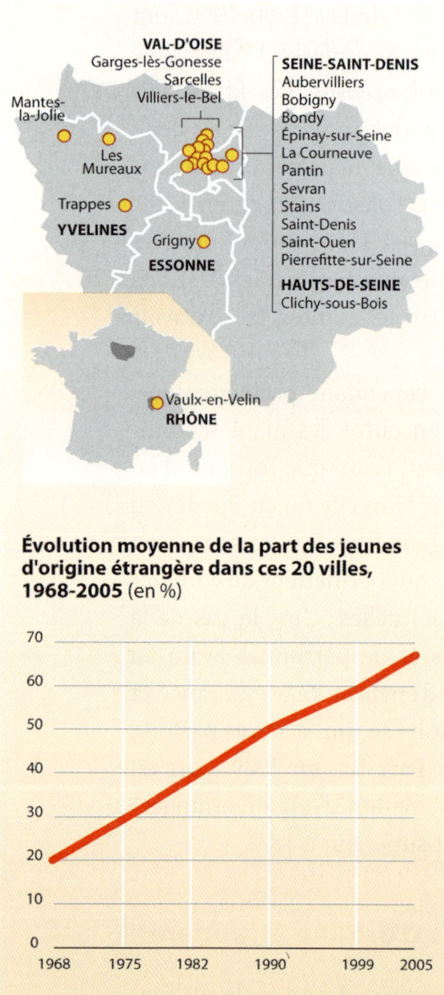

Source : Bernard AUBRY et Michèle TRIBALAT, Insee, Saphir, 2005.

Sciences Po / CERI et Atelier de cartographie, avril 2009

fortes concentrations que l'évitement de ces dernières lors de leur relocalisation sur fond de mobilité importante. Les logements qu'ils libèrent sont alors réoccupés par des familles d'immigrés.

Pour une harmonisation des statistiques européennes

L'harmonisation européenne ne s'est pas encore étendue aux statistiques nécessaires à l'étude des effets démographiques de l'immigration étrangère en Europe. Les données parcellaires présentées ici montrent que ceux-ci sont loin d'être négligeables, y compris dans des pays au peuplement autrefois très homogène. Les projections démographiques européennes ne sont guère satisfaisantes non plus en raison d'un usage exclusif du solde migratoire et de jeux d'hypothèses trop conventionnelles. L'enjeu est pourtant important à la fois pour mieux appréhender les transformations démographiques des populations européennes et pour offrir un support plus sophistiqué à l'anticipation de l'impact économique et fiscal de l'immigration étrangère.

Pour en savoir plus

AUBRY (Bernard) et TRIBALAT (Michèle), « Les jeunes d'origine étrangère », *Commentaire*, 126, été 2009 p. 431-437.

DUCHESNE (Louis), « Évolution de la population au Québec et au Canada depuis un siècle et demi en l'absence de migrations », *Cahiers québécois de démographie*, 22 (1), 1993, p. 1-21, disponible sur le site internet : http://id.erudit.org

GIBSON (Campbell), « The Contribution of Immigration to the United Sates Population Growth and Ethnic Diversity of American Population », *American Philosophical Society*, 136 (2), 1992, p. 157-175.

LE BRAS (Hervé), « L'impact démographique des migrations d'après-guerre dans quelques pays de l'OCDE », dans OCDE, *Les Migrations. Aspects démographiques*, Paris, OCDE, 1991, p. 17-29.

RUMBAUT (Ruben G.), « Ages, Life Stages and Generational Cohorts », dans Alejandro Portes et Josh Dewind (eds), *Rethinking Migration. New Theoretical and Empirical Perspectives*, New York (N. Y.), Berghahn Books, 2007.

TRIBALAT (Michèle), « Une estimation des populations d'origine étrangère en France en 1999 », *Population*, 59 (1), 2004, p. 52-81.

TRIBALAT (Michèle), « Fécondité des immigrées et apport démographique de l'immigration étrangère », dans Christophe Bergouignan, Chantal Blayo, Alain Parant *et al.*, *La Population de la France*, tome 2, Pessac, Cudep, 2005, p. 727-767.

TRIBALAT (Michèle), « Effets démographiques de l'immigration étrangère. Éléments de comparaison européenne », *Futuribles*, 343, juillet-août 2008, p. 41-60.

Entretien avec Aristide Zolberg

Riva Kastoryano

L'immigration pose des questions politiques, sociologiques, anthropologiques, philosophiques et normatives. Quel est pour vous l'enjeu le plus important ?

Il me semble que c'est l'intégration, qui ne se conçoit pas comme une assimilation totale mais qui permet de vivre dans plusieurs pays et plusieurs sociétés en même temps. Aujourd'hui, grâce au développement des techniques de communication, les migrants maintiennent de façon plus régulière les liens avec leur pays d'origine, ils élaborent des réseaux transnationaux de solidarité familiale, commerciale et politique. Le monde a changé, il s'agit aujourd'hui d'intégrer mais sans faire disparaître les différences. On ne peut plus dire aux gens qui arrivent : puisque vous êtes chez nous, vous devez devenir comme nous.

Est-ce la fin du melting-pot ?

Je n'irai pas jusque-là, il s'agit d'autre chose. L'assimilation signifie que vous devez vous conformer à la façon dont vit la société qui vous accueille sous peine de ne pas être accepté. L'intégration est un échange, les immigrés deviennent comme nous, et nous devenons un peu plus comme eux.

Comment les États doivent-ils réagir, quel genre de politique doivent-ils mettre en place pour répondre à ce nouveau phénomène qui consisterait à « faire partie de la société en gardant un pied ailleurs » ?

Ce n'est pas un phénomène nouveau, il a toujours existé d'une façon ou d'une autre, nous y sommes simplement plus sensibles aujourd'hui. L'État doit redéfinir ses institutions et créer des programmes d'enseignement ou autres qui permettent aux immigrés de s'intégrer sans gommer toutes leurs différences. Une partie de ces différences doivent être acceptées par la société d'accueil. Aucune nation n'a jamais été complètement homogène ; c'est impossible et l'on s'ennuierait énormément si tous les citoyens d'un État se ressemblaient. En France, il y a toujours eu des différences entre le Sud et le Nord, l'Est et l'Ouest. Par exemple, nous avons tous la capacité d'être plurilingues et il est normal pour le cerveau humain de parler plusieurs langues et de les utiliser pour des choses différentes.

Peut-il en être de même avec les religions ?

Non bien sûr. On ne peut pas considérer la religion de la même façon que la langue. De plus en plus d'Hispaniques, par exemple, apprennent l'anglais aux États-Unis mais la troisième génération d'immigrés du Sud du continent parle rarement espagnol et préfère s'exprimer en anglais. Il y a environ un siècle et demi, quand les catholiques sont arrivés aux États-Unis, on ne les a pas obligés à se convertir au protestantisme. Pourtant, à l'époque, le catholicisme était perçu comme une menace, comme l'islam aujourd'hui en Europe. Ce n'est pas un hasard si la religion pose problème car les religions s'excluent mutuellement, il est impossible d'être en même temps musulman et catholique. La société doit cependant s'adapter aux immigrés qui appartiennent à telle ou telle tradition religieuse et créer des institutions qui permettent à ces populations de vivre leur foi.

Que deviennent les frontières dans un monde globalisé ?

Les frontières sont toujours là, elles n'ont pas disparu, mais la globalisation les fait fluctuer au gré des échanges et des alliances entre États. Les domaines économique et culturel sont à part : la crise économique actuelle touche tout le monde, les entreprises et les banques sont totalement transnationales ; de même, dans le domaine culturel, les jeunes, qu'ils vivent en Chine, en Inde, en France ou aux États-Unis, écoutent la même musique et s'habillent presque tous de la même façon. En revanche, dans le domaine politique, on est encore dans un système très westphalien avec des États qui ont de solides frontières. Je pense que cela va changer au XXIe siècle mais, pour l'heure, l'État est toujours puissant et les frontières politiques existent bel et bien, même si, par exemple, il y existe depuis très longtemps un va-et-vient continu entre le Canada et les États-Unis auquel personne n'a vraiment fait attention.

La situation est toutefois différente depuis le 11 septembre 2001. Les frontières ont également changé de nature au sein de l'Union européenne. Sur cette question, l'Union a vraiment créé quelque chose de nouveau. Elle n'est pas un nouvel État, mais elle en prend la direction. Peut-être l'Amérique du Nord y arrivera-t-elle aussi dans un siècle. Ce serait relativement facile pour le Canada et les États-Unis, mais le Mexique pose problème. Le Mexique est la Turquie de l'Amérique du Nord. L'Alena[1]

1 L'Alena (Accord de libre-échange nord-américain, en anglais NAFTA) est un traité qui créé une zone de libre-échange entre les États-Unis, le Canada et le Mexique. Il est entré en vigueur le 1er janvier 1994.

existe mais il reste très éloigné de ce qu'est l'Union européenne et ressemble davantage au Marché commun des années 1950. En Amérique du Nord, la vraie frontière n'est donc pas entre le Canada et les États-Unis mais entre l'ensemble Canada-États-Unis et le Mexique. Cependant, le pays se développe rapidement et d'ici cinquante ans, son taux de natalité aura considérablement chuté. Si le Mexique s'intègre à l'Amérique du Nord, le Guatemala deviendra la frontière. En Europe, les choses se passent de la même façon : depuis l'entrée de la Pologne dans l'Union, la frontière de l'Europe se situe en Ukraine.

Par ailleurs, le fait d'avoir plusieurs passeports est beaucoup plus commun aujourd'hui qu'il y a quelques décennies. Lorsque l'on devient citoyen des États-Unis, on doit certes remettre son ancien passeport, prêter serment aux États-Unis et rejeter toute allégeance envers d'autres princes et potentats, mais on peut également aller à son consulat et reprendre un nouveau passeport. Personne n'y prête attention. Il n'y a pas, dans les pays riches, disparition mais atténuation de l'importance des nationalités.

Les États, qui coopèrent pour protéger leurs frontières, peuvent-ils s'inspirer les uns des autres ? Que faire de la comparaison à l'âge de la globalisation ?

Il y a comparaison dans l'espace et comparaison dans le temps. La France est depuis très longtemps un pays d'immigration, le plus important au XIXe siècle. Les Italiens s'installaient dans le Sud et les Belges dans le Nord. Les premiers mineurs étrangers du Nord ont été les Belges, puis sont venus les Polonais.

On peut toujours apprendre en regardant comment ces questions sont traitées ailleurs, mais on veut aujourd'hui faire face aux difficultés en utilisant des institutions spécifiquement créées pour régler d'anciens problèmes, sans comprendre que la situation actuelle n'a rien à voir avec celle du passé. Bien qu'on ait souvent tendance à le nier, les États font face aux mêmes problèmes. La France et les États-Unis ont par exemple à gérer la séparation de l'Église et de l'État, même si cette séparation a pris une forme très différente dans chacun des deux pays : je parlerais d'une séparation douce aux États-Unis, plus dure en France. Aux États-Unis, personne ne s'inquiète de voir une jeune fille se rendre à l'école la tête voilée ou un petit garçon juif porter une kippa. Cela n'est pas considéré comme illégitime. Par contre, aux États-Unis, pays fondamentalement protestant, les fêtes de la Vierge ne sont pas fériées. La France reste un pays de culture catholique mais ne le reconnaît pas, la séparation de l'Église et de l'État demeure très catholique, alors qu'aux États-Unis elle est plus protestante.

Certaines particularités nationales restent fortes. La carte d'identité n'existe pas aux États-Unis, le permis de conduire en fait office. Sous la présidence Bush, on pouvait torturer mais le fait d'imposer une carte d'identité aux Américains aurait créé une énorme vague de protestation. La chose est acquise en France, comme en

Belgique et en Allemagne ou, en général, dans les pays qui ont connu le règne de Napoléon, mais pas au Canada, aux États-Unis ou au Royaume-Uni où obliger les gens à avoir une carte d'identité serait insupportable.

Le concept de multiculturalisme est à l'origine d'importantes controverses quant à sa définition même et, en tout cas, à son interprétation et ses effets. Comment penser l'après-multiculturalisme ?

Je ne pense pas qu'il y ait un après-multiculturalisme mais plutôt un multiculturalisme adouci car aucun pays n'a vraiment pratiqué le multiculturalisme, ni le Royaume-Uni, ni les Pays-Bas, ni le Canada. Le Canada a toujours été moins unifié que la plupart des États car c'est une confédération comme le sont la Suisse ou la Belgique. Ce qu'on appelle multiculturalisme au Canada n'est pas très différent de ce qui se pratique aux États-Unis où cette politique ne relève pas de l'État. Si par exemple on souhaite ouvrir un temple bouddhiste aux États-Unis, il suffit d'avoir un permis de construire. Il n'existe pas de dignitaires bouddhiste, juif ou catholique auxquels le chef de l'État peut serrer la main contrairement à la France.

Quels sont les éléments du multiculturalisme sur lesquels il est désormais impossible de revenir ? Que faire par exemple dans un pays comme les Pays-Bas ? L'ethnonationalisme est-il le contrepoids du multiculturalisme ?

Pour gérer l'immigration, les Pays-Bas ont appliqué une approche particulière qui est la leur depuis longtemps, la pillarisation, c'est-à-dire la division du pays en trois parties, trois piliers : catholiques, protestants et neutres. Mais la pillarisation n'a rien à voir avec l'immigration, elle est liée aux problèmes des XVIIIe et XIXe siècles et à la division du pays entre catholiques et protestants. Ce modèle s'est donc avéré trop rigide pour pouvoir être appliqué à d'autres populations.

Les Néerlandais ont essayé de créer un pilier musulman mais ce n'était pas possible parce que les musulmans ne sont pas tous d'accord les uns avec les autres et parce que l'islam est une religion très hétérogène. De ce point de vue, les États-Unis ont mieux réussi en accordant à quiconque la liberté totale de créer une Église car ces questions y relèvent de la société civile, et le multiculturalisme s'adapte plus vite et mieux aux changements. Je le répète, les générations suivantes sont très différentes de la première. Je suis persuadé que, comme toujours dans l'histoire, les deuxième et troisième générations de Mexicains ne s'intéresseront au Mexique que d'une façon sentimentale et distante.

Faut-il voir dans l'*affirmative action* l'un des effets du multiculturalisme ?

L'*affirmative action* n'a rien à voir avec l'immigration ou avec le multiculturalisme, il s'agit de la reconnaissance d'une faute historique, d'une question de justice et de droit.

Mais les défenseurs du multiculturalisme utilisent ces mêmes arguments de droit et de justice pour les groupes ethniques et religieux...

Cela est pourtant très différent. L'*affirmative action* concerne des questions normatives : il s'agit de donner l'avantage à un groupe ou à une communauté qui a subi une discrimination sociale, culturelle et politique. Les Américains essaient de compenser le passé, et l'*affirmative action* permet à ceux qui sont toujours passés derrière de passer devant.

Le phénomène transnational est au cœur des débats en sciences sociales, particulièrement en matière d'immigration. Quelles répercussions a-t-il sur l'intégration et sur le développement de l'immigration ?

Les transports et les communications sont beaucoup plus faciles aujourd'hui. Les idéologies et les idées circulent à travers des associations et des identités qui trouvent une légitimité par le multiculturalisme dans la société d'accueil comme dans les pays d'origine. Ce transnationalisme ne bouleverse pas le paradigme classique de l'immigration que représente l'intégration, il le modifie. S'il était plus difficile pour les précédentes générations d'immigrés de garder autant de liens avec le pays d'origine, rappelons-nous cependant qu'au début du XXe siècle, les Italiens sont venus par trois fois aux États-Unis et ne s'y sont installés que la troisième fois. Ils ont donc fait des allers et retours. On venait généralement une première fois et on travaillait dans le bâtiment durant une ou deux saisons, puis on partait en Argentine avant de rentrer en Italie. Ces immigrés étaient déjà transnationaux !

Oui, mais comment penser l'intégration dans le cadre du transnationalisme ?

Le transnationalisme ne remet pas en cause l'intégration, les populations sont d'autant plus intégrées qu'elles deviennent transnationales. L'un n'exclue pas l'autre contrairement à ce que l'on pourrait penser. Les transnationaux ont la possibilité de bouger et d'exister dans plusieurs lieux, sans que cela nuise à leur intégration. L'élite est d'ores et déjà intégrée. En Espagne, le pays d'Europe où les politiques de codéveloppement ont le plus d'écho, les populations immigrées s'organisent et se mobilisent pour l'envoi de fonds dans leur pays d'origine. En Afrique par exemple, des villages entiers se constituent par ce biais. Ces associations d'immigrés sont financées par l'Union européenne. Il s'agit d'une nouvelle façon d'aider les pays africains. On cherche à limiter l'immigration mais on fait de l'immigré un individu transnational puisqu'on lui donne la mission d'investir dans son pays.

Il faudra voir ce qui se passera dans quelques décennies. On a observé que les liens avec le pays s'estompent à partir de la deuxième génération de Mexicains. Ils vont voir leurs grands-parents s'ils sont encore en vie mais pas régulièrement, mais s'intéressent beaucoup moins à leur village d'origine parce qu'ils ont grandi en dehors de ce village.

Peut-on parler d'effet Obama sur les questions de relations raciales interethniques, les politiques antidiscriminatoires, etc., non seulement aux États-Unis mais dans le monde ?

Barack Obama s'exprime peu sur l'immigration. Tout le monde s'attendait à ce que l'immigration joue un rôle important dans la campagne électorale et elle n'en a eu aucun. Deux raisons expliquent ce fait. Tout d'abord, le vote hispanique était déjà acquis à Obama qui n'avait donc pas à se battre pour l'obtenir. Deuxièmement, John McCain est un centriste et en aucun cas un extrémiste, il n'a donc pas jugé bon de parler de l'immigration parce qu'il était menacé sur sa droite. Aucun des deux candidats n'avait intérêt à évoquer ce sujet.

Mais Obama est un fils d'immigré, un métis né aux États-Unis dont une partie de la famille vit au Kenya, qui a été élu président des États-Unis, c'est du jamais vu !

Nous vivons aujourd'hui la déprovincialisation des États-Unis. Ce pays s'est toujours vécu comme une île. Auparavant, les Américains ne regardaient jamais au dehors et ne s'intéressaient pas au monde. La victoire d'Obama est donc importante et symbolique à deux niveaux. Premièrement, Obama est noir, ce qui constitue un grand tournant pour le pays. Personne ne croyait qu'un Noir pourrait arriver si vite à la Maison-Blanche.

Aux États-Unis, la définition d'une personne par la race date du XVIIIe siècle. Jusqu'à très récemment, le racisme était profondément ancré dans la société et la couleur de la peau était la chose la plus importante. Cela commence à s'atténuer et la victoire d'Obama montre que les choses ont changé, ne serait-ce que par le fait que beaucoup d'Américains blancs ont voté pour lui, une chose inimaginable il y a encore quelques décennies. On s'attendait à un phénomène pervers, que les personnes qui disaient qu'elles allaient voter Obama changent d'avis au dernier moment mais cela ne s'est pas passé ainsi. Et depuis son élection, on observe un ralliement autour d'Obama.

Deuxième chose, la Constitution américaine stipule qu'un candidat à la présidence doit être né aux États-Unis mais il n'est pas obligé d'avoir des antécédents américains.

Faut-il voir en Obama un exemple pour le monde, à une époque où les mouvements de populations sont de plus en plus fréquents et où l'on compte de plus en plus d'immigrés et de fils et petits-fils d'immigrés ?

Un fils d'immigré, Nicolas Sarkozy, est au pouvoir en France mais personne ne le mentionne car il ne possède pas, comme Obama, de différence visible. La victoire d'Obama prouve que ces choses sont possibles, que les problèmes peuvent être surmontés. Si les États-Unis l'ont fait, l'Europe peut le faire. Obama est un espoir pour toutes les minorités, il montre que les discriminations peuvent être surpassées.

Le président d'un État peut avoir des liens avec d'autres États par affinités ou par ancêtres interposés. Qu'est ce que cela signifie pour la communauté nationale ?

C'est une ouverture, un assouplissement de la définition même de la nation qui devient un rassemblement de gens qui vivent à un certain moment et dans un certain lieu. La nation n'est pas et n'a jamais été une tribu ancestrale, cette idée relève du mythe.

PARTIE 2

LES MIGRATIONS INTÉRIEURES

ENTRE LIBRE CIRCULATION ET DÉPORTATIONS

Exode rural : les habits neufs d'une vieille question

Bertrand Hervieu et François Purseigle

L'urbanisation des populations figure parmi les phénomènes majeurs de ce début de XXIe siècle. Le monde d'aujourd'hui semble résulter de ce long processus d'exode rural commencé dans les campagnes anglaises dès le début du XVIe siècle et qui a profondément marqué les temps modernes. D'après le *World Urbanization Prospects* des Nations unies, nous connaissons, depuis 2008, une « inflexion démographique » : notre planète, hier majoritairement agricole et rurale, est devenue résolument urbaine. Au nombre de 220 millions au début du XXe siècle, les urbains sont aujourd'hui 3,3 milliards et devraient atteindre les 5 milliards à l'horizon 2030. La question de l'exode rural est cependant plus complexe qu'il n'y paraît et ne saurait se résumer au seul tarissement démographique des campagnes.

Sans connaître la croissance des populations urbaines, les populations rurales n'ont en effet jamais été aussi nombreuses qu'aujourd'hui en valeur absolue, tandis que l'exode rural paraît contrarié de deux façons, voire mis en échec. Dans les sociétés développées où dominent les populations littoralisées et urbanisées, on note la montée en puissance de la fonction résidentielle, c'est-à-dire un retour ou plutôt un départ croissant de populations qui viennent en milieu rural pour y résider bien plus que pour y travailler. Dans les pays en développement, on assiste surtout au maintien sur place de populations marginalisées ou exclues des circuits de production et d'échange. Nous savons que les populations les plus pauvres de la planète sont des populations rurales qu'en d'autres temps, le développement, dans les villes, d'activités conduisait à partir, mais qui aujourd'hui n'ont plus aucune opportunité de mobilité professionnelle.

figure 11 : **Population urbaine et rurale mondiale, 1950-2050**

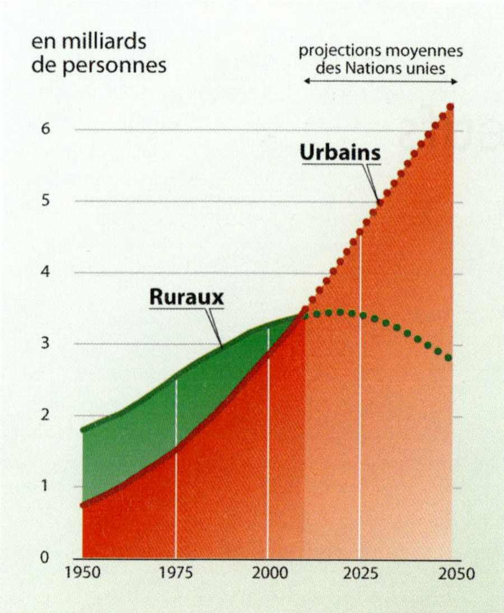

Source : Nations unies, division Population, *World Population Prospects : The 2006 Revision* et *World Urbanization Prospects : The 2007 Revision.*

Sciences Po / CERI et Atelier de cartographie, janvier 2008

Ce double mouvement donne à lire deux grands phénomènes : au Nord, des conflits aigus liés au désir de nature et à la volonté de la protéger face au maintien des fonctions de production et à la montée de la fonction résidentielle. Au Sud, une incapacité à inventer des modèles de développement agricole ou industriel capables d'occuper des populations en croissance sur des surfaces agricoles en diminution.

Le retournement de l'exode rural vers un espace urbain illimité

La mise en œuvre de politiques publiques de développement rural volontaristes et les transformations rapides des modes de vie ont conduit à un renversement des tendances séculaires d'exode, en Europe comme aux États-Unis. En France, d'après l'Insee, les populations rurales augmentent désormais au même rythme annuel que la population nationale (0,7 %).

Derrière ce constat se cachent quatre dynamiques démographiques qui correspondent à quatre types d'espaces ruraux distincts. Le premier, bien qu'encore qualifié de rural, subit une forte attraction urbaine. Son solde migratoire est très positif : cet espace, dit « rural périurbain », a connu, durant la dernière décennie, des taux de croissance démographique très élevés, un phénomène dû essentiellement aux processus migratoires engendrés par la fonction résidentielle assignée à ces espaces. Dans le deuxième espace rural coexistent une population « de souche rurale » vieillissante et une population « néorurale » dont le solde migratoire est si positif qu'il compense largement le déficit démographique de la première. C'est notamment le cas du Bassin parisien où, dans un rayon de 150 à 200 kilomètres autour de Paris, s'est implantée une nouvelle génération de ruraux qui fuient la capitale et les grandes villes pour retrouver une certaine qualité de vie. Cet espace que l'on pourrait qualifier de « rural sous influence urbaine » connaît une croissance démographique. Dans le troisième espace, au contraire, la ville n'exerce qu'une faible attraction. Le solde migratoire est légèrement positif et le solde naturel négatif. Dans cet espace « rural intermédiaire », les petites communes apparaissent clairement en perte de vitesse et les activités se concentrent autour de pôles démographiques regroupés sous le terme de « pôles ruraux ». Enfin, au quatrième espace qualifié de « rural isolé » correspond la « diagonale aride » prenant la France en écharpe depuis les plaines de la Meuse jusqu'aux Pyrénées en passant par le Massif central, le Morvan... Ces régions sont marquées par des soldes migratoire et naturel négatifs. D'où un effondrement démographique et un vieillissement certain.

On retrouve également cette pluralité d'espaces ruraux et cette diffusion de la fonction résidentielle en Europe où les espaces ruraux ne sont plus conquis pour des fonctions de production mais bien pour le cadre de vie qu'ils offrent. En ce sens, la fin de l'exode rural des campagnes européennes et américaines, loin d'être une reconquête agricole ou industrielle, constitue au contraire l'extension d'une urbanité dominante dont le corollaire est une mobilité accrue (quotidienne, hebdomadaire ou encore selon les âges de la vie des populations). Si l'exode rural avait vidé les campagnes pour faire d'elles des espaces agricoles, l'exode urbain signe d'un point de vue culturel et politique la fin des campagnes agricoles et leur incorporation dans un espace urbain illimité.

L'exil de l'intérieur ou l'assignation à résidence

A contrario de la mobilité qui conduit les populations des pays développés à se tourner vers les espaces ruraux et à en faire les lieux d'une nouvelle modernité, dans les pays en développement se déploie ce que nous appellerons un processus d'assignation à résidence ou de paralysie de la mobilité lié à l'extrême pauvreté. Là encore, comme par symétrie, la fonction de résidence l'emporte sur la fonction de production mais cette fois par défaut.

Avec, pour traduction immédiate de ce processus, une multiplication à l'infini de micro-exploitations agricoles de plus en plus petites et de plus en plus pauvres. Faute d'avoir su inventer un autre modèle de développement agricole que celui de l'agrandissement, le XXIe siècle voit émerger et se répandre une nouvelle forme de subsistance ou de relégation. Dans de nombreux pays, les populations seraient là davantage pour y survivre que pour y produire.

Il faut insister : si la moitié des habitants de la planète ne vivent plus dans les campagnes, les ruraux n'ont pourtant jamais été aussi nombreux en valeur absolue. Leur nombre s'accroît à mesure que leur influence s'amenuise et que leurs activités se diversifient. L'agriculture constitue l'activité principale de 2,6 des 3 milliards d'individus qui vivent encore en zone rurale, soit 86 %. Le début du XXIe siècle consacre l'émergence d'une nouvelle forme de production agricole que l'on peut appeler agriculture de firme : industrielle, financiarisée, mobile, délocalisée et orientée par les marchés mondiaux. Elle s'accommode du maintien des exploitations dont la main-d'œuvre est principalement à caractère familial et le capital encore largement de nature patrimoniale. Ces agricultures familiales organisées en filières sont, quant à elles, articulées aux marchés nationaux et régionaux. Autre phénomène nouveau : le maintien et la diffusion d'une agriculture de survie qu'il conviendrait d'appeler une agriculture congédiée, dans la mesure où les populations urbaines dominantes n'attendent rien de celle-ci pour assurer la sécurité de leur approvisionnement. Nous n'assistons pas à la fin des paysans et à leur transformation en agriculteurs, ni à un exode massif des populations agricoles, mais à une sorte d'exil sans départ, en marge du processus de globalisation des marchés agricoles. La mobilité touche donc davantage les productions agricoles, que les paysans eux-mêmes.

Alors que l'exode rural avait provoqué une dynamique de déstructuration-restructuration des sociétés paysannes traditionnelles, les pays en développement connaissent un processus de déstructuration par stagnation sans voir émerger de dynamique de recomposition. Si les paysans de jadis ont trouvé du travail dans l'industrie, ceux d'aujourd'hui n'ont pas cette opportunité. Cet exil sur place frappe un grand nombre de femmes « assignées à résidence » dans des situations de très grande pauvreté économique et de privation d'accès aux soins. Au fossé Nord-Sud s'ajoute une fracture Sud-Sud qui fait coexister des classes moyennes et supérieures urbaines au diapason d'une information et d'un marché globalisés avec des populations de l'intérieur, rurales et pauvres, sans échange, sans revenu et donc sans perspective de développement.

figure 12 : **Population rurale et malnutrition, 2007**

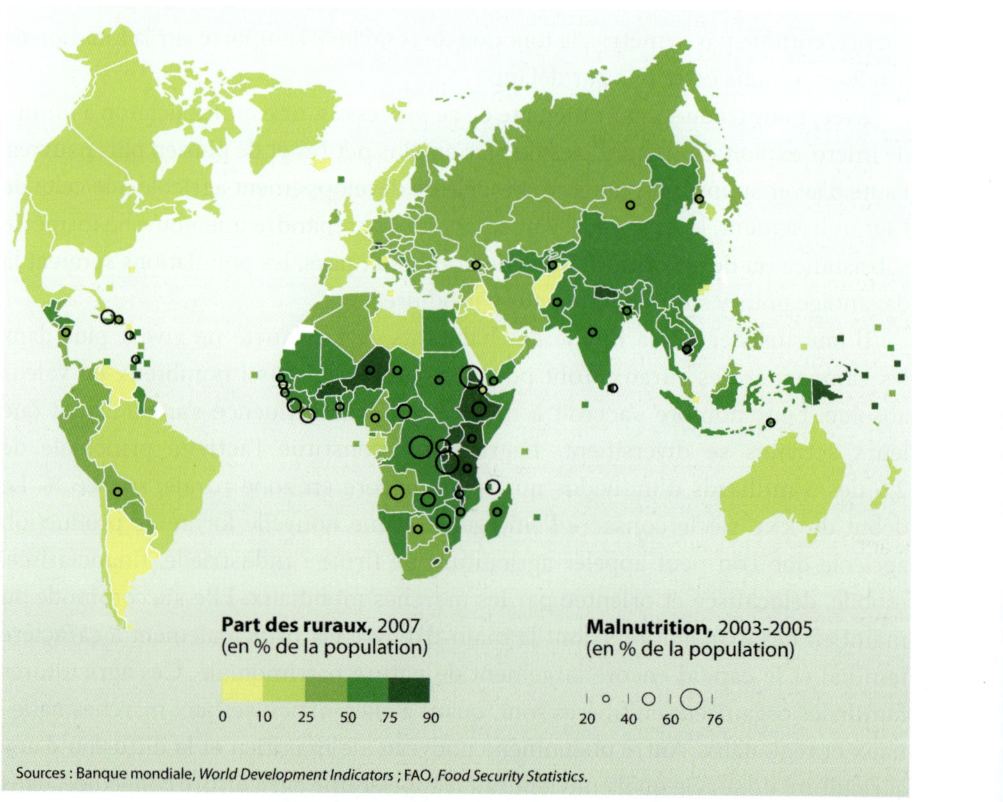

Sciences Po / CERI et Atelier de cartographie, avril 2009

La Méditerranée : kaléidoscope des exodes contrariés

La Méditerranée illustre à elle seule ce double processus. D'une rive à l'autre, elle incarne sous la forme d'un précipité le kaléidoscope des exodes contrariés. Peuplé de 455 millions d'habitants (2005), le bassin méditerranéen a, comme de nombreux pays du globe, connu une croissance urbaine sans précédent. Représentant aujourd'hui 64 % de la population totale de la région, les urbains ont doublé lors de ces trente-cinq dernières années et devraient avoisiner les 68 % d'ici 2020. Cependant, la démographie rurale demeure importante et « l'effacement rural » n'est pas d'actualité. En 2005, on ne dénombrait pas moins de 164 millions de ruraux en Méditerranée, soit un tiers de la population. À l'inverse des pays du Nord, ceux du Sud (Égypte, Syrie, Jordanie et notamment Territoires palestiniens) enregistrent une croissance démographique rurale de 41 %. D'ici 2020, les ruraux devraient atteindre le chiffre de 48 millions sur la rive sud de la Méditerranée. Entre 2005 et 2020, l'Égypte devrait voir son nombre de ruraux augmenter de près de 7 millions.

Par conséquent, l'agriculture demeure un secteur d'activité stratégique. En 2003, près de 39 millions de personnes du bassin méditerranéen travaillaient dans l'agriculture (soit 20 % des actifs de la région). Un tiers des actifs agricoles (34 millions en 2003 pour 30 millions en 1990) vivent sur la rive sud. La Turquie et l'Égypte comptent à elles seules 23,5 millions d'actifs agricoles, soit 60 % du total. La dynamique démographique est tout à fait différente sur la rive nord où le nombre de salariés agricoles a chuté de manière spectaculaire (5 millions aujourd'hui). Au Sud et à l'Est, seuls Israël, le Liban et la Libye ont connu une baisse du nombre d'agriculteurs, soit en raison de processus de conversion économique, soit à

figure 13 : **Part de la population rurale en Méditerranée, 2005**

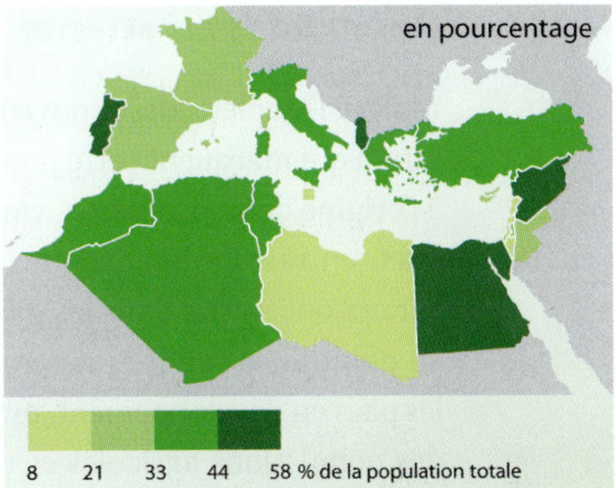

D'après CIHEAM-Plan Bleu, *Mediterra. Repenser le développement rural en Méditerranée*, Paris, Presses de Sciences Po, 2009.
Sources : compilation CIHEAM à partir des Nations unies, *World Population Prospects 2004* (hypothèse moyenne).

figure 14 : **Population agricole et rurale sur les rives de la Méditerranée (hors Balkans), 1960-2005**

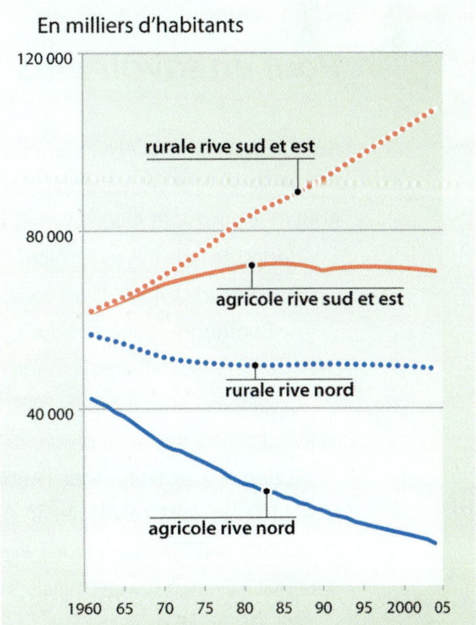

D'après CIHEAM-Plan Bleu, *Mediterra. Repenser le développement rural en Méditerranée*, Paris, Presses de Sciences Po, 2009.
Source : FAO, 2006.

cause d'une intensification productive. Au Nord de la Méditerranée, la reconquête résidentielle des arrière-pays a définitivement mis à mal la thématique de la désertification des années 1970.

Des exodes en attente

Malgré l'ampleur des mouvements d'urbanisation, de concentration et de littoralisation qui marquent cette première décennie du XXIe siècle, l'exode rural, loin d'être à l'origine de ce processus, vient paradoxalement le modérer, voire le contredire. En effet, en raison de l'étalement de la fonction résidentielle au sein des territoires ruraux on assiste, dans les pays développés, à un exode urbain qui remet en cause, au point de la rendre inopérante, la traditionnelle dichotomie urbain-rural. Dans les pays en développement, on est surtout frappé par la croissance en valeur absolue des populations agricoles et rurales, leur maintien sur place, leur marginalisation dans la mondialisation et, par voie de conséquence, leur extrême pauvreté. En d'autres termes, l'exode rural dans son acception traditionnelle n'est pas le facteur explicatif le plus déterminant des grands phénomènes migratoires contemporains. Mais il est vrai que dans un contexte qui ferait un appel massif de main-d'œuvre, une reprise des processus d'exode demeure envisageable puisque, et c'est le paradoxe actuel, de nombreuses populations rurales sont en attente de migration.

Pour en savoir plus

ABIS (Sébastien) et BLANC (Pierre), « Le contexte sociodémographique », dans Bertrand Hervieu (dir.), *Mediterra 2008. Les futurs agricoles et alimentaires en Méditerranée*, Paris, Presses de Sciences Po, 2008.

AUBERT (Francis), BLANC (Michel) et SCHMITT (Bertrand), « Les espaces ruraux, refuge d'activités déclassées ou milieu attractif pour de nouvelles orientations productives ? », dans Jean-Pierre Sylvestre (dir.), *Agriculteurs, ruraux et citadins. Les mutations des campagnes françaises* », Dijon, CRDP de Bourgogne-Éditions Educagri, 2003, p. 251-272.

Département des affaires économiques et sociales des Nations unies (DAES-NU), *The Millennium Development Goals Report 2006*, New York (N. Y.), Nations unies, juin 2006.

HERVIEU (Bertrand), *Les Orphelins de l'exode rural. Essai sur l'agriculture et les campagnes du XXIe siècle*, La Tour-d'Aigues, Éditions de l'Aube, 2008.

MORA (Olivier) (dir.), *Les Nouvelles Ruralités à l'horizon 2030*, Paris, Éditions Quae, 2008.

PERRIER-CORNET (Philippe) (dir.), *Repenser les campagnes*, La Tour-d'Aigues, Éditions de l'Aube, 2002.

PURSEIGLE (François), « Les malaises du monde paysan », *Agriculture et monde rural. Regards sur l'actualité*, 315, novembre 2005.

SINGELMANN (Joachim), « Levels and Trends of Females Internal Migration in Developping Countries, 1960-1980 », *Internal Migration of Women in Developing Countries*, New York (N. Y.), Nations unies, 1993.

Régimes juridiques et régulation des mobilités dans l'Union européenne

Christian Olsson

Les stratégies de contournement du niveau communautaire et de ré-étatisation, qui prévalent dans l'Union européenne en matière de libre circulation des personnes depuis les années 1980, ont vu le jour sous la forme de « traités séparés » (accord initial de Schengen, convention de Schengen, convention de Dublin) ou, après le traité de Maastricht en 1993, ont été intégrées au sein d'un troisième pilier intergouvernemental. Elles ont débouché sur un régime de plus en plus favorable au contrôle des mobilités, souvent au nom de préoccupations sécuritaires, au détriment de la liberté de circulation, tant intérieure qu'extérieure, initialement voulue par la Commission.

Pour autant, cette ré-étatisation ne s'est pas toujours faite au profit de logiques de retour à la souveraineté individuelle des États membres. Elle est davantage passée par le biais de logiques de mise en commun de souverainetés (*pooling of sovereignty*), suivant généralement le principe de la « reconnaissance mutuelle » par laquelle, à l'image de ce qui fut initialement fait pour le marché intérieur des biens, la logique d'harmonisation est sacrifiée à la libre circulation de décisions souveraines des États membres. À quoi, il faut ajouter les jeux politiques entre une Europe pleinement intégrée conçue comme un espace de contrôle unique et une Europe ayant autant d'espaces d'application de ses décisions que de pays membres. De ce point de vue, la tendance dans les dernières décennies a été favorable au deuxième terme de l'alternative malgré les volontés inverses qui se faisaient jour au sein de la Commission.

Depuis les craintes – qui se sont d'ailleurs révélées infondées – de voir déferler des vagues d'immigrants, lors des élargissements de 1981 (Grèce), de 1986 (Portugal, Espagne) et de 2004-2007 (pays d'Europe centrale et orientale, Malte et Chypre),

figure 15 : **Dates significatives des politiques de l'immigration et de la libre circulation de l'Union européenne, 1957-2009**

1957 Le **traité de Rome** met l'accent sur la liberté de circulation des biens, des services, des capitaux et des personnes au sein de la CEE.

1958 = Création de l'Union économique des pays du Benelux de 1958 incluant des dispositions de libre circulation.

1961 ★ Accord d'association avec la Grèce.

1964 ★ Accords d'association avec la Turquie.

1968 ■ Le processus de mise en place du régime juridique de la libre-circulation du traité de Rome arrive à son terme.

1984 = Le traité de Sarrebruck entre la France et l'Allemagne réduit le contrôle sur la circulation de biens et de personnes entre les deux pays.

1985 = Accord initial de Schengen.

1986 L'**Acte unique européen** de 1986 révise le traité de Rome et précise les objectifs du grand marché intérieur, notamment au profit de l'idée de l'abolition des contrôles aux frontières entre États membres.

1990 △ 15 juin, signature de la convention de Dublin concernant les demandeurs d'asile dans l'Union européenne.
○ Convention d'application de l'accord Schengen aussi appelé « convention Schengen ».

1992 ○ Abolition formelle des contrôles aux frontières entre États membres.

1993 Date d'entrée en force du **traité de Maastricht** qui institutionnalise le troisième pilier couvrant l'essentiel des dispositions pertinentes concernant le contrôle de frontières intérieure et extérieure.

1995 ○ La convention de Schengen entre en application pour ce qui concerne le contrôle sur les personnes.

1999 Entré en vigueur le 1er mai, le **traité d'Amsterdam** communautarise partiellement les domaines de la l'immigration et de l'asile.

1999 ■ Le Conseil européen de Tampere, en octobre, programme la réalisation de l'« espace de liberté de sécurité et de justice » pour fin 2004.

2001 △ La directive 2001/40/CE du Conseil, du 28 mai, assure qu'une décision d'éloignement formulée par un État membre s'applique automatiquement sur tout le territoire de l'Union.

2001 △ La directive 2001/51/CE du Conseil, du 28 juin, prévoit des sanctions contre les transporteurs qui font entrer dans l'Union des ressortissants de pays tiers dépourvus des titres ou visas nécessaires.

2003 △ Droit au regroupement familial en vertu de la directive 2003/86/CE du Conseil, du 22 septembre.
△ La directive 2003/109/CE du Conseil, du 25 novembre, harmonise les législations des États membres, qui doivent reconnaître un statut de « résident de longue durée » obtenu après cinq années de résidence légale et ininterrompue.
○ Le règlement européen « Dublin II » remplace le 1er septembre les dispositions de la convention d'application de l'accord Schengen.

2004 ■ Création de l'Agence européenne pour la gestion de la coopération opérationnelle aux frontières extérieures des États membres, aussi appelée Frontex.
■ Adoption le 4 et 5 novembre du programme de La Haye, un ensemble de dix priorités relatives à l'« espace de liberté, de sécurité et de justice » adoptées lors du Conseil européen.

2005 △ Au 1er janvier, l'ensemble de la politique de visas et de la politique d'asile relève du premier pilier de l'Union, c'est-à-dire de la méthode communautaire (sauf sur certains points).

2005 = Signature du traité de Prüm (aussi appelé Schengen III ou Schengen +).

2007 ■ En juin, le traité de Prüm est transféré dans le droit européen au travers d'un règlement.

2008 ★ Les pays baltes, la République tchèque, la Hongrie, la Pologne, la Slovénie, la Slovaquie et Malte rejoignent l'espace Schengen.
△ Le Parlement européen adopte la directive sur le retour des étrangers en situation irrégulière, le 18 juin.

2009 Le **traité de Lisbonne**, en cours de ratification, renforce l'« espace de liberté, de sécurité et de justice » au sein de l'espace Schengen.

= Dispositions prises en dehors du cadre communautaire
★ Extensions du régime de circulation européen
△ Dispositions européennes concernant la politique des visas et d'asile
○ Institutionnalisation de l'espace Schengen
■ Autres dates marquantes de la politique d'immigration et de libre-circulation de l'Europe communautaire

Source : compilation de Christian Olsson.

Sciences Po / CERI et Atelier de cartographie, avril 2009

la mise en place d'un régime de régulation des mobilités à l'échelle européenne, les évolutions et les aléas de l'application du principe de libre circulation des personnes, et les politiques d'immigration et d'asile menées au niveau de l'Union – qu'elles soient favorables ou non au principe de mobilité – sont largement déconnectés de l'évolution des flux migratoires et des mobilités réelles. Le non-respect des droits de l'homme par certains pays et les besoins économiques des États membres de l'Union européenne jouent un rôle plus important dans la détermination des flux migratoires que la permissivité de politiques européennes d'immigration et d'asile. De la même façon, si les politiques prohibitionnistes en matière de liberté de circulation ont créé des zones de flou, voire d'arbitraire, elles n'ont pas permis, loin s'en faut, d'endiguer le passage ordinaire qui continue de caractériser des portions significatives des frontières européennes. La mobilité intra-européenne est quant à elle faible, ce qui réduit considérablement la portée du marché unique, et a conduit à des plaintes multiples tant de la part du Conseil que de la Commission. En définitive, l'histoire relativement stable des migrations au niveau européen est déconnectée des mesures mises en place pour favoriser ou pour dissuader la mobilité.

La libre circulation des travailleurs, credo originel de la CEE

C'est au projet de grand marché intérieur initié par le traité de Rome de 1957 que l'on doit le principe de libre circulation des personnes à l'échelle de la Communauté européenne, c'est-à-dire le droit à la mobilité pour les travailleurs européens, affirmé par l'article 48 du traité de Rome (circulation des biens, des capitaux, des services et des personnes). Cette dernière liberté vient ainsi s'insérer dans un cadre normatif plus général caractérisé par le libéralisme économique et l'idéologie du marché dont elle est inséparable. La liberté de circulation des personnes est un pilier du projet de marché du travail européen, parce que ce dernier implique la mobilité du facteur travail et que son objectif de libre circulation des services est inconcevable sans celle des personnes.

Ce cadre normatif a conduit la CEE à se focaliser dans un premier temps sur les seuls aspects économiques et techniques conformément à l'objectif du grand marché intérieur. Ce n'est que dans les années 1980, avec les perspectives de l'Acte unique de 1986, puis avec la création de l'Union européenne en 1992, que la libre circulation devient un enjeu politique. À l'opposé de la vision qui prévaut avec l'instauration de la citoyenneté européenne en 1993, il s'agit dans un premier temps d'un principe inséparable de la stratégie initiale et fonctionnaliste de la CEE qui consiste à initier la coopération et l'intégration dans des domaines techniques avant de communautariser des domaines de plus en plus politiques par un effet de *spill-over*.

Le traité de Rome prévoit que les États membres perdent le pouvoir de déterminer les critères régissant la circulation des personnes au bénéfice de l'échelon communautaire, établissant ainsi le principe de la suprématie des règles communautaires. Il s'agit d'assurer l'uniformité de l'application de ces critères sur l'ensemble du territoire des États membres, empêchant que les individus soient soumis à un droit national plus contraignant. La mise en place de ce régime juridique est achevée en 1968. La libre circulation des personnes est alors essentiellement affaire du rapport direct entre droit communautaire et individus, sans autre médiation. En cas de contradiction entre droit communautaire et droit national, c'est donc le premier qui prévaut. Ce droit européen relatif aux migrations inclut notamment l'exigence de nationalité – ainsi que celle d'exercer une activité économique – comme condition d'accès à la liberté de circulation, droit étendu aux membres de sa famille quelle que soit leur nationalité.

Créée pour encourager la liberté de circulation des travailleurs au sein du « territoire européen », la libre circulation ne va cependant pas significativement modifier les comportements : les marchés du travail européens restent fortement cloisonnés et les migrations économiques au sein de l'espace européen sont davantage l'exception que la règle.

Par la mise en place d'accords avec des États tiers non membres de la CEE (accords d'association avec la Turquie et la Grèce à partir des années 1960, avec les pays du Maghreb dans les années 1970, etc.), le régime d'immigration intérieur est doublé d'un volet extérieur se voulant lui aussi relativement « libéral », du moins dans la « zone d'intérêt stratégique » de l'Europe. Ces accords sont plus ou moins permissifs en matière de libre circulation et concernent en première instance les pays limitrophes de la Communauté. Ils abordent les frontières davantage comme des points de passage et de jonction que comme des lignes de front face à une menace démographique ou sécuritaire. S'il n'a jamais été question de créer un régime de mobilité et de libre circulation des personnes à l'échelle globale, cette première période du droit communautaire a cependant été relativement favorable à la libre circulation d'abord au sein de l'espace constitué par les États membres, ensuite entre ceux-ci et les États voisins. Mais il faut noter que ces accords ne semblent pas avoir significativement modifié les comportements migratoires des populations concernées.

La relation directe entre droit communautaire et individus résidant en Europe qui caractérise ce droit premier de la CEE en matière d'immigration et d'asile sera rompue avec le tournant intergouvernemental observé à partir des années 1980. La Commission continue certes à jouer un rôle important dans la production normative – malgré des fluctuations – mais les États membres restant maîtres de l'application concrète de nombre de règles, le jeu politique européen est significativement infléchi en faveur de ces derniers et au détriment de la mobilité des ressortissants extracommunautaires.

Schengen et le tournant sécuritaire et intergouvernemental des années 1980

En 1986, l'Acte unique européen, première véritable réforme du traité de Rome, précise les objectifs du grand marché intérieur, notamment l'abolition des contrôles

figure 16 : **L'Union européenne et l'espace Schengen, juin 2009**

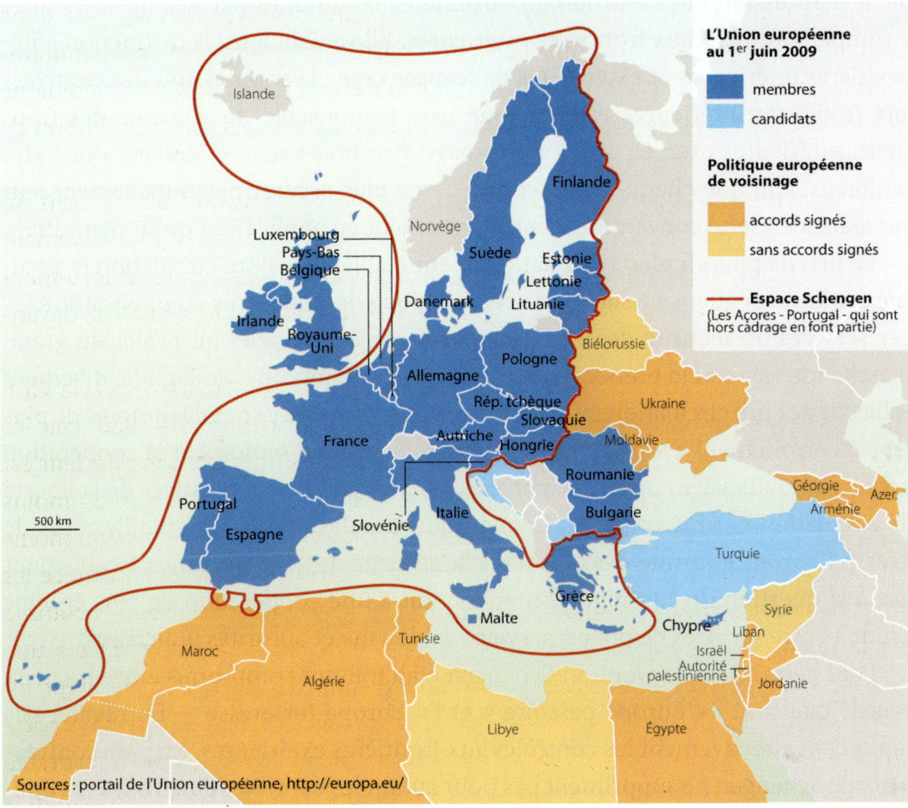

Sciences Po / CERI et Atelier de cartographie, avril 2009

aux frontières entre les États membres à compter de 1992. On observe alors une crispation des ministères de l'Intérieur et de la Justice de certains États membres qui craignent de perdre leurs prérogatives traditionnelles. Cette réticence est d'ailleurs pour partie antérieure à l'Acte unique et doit être mise en rapport avec la levée progressive du contrôle aux frontières dites « internes » de la Communauté observée dès le début des années 1980. Ainsi de 1985 à 1999, les États membres de la Communauté tentent, face à l'européanisation théorique des politiques, de coordonner leurs politiques d'immigration et d'asile en dehors du cadre communautaire. L'accent est mis notamment sur la nécessité d'harmoniser les pratiques de contrôle aux frontières extérieures au fur et à mesure que se libéralise la circulation au sein de l'Europe.

C'est l'un des enjeux de l'accord initial de Schengen signé le 14 juin 1985, en dehors du cadre communautaire, par l'Allemagne, la Belgique, la France, le Luxembourg et les Pays-Bas. Il s'agit essentiellement d'une fusion des dispositions de libre circulation de l'Union économique des pays du Benelux de 1958 et du traité de Sarrebruck entre la France et l'Allemagne de 1984 qui réduit le contrôle des biens et des personnes entre ces deux pays. Les accords d'application sont signés en 1990 avec l'adoption de la convention de Schengen qui règle les détails de la suppression des contrôles aux frontières communes par des mesures dites « compensatoires » aux frontières extérieures. Elle établit ainsi la distinction entre frontières intérieures et extérieures de l'espace créé : la suppression des contrôles aux frontières intérieures rend chaque pays responsable du contrôle des frontières extérieures exercé par les autres pays membres ; ceux-ci doivent donc être renforcés, afin que chaque État accepte de ne plus assurer personnellement leur surveillance. Cette convention n'entre réellement en application qu'en mars 1995.

Le lien de plus en plus systématiquement établi entre libre circulation et sécurité est la conséquence majeure de cette logique de « mesures compensatoires ». Les services de sécurité des États membres ont été associés au projet du grand marché intérieur. Si la préoccupation sécuritaire ne modifie pas significativement l'objectif de libre circulation interne, les services de police y sont néanmoins de plus en plus étroitement associés. Les accords de Schengen renforcent la coopération policière et judiciaire contre les menaces perçues comme corrélatives de la liberté de circulation : crime organisé, immigration clandestine, terrorisme (accords de Trévi). L'européanisation des questions de sécurité devient alors inextricablement liée à la question de l'immigration et conduit à une coopération de plus en plus assidue entre services de police, services de douane et autorités judiciaires.

Pour certains, la convention Schengen établirait un compromis entre les deux écueils que sont l'« Europe passoire » et l'« Europe forteresse ». En réalité, s'ils renforcent effectivement les contrôles aux frontières extérieures, les pays contractants de Schengen ne suppriment pas pour autant les contrôles aux frontières intérieures. Ceux-ci sont maintenus par des biais détournés : système d'information Schengen (Schengen Information System – SIS) qui permet de tracer les mouvements des personnes à l'intérieur de l'Union, mise en place de centres de coopération policière et douanière, délégation de la fonction de « contrôleur des frontières intérieures » aux compagnies de transport par le biais de sanctions pécuniaires en cas d'acheminement d'étrangers indésirables, etc. Derrière le discours sur la mise en commun des frontières extérieures prévalent différentes conceptions de la libre circulation. Certains pays, dont la France, sont dans un premier temps favorables à la libre circulation pour les seuls citoyens européens alors que d'autres, comme les Pays-Bas, ont une conception plus extensive du concept. Au final, cette dernière position l'emporte.

En 1997, tous les États membres de l'Union ont adhéré à la convention de Schengen, y compris les cinq pays de l'Union nordique (incluant la Norvège et l'Islande) à l'exception du Royaume-Uni et de l'Irlande. Les États membres ont coordonné leur droit relatif à l'immigration et à l'asile par le biais d'accords purement internationaux en dehors du cadre communautaire. La convention de Dublin du 1er septembre 1990 qui vise une procédure européenne uniforme pour le traitement des demandes d'asile a pour objectif de contraindre les demandeurs de déposer leur candidature dans le premier pays de l'Union qu'ils traversent ; elle sera remplacée en 2003 par un règlement européen (Dublin II). Dans son sillage, une base de données communautaire, Eurodac, sera mise en place pour déterminer le pays responsable d'une demande d'asile sur la base des données dactyloscopiques prélevées sur les étrangers. Fait révélateur du tournant intergouvernemental qui prévaut à partir des années 1980, les conventions de Dublin et de Dublin II se situent dans une logique de reconnaissance mutuelle et de fragmentation des espaces de contrôle à l'échelle de l'Union.

Les accords de Schengen, couplés au refus britannique et irlandais de participer à la zone de liberté de circulation qu'ils instituent, vont avoir des conséquences durables sur la construction européenne car ils conduisent, avec le traité de Maastricht en 1993, à l'institutionnalisation du troisième pilier intergouvernemental, dit « Affaires intérieures » puis « Justice et affaires intérieures » (JAI), couvrant l'essentiel des thématiques relevant du contrôle des frontières intérieures et extérieures ainsi que la politique des visas. La création de ce pilier, qui inclut également la coopération policière et judiciaire, limite la portée juridique du principe de libre circulation au profit des préoccupations sécuritaires des gouvernements. Ces derniers acceptent mal le contrôle judiciaire qu'effectuent les cours européennes.

Au final, la logique intergouvernementale qui prévaut à partir des années 1980 procède d'une logique de ré-étatisation de la problématique de l'immigration et de l'asile face à la perspective du marché unique qu'annonce l'Acte unique. Il faut donc relativiser le récit du « laboratoire Schengen » qui découlerait d'une « coopération renforcée » en matière de liberté de circulation et de la volonté de certains États d'être plus européens que d'autres en supprimant les contrôles aux frontières intérieures avant les autres pour parachever le marché unique. En réalité, il s'agit plus d'un bricolage face à la perspective d'une Europe de la libre circulation voulue par la Commission européenne. En effet, face à la perspective de l'établissement du marché unique et de la liberté de circulation des services, mettre en commun les souverainetés nationales (*pooling of sovereignty*) permettait de mieux les préserver contre la logique communautaire, considérée trop favorable à la mobilité interne et externe, notamment en ce qui concerne les ressortissants extracommunautaires.

Entre intégration, intergouvernementalisme et souverainetés nationales

En communautarisant partiellement les domaines de l'immigration et de l'asile, le traité d'Amsterdam de 1999 modifie, par le protocole intégrant l'« acquis de Schengen », le cadre juridique de l'Union européenne vis-à-vis des ressortissants extracommunautaires. L'Union européenne dispose désormais de compétences étendues dans ces domaines – avec des compétences réduites pour la Cour de justice et d'autres permettant l'adoption de mesures obligatoires pour la Commission – notamment grâce au nouveau titre IV du Traité instituant la Communauté européenne (traité CE). À partir de 1999, il existe donc deux sources de droit européen dans ce domaine : le droit communautaire *stricto sensu* et celui dérivé de l'acquis de Schengen.

Ce transfert de nouvelles compétences à la Communauté ne représente pas vraiment une rupture par rapport aux tendances antérieures. Du point de vue des implications politiques concrètes, il s'agit dans une certaine mesure d'une communautarisation « en trompe-l'œil ». D'abord, l'idée même de ce transfert avait été concédée dès 1990 lors de la signature de la convention de Schengen. Il avait alors été décidé que des mesures prises par l'Union européenne viendraient à terme se substituer à cette convention. Ensuite, on observe avec le traité d'Amsterdam l'adhésion d'une partie de la Commission, celle travaillant sur les thèmes du troisième pilier (direction générale JAI, puis direction générale « Justice, liberté et sécurité » – JLS), à l'idée qu'elle coordonne les ministères de la Justice et de l'Intérieur des États membres plutôt qu'elle ne promeut le principe de la liberté de circulation. Les effets juridiques de la liberté de circulation, et de celle des étrangers en particulier, ont par ce biais été considérablement limités. C'est donc au prix d'un compromis que l'acquis de Schengen a été communautarisé. On observe enfin la permanence de politiques strictement nationales en matière de gestion des frontières extérieures et intérieures. Les logiques du cavalier seul ont été significativement atténuées par l'échec du Royaume-Uni à rester totalement hors du cadre normatif de Schengen. Bien que n'étant contractant ni de l'accord initial de Schengen ni de la convention de 1990, Londres a dû accepter certains dispositifs du cadre de Schengen (hormis celui relatif aux visas) et l'intégration de l'acquis de Schengen dans le cadre de l'Union.

Avec le traité d'Amsterdam, les rapports entre intégration supranationale et intergouvernementalisme, et notamment entre le nouveau titre IV du traité CE et le troisième pilier, demeurent ambigus. Par bien des aspects, le traité laisse le régime européen de régulation des mobilités à l'état d'hybride entre tendances intégratrices et tendances intergouvernementales, voire souverainistes. Certes, des membres de la Commission souhaitent évoluer vers une Europe conçue comme un espace de contrôle unique, mais l'acquis de Schengen fonctionne de ce point de vue comme un obstacle à l'harmonisation, même si celle-ci est partiellement acquise par l'établissement d'une liste commune des pays tiers soumis à des visas[1]. Qui plus est, les positions ne sont en rien homogènes au sein de la Commission où les fonctionnaires qui travaillaient pour la direction générale « Marché intérieur » se distinguent – par leur plus grand libéralisme – de ceux venant des ministères de l'Intérieur des États membres détachés auprès de la direction générale JLS.

1 Il faut cependant noter que cette liste a essentiellement été constituée de manière cumulative par addition des *desiderata* de chaque État membre et non par une décision prise après une délibération commune.

Il serait donc schématique d'opposer une Commission favorable à une conception étendue de la libre circulation à des gouvernements plus sécuritaires. Les divisions au sein de la Commission illustrent à quel point le traité d'Amsterdam masque d'importantes différences.

Le visa Schengen dit « uniforme », institué pour les ressortissants extracommunautaires qui souhaitent séjourner dans l'Union jusqu'à quatre-vingt-dix jours par semestre, est un parfait exemple du flou qui entoure la législation. En effet, plutôt qu'un visa reflétant une politique européenne cohérente en la matière, il est en réalité le produit d'un « bricolage » qui superpose diverses logiques et priorités nationales.

Dans ce contexte, certains semblent croire que l'utilisation d'un système informatique commun, celui du SIS, dans la lutte contre la criminalité transfrontière et l'immigration irrégulière, va à terme harmoniser les pratiques de contrôle sur l'espace Schengen. Mais cela semble peu probable compte tenu des disparités nationales entre pays membres concernant les entrées d'informations dans le système. Les faibles compétences de l'autorité de contrôle du SIS (l'Autorité conjointe de supervision du SIS) ne font qu'aggraver cet état de fait dans la mesure où celle-ci n'a pas la latitude nécessaire pour imposer ses décisions de manière uniforme. Le SIS brouille les distinctions entre les différentes catégories de crimes ou de délits qu'il recouvre, de l'immigration illégale au terrorisme international. Le régime juridique en matière de mobilité, d'immigration et d'asile présente donc de nombreuses imprécisions et disparités qui interdisent de l'analyser comme un « régime international » au sens des théoriciens des relations internationales.

Vers une approche sécuritaire de la mobilité

Avec le Conseil européen de Tampere en octobre 1999, on observe une relative ouverture : la libre circulation des personnes sans contrôle aux frontières intérieures est réinscrite au cœur du projet européen ; les prérogatives de la Commission, des cours européennes et du Parlement européen sont renforcées. Cependant, certains gouvernements vont rapidement exiger, pour contrecarrer les conclusions de ce sommet considérées comme trop « libérales », une plus grande latitude dans l'exercice de leur souveraineté. À la suite des attentats du 11 septembre 2001, l'agenda sécuritaire est renforcé, le champ d'action des gouvernements est élargi. Ceux-ci peuvent désormais expulser, pour des raisons de sécurité nationale, des ressortissants de pays tiers bénéficiant du statut de résidents. La protection spéciale dont jouissent les résidents de longue durée pourra être suspendue et les États membres pourront exiger des citoyens de pays tiers résidant légalement sur leur territoire depuis cinq ans qu'ils remplissent certaines conditions pour bénéficier des droits des résidents de longue date.

En 2005, la signature du traité de Prüm (aussi appelé Schengen III) par la France, l'Allemagne, les pays du Benelux, l'Autriche et l'Espagne va également dans le sens d'un affaiblissement du niveau communautaire. Ce texte renforce la coopération transfrontalière entre ces pays, notamment en matière de lutte contre l'immigration illégale. Il confirme la volonté de certains gouvernements de contourner le niveau communautaire[2] et de promouvoir une lecture essentiellement sécuritaire de la question de la mobilité. En prévoyant un échange préférentiel de données génétiques ou même d'empreintes digitales entre les États contractants, il renforce aussi l'option technologique dans la lutte contre l'immigration clandestine.

La permanence de logiques strictement nationales n'a pas été remise en cause par la création de l'Agence européenne pour la gestion de la coopération opérationnelle aux frontières extérieures des États membres (Frontex) en octobre 2004. Cette agence maintient la gestion des frontières extérieures dans l'escarcelle des souverainetés nationales. Elle coordonne les contrôles des frontières extérieures à la demande des États membres. Par la composition de son conseil de gestion et de sa structure interne – plus proche d'une agence de troisième pilier que de premier pilier –, elle se doit de maintenir l'équilibre fragile qui existe entre intergouvernementalisme et supranationalisme. Frontex, qui, outre les frontières, contrôle les populations au moment où celles-ci quittent leur pays, exerce une mission de « police à distance ». Certaines des pratiques coordonnées par l'agence posent d'ailleurs des problèmes juridiques. En effet, les opérations contre l'immigration présumée illégale réalisées en amont, au moment du départ des populations concernées (notamment des rives sud de la Méditerranée), soulèvent la question de l'examen initial de la demande d'asile et du principe de non-refoulement, sans parler des problèmes de contrôle démocratique que pose Frontex.

Bilan décevant en matière de coopération des États européens

Le bilan du processus d'intégration et de coopération intergouvernementale en matière d'immigration, d'asile et de libre circulation des personnes est mitigé. Même s'ils ont été assouplis, les contrôles aux frontières intérieures n'ont pas complètement disparu. Le contrôle aux frontières extérieures présente de nombreuses disparités selon les États qui subissent des pressions de la part des autres membres de l'Union, et a rapidement démontré son incapacité à influer significativement sur la mobilité des populations. Par bien des aspects, ce contrôle est symbolique et fait préférer par certains États la coopération consulaire et la politique des visas comme modalité de contrôle des mobilités. Les politiques d'immigration et d'asile sont peu harmonisées.

La vision initiale du traité de Rome en matière de liberté de circulation des personnes est donc sérieusement limitée par la réticence des États à abandonner

2 Le traité est cependant réintégré au sein de l'Union par un règlement européen en juin 2007.

leur souveraineté, réticence masquée derrière des modalités de coopération intergouvernementale qui marginalisent la Commission et les cours européennes soupçonnées de privilégier la libre circulation au détriment de la sécurité.

Pour en savoir plus

ANDERSON (Malcolm) et BORT (Eberhard), *The Frontiers of the European Union*, New York (N. Y.), Palgrave, 2001.

BERTHELET (Pierre), « L'impact des événements du 11 septembre sur la création de l'espace de liberté, de sécurité et de justice », *Cultures et Conflits*, 46, 2002.

BIGO (Didier) et GUILD (Elspeth), *Controlling Frontiers. Free Movement into and within Europe*, Londres, Ashgate, 2005.

CARRERA (Sergio), « The EU Border Management Strategy : Frontex and the Challenges of Irregular Immigration in the Canary Islands », Bruxelles, Centre for European Policy Studies, mars 2007.

DEN BOER (Monica), « Crime et immigration dans l'Union européenne », *Cultures et Conflits*, 31-32, 1998.

GUILD (Elspeth), « Amsterdam et Tampere : les ressortissants communautaires et l'Union européenne », *Cultures et Conflits*, 45, 2001.

GUILD (Elspeth), « Les étrangers en Europe, victimes collatérales de la guerre contre le terrorisme », dans Didier Bigo, Laurent Bonnelli et Thomas Deltombe (dir.), *Au nom du 11 septembre. Les démocraties à l'épreuve de l'antiterrorisme*, Paris, La Découverte, 2008, p. 139-149.

GUIRAUDON (Virginie), « Logiques pratiques de l'État délégateur : les compagnies de transport dans le contrôle migratoire à distance », *Cultures et Conflits*, 45, 2002.

Les migrations intérieures en Chine

Chloé Froissart

Les migrations intérieures sont un phénomène récent en Chine, tant par leur dimension spontanée que par leur ampleur. Réapparues à la faveur des réformes économiques et administratives lancées au tournant des années 1980, elles se sont considérablement accrues au cours des années 1990 et concernent aujourd'hui 150 à 200 millions de personnes. Les migrations se font aujourd'hui en Chine à plus de 80 % des campagnes vers les villes. Pourtant, dans leur schéma comme dans les enjeux économiques et politiques qu'elles soulèvent, elles se sont longtemps plus apparentées à des migrations de travail internationales qu'à un exode rural. Tout en étant une composante majeure du développement du pays – permettant de financer à la fois l'industrialisation et l'agriculture –, ces migrations constituent un sérieux défi pour un régime chinois qui a toujours mis en œuvre un strict contrôle de la mobilité et de l'urbanisation.

Les migrants : des étrangers dans les villes de leur propre pays

Les enjeux que soulèvent les migrations intérieures en Chine s'expliquent par la rémanence d'un système d'enregistrement et de contrôle de la population (*hukou*) instauré à l'époque maoïste pour servir le projet de développement socialiste. Le *hukou* avait à l'origine pour objectif de fixer les paysans dans les campagnes pour les contraindre à dégager les surplus nécessaires au financement de l'industrie lourde et des avantages sociaux des urbains (rationnement, sécurité sociale, etc.).

Chaque Chinois se voit attribuer à sa naissance un livret (*hukou ben*) sur lequel figure son statut (agricole ou non agricole), hérité de sa mère, qui lui donne ou non accès à une série d'avantages financés par l'État. Sur ce livret figure également le lieu d'enregistrement de sa résidence, ce qui souligne l'importance de l'échelon local dans le système chinois. Les individus appartiennent à une communauté donnée, rurale ou urbaine, et leurs droits et devoirs varient en fonction des ressources économiques et sociales de cette communauté. Le régime maoïste a mis en place une organisation spatiale très stricte, favorisant les grands centres urbains, qui perdure de nos jours. En instaurant cette hiérarchie de statuts entre ruraux et urbains et en donnant la primauté à la résidence sur l'appartenance à la communauté nationale, le *hukou* met doublement à mal le principe même d'une citoyenneté.

Afin de réduire son fardeau financier et maintenir chacun à sa place dans le système de production, l'État a pendant des décennies sévèrement restreint les migrations, dont le *hukou* impose par ailleurs une définition particulière. On distingue en effet en Chine la migration purement spatiale ou temporaire de la migration définitive (qui s'accompagne du transfert du *hukou* dans une autre localité) et implique un changement de statut lorsqu'elle s'effectue des campagnes vers les villes ou inversement. Si la réintroduction du marché au tournant des années 1980 a considérablement accru la liberté de circulation, la migration définitive reste un processus très contrôlé par l'État, en particulier lorsqu'elle implique le passage d'un statut agricole à un statut non agricole. Une comparaison entre les recensements nationaux de 1990 et ceux de 2000 révèle que les migrations définitives sont restées stables (autour de 20 millions de personnes). En revanche, les migrations dites « temporaires » ont augmenté de 75 %, reflétant la part croissante de la mobilité spontanée pour raisons économiques.

La hiérarchie sociospatiale entre zones rurales et urbaines instaurée par le système du *hukou* perdure de nos jours comme l'atteste l'accroissement des disparités villes-campagnes consécutif aux réformes. Selon l'Académie des sciences sociales de Chine, les revenus des urbains étaient 2,57 fois plus élevés que ceux des ruraux en 1978, 3,22 en 2005 et 3,27 en 2006. Ceci explique l'augmentation exponentielle des migrations des campagnes vers les villes : estimé à 30 millions en 1989, le nombre de travailleurs migrants a atteint 63 millions en 1994 et près de 132 millions fin 2006.

Les migrants dits « temporaires » sont considérés comme des étrangers dans les villes dans lesquelles ils s'installent, comme l'atteste toute une terminologie administrative qui les désigne comme « population venant de l'extérieur » (*wailairenkou*) ou « ouvriers-paysans » (*nongmingong*), ce dernier terme soulignant que les migrants conservent leur statut de paysans quand bien même ils vivent et travaillent en ville depuis de nombreuses années. De fait, dans la mesure où les autorités locales déterminent leur budget en fonction du nombre de leurs résidents permanents, les migrants ne possèdent pas les mêmes droits sociaux que les urbains. Enfin, les autorités restent soucieuses de contrôler et de limiter les migrations afin de protéger l'emploi des urbains – ceux-ci ayant été durement touchés par les réformes et la restructuration des entreprises d'État – et de limiter la pression sur les infrastructures urbaines comme les transports, le logement, l'eau et l'électricité. Les migrants sont ainsi censés se munir de permis pour quitter la campagne ainsi que pour séjourner et travailler en ville. Ces procédures, qui ne sont généralement pas respectées, peuvent cependant être restaurées à certains moments précis comme ce fut le cas pendant les Jeux olympiques de l'été 2008. De même, le « permis de résidence provisoire », dont l'acquisition conditionne la légalité du séjour en ville, permet aux municipalités de renvoyer les migrants chez eux dès qu'elles veulent faire place nette ou que les employeurs n'ont plus besoin d'eux.

Politiques d'urbanisation et immigration choisie

Il existe aujourd'hui deux procédures pour obtenir le *hukou* d'une ville donnée. L'une, classique, correspond aux transferts organisés par l'État et est liée à l'attribution d'un emploi dans la fonction publique, à la mutation, à la démobilisation ou à la retraite ou encore à l'entrée dans une université. Même dans certaines grandes municipalités, et en particulier dans la capitale, la réussite du concours d'entrée dans une université de la ville ne suffit plus pour obtenir le sésame. L'autre procédure, qui s'est développée ces dernières années, tend à faire de l'obtention d'un *hukou* urbain une récompense pour les ressources et les compétences acquises par les individus et dont ils font bénéficier les villes dans lesquelles ils s'installent.

Dans les bourgs et les petites villes, où le dynamisme économique est relativement faible et par conséquent le nombre de migrants moins important, il suffit généralement de bénéficier d'un logement et de revenus fixes pour obtenir un *hukou* urbain. Mais plus la ville devient importante, plus les conditions d'obtention sont sélectives. Dans les villes moyennes, il est obligatoire d'être propriétaire de son logement, qui doit répondre à des critères de taille et de valeur. Dans les plus grandes villes, il faut en outre pouvoir témoigner de compétences très recherchées, payer un seuil minimum d'impôts ou avoir effectué des investissements qui doivent parfois se chiffrer en millions de yuans. Bien que les villes de Ningbo (province du Zhejiang) et Shijiazhuang (capitale du Hebei) soient considérées comme des modèles de réforme, seuls 2 % des 2 millions de migrants que compte Ningbo et 3,5 % de ceux de Shijiazhuang qui en ont fait la demande ont finalement obtenu un *hukou* urbain.

Dans les villes de moindre importance, les réformes du *hukou* permettent de régulariser une élite d'immigrés de longue date, tandis que dans les grands centres urbains, elles servent une politique d'immigration choisie permettant d'attirer les investissements et les talents. Dans tous les cas, l'obtention d'un *hukou* urbain est liée à des conditions socio-économiques, en particulier au fait d'être propriétaire, qui excluent les plus pauvres et les moins qualifiés, c'est-à-dire la grande majorité des travailleurs migrants. À titre d'exemple, une enquête menée en 2002 par le Bureau national des statistiques et l'Académie des sciences sociales révèlent que seules 11,2 % des familles de migrants d'origine rurale possèdent une propriété privée en ville.

Des migrations de travail aux migrations de peuplement

Si l'exode rural renvoie à un déplacement massif de familles paysannes quittant définitivement la campagne pour venir s'installer en ville, les migrations intérieures en Chine, comme celles des pays pauvres vers les pays riches, sont longtemps restées en majorité des migrations temporaires de travail, individuelles et masculines, motivées par la recherche de l'accroissement des revenus.

Le système du *hukou* qui empêche les migrants de s'installer définitivement en ville, mais aussi le statut particulier de la terre en Chine (les paysans en ont l'usufruit mais n'en sont pas propriétaires et ne peuvent donc la vendre), explique la prédominance d'un schéma migratoire temporaire et circulaire. En 2004, 61 % des migrants avaient entre 16 et 30 ans. Passé cet âge, beaucoup – en particulier les femmes – rentrent dans leurs villages. Afin de conserver une terre qui permet de diversifier les revenus et de réduire les risques liés à la migration, les familles paysannes se partagent souvent entre ville et campagne : soit les parents restent et les enfants partent, soit les hommes partent et les femmes, une fois mariées, restent à la campagne pour prendre soin des enfants, des personnes âgées et de la terre. Les hommes peuvent revenir aider aux travaux agricoles au moment des semences et des récoltes. Les centaines de milliers de migrants qui rentrent chaque année passer le nouvel an chinois dans leurs villages, et qui encombrent pendant plusieurs semaines les voies de communication malgré les efforts des autorités pour décupler les moyens de transport, témoignent de la force des attaches familiales dans les campagnes.

Les migrants parcourent des distances de plus en plus longues à la recherche d'opportunités économiques : la part des migrations extra-provinciales a augmenté de 40 % entre les deux recensements. Elles se concentrent de plus en plus vers les régions les plus développées de l'Est de la Chine qui accueillaient 57 % des migrants en 1990 et 78,4 % en 2000. Si l'on s'intéresse à la seule catégorie des travailleurs d'origine rurale, 51 % ont quitté leur province en 2004. Le schéma spatial des migrations s'explique par les disparités économiques entre les provinces de l'Ouest et du

figure 17 : **Principales origines et destinations des travailleurs migrants chinois, 2006**

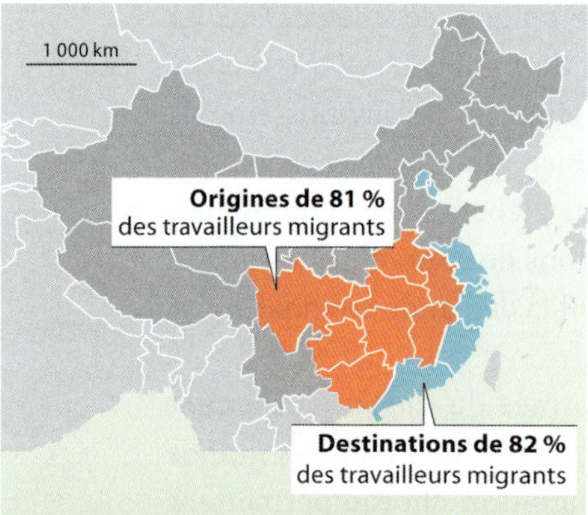

Source : compilation de Chloé FROISSART, d'après le Conseil des affaires de l'État, *Rapport d'enquêtes sur les travailleurs migrants chinois*, Pékin, Zhongguo yanshi chubanshe, 2006.

Sciences Po / CERI et Atelier de cartographie, avril 2009

Centre (qui fournissent 67 % des émigrés) et celles de l'Est, plus développées, qui accueillent 70 % des migrants, qu'ils soient d'origine rurale ou urbaine. Les principales provinces exportatrices de main-d'œuvre sont l'Anhui, le Jiangxi et le Sichuan, majoritairement agricoles et pauvres, tandis que le Guangdong concentre la plus grande part des travailleurs immigrés. Ces dernières années, la détérioration des conditions de travail et la baisse des salaires en termes réels dans le Guangdong ont cependant conduit une partie des travailleurs migrants à se rediriger vers la vallée du Yangzi. Si le salaire minimum y a été réévalué à plusieurs reprises, le Guangdong reste toutefois la province où l'écart entre le salaire des ouvriers et le coût de la vie est le plus important. Alors que cette province concentrait 46,7 % des migrants en 2002, ils n'étaient plus que 28,4 % à y travailler en 2004. En raison de leur caractère versatile, les travailleurs migrants sont parfois qualifiés de « population flottante ».

Ce schéma migratoire temporaire et circulaire tend cependant à laisser la place à un véritable exode rural. La terre constitue de moins en moins un élément de sécurité pour les paysans. La surface cultivée par habitant représente moins d'un cinquième d'hectare et ne cesse de décroître en raison de la reconversion des terres à des fins non agricoles. Les politiques de reboisement, mais aussi l'appropriation illégale des terres par des promoteurs immobiliers et des industriels avec la complicité des cadres locaux, sans compter les problèmes de pollution industrielle, chassent inexorablement les paysans des campagnes. Selon un rapport de l'administration centrale, la part de la surface cultivée entre 2002 et 2003 a diminué de 2 % et le nombre de paysans sans terre est aujourd'hui estimé entre 40 et 50 millions. L'ancienneté de la migration et la durée du travail en ville ne cessent de s'accroître. À Shanghai par exemple, le pourcentage des migrants présents depuis plus de cinq ans est passé de 6,3 % à 24,3 % entre 1993 et 2003. À cette date, selon une enquête du ministère de l'Agriculture, plus des trois quarts des migrants restent absents de leurs villages durant plus de six mois et 60 % pendant plus de dix mois. Autrement dit, la plupart des migrants ne subordonnent plus la durée de leur séjour en ville au rythme des travaux agricoles. Certaines enquêtes révèlent d'ailleurs une baisse d'intérêt pour cette activité.

figure 18 : **Flux de population active des campagnes vers les villes chinoises, 1988-2006**

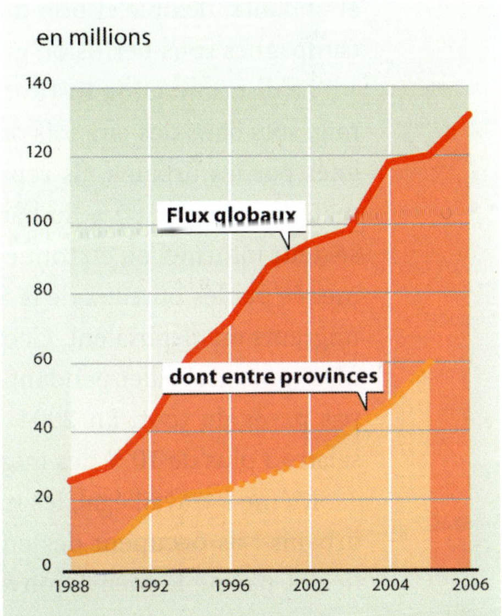

Source : compilation de Chloé FROISSART à partir de plusieurs sources dont Wang Dewei, Cai Fang et Albert Park, *Migrants arrivés en ville : situation actuelle, tendances. Que pouvons-nous faire ?*, Pékin, Jincheng nongmimgong luntan lunwenji, 2006.

Sciences Po / CERI et Atelier de cartographie, avril 2009

Les migrations familiales ont beaucoup augmenté ces dernières années, notamment dans le cas des migrations intraprovinciales. Selon le recensement de 2000, 14 % des paysans migraient avec leur famille, 40 % pour les migrants intraprovinciaux. En 2004, ils sont 24 % à migrer avec conjoint et enfants selon le Bureau national des statistiques. Cette même année (qui est également celle du début de la pénurie de main-d'œuvre dans le delta de la rivière des Perles) marque le début d'une redirection d'une partie des migrations vers les capitales des provinces traditionnellement exportatrices de main-d'œuvre. Ainsi, première province exportatrice de main-d'œuvre pendant plus de vingt ans, le Sichuan est passé dès 2002 en troisième position derrière l'Anhui et le Jiangxi. Aujourd'hui, les migrations intraprovinciales – en particulier de la campagne vers sa capitale, Chengdu – y sont plus importantes que les migrations extraprovinciales. Enfin, la nouvelle génération de travailleurs migrants quitte la campagne en ayant peu, voire aucune expérience des travaux agricoles, s'identifie beaucoup plus aux urbains que leurs parents et est souvent déterminée à s'installer en ville. Selon certaines enquêtes, la moitié des travailleurs migrants souhaite s'y établir.

Le financement de l'industrialisation et de l'agriculture par l'exploitation des migrants

Le maintien du *hukou* participe d'une stratégie de développement permettant à l'État de promouvoir une industrialisation rapide, exigeant une main-d'œuvre abondante, flexible et bon marché pour les municipalités, tout en maintenant les campagnes sous perfusion grâce à l'argent que les migrants renvoient chez eux.

La discrimination institutionnalisée dont ils font l'objet confine les travailleurs migrants dans des emplois dangereux, peu qualifiés et peu rémunérateurs, dédaignés par les urbains. Ils représentent ainsi 68 % de la main-d'œuvre du secteur manufacturier et 80 % du bâtiment, et sont la plupart du temps employés dans le secteur informel ou en tout cas sans contrat de travail. Selon une enquête de 2004 menée par les bureaux de la Sécurité sociale dans quarante villes, seuls 12,5 % des migrants en disposaient. Ceci explique que 76 % d'entre eux ne soient pas indemnisés pour travailler pendant les congés réglementaires et que beaucoup ne soient pas payés du tout. En 2004, les entreprises devaient au minimum sept mois de salaire à plus de 10 % des migrants.

Même à travail égal, les migrants ne sont pas traités de la même façon que les urbains : ils occupent des emplois précaires, sont moins rémunérés et ne bénéficient pas de la même couverture sociale. Enfin, la majorité des employeurs ne cotisent pas pour leurs employés migrants. Selon une enquête menée dans trois provinces de Chine, ces derniers travaillent deux fois plus que les urbains pour ne gagner que 60 % du salaire urbain moyen. Selon l'enquête de la Sécurité sociale, seuls 12,9 % sont couverts en cas d'accident du travail et 10 % en cas de maladie.

figure 19 : **Revenus et temps de travail en Chine, comparaison entre les résidents urbains et les migrants ruraux, 2002**

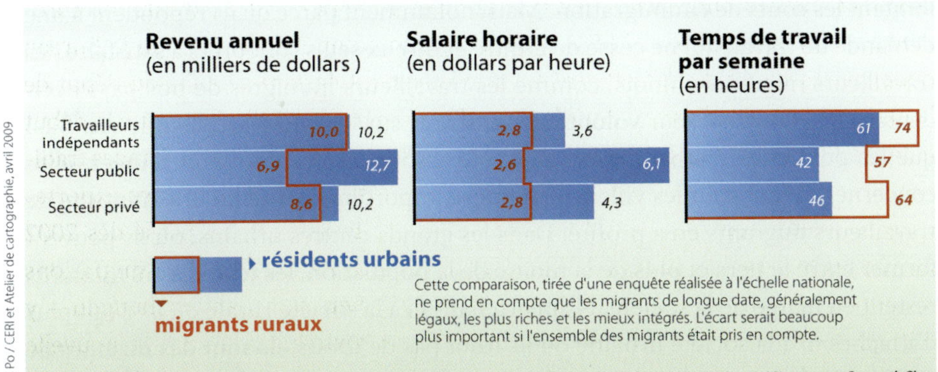

Source : compilation de Chloé FROISSART, d'après Sylvie Démurger, Marc Gurgand, Li Shi et Yue Ximing, « Migrants as Second-Class Workers in Urban China ? A Decomposition Analysis », *Working Papers*, 0808, GATE, CNRS, Université Lyon-2, mars 2009.

Si l'on rapporte ces chiffres au fait que les migrants représentent plus de 58 % de la main-d'œuvre dans le secteur secondaire et 52 % dans le secteur tertiaire, on mesure l'étendue des économies réalisées par l'État et les entreprises en Chine grâce au régime de travail spécial instauré par le *hukou*.

Malgré la discrimination dont ils font l'objet, les migrants gagnent plus en ville (780 yuans par mois en moyenne) qu'à la campagne (entre 80 et 100 yuans). D'après le Conseil des affaires de l'État, les migrants renvoient chaque année 500 à 600 milliards de yuans dans les campagnes. Dans certaines provinces, les envois représentent plus de 40 % des revenus des foyers ruraux. Ces sommes servent en premier lieu à construire des logements et à subvenir aux frais d'éducation et de santé, mais permettent aussi de maintenir une activité agricole devenue de moins en moins rentable au fil des années. Ces revenus n'étant cependant pas investis dans des activités productives, les migrations n'induisent pas dans les campagnes un dynamisme économique qui permettrait aux paysans d'y trouver un emploi. À l'instar des mouvements de population entre pays en voie de développement et pays développés, les migrations en Chine réduisent la pauvreté dans les campagnes mais non les écarts de développement entre lieux d'émigration et lieux d'immigration. Autrement dit, le processus migratoire ne cesse d'entretenir ses propres conditions de développement.

Des travailleurs migrants en marge de la société chinoise

Le système du *hukou* est essentiel pour comprendre les schémas migratoires comme les enjeux politiques et économiques que suscitent les migrations en Chine : il est l'élément qui permet de rapprocher les migrations avec les mouvements de population internationaux. Les migrants sont en effet considérés comme des travailleurs temporaires appelés à terme à rentrer chez eux. Les autorités tentent de limiter leur nombre et de maximiser les profits liés à leur travail tout en limitant les coûts de l'immigration. Mais, notamment parce qu'ils répondent à une demande de travail qui ne cesse de croître et qu'eux seuls sont prêts à satisfaire, les travailleurs migrants chinois, comme les travailleurs immigrés de nos pays occidentaux, démontrent leur volonté de s'installer sur leur nouveau lieu de vie. Bien que les politiques d'urbanisation aient été assouplies ces dernières années, elles concernent avant tout les villes de moindre importance, et seule une minorité de travailleurs migrants en a profité. Dans les grands centres urbains, où ils peuvent former entre le tiers et plus de la moitié de la population, les travailleurs migrants restent en marge de la société. N'appartenant ni à la société rurale où ils n'ont plus d'attaches ni à la société urbaine où ils n'ont pas de droits, ils sont des dizaines de millions à vivre comme des apatrides dans les villes de leur propre pays.

Pour en savoir plus

« Migrant Workers in China », *China Labour Bulletin*, disponible sur le site internet : www.clb.org.hk

FAN (Cindy C.), *China on the Move. Migration, the State and the Household*, Londres, Routledge, 2008.

FROISSART (Chloé), « Le système du *hukou* : pilier de la croissance chinoise et du maintien du PCC au pouvoir », *Étude du CERI*, 149, Paris, 2008.

Guowuyuan yanjiushi ketizu (Groupe de recherche du Conseil des affaires de l'État), *Zhongguo nongmingong diaoyan baogao* (Rapport d'enquêtes sur les travailleurs migrants chinois), Pékin, Zhongguo yanshi chubanshe, 2006.

LI (Chunling), « Migrations villes-campagnes et mobilité sociale », dans Jean-Louis Rocca (dir.), *La Société chinoise vue par ses sociologues*, Paris, Presses de Sciences Po, 2008, p. 47-73.

Migrations et colonisation dans le Grand Ouest de la Chine

Rémi Castets

Riche en ressources naturelles, le Grand Ouest de la République populaire de Chine (RPC) souffre d'un retard de développement. Il bénéficie à ce titre depuis les années 2000 d'un plan très médiatisé destiné à dynamiser son économie et par la même celle des zones peuplées de minorités. En effet, une autre spécificité de cet ensemble comprenant cinq régions autonomes, six provinces et une municipalité tient à son peuplement. Couvrant les deux tiers du pays, il abrite moins de 30 % de la population nationale mais plus de 70 % des minorités ethniques du pays. Ces chiffres cachent cependant une grande hétérogénéité. Comme les provinces centrales et côtières, les provinces du Grand Ouest bordant le centre de la Chine sont plus densément peuplées et sont habitées depuis des temps anciens par des populations sinophones. Ces dernières sont aujourd'hui regroupées au sein de la nationalité han et constituent l'essentiel de la population du Shaanxi, de la municipalité de Chongqing, des plaines du Sichuan ou bien du corridor du Gansu. De leur côté, les marges extérieures du Grand Ouest étaient il y a encore quelques siècles essentiellement peuplées d'ethnies non han. Aujourd'hui, les minorités nationales (*shaoshu minzu*) constituent encore près de 60 % de la population de ces périphéries. Cependant, l'intégration de ces territoires s'accompagne d'une immigration chinoise qui peu à peu modifie le paysage démographique et culturel de ces régions.

Migrations et sinisation de la Chine impériale à la Chine républicaine

Situés entre les vallées du fleuve Jaune et celle du Yangzi (fleuve Bleu), les foyers historiques de la civilisation chinoise connaissent depuis plusieurs millénaires

figure 20 : **Les minorités nationales en Chine, 2000**

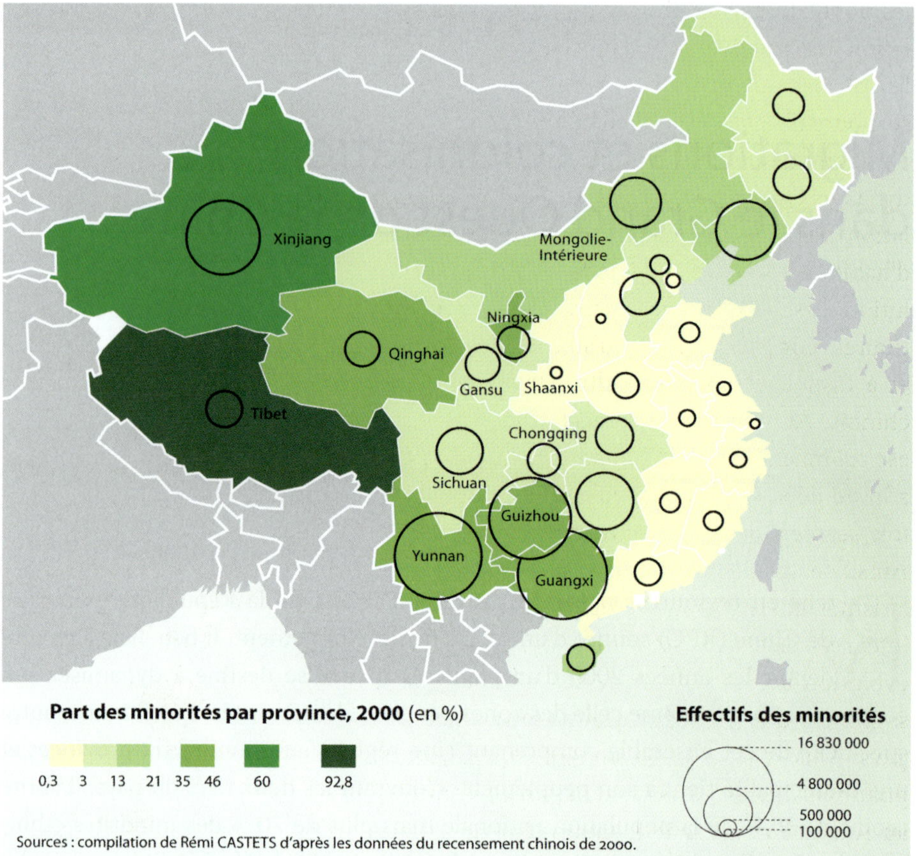

Sources : compilation de Rémi CASTETS d'après les données du recensement chinois de 2000.

Sciences Po / CERI et Atelier de cartographie, avril 2009

une croissance démographique vigoureuse. Les empires qui les ont unifiés ont fréquemment redirigé ces excédents démographiques vers leurs nouvelles périphéries pour les mettre en valeur, consolider leur défense et limiter la pression agraire dans les centres trop densément peuplés. Cependant, l'immigration chinoise, qu'elle soit spontanée ou encadrée par l'État, n'a pas touché au même moment ni dans les mêmes proportions les marges de ce qui constitue aujourd'hui la Chine. Il convient de distinguer les régions du Nord et de l'Ouest, intégrées tardivement, des provinces au Sud du Yangzi où l'afflux de populations chinoises, les métissages et le processus de sinisation se poursuivent depuis plus de deux mille ans.

Au cours du millénaire qui suit l'unification du pays par la dynastie Qin (fin du IIIe siècle av. J.-C.), l'essentiel des territoires situés entre le fleuve Bleu et la côte sud sont transformés en provinces de l'Empire. Les nombreuses invasions du Nord de la Chine par les nomades des steppes accélèrent l'installation des populations chinoises. Celles-ci se mélangent peu à peu aux ethnies du Sud ou bien les refoulent vers les montagnes et des terres plus ingrates. Parallèlement, la continuité de la souveraineté chinoise et la cohabitation avec les populations sinophones favorisent l'assimilation progressive des minorités vivant dans les plaines. L'afflux de populations chinoises se poursuit avec le formidable accroissement démographique que connaît le pays sous la dynastie Qing : entre 1680 et 1850, la population de l'Empire passe de 120 à 430 millions d'habitants. Durant la période moderne, l'évolution des systèmes de représentation identitaires contribue plus qu'ailleurs à étendre et à figer les frontières culturelles du monde chinois. Au cours du XXe siècle, l'identité han est promue par les élites nationalistes et l'État afin de dépasser les particularismes qui autrefois segmentaient les populations sinophones. Ainsi, des populations dotées de forts particularismes comme par exemple les Hakka sont intégrées dans la vaste famille des Han. Cette évolution accélère le processus d'homogénéisation culturelle initié par la modernisation du pays. Ainsi, au début des années 1950, selon la politique de catégorisation nationale chinoise au Sud du Yangzi, seuls le Guangxi, le Guizhou et le Yunnan abritent encore une population substantielle de minorités nationales.

figure 21 : **Principales minorités dans les provinces du Grand Ouest, en 2000**

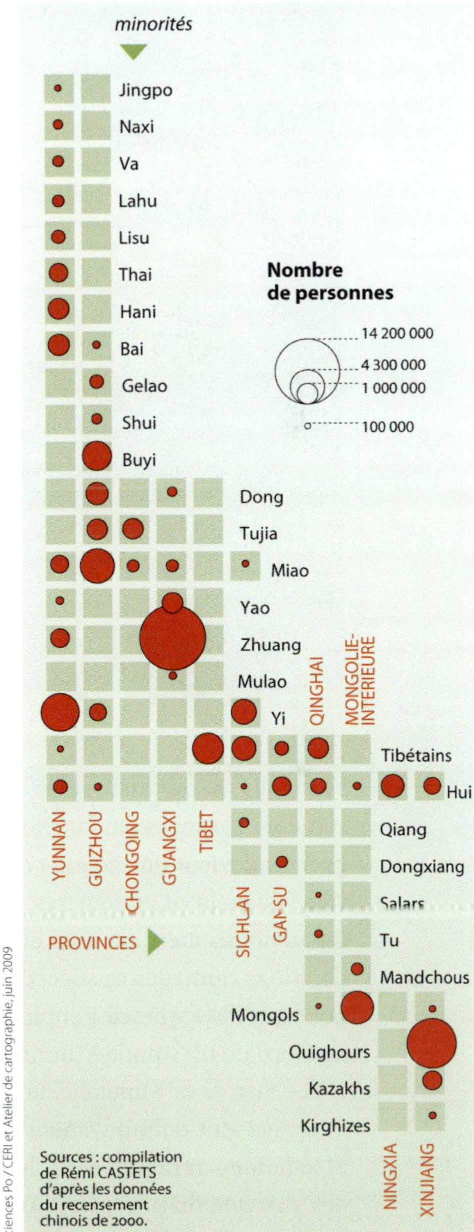

Sources : compilation de Rémi CASTETS d'après les données du recensement chinois de 2000.

Sciences Po / CERI et Atelier de cartographie, juin 2009

L'intégration des marges du Nord et de l'Ouest est plus tardive. Le développement des échanges le long de la fameuse Route de la soie a pourtant très tôt renforcé l'intérêt des empereurs chinois pour ces territoires. À plusieurs reprises, ils prennent le contrôle de ces itinéraires commerciaux pour empêcher les confédérations turco-mongoles et tibétaines d'y prélever un tribut et de consolider leur puissance militaire. Ainsi les Han (IIIe siècle av. J.-C. - IIe siècle apr. J.-C.), les Sui (VIe siècle), les Tang (VIIe-IXe siècles) imposent leur autorité sur des terres aujourd'hui intégrées au Gansu, au Xinjiang, voire à la Mongolie-Intérieure. Les marges frontalières sont jalonnées de garnisons de paysans soldats (*tuntian*) envoyés assurer la défense de l'Empire. Pacifiées avec difficultés, les steppes de la

figure 22 : **Extension maximale de la domination chinoise sous quelques dynasties**

Sciences Po / CERI et Atelier de cartographie, juin 2009

Mongolie méridionale et les oasis excentrées du Xinjiang sont en définitive relativement épargnées par la colonisation. Seul le corridor du Gansu dépeuplé par les guerres devient une colonie de peuplement. Cependant, ces périodes d'expansion vers l'Ouest sont éphémères, suivies de longues périodes de retrait souvent liées à un affaiblissement ou à un éclatement de l'Empire. Flux et reflux face aux confédérations nomades se succèdent, et il faut attendre la dynastie Qing (1644-1911) pour que des foyers de peuplement chinois conséquents s'implantent durablement au Nord de la Grande Muraille et à l'Ouest du Gansu.

Le Sud de la Mongolie, le Xinjiang mais aussi le Nord de la Mandchourie et le Tibet ne sont définitivement rattachés à l'Empire que sous les Qing. La dynastie mandchoue reprend dans les régions frontalières du Nord-Ouest le système des *tuntian* mais proscrit l'installation des migrants sur ses terres natales de Mandchourie ainsi que dans les territoires sous administration indirecte du bassin du Tarim et de Mongolie. Cependant, au milieu du XIXe siècle, quand la pression démographique devient trop forte en Chine intérieure et que la poussée russe se précise au Nord, les Qing ouvrent peu à peu ces régions à l'immigration han. À partir de cette époque et durant la période républicaine, les flux migratoires vers ces régions s'intensifient. En Mongolie-Intérieure, les populations dites aujourd'hui han passent d'environ 40 % des habitants à la fin du XVIe siècle à plus de 83 % en 1947. Au Xinjiang, l'essentiel des Han s'installent dans le Nord et l'Est. Ce sont comme souvent des soldats, des exilés, des prisonniers ou bien des cultivateurs sans terre fuyant les famines touchant la Chine intérieure. Ils représentent jusqu'au quart de la population au début du XIXe siècle mais les révoltes des populations musulmanes qui secouent la région jusqu'en 1949 engendrent un reflux (voir *infra*). En Mandchourie, les colons chinois s'implantent en nombre à partir de la fin du XIXe siècle. Au début du XXe siècle, l'industrialisation de cette région autrefois faiblement peuplée accélère le phénomène et lors du recensement de 1953, les Han représentent de loin l'essentiel de la population des trois provinces du Nord-Est.

Accélération de l'immigration han dans les marges du pays (1950-1960)

Après l'arrivée au pouvoir des communistes, le contrôle de l'État sur la population et sur les flux migratoires se renforce. La collectivisation de l'économie et le système de rationnement limitent la mobilité des individus en les liant à leur unité de travail (*danwei*). Le nouveau système d'enregistrement des foyers instituant le *hukou*, sorte de passeport intérieur, limite lui aussi les mouvements de population (cf. le chapitre « Les migrations intérieures en Chine » de Chloé Froissart). Mis en place avant tout pour contrôler l'exode rural, il permet aussi de mieux gérer la distribution des colons han vers les zones périphériques. Cadres, militaires, paysans, techniciens, ouvriers qualifiés, prisonniers, victimes des purges sont envoyés pour mettre en place la nouvelle administration et mettre en valeur les ressources naturelles de ces régions. Parfois, les immigrants collaborent aux côtés des militaires à la défense et au maintien de la sécurité. Ainsi, le parti dépoussière le vieux concept des colonies de paysans-soldats, et de nouvelles colonies, les Corps de construction et de production (*shengchan jianshe bingtuan*), sont mises en place dans les régions frontalières. Certes, elles sont conçues comme des pôles de modernisation agricole et industrielle destinés à dynamiser l'économie de ces périphéries, mais leurs milices renforcent la surveillance des frontières et servent de forces d'appoint quand des troubles surviennent. Composés à l'origine de soldats démobilisés de l'Armée populaire de libération (APL) et de l'armée nationaliste, les Corps canalisent une immigration han qui modifie radicalement le paysage ethnique de régions comme le Xinjiang où la population des Corps de construction et de production du Xinjiang (CCPX) passe de 175 000 membres à leur création en 1954 à 1 480 000 membres en 1964 (soit plus de la moitié des Han vivant dans la région à l'époque).

Dès la fin des années 1950 et jusqu'au début des années 1960, les flux migratoires vers les périphéries sont renforcés par les famines qui frappent plus durement les provinces densément peuplées de Chine intérieure. Le processus se

figure 23 : **Évolution de la population han dans les provinces du Grand Ouest chinois, 1953-2000**

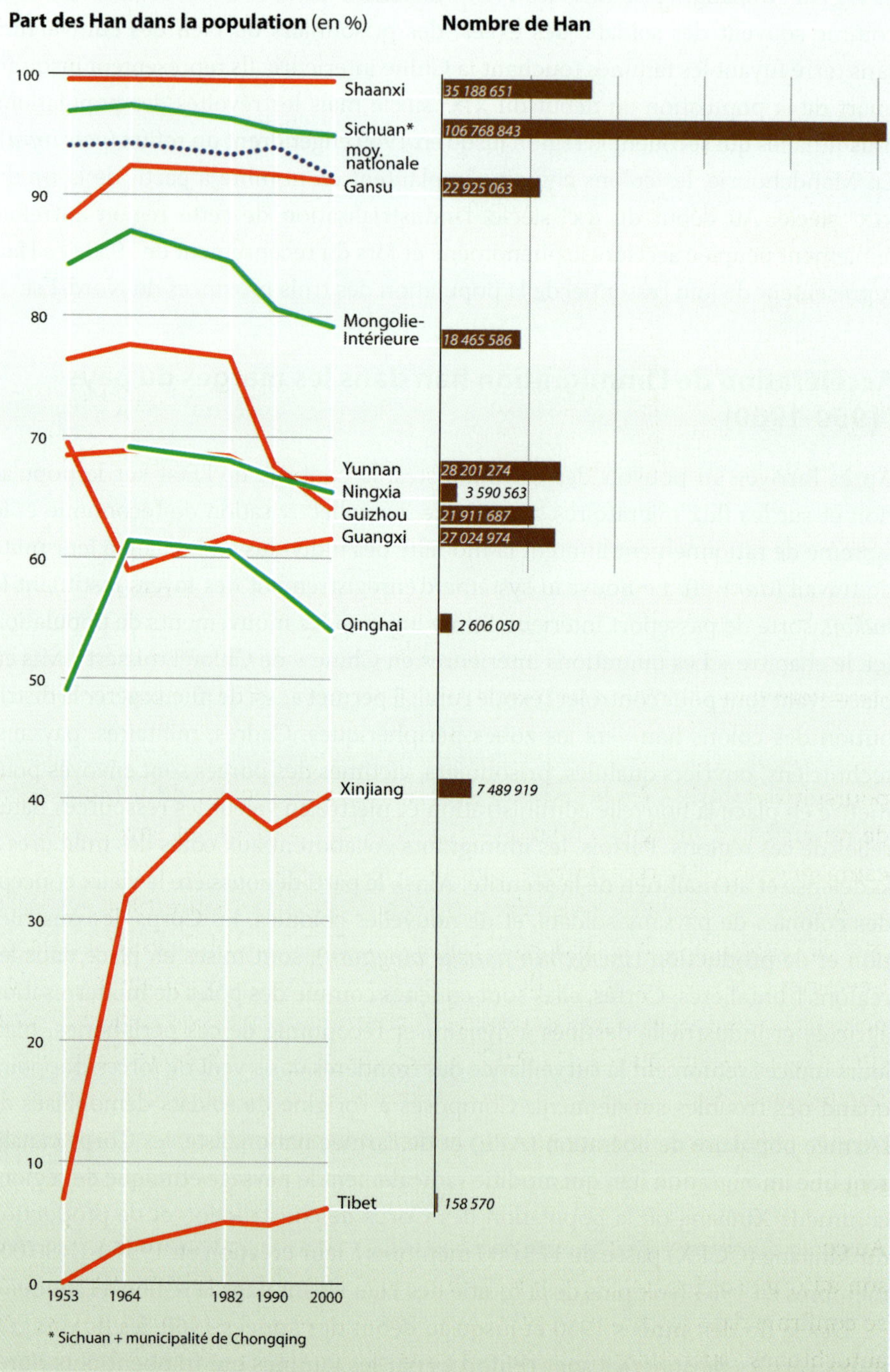

* Sichuan + municipalité de Chongqing

Sources : compilation de Rémi CASTETS d'après les données du recensement chinois de 2000.

Sciences Po / CERI et Atelier de cartographie, avril 2009

figure 24 : **Résidents légaux détenant un *hukou* issu d'une autre province, 2000**

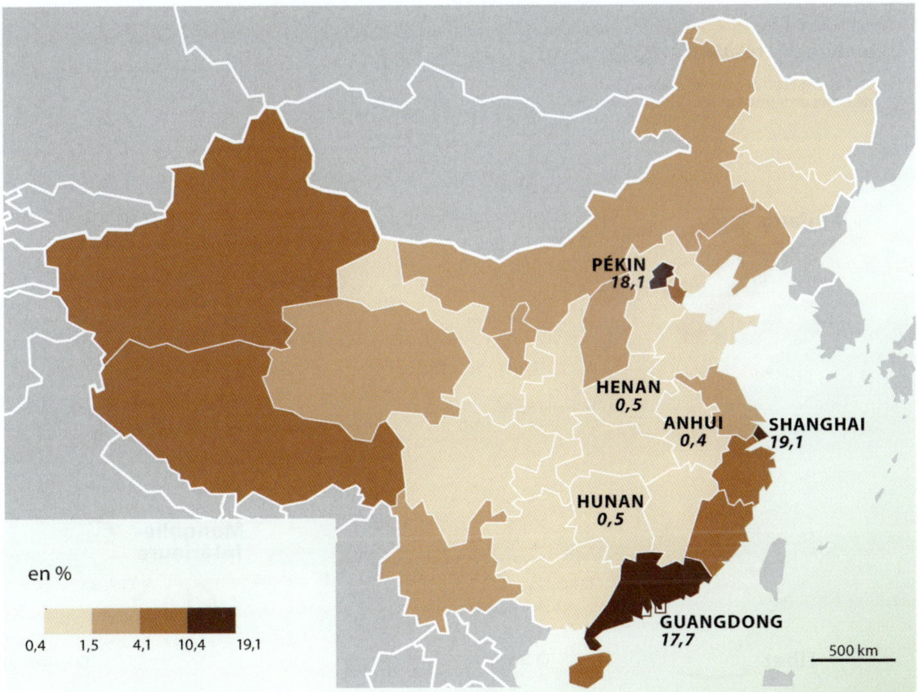

Source : compilation de Rémi CASTETS, d'après les données du recensement chinois de 2000.

Sciences Po / CERI et Atelier de cartographie, avril 2009

poursuit durant la Révolution culturelle après le lancement du « Mouvement de retour à la campagne » quand des millions de citadins sont envoyés vers les campagnes et les marges du pays.

Ainsi, entre 1953 et 1964 et, dans une moindre mesure, entre 1964 et 1982, la part de la population han augmente rapidement dans le Nord-Ouest et les marges tibétaines (Tibet, Qinghai, Est du Sichuan et Sud du Gansu). Durant la première période, la population han augmente de 54 % au Qinghai alors que celle des minorités nationales diminue de 3 %. Au Xinjiang, elle passe de 7 % à plus de 30 % de la population totale.

Flux migratoires durant la période des réformes (1978-2008)

Au cours des années 1970, alors que l'État chinois consolide son administration et son autorité sur les zones périphériques, l'immigration han ralentit. La tendance se confirme dans les années 1980. Alors qu'elle favorise le recrutement de cadres autochtones dans l'administration, la nouvelle direction du Parti communiste chinois autorise le retour d'une partie des populations han envoyées dans les

figure 25 : **Principales origines des résidents légaux dans quelques provinces en 2000**

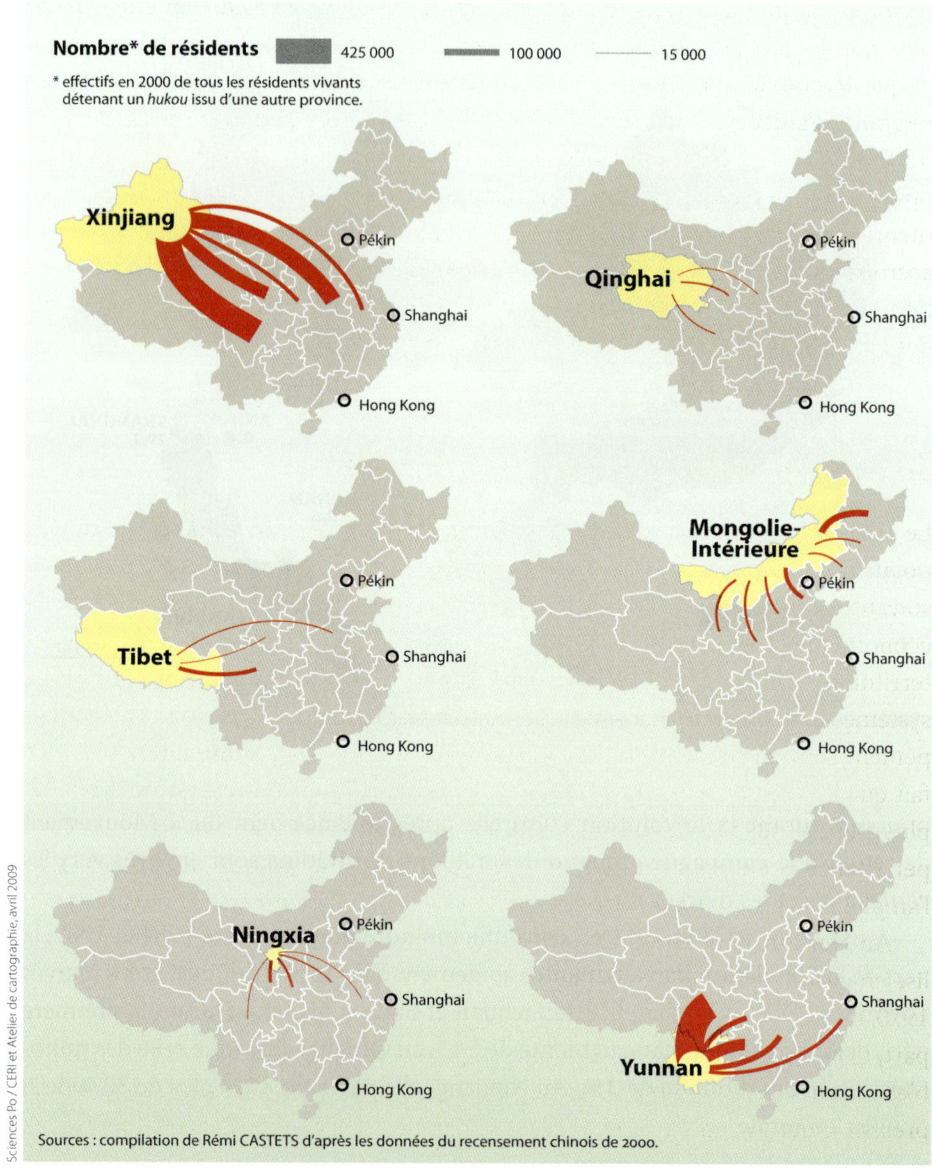

zones périphériques durant la Révolution culturelle. À la même époque, la libéralisation de l'économie fait évoluer les déterminants du phénomène migratoire. Avec le développement du secteur privé, les mouvements de populations encadrés par l'État déclinent au profit des mouvements spontanés. Dans le même temps, le système du *hukou* s'assouplit et son contournement devient moins pénalisant dans une économie décollectivisée (cf. le chapitre « Les migrations intérieures en Chine » de Chloé Froissart). Aujourd'hui, la décision de migrer est avant tout déterminée par l'offre de travail et les disparités interrégionales de salaires. Ainsi, l'essor économique de l'Est de la Chine et des grandes villes de l'intérieur attire plus que jamais les ruraux en quête d'emplois mieux rémunérés. Moins dynamique économiquement que les régions côtières, le Grand Ouest attire moins de migrants. Parallèlement, la mise en place de la politique de contrôle des naissances porte durant la période des réformes ses premiers effets. Malgré une moindre observation du planning familial dans les régions occidentales, les familles han ont théoriquement droit à un enfant de moins que les familles non han[1]. Le moindre accroissement naturel qui en découle, conjugué à la réduction, voire à la disparition, des excédents migratoires, suscite depuis une légère contraction de la part des Han dans la population de la plupart des régions du Grand Ouest[2].

La persistance d'une forte immigration han au Tibet et au Xinjiang

Le Tibet et le Xinjiang sont à ce jour les deux seules régions du Grand Ouest où la population han continue d'augmenter sensiblement. L'État central tente d'y asseoir son autorité par un contrôle politique étroit et un modèle de modernisation socio-économique favorisant la croissance économique et la sinisation des élites de ces territoires. Alors que l'usage du mandarin est progressivement imposé dans le système scolaire, les investissements importants de l'État et les aides au développement sont parfois orientés en vue de favoriser l'afflux des immigrants han. Le fait que le Tibet et le Xinjiang soient les régions du Grand Ouest qui comptent la plus grande proportion de *hukou* issus de provinces à majorité han confirme cette persistance d'une forte immigration han. Il convient néanmoins de souligner que l'ampleur du phénomène n'est pas la même d'un côté à l'autre des monts Kunlun.

Au Nord, l'afflux de populations chinoises est massif et continue d'être canalisé en partie par les CCPX. Dissous dans l'ensemble du pays au cours des années 1970, ils ont été réinstitués au Xinjiang afin de reprendre en main la région. D'une part, la milice des Corps continue d'appuyer l'armée et la police lorsque des troubles majeurs se produisent. D'autre part, le poids économique de ce conglomérat présent dans de nombreux secteurs d'activités permet de fixer de nombreux

1 Selon les dispositions du planning familial chinois, les familles han qui résident en ville sont encouragées à avoir un seul enfant et deux pour celles vivant à la campagne, alors que les minorités sont autorisées à avoir deux enfants lorsqu'elles résident en ville et trois lorsqu'elles vivent à la campagne.

2 Avec la fin des persécutions liées à la Révolution culturelle et le renforcement des mesures de discrimination positive, des membres des minorités qui avaient préféré être enregistrés en tant que han, des individus issus de mariages mixtes mais aussi des Han revendiquant de lointaines origines non han ont cessé de se faire enregistrer en tant que tels. Ce phénomène a contribué à réduire au même moment la part de la population han dans certaines régions.

immigrants. Les CCPX sont en effet la première force économique de la région, sous la double autorité du gouvernement central et de la région. Ils contrôlent près du tiers des surfaces arables et assurent environ le quart de la production industrielle régionale. Les salaires élevés et les avantages sociaux qu'ils proposent attirent les immigrants. Ainsi, les CCPX abritent encore en leur sein environ le tiers des Han du Xinjiang. Cependant, l'immigration chinoise tend aussi, depuis quelques années, à suivre le développement de l'économie privée. Comme dans le reste des marges du Grand Ouest, elle est dominée par les Han qui préfèrent pour des questions pratiques employer des proches venus de leur province d'origine. La demande de main-d'œuvre dans l'agriculture, le bâtiment et les travaux publics, l'industrie pétrolière, le tourisme draine ainsi les migrants venus pour la plupart du Sichuan, du Henan et du Gansu. Après la pause observée dans les années 1980, l'immigration a de nouveau conduit à une augmentation de la population han (+ 2,7 % par an depuis 1990 pour moins de 1 % entre 1982 et 1990). Désormais, celle-ci avoisine les 40 % de la population régionale, est majoritaire dans le Nord et l'Est, et s'accroît dans l'Ouest du bassin du Tarim au fur et à mesure que se développent les infrastructures de transport.

Dans la Région autonome du Tibet (RAT), la part des Han dans la population est pour le moment moins importante et plus localisée géographiquement. L'immigration est urbaine et se fait essentiellement vers Lhassa et les chefs-lieux de préfecture bénéficiant des investissements de l'État. Le faible potentiel économique des hauts plateaux de l'Himalaya et la rudesse de leur climat les a longtemps rendus peu propices à la colonisation. L'immigration y était le plus souvent temporaire, les techniciens, ouvriers qualifiés ou fonctionnaires repartaient au bout de quelques années. Au cours du XXe siècle, seules les zones autonomes tibétaines du Qinghai, du Gansu et du Sichuan situées à proximité du monde han ont vu leurs équilibres démographiques se modifier sensiblement. Cependant, la situation est en train d'évoluer et, désormais, un nombre croissant d'immigrants s'installent dans les zones urbaines du cœur du Tibet. La multiplication des grands travaux d'infrastructures attire de nombreux ouvriers venus de Chine intérieure. Les raccordements routiers et ferroviaires brisent l'isolement des villes tibétaines, les ouvrent au tourisme de masse et rendent les ressources naturelles avoisinantes plus facilement exploitables. Dynamisée, la région devient plus attractive pour les petits commerçants et les entrepreneurs han. Le Tibet connaît aujourd'hui l'un des rythmes de croissance de la population han les plus élevés du pays, supérieur à celui du Xinjiang, soit trois fois plus depuis la période de réforme que le rythme national d'environ 1 % par an. Ainsi, la population chinoise, quasi inexistante en 1964, représente désormais selon les statistiques officielles plus de 6 % de la population régionale. Néanmoins, beaucoup de spécialistes considèrent que ces chiffres sont largement sous-évalués et il est probable qu'il faille au minimum les doubler ne serait-ce que pour tenir compte de la présence militaire chinoise dans la région.

Une présence han plus récente et moins bien acceptée dans l'Extrême Ouest

En raison de l'attraction exercée par les provinces côtières, la part de la population han se stabilise, voire décline légèrement, dans la plupart des régions du Grand Ouest. L'État continue pourtant de soutenir l'immigration han vers les marges tibétaines et turcophones du pays. Là-bas plus qu'ailleurs, les nouveaux arrivants et le modèle de modernisation imposé par Pékin véhiculent des changements culturels et sociaux parfois mal acceptés. L'État central s'efforce en parallèle de compenser les frustrations suscitées par le contrôle politique étroit qu'il exerce en soutenant le développement de ces régions à la traîne par rapport à l'Est du pays. Cependant, la relative concentration des ressources et des investissements dans les zones de colonisation alimente des inégalités de revenus qui attisent le ressentiment des populations autochtones à l'encontre de l'immigration han. Elles tendent à percevoir les Han comme les agents d'une colonisation menée par l'État chinois. Ainsi, en dépit des mesures destinées à favoriser l'accès à l'université des minorités et à améliorer les infrastructures dans les zones les plus pauvres, les frustrations accumulées par ces populations se sentant parfois marginalisées sur leur propre territoire engendrent des contestations. Comme l'ont montré les événements de Lhassa en mars 2008 ou bien ceux d'Urumchi en juillet 2009, en dépit de la protection de l'appareil de sécurité chinois et des lourdes peines sanctionnant les émeutiers, les Han sont parfois en première ligne lorsque ces frustrations débouchent sur des violences.

Pour en savoir plus

Zhongguo minzu tongji nianjian 2004 (Annuaire statistique des minorités chinoises 2004), Pékin, Minzu chubanshe, 2004.

Zhongguo 2000 nian renkou pucha ziliao (Données du recensement chinois de 2000), Pékin, Zhongguo tongji chubanshe, 2002.

ATTANE (Isabelle), « Fifty Years of Demographic Policies in China : An Assesment », dans Graziella Caselli, Jacques Vallin et Guillaume Wunsch (eds), *Demography. Analysis and Synthesis*, 4, Londres, Academic Press, 2006, p. 301-319.

CASTETS (Rémi), « Entre colonisation et développement du Grand Ouest. Impact des stratégies de contrôle démographique et économique au Xinjiang », *Outre-Terre*, 16, octobre 2006, p. 257-272.

CLARKE (Graham), « The Movement of Population to the West of China, Tibet and Qinghai », dans Judith M. Brown et Rosemary Foot (eds), *Migration. The Asian Experience*, New York (N. Y.), St. Martin's Press, 1994, p. 221-57.

IREDALE (Robyn), BILIK (Naran) et FEI (Guo), *China's Minorities on the Move. Selected Case studies*, Armonk (N. Y.), M. E. Sharpe, 2003.

HALSKOV HANSEN (Mette), *Frontier people. Han Settlers in Minority areas of China*, Vancouver, UBC Press, 2005.

MILLWARD (James), *Beyond the Pass. Economy, Ethnicity, and Empire in Qing Central Asia 1759-1864*, Stanford (Calif.), Stanford University Press, 1998.

PASTERNAK (Burton) et SALAFF (Janet), *Cowboys and Cultivators. The Chinese of Inner Mongolia*, Boulder (Colo.), Westview Press, 1993.

Un espace postsoviétique en pleine mutation

Anne de Tinguy

L'espace soviétique était un espace migratoire à la fois coupé du monde extérieur et dynamique. En dépit des restrictions à la liberté de mouvement, plusieurs millions de Soviétiques déménageaient chaque année pour s'installer dans une autre région ou une autre république, attirés par de meilleurs salaires, ou pour effectuer leurs études ou leur service militaire. L'éclatement de l'URSS marque une rupture suivie de profonds bouleversements qui ont un impact immédiat sur le paysage migratoire. Il s'ensuit un « démêlage des peuples » (*unmixing of population*), selon l'expression de Lord Curzon, caractéristique de la fin des empires multinationaux. Les conflits qui éclatent alors dans plusieurs des nouveaux États génèrent par ailleurs des flots de réfugiés. La chute brutale et générale des PNB provoque à son tour des mouvements massifs de main-d'œuvre. L'espace migratoire se restructure en fonction de logiques différentes de celles qui prévalaient du temps de l'URSS. Certaines forces jouent en faveur de la Russie qui s'impose comme un pôle d'attraction, d'autres vont dans le sens de l'ouverture et de la diversification. Près de vingt ans après la disparition de l'URSS, quel bilan peut-on tirer ?

L'éclatement de l'URSS ou le grand chambardement

L'éclatement de l'URSS, l'ouverture des frontières extérieures, l'émergence de nouveaux États, des transformations systémiques en cascade ont des conséquences paradoxales : globalement, l'intensité de la migration diminue, mais de nouveaux flux, puissants, se développent. Si l'on en croit la géographe Zhanna Zaiontchkovskaia, entre 1990 et le début des années 2000, les mouvements entre

figure 26 : **Migrations entre la Russie et les anciennes Républiques soviétiques, 1982-2007**

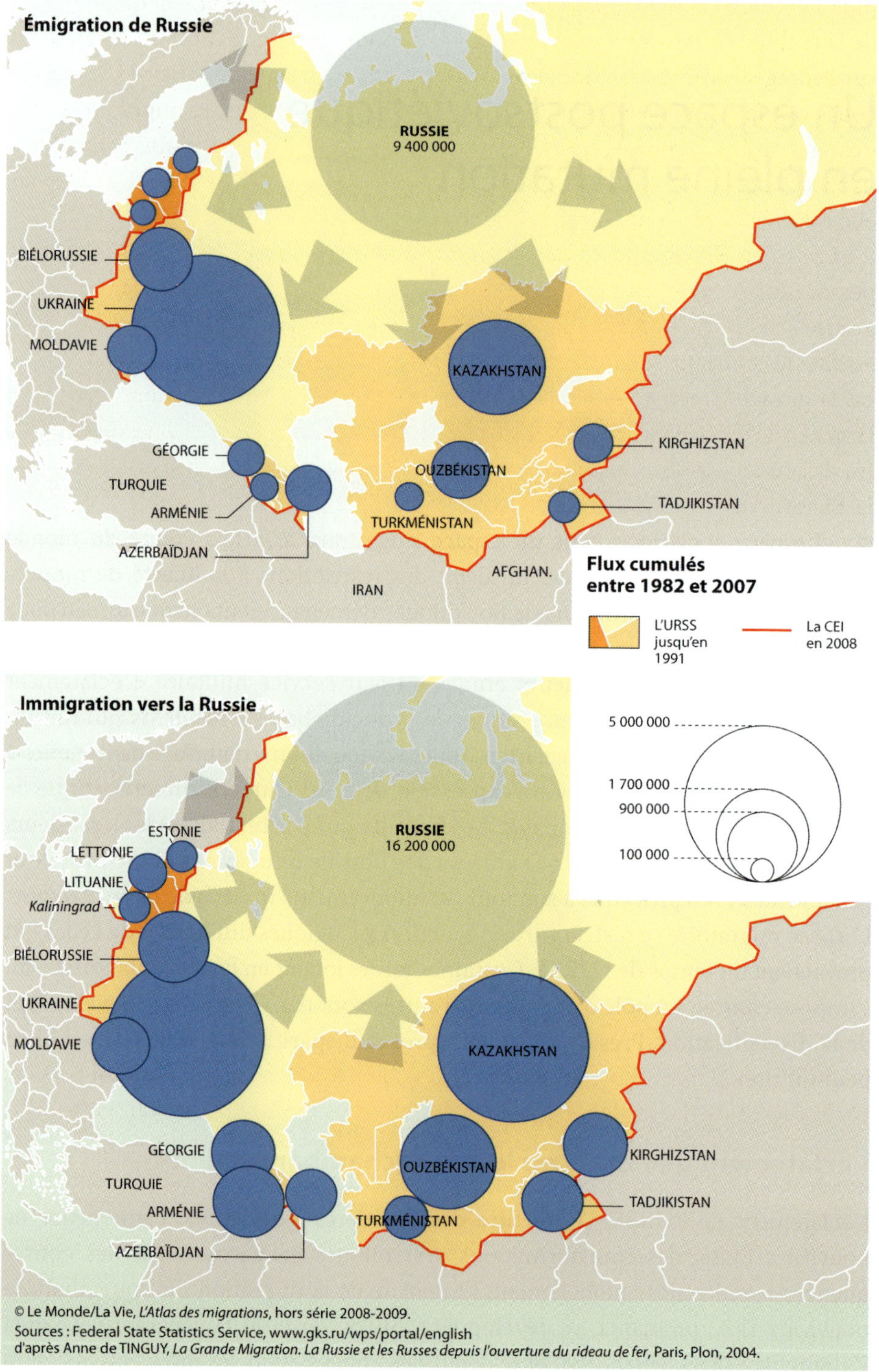

© Le Monde/La Vie, *L'Atlas des migrations*, hors série 2008-2009.
Sources : Federal State Statistics Service, www.gks.ru/wps/portal/english
d'après Anne de TINGUY, *La Grande Migration. La Russie et les Russes depuis l'ouverture du rideau de fer*, Paris, Plon, 2004.

Sciences Po / CERI et Atelier de cartographie, juin 2009

les nouveaux États sont divisés par quatre : le nombre de passages aux frontières passe d'environ 2 millions par an au début des années 1990 à 900 000 en 1996, puis à 480 000 en 2000. Ces données ne reflètent vraisemblablement qu'une partie de la réalité, les désordres provoqués par l'effondrement de l'URSS se répercutant sur l'enregistrement des données statistiques. Il reste que les bouleversements en cours ont fait chuter la mobilité des populations. En Russie, la migration brute, c'est-à-dire la somme des émigrations et des immigrations, est moins importante dans les années 1990 et 2000 qu'elle ne l'était dans les années 1980. En Ukraine, elle est divisée par huit entre le début des années 1990 et 2002.

Les mouvements qui se développent se chiffrent néanmoins en millions de personnes et concernent tous les États issus de l'URSS. Une grande vague d'émigration vers les pays occidentaux se produit dès l'ouverture du rideau de fer, mais les flux les plus importants se font au sein de l'espace postsoviétique. La Russie en est la grande bénéficiaire : en 1989, elle accueille 42 % des migrations internes à l'espace soviétique ; au début des années 2000, les trois quarts (73 %). Elle est à la fin des années 1990 et au début des années 2000 le seul des nouveaux États (avec la Biélorussie dans une bien moindre mesure) à présenter un solde migratoire positif : entre les deux recensements de 1989 et de 2002, Moscou attire près de 11 millions de personnes (5,5 millions en solde migratoire en tenant compte de l'émigration vers l'Occident, 6,8 millions en ne tenant compte que de l'ex-URSS). Alors que les migrations entre la République de Russie et les autres républiques soviétiques étaient importantes dans les deux sens (de la Russie vers les autres républiques – à l'exception de l'Asie centrale – et de ces dernières vers la Russie), à partir de 1990 le nombre de personnes qui s'installent en Russie augmente, et le nombre de celles qui la quittent pour l'un des nouveaux États diminue en revanche fortement. À l'inverse, l'Asie centrale dont « les populations détenaient au sein de l'URSS les taux de mobilité résidentielle les plus faibles[1] » devient une zone d'émigration majeure. Les flux, autrefois internes, désormais internationaux, sont le reflet des événements – éclatement d'un empire vieux de plusieurs siècles et multiples conflits – ainsi que du bouleversement des situations économiques.

L'effondrement de l'URSS provoque tout d'abord ce « démêlage des peuples » évoqué par Lord Curzon. Près de la moitié des 828 000 personnes venant de l'ex-URSS qui s'installent en Ukraine en 1992-1993 sont ethniquement ukrainiennes. Officiellement, plus de 300 000 Kazakhs sont revenus au Kazakhstan entre 1992 et 2005, 10 000 ont quitté la Russie pour ce pays entre 2001 et 2006. Les Russes qui ont longtemps été « le peuple nomade par excellence[2] » – jusqu'au début des années 1970, ils ont massivement migré vers l'Est du territoire – se replient par

1 Julien Thorez, « Itinéraires du déracinement. L'essor des migrations de travail entre l'Asie centrale et la Russie », *Espace, populations, sociétés*, 1, 2007, p. 59.

2 Hélène Carrère d'Encausse, *L'Empire éclaté*, Paris, Flammarion, 1978, p. 72 et 99.

millions sur la Russie. Pour beaucoup des 25 millions qui résident depuis parfois plusieurs générations sur le sol des autres nouveaux États indépendants, la disparition de l'URSS est un traumatisme. Hier représentants de la nation dominante et majoritaires en URSS, ils se retrouvent, en un laps de temps très court, étrangers dans un pays qu'ils croyaient être le leur et où ils ont brusquement le sentiment de ne plus être que des citoyens de deuxième classe. Cet immense désarroi les pousse à « retourner » dans leur pays d'origine où nombre d'entre eux n'ont jamais vécu. Selon le Comité d'État pour les statistiques de Russie (Goskomstat), sur les 8 millions de personnes qui s'installent en Russie entre 1990 et 2000, 81 % sont russes entre 1989 et 1992, et 64 % entre 1993 et 2000.

Autre manifestation de ce « démêlage des peuples » : le retour des peuples déportés. Au moment de la seconde guerre mondiale, des peuples entiers (Allemands de la Volga, Tatars de Crimée, Tchétchènes, etc.) – au total quelque 2,7 millions de personnes, peut-être davantage – ont été collectivement accusés de collaboration ou de trahison et déportés par Staline en Sibérie et en Asie centrale. Dès la *perestroïka* gorbatchévienne, ceux qui jusque-là n'avaient pas eu l'autorisation de le faire, choisissent de retourner sur leurs terres : 250 000 Tatars sont ainsi revenus en Crimée et plusieurs milliers de Coréens se sont réinstallés dans la région extrême-orientale de la Russie.

Les nombreux conflits qui éclatent – au Karabakh, en Transnistrie, en Abkhazie et en Ossétie du Sud, au Tadjikistan, en Ouzbékistan entre Ouzbeks et Kirghizes, entre Ouzbeks et Turcs meskhètes – ainsi que l'instabilité qui règne dans certaines régions, en particulier en Asie centrale, provoquent également de nombreux départs. On estime à un million le nombre de réfugiés du Karabakh, à des dizaines de milliers ceux qui fuient chaque année le Tadjikistan (107 000 en 1996 et 76 000 en 1997, année de la fin de la guerre civile), à environ 12 000 le nombre de Coréens qui ont dû quitter le Tadjikistan, etc. La Russie est là encore le refuge de beaucoup de ces réfugiés et de ceux qui ont choisi de quitter un pays où ils ne se reconnaissent plus chez eux.

Les logiques de la restructuration du champ migratoire

Les migrations de main-d'œuvre constituent l'autre phénomène de grande ampleur. Beaucoup sont temporaires ou saisonnières, liées à la chute brutale du niveau de vie et au bouleversement des repères provoqués par l'effondrement du système soviétique et les transformations systémiques entreprises par les nouveaux États. La Russie, certes appauvrie dans les années qui suivent la disparition de l'URSS, mais néanmoins plus riche que ses voisins de la CEI, a été d'emblée la grande bénéficiaire de ces flux. Le phénomène s'est accentué dans les années 2000 du fait de la persistance des problèmes démographiques auxquels elle est confrontée depuis 1991 et du redressement économique et financier qu'elle a opéré grâce à la hausse du prix du pétrole. Son marché du travail attire une abondante main-d'œuvre étrangère, qui vient pour les deux tiers des pays de l'espace postsoviétique (Ouzbékistan, Tadjikistan, Ukraine, Kirghizstan, Moldavie, Arménie, Azerbaïdjan, par ordre décroissant en 2007). Certains des ressortissants de ces pays travaillent légalement ; beaucoup d'autres, illégalement (selon les estimations, entre 4 et 6 millions, dont une grande partie issue d'Asie centrale). La forte croissance du nombre de ces derniers dans la première partie des années 2000 amène le gouvernement russe en 2006-2007 à assouplir sa politique : le nombre de permis de travail délivrés aux ressortissants des États de la CEI passe de 106 000 en 2000 à 537 000 en 2006 et à 1,15 million en 2007.

Dans certains des nouveaux États, cette migration est devenue un phénomène socio-économique majeur. En Moldavie, on estime qu'un habitant sur trois a quitté le pays pour travailler (près des deux tiers en Russie) ; au Kirghizstan, un habitant sur cinq, et davantage dans certaines régions méridionales du pays ; en Géorgie et en Arménie, une famille sur quatre ou cinq aurait l'un de ses membres en Russie. Ces mouvements génèrent d'importants transferts financiers. Ils concernent souvent des hommes jeunes, ce qui bouleverse les équilibres familiaux et sociaux.

On le voit, deux facteurs pèsent de façon importante sur la restructuration du champ migratoire : le passé et les évolutions économiques. Au fil des années, ces dernières ont pris une importance croissante, le décalage entre la Russie et ses partenaires augmentant fortement. En Russie, le retour de la croissance (7 % par an en moyenne entre 1999 et 2007) et la hausse du niveau de vie ont des conséquences immédiates sur les migrations : l'émigration vers les pays industrialisés (le nombre de personnes qui quittent définitivement la Russie a été divisé par six entre le début des années 1990 et 2007) et vers ceux de la CEI (130 000 départs en 1999, 31 300 en 2007) continue à fléchir. L'immigration en provenance des nouveaux États est en revanche à nouveau à la hausse. Après avoir reculé entre 1994 et 2004, elle a de nouveau augmenté entre 2005 et 2007 (168 600 personnes se sont installées en Russie en 2005, 273 800 en 2007). Elle correspond de moins en moins à un « retour » des Russes en Russie. Leur part représentait encore 59 % de ce flux en solde migratoire entre 2001 et 2004, elle tombe à 32 % en 2007. En 2006, pour la première fois, sont arrivés du Tadjikistan davantage de Tadjiks que de Russes ; l'année suivante, les premiers ont été quatre fois plus nombreux que les seconds. Le phénomène suit désormais une logique avant tout économique. Lié à des situations d'extrême pauvreté dans certains des nouveaux États, il est favorisé par le fait qu'au sein de l'espace postsoviétique, le russe, certes en recul, demeure la langue de communication, que les populations ont des comportements similaires hérités de la période soviétique et qu'elles peuvent s'appuyer sur des réseaux, développés du temps de l'URSS.

Ces mouvements de main-d'œuvre créent une interdépendance entre la Russie et ses partenaires de la CEI. Les transferts financiers qui en résultent jouent un rôle majeur dans les économies de ces derniers, en particulier celles de la Moldavie, du Tadjikistan, de l'Arménie ou du Kirghizstan. On estime qu'ils représentent environ la moitié du PNB du Tadjikistan – la dépendance est d'autant plus forte que la quasi-totalité des migrants tadjiks travaillent en Russie – et qu'ils font vivre un tiers de la population du Kirghizstan. Ces flux donnent à la Russie des moyens de pression qu'elle n'a parfois pas hésité à utiliser, en particulier en Géorgie.

À l'inverse, à cause de ses problèmes démographiques, la Russie connaît un déficit de main-d'œuvre qui se chiffre déjà en centaines de milliers, voire en millions de personnes, un nombre qui ira croissant dans les années à venir si l'on en croit différents experts. Une main-d'œuvre étrangère bon marché, peu exigeante et prête à occuper les emplois peu qualifiés que les Russes rechignent à prendre – en particulier lorsqu'elle est en situation d'illégalité – permet à Moscou de soutenir sa croissance économique. Dans certains secteurs, notamment dans le bâtiment où elle représente 40 % de la force de travail, le commerce et les services, elle joue un rôle essentiel. Les migrants seraient à l'origine de 8 à 10 % du PIB de la Russie.

Le champ migratoire se restructure ainsi en fonction de deux grandes logiques : d'une part, la décolonisation avec le repli des populations russes sur la Russie et la dérussification au sens large qui s'ensuit ; d'autre part, le retour de l'influence russe par le biais de l'économie. Ce faisant, les migrations contribuent-elles à redonner une cohérence à l'espace postsoviétique ?

La fin de l'« étranger proche » ?

La construction de l'empire s'était faite *via* les migrations massives de Russes. L'influence de la Russie postsoviétique se nourrit de l'emploi sur son territoire de millions de personnes issues de l'« étranger proche ». Les forces à l'œuvre n'ont cependant pas toutes les mêmes conséquences. Certains des flux ont pour effet d'affaiblir les positions de Moscou et la cohérence de l'ensemble. D'autres vont dans le sens de la diversification et de l'ouverture de l'espace sur le monde extérieur.

Ce qui a été une entité n'a pas résisté à l'épreuve du temps. Dans le domaine migratoire comme dans d'autres, la CEI n'a pas été l'instrument d'une nouvelle intégration régionale. Le souci de libre circulation affirmé en octobre 1992 par l'accord de Bichkek a été remis en cause dès la fin des années 1990. En 1999, le Turkménistan impose des visas à certains de ses partenaires, et en 2000, la Russie se retire de l'accord de Bichkek, puis impose à la Géorgie un régime de visas. Depuis 2005, les passeports intérieurs qui permettaient de passer les frontières entre les États membres de la CEI ne sont plus acceptés. Ces décisions sont hautement symboliques : la cohérence de cet espace s'estompe.

Dans certaines régions de l'URSS, les migrations avaient par ailleurs anticipé la décolonisation. En Asie centrale, le reflux vers la Russie des populations russes a commencé à la fin des années 1970. Ce processus de décolonisation naissant n'a fait que s'accentuer avec l'éclatement de l'URSS et les indépendances des ex-Républiques soviétiques. Les populations russes concernées n'ayant pas été des relais actifs de l'influence de la Russie, leur départ ne provoque pas en lui-même une réduction des moyens d'action de Moscou dans son ancien empire, mais il a une signification politique qui est accentuée par les évolutions linguistiques et culturelles. L'affirmation identitaire dans les nouveaux États indépendants passe par une promotion de la culture nationale, notamment de la langue nationale, symbole de l'indépendance et de la rupture avec le passé, et par des révisions historiographiques. Le repli des Russes débouche ainsi sur un processus multiforme de dérussification qui contribue à vider de sens l'expression russe d'« étranger proche ».

Le pouvoir russe pourrait utiliser les flux actuels de population pour construire un nouveau type de relation, post-impériale, avec ses partenaires. Ce n'est pas ce qu'il fait. Si la Russie donne à de très nombreux ressortissants des nouveaux États les moyens de subvenir à leurs besoins, elle ne se comporte pas comme un pays soucieux de s'ouvrir à l'immigration. Au sein de la société russe, les attitudes à l'égard des Caucasiens et des personnes originaires d'Asie centrale sont très négatives. La xénophobie, voire l'ethnophobie, se sont développées ces dernières années et elles sont à l'origine d'actes de violence réguliers : émeutes anticaucasiennes à Kondoponga en Carélie en 2006, assassinat chaque année de plusieurs dizaines, voire centaines, de travailleurs caucasiens ou centre-asiatiques. De manière plus insidieuse, de multiples discriminations se sont développées au niveau de l'accès au logement et à l'emploi (à l'embauche, en matière de salaires et de conditions de travail). Le pouvoir entretient bien souvent intolérance et préjugés[3].

De nouveaux pôles d'attraction ont par ailleurs émergé dès les années 1990 au sein de l'espace postsoviétique comme à l'extérieur de celui-ci. Les réfugiés qui ont fui les conflits mentionnés plus haut ont été nombreux à chercher refuge, selon les cas, au Turkménistan, au Kirghizstan et en Ukraine. Plus significatif, la Russie n'est plus le seul État à attirer une main-d'œuvre étrangère. Le Kazakhstan, devenu en quelques années un pays d'immigration, est aujourd'hui un pôle d'attraction concurrent. Entre 1999 et 2004, 335 000 personnes s'y sont installées : 95 % viennent de l'espace CEI, près d'un tiers d'Ouzbékistan. En 2004, pour la première fois depuis 1968, son solde migratoire est devenu positif. Le pays accueille également un nombre croissant de saisonniers et de travailleurs temporaires centre-asiatiques : officiellement environ 500 000, officieusement beaucoup plus. Dans une moindre mesure, une tendance similaire est observée en Ukraine : négatif depuis 1994, le solde migratoire est redevenu positif en 2005. La situation

3 Un récent rapport de Human Rights Watch consacré à cette question est accablant pour la Russie : Jane Buchanan, *« Are you Happy to Cheat us? » Exploitation of Migrant Construction Workers in Russia*, New York (N. Y.), Human Rights Watch, février 2009.

géographique du pays en fait une terre d'accueil, en principe temporaire, pour de nombreux migrants « en transit » dont la destination finale est l'Europe ou l'Amérique du Nord. Certains pays membres de l'Union européenne exercent eux aussi une forte attraction sur les populations des nouveaux États. Depuis les années 1990, plusieurs centaines de milliers d'Ukrainiens se sont tournés vers l'Ouest : ils travaillent en Europe centrale, en particulier en République tchèque, en Pologne, en Hongrie, ainsi que dans la partie occidentale de l'Union, notamment en Italie et au Portugal. Les Moldaves, nombreux à travailler en Russie, le sont aussi, dans une moindre mesure, dans les États européens : les salaires y étant plus élevés, les transferts financiers en provenance de l'Union sont deux fois plus importants que ceux venant de la Russie. Des Russes travaillent eux aussi dans certains des pays de l'Union européenne ainsi qu'en Chine. Certains Ouzbeks prennent, eux, la direction de la Corée du Sud, etc.

Vers de nouveaux bouleversements

Près de vingt ans après l'effondrement de l'URSS, l'espace postsoviétique garde une cohérence. Sa restructuration a été dominée par les conséquences de l'éclatement de l'empire et par les évolutions économiques. La Russie n'est plus aujourd'hui le seul pôle d'attraction au sein d'un espace qui ne constitue plus l'entité qu'il a été. Les évolutions ont néanmoins bénéficié en premier lieu à l'ancienne puissance impériale qui exerce toujours une forte attraction sur ses partenaires. L'interdépendance qui en résulte est le ciment des relations entre les pays membres de la CEI. Qu'en sera-t-il demain ? La crise financière qui touche de plein fouet la Russie et les autres États de la zone risque de bouleverser à nouveau la donne. La dégradation de l'économie russe a déjà conduit à de nombreux licenciements de travailleurs étrangers. Si elle s'accentue, elle pourrait provoquer le retour de travailleurs des États de la CEI dans leur pays, entraînant une montée du chômage, une forte réduction des transferts financiers vers ces États, et *in fine* une aggravation de la récession. Ce scénario aurait inévitablement des conséquences sociopolitiques qui pourraient s'avérer sérieuses, en particulier dans les pays d'Asie centrale. Il en aurait également en Russie, notamment sur les plans démographique et économique.

Pour en savoir plus

De nombreuses données sont issues de *Demoscope Weekly*, notamment les numéros de décembre 2001, janvier 2005, mai 2006, août et novembre 2008, disponibles sur www.demoscope.ru

Migrations Est-Ouest en Europe : une ressource pour les pays de départ et d'accueil ?, colloque organisé par le CERI, Paris, 18 décembre 2006, disponible sur www.ceri-sciences-po.org

JAROSZEWICZ (Marta) et SZEREPKA (Leszek), *Migration Challenges in the European Union's Eastern Neighbourhood*, Varsovie, Centre for Eastern Studies, 2007.

KOROBKOV (Andreï), « Migration Trends in Central Eurasia : Politics *versus* Economics », *Communist and Post-Communist Studies*, 40, 2007.

MALYNOVSKA (Olena), « International Migration in Contemporary Ukraine. Trends and Policy », *Global Migration Perspectives*, 14, octobre 2004.

MANSOOR (Ali) et QUILLIN (Bryce) (eds), *Migration and Remittances. Eastern Europe and the Former Soviet Union*, Washington (D. C.), Banque mondiale, 2006.

ROLLAN (Françoise), « Les migrations forcées en Asie centrale postsoviétique 1991-2005 », *Espace, populations, sociétés*, 1, 2007.

RUGET (Vanessa) et USMANALIEVA (Burul), « Citizenship, Migration and Loyalty towards the State. A Case Study of the Kyrgyzstani Migrants Working in Russia and Kazakhstan », *Central Asian Survey*, juin 2008.

TINGUY (Anne de), *La Grande Migration. La Russie et les Russes depuis l'ouverture du rideau de fer*, Paris, Plon, 2004.

TIOURIOUKANOVA (Elena), « Troudovaia migratsiia v Rossiou » (Migration de main-d'œuvre en Russie), *Demoscope Weekly*, 1er-20 janvier 2008, disponible sur www.demoscope.ru

VICHNEVSKI (Anatoli) (ed.), *Naselenie Rossii 2007* (La population russe 2007), Moscou, Institut de démographie, Haut Collège d'économie, à paraître.

La colonisation russe en Asie centrale à l'époque soviétique

Sébastien Peyrouse

Zone d'exil et de migrations massives, l'Asie centrale (Kazakhstan, Kirghizstan, Ouzbékistan, Tadjikistan, Turkménistan) a connu d'importants mouvements de population durant la période soviétique. Les flux migratoires des Russes en direction de cette région ont profondément modifié son visage économique, sociologique et culturel. Ils ont débuté dès le XIXe siècle, pris toute leur ampleur entre les années 1920 et 1960, avant d'entamer un déclin dans les décennies 1970-1980, brutalement accéléré par la disparition du régime soviétique en 1991. L'impact de ces flux sur les sociétés d'Asie centrale s'avère plus profond que la seule présence de millions de russophones ; c'est l'ensemble des structures économiques et politiques, ainsi que les référents culturels et identitaires des États centre-asiatiques qui ont été transformés par plus d'un siècle et demi de cohabitation avec la Russie.

Les débuts de la colonisation

La conquête militaire et politique de l'Asie centrale commence dès le XVIIIe siècle avec l'avancée des Cosaques dans les steppes du futur Kazakhstan et l'intégration à l'Empire tsariste du bassin du fleuve Oural, des régions montagneuses de l'Altaï, puis des rives des fleuves Ichim, Tobol et Irtych. Comme en Sibérie, l'établissement du pouvoir colonial s'accompagne (et parfois même précède) de flux de paysans fuyant le servage et de communautés religieuses dissidentes (protestants et « sectes » russes des vieux-croyants[1]) cherchant à échapper aux répressions.

1 Les vieux-croyants sont un courant de l'orthodoxie né après le Grand Schisme [*Raskol*] au XVIIe siècle. Une partie importante des fidèles qui refusaient les réformes du patriarche Nikon concernant le rite et la liturgie orthodoxes ont alors quitté l'Église russe. Ils ont été persécutés sous le tsarisme et furent à l'origine de nombreuses révoltes religieuses et sociales contre le pouvoir central.

Dans la seconde moitié du XIXe siècle, la présence paysanne russe est officiellement autorisée au sein du gouvernorat du Turkestan et de celui des Steppes et se voit directement régulée par Saint-Pétersbourg. Les événements politiques et sociaux qui surviennent en Russie à partir de la seconde moitié du XIXe siècle, tels que l'abolition du servage en 1861, la quête de nouvelles terres agricoles dans les années 1880, la famine de 1891-1892 puis la politique agraire de Piotr Stolypine, contribuent au renforcement de la présence russe en Asie centrale dans la première décennie du XXe siècle. Ainsi, si en 1896 environ 400 000 colons sont installés plus ou moins légalement dans la région, ils sont un million et demi à la veille de la première guerre mondiale.

Les grands flux soviétiques

Les mouvements de population prérévolutionnaires sont suivis, après les événements d'octobre 1917, de plusieurs autres qui se poursuivent jusque dans les années 1950. Dès la mise en place de la nouvelle politique économique (NEP) en 1921 à la fin de guerre civile, le pouvoir bolchevique organise la venue en Asie centrale de plusieurs centaines de milliers de Russes afin de mettre en place un premier encadrement politique, mais également scolaire et médical, dans les républiques. Ces flux migratoires s'accélèrent durant les décennies suivantes, favorisés par l'industrialisation massive et la culture extensive du coton. Dans les années 1930, de nombreux ingénieurs du pétrole et ouvriers spécialisés viennent organiser l'économie des républiques kazakhe, ouzbèke et turkmène, cantonnées principalement dans l'extraction de minerais. Entre 1926 et 1939, plus d'un million et demi d'hommes et de femmes quittent la Russie européenne pour s'installer en Asie centrale. Quarante-sept villes nouvelles et plus de deux cents colonies ouvrières voient le jour. De nombreux *koulaks* (paysans riches ou qualifiés comme riches par le régime) y sont également déportés, généralement en zones rurales.

Cette colonisation s'accentue durant la seconde guerre mondiale avec le déplacement des usines et des centres industriels du front par-delà l'Oural, vers la Sibérie et l'Asie centrale. En 1941, afin de les soustraire aux armées ennemies, plus de 1 500 entreprises sont déplacées vers l'Est, dont un cinquième en Asie centrale. Plus d'une centaine d'entre elles s'installent au Kazakhstan, portant à presque cinq cents le nombre de lieux de production industrielle construits dans la république pendant la guerre. Le conflit conduit également à l'installation, principalement en Ouzbékistan, d'environ 100 000 Juifs ashkénazes forcés par la menace nazie à quitter leurs zones de résidence traditionnelles des confins occidentaux de l'URSS. La présence européenne s'intensifie ensuite lors de la campagne dite des terres vierges. En 1954, Nikita Khrouchtchev lance un gigantesque plan de mise en valeur des terres vierges au Kazakhstan (38 millions d'hectares) et en Sibérie qui suscite l'afflux de 2 millions de « volontaires », là encore principalement russes, ukrainiens et biélorusses, qui s'installent dans de grands kolkhozes. Entre 1939 et 1959, la population du Kazakhstan augmente considérablement du fait de cet apport slave : le nombre de Russes dans la population totale passe de 20 % en 1926 à 42 % en 1959. Dans le recensement de 1950, les Kazakhs ne représentent plus que 30 % de la population : ils sont moins de 3 millions contre 4 millions de Russes. Ces derniers sont particulièrement nombreux dans plusieurs régions du Nord du pays, atteignant 80 % de la population à Petropavlovsk ou Oust-Kamenogorsk.

figure 27 : **Nombre de Russes dans les pays d'Asie centrale, 1959-2008**

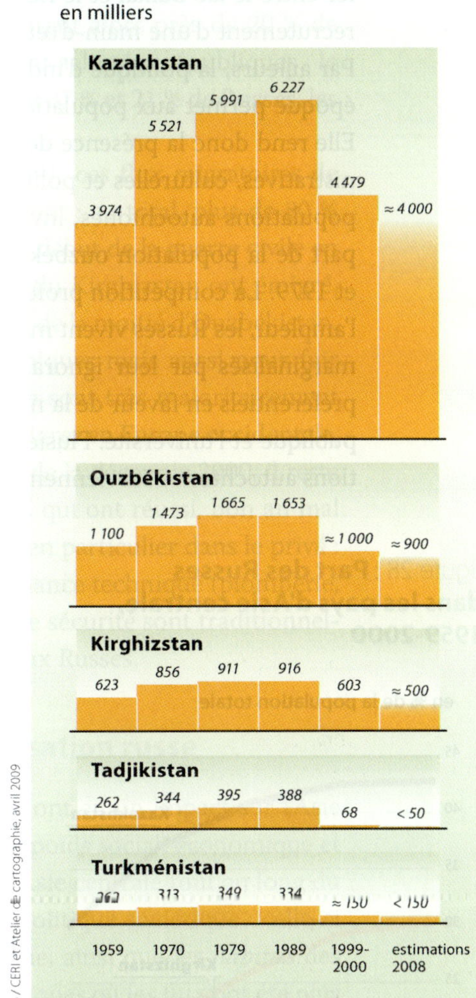

Source : compilation de Sébastien PEYROUSE, d'après les recensements soviétiques et postsoviétiques.

Bien que de nombreux soldats et fonctionnaires aient été envoyés en Asie centrale, l'émigration prérévolutionnaire était principalement paysanne. À l'époque soviétique, elle devient majoritairement urbaine, excepté dans quelques régions comme le Nord du Kazakhstan et les pourtours de l'Issyk-Koul en Kirghizie. Les républiques méridionales, demandeuses de personnels techniques, attirent en effet à elles les travailleurs de l'industrie et du tertiaire : enseignants, ingénieurs, médecins, etc. Le régime soviétique incite donc au départ vers l'Asie centrale de personnes jeunes et diplômées destinées à occuper des postes à responsabilité dans les milieux politiques, administratifs et économiques. Pourtant, malgré l'importance des migrations de Russes vers l'Asie centrale, le taux de natalité élevé des populations autochtones permet de faire pencher la balance démographique en leur faveur dès le recensement de 1959. Durant les décennies suivantes, la population des Russes ne cessera de diminuer bien que plusieurs centaines de milliers d'entre eux viennent encore s'installer dans la région.

L'inversion des flux migratoires

Si le départ massif des Russes d'Asie centrale vers la Russie est souvent présenté comme résultant de l'éclatement de l'URSS, l'inversion des flux migratoires a débuté bien avant 1991. Il est perceptible dès le recensement de 1979. Dans les années 1970,

(alors Stalinabad) a elle aussi été bâtie de toutes pièces dans les années 1920-1930, tandis que l'actuelle capitale du Kazakhstan, Astana, a été fondée sous le nom de Tselinograd dans les années 1950 durant la campagne des terres vierges, sur l'emplacement d'un hameau peuplé de Cosaques et de Polonais. Ainsi, à l'exception de quelques villes historiques, principalement ouzbèkes, l'architecture urbaine centre-asiatique reste dominée par l'art stalinien des années 1930-1940 et par l'architecture moderne des années 1960-1970.

Corollaire de ces changements dans le paysage urbain centre-asiatique, la période soviétique a également accentué la spécialisation économique de la région : sur le plan agricole, préférence sera donnée à la monoculture du coton au détriment de la diversité des cultures maraîchères, cultivées principalement sur les lopins de terre privés, et, sur le plan industriel, à la métallurgie et à l'extraction de minerais. Malgré les pressions politiques et les incitations sociales de Moscou, l'Asie centrale, à l'exception du Kazakhstan, restera la région la plus réfractaire à l'urbanisation massive. Peu mobiles, les populations rurales n'en subiront pas moins de profondes évolutions : mixité sociale et nationale pour les hommes lors de leur service militaire et parfois sur leur lieu de travail, développement (réduit) des mariages mixtes, accès des femmes à certains droits, introduction du divorce, réduction du nombre d'enfants, adaptation des réseaux traditionnels de solidarité (lignagère, régionale, etc.) aux spécificités du système corporatiste soviétique.

Le poids des transformations culturelles liées à la colonisation russe

L'impact culturel de ces migrations russes a lui aussi été déterminant. La latinisation de l'alphabet arabe, décidée dans les années 1920, a été abandonnée à la fin des années 1930 au profit du cyrillique, qui est aujourd'hui encore l'alphabet de trois des cinq républiques – le Turksménistan et l'Ouzbékistan sont passés à l'alphabet latin dans les années 1990. Dès 1938, l'enseignement de la langue russe est devenu obligatoire dans toutes les écoles du pays. Ces réformes, dont le principal objectif était de simplifier l'écriture afin de la rendre accessible à tous, ont constitué une rupture brutale dans la transmission du savoir et la mémoire collective. Les campagnes de lutte contre l'analphabétisme, qui ont débuté en 1922, avaient un double objectif : faire accéder les catégories sociales les plus faibles à l'écriture et rallier les jeunes générations au nouveau régime en limitant la connaissance des textes prérévolutionnaires, symboles d'une culture « dépassée ». Alors qu'à la fin de la décennie 1920, seule 10 % de la population masculine d'Asie centrale était considérée comme lettrée, la réforme a porté ses fruits puisqu'en moins de deux générations, le taux d'alphabétisation a atteint 98 % des populations centre-asiatiques, chiffre aujourd'hui en forte régression.

La russification a été importante, bien que les républiques d'Asie centrale eurent toujours les taux de connaissance du russe les plus faibles de toute l'Union soviétique. Malgré cela, le russe était considéré durant la période soviétique comme la langue de la promotion sociale, très présente dans toutes les grandes villes de la région et incontournable pour tous ceux qui voulaient travailler dans l'industrie ou dans l'administration. Aujourd'hui encore, les classes moyennes et supérieures sont toutes russophones, et le russe reste la seule langue internationale connue dans les zones rurales. Malgré la dérussification des années 1990, le russe suscite un regain d'intérêt depuis les années 2000 dans les milieux urbains, où il est le signe d'un certain niveau social, et parmi les ruraux qui peuvent espérer trouver du travail en Russie s'ils sont russophones. Au Kazakhstan et au Kirghizstan, les deux républiques les plus russifiées de la région, tant par le nombre de Russes que par le degré de connaissance de la langue, les classes moyennes des grandes villes peinent encore à s'exprimer dans une autre langue.

La diversité nationale et religieuse de l'Asie centrale a fortement crû durant les périodes tsariste et soviétique. Même dans les États où les Russes étaient peu nombreux, comme au Tadjikistan et au Turkménistan, les populations éponymes des zones urbaines ont été marquées par la forte diversité nationale soviétique, ressentie positivement, et le sentiment d'avoir partagé une culture commune, tout comme dans certaines zones rurales, où des populations autochtones alors minoritaires ont côtoyé Russes, Ukrainiens, Biélorusses, Polonais, Allemands, Grecs de l'Empire russe issus des pourtours de la mer Noire et de la région d'Odessa,

figure 29 : **Groupes ethniques dans quelques États d'Asie centrale**

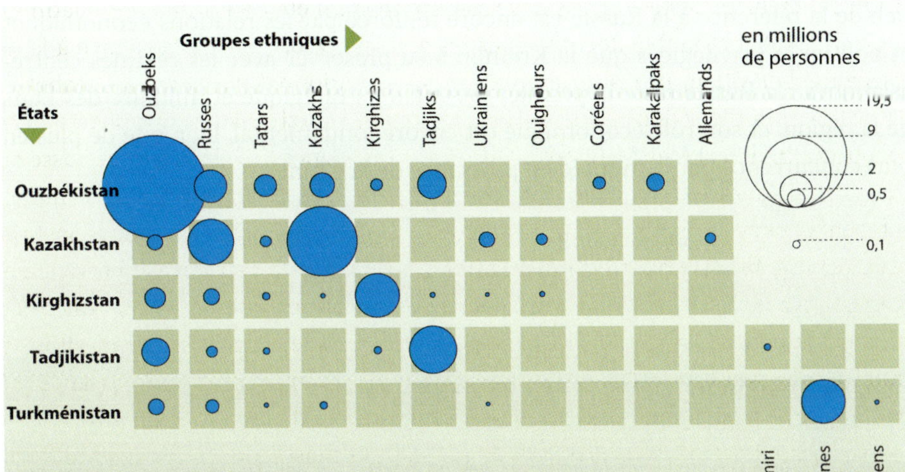

Source : compilation de Sébastien PEYROUSE, d'après les recensements : *Kazakhstan News Bulletin*, 2007 (estimations 2006) ; Comité national des statistiques de la république kirghize, « Nacional'nyj sostav naselenija » (estimations 2007) ; Vsesojuznaja perepis' naselenija 1989 goda, Recensement de la population de l'Union soviétique en 1989 (République ouzbèke) ; www.tlfq.ulaval.ca/axl/Asie/tadjikistan.htm (estimations 2003).

Sciences Po / CERI et Atelier de cartographie, avril 2009

et Coréens venus de l'Extrême-Orient russe et citoyens russes depuis la fin du XIXe siècle. Enfin, malgré le caractère athée du régime, le poids de la présence russe a joué en faveur de l'orthodoxie puisque les législations des cinq États indépendants reconnaissent aujourd'hui à l'Église orthodoxe russe des droits identiques à ceux attribués à l'islam majoritaire, ce qui n'est pas le cas des confessions protestante et catholique. Par ailleurs, la domination de l'idéologie soviétique a largement contribué à « désislamiser » l'Asie centrale (méconnaissance des dogmes, non-respect des interdits alimentaires, rareté de la pratique religieuse).

La persistance de la référence au monde russe

La présence massive de populations russes et russophones en Asie centrale depuis la fin du XIXe siècle et durant toute la période soviétique a modelé le visage social, économique et culturel de l'Asie centrale d'aujourd'hui. Sur les presque dix millions de Russes recensés en 1989, les deux tiers environ étaient nés dans cette région ou y avaient vécu toute leur vie, seul un tiers possédaient encore des liens familiaux en Russie. Les représentants de la minorité russe encore présents dans la région près de deux décennies après l'indépendance des cinq républiques se considèrent donc comme des autochtones, non comme des colons.

Finalement, l'impact de ces flux migratoires russes en Asie centrale est moins lié à la présence des Russes dans la région qu'à l'assimilation soviétique et à l'acculturation qui en a résulté. Aujourd'hui encore, le sentiment d'avoir possédé une culture soviétique commune est très répandu, la connaissance de la langue russe reste un signe de prestige, les références à la culture russe sont omniprésentes et le monde continue à être appréhendé à travers le prisme de Moscou. Ce maintien de la référence à la Russie est encore renforcé par les relations économiques et politiques privilégiées que le Kremlin a su préserver avec les régimes centre-asiatiques : la Russie reste le premier partenaire stratégique et militaire des États de la région, et son rôle économique est encore fondamental, bien que de plus en plus concurrencé par la montée en puissance de la Chine.

Pour en savoir plus

ALLWORTH (Edward A.) (ed.), *The Nationality Question in Soviet Central Asia*, New York (N. Y.), Praeger Publishers, 1974.

CARRÈRE D'ENCAUSSE (Hélène), *L'Empire éclaté. La révolte des nations en URSS*, Paris, Flammarion, 1978.

CHUVIN (Pierre), LETOLLE (René) et PEYROUSE (Sébastien), *Histoire de l'Asie centrale contemporaine*, Paris, Fayard, 2008.

EROFEEVA (I. V.), MASANOV (N. E.), ABYLKHOZHIN (Z. B.) *et al.*, *Istoriia Kazakhstana. Narody i kul'tury*, Almaty, Dajk-Press, 2001.

KOLSTOE (Paul), *Russians in the Former Soviet Republics*, Londres, Hurst, 1995.

KOSMARSKAIA (Natal'ja), *Deti imperii v postsovetskoj Central'noi Azii. Adaptivnye praktiki i mental'nye sdvigi*, Moscou, Natalis, 2006.

LARUELLE (Marlène) et PEYROUSE (Sébastien), *Les Russes du Kazakhstan. Identités nationales et nouveaux États dans l'espace post-soviétique*, Paris, Maisonneuve et Larose-Ifeac, 2004.

PEYROUSE (Sébastien), « Les flux migratoires des Russes d'Asie centrale vers la Russie », *Espace, populations, sociétés*, 1, 2007, p. 47-57.

SAHADEO (Jeff), *Russian Colonial Society in Tashkent, 1865-1923*, Bloomington (Ind.), Indiana University Press, 2007.

TINGUY (Anne de), *La Grande Migration. La Russie et les Russes depuis l'ouverture du rideau de fer*, Paris, Plon, 2004.

PARTIE 3

LE SUD, TERRE DE MIGRATIONS

Orientations, caractères et composition des migrations Sud-Sud

Sylvain Souchaud

En 2005, les Nations unies estimaient le volume mondial de migrants internationaux à 191 millions d'individus (figure 30), soit environ 3 % de la population de la planète. Multipliée par 2,5 entre 1960 et 2005, la population migrante a augmenté de façon continue et soutenue depuis près de cinquante ans. Les migrations Sud-Sud représentent une part importante du total de ces échanges, mais il est difficile d'en mesurer précisément les flux.

Jusqu'à la fin des années 1980, les mouvements de population vers les pays du Sud étaient les plus importants. Aujourd'hui, ces derniers fixent moins de 40 % du total des mouvements migratoires de la planète, soit environ 75 millions d'individus. En revanche, ils sont à l'origine des deux tiers au moins de l'émigration mondiale des deux dernières décennies.

Trois phénomènes – la transition démographique, intervenant dans l'ensemble des pays du Sud mais à des stades d'avancement variables, la mondialisation, favorisant l'intégration tout autant que la différenciation des espaces, et enfin la redéfinition des équilibres géopolitiques à l'échelle mondiale – modifient en profondeur les modèles migratoires et les profils des migrants internationaux. Comment s'organisent et se distribuent dans l'espace ces flux migratoires du Sud ? Leur nature et leur composition leur confèrent-elles une spécificité au sein des mouvements migratoires internationaux ?

Des statistiques incomplètes et peu fiables

La mesure statistique des échanges migratoires entre régions continentales et entre Sud et Sud n'est pas chose aisée. Certaines difficultés tiennent aux sources.

figure 30 : **Migrants et réfugiés dans le monde, 1960-2005**

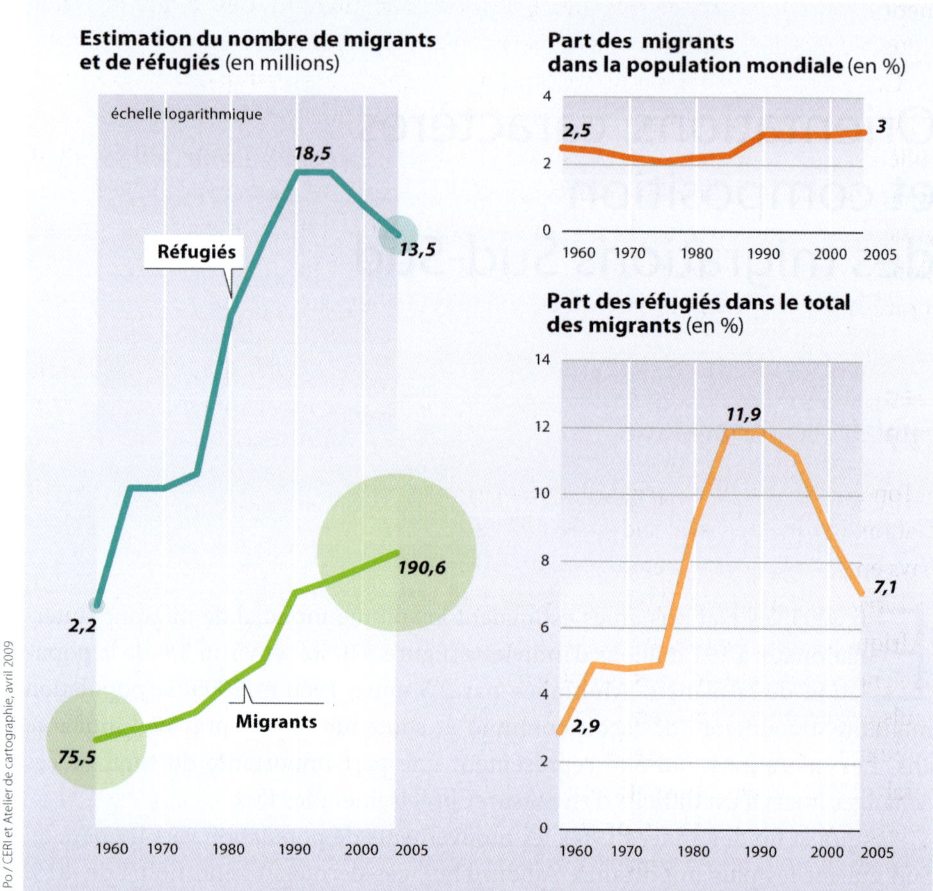

Source : compilation de Sylvain SOUCHAUD, d'après Nations unies, Département des affaires économiques et sociales, Division de la population, *Trends in Total Migrant Stock : The 2005 Revision*, http://esa.un.org/migration

La qualité des recensements est globalement imparfaite, on le sait, et plus encore lorsqu'il s'agit de données relatives aux migrants, population dont la part en situation irrégulière (estimée par les Nations unies à 15-20 % du total) est probablement sous-enregistrée dans les recensements nationaux. Les données statistiques sont par ailleurs construites à partir de l'information recueillie dans les pays d'accueil, si bien que c'est l'immigration et non l'émigration qui est renseignée. Du coup, cette dernière doit être décrite sur la base d'une compilation des données censitaires de l'ensemble des lieux de résidence, c'est-à-dire pays par pays, en vue de l'établissement « fastidieux » de matrices migratoires à l'échelle globale. Le travail des organismes internationaux, la Division de la population des Nations unies (DPNU) en tête, ne résout qu'en partie le problème avec des données limitées à un espace géographique ou globales mais ne prenant en compte que les flux entrants. Comment dès lors mesurer la dispersion sur la surface de la terre des populations émigrées ?

Enfin, les statistiques captent, à partir d'un événement migratoire passé (généralement le départ du pays de naissance), des stocks de migrants, c'est-à-dire des individus sédentarisés, et non à proprement parler des populations en mouvement.

Chercheurs et experts utilisent ainsi des estimations statistiques qui observent le phénomène migratoire selon des choix précis et en fonction de contraintes particulières qui aboutissent à un déséquilibre des connaissances entre immigration et émigration. Associer les deux mouvements dans une même approche n'étant possible que sur certains flux, il devient obligatoire de les dissocier à l'échelle globale. Ces précisions apportées, quelles observations peut-on faire à propos des mouvements migratoires entre pays du Sud au début du XXIe siècle ?

Géographie des migrations internationales au Sud

Si l'on reproduit le découpage géographique des Nations unies, les pays du Sud correspondant aux pays en voie de développement (*less developped countries*) regroupent l'Asie (sans le Japon), l'Afrique, l'Amérique latine et les Caraïbes, la Mélanésie, la Micronésie et la Polynésie. À eux seuls, ils concentraient, en 2005, 81,3 % de la population mondiale et recevaient 39,5 % du total des migrants internationaux (principalement, mais pas seulement, originaires du Sud). Ces chiffres confirmaient l'inversion d'une tendance historique, intervenue à la fin des années 1980, qui a vu les pays du Sud cesser peu à peu d'être les premiers pays de destination des migrants internationaux. Cette évolution mérite d'être corrélée avec celle des réfugiés, majoritairement installés dans les pays du Sud et dont le volume n'a cessé de décroître depuis le début des années 1990 : pour 18,5 millions en 1990 concentrés à 89,2 % dans les pays du Sud, on en comptait « seulement » 9,9 millions en 2006.

Les pays de destination

Avec 53,3 millions d'immigrants en 2005, l'Asie est, après l'Europe, le deuxième continent d'accueil de l'ensemble des migrants internationaux

figure 31 : **Estimation du nombre de migrants internationaux, 1960-2005**

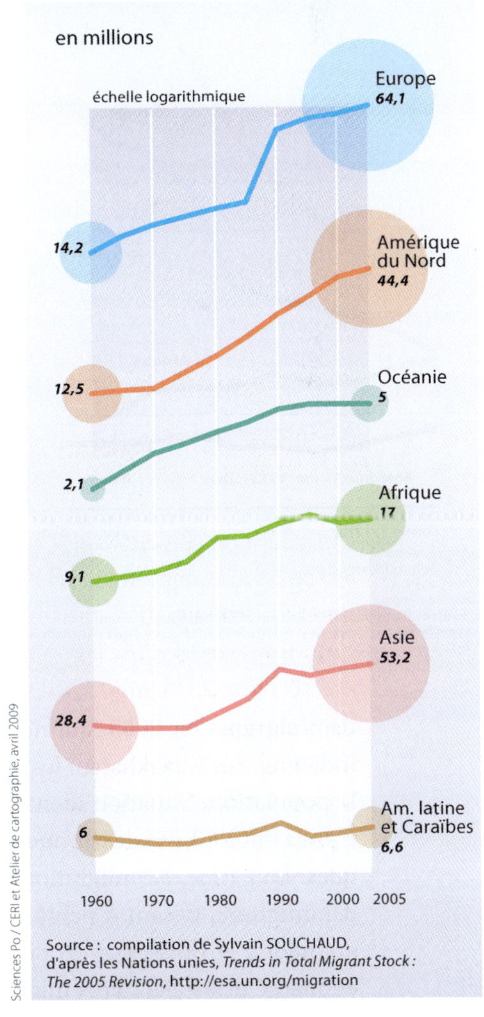

Source : compilation de Sylvain SOUCHAUD, d'après les Nations unies, *Trends in Total Migrant Stock : The 2005 Revision*, http://esa.un.org/migration

figure 32 : **Part des migrants internationaux dans la population totale, 1960-2005**

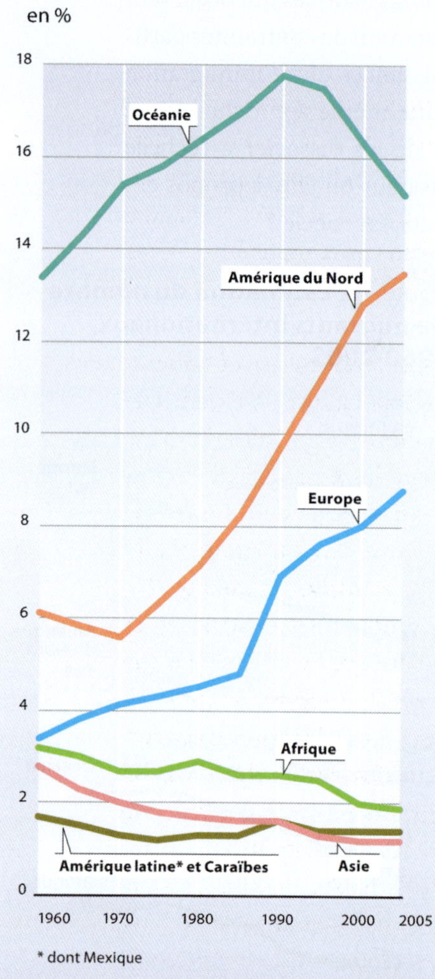

Source : compilation de Sylvain SOUCHAUD, d'après les Nations unies, *Trends in Total Migrant Stock : The 2005 Revision*, http://esa.un.org/migration

Sciences Po / CERI et Atelier de cartographie, avril 2009

(figure 31). L'Afrique arrive en quatrième position, après l'Amérique du Nord. L'Asie (sans le Japon) polarise 68,1 % des flux mondiaux de migrants internationaux installés au Sud, l'Afrique 22,7 %, et l'Amérique latine et les Caraïbes 8,8 %. Cette répartition correspond *grosso modo* aux équilibres démographiques généraux au Sud, où l'Asie (sans le Japon) pèse pour 71,9 % de la population totale, l'Afrique 17,3 % et l'Amérique du Sud 10,7 %. La population immigrée a un impact démographique variable d'un continent à un autre. Alors que les immigrants installés en Asie, en Afrique et en Amérique latine et Caraïbes ne représentent pas 2 % de la population continentale, ils constituent entre 8 % et 15 % de la population totale en Europe, en Amérique et en Océanie.

Si l'on observe la distribution migratoire par pays d'accueil, des effets de lieux apparaissent : certains pays attirent les mouvements de populations, quand d'autres, parfois contre toute attente, semblent être en marge des routes migratoires. On sait qu'à l'échelle globale 12 % des pays du monde entier regroupent 75 % des migrants. Dans les pays du Sud, ils se dirigent vers un nombre limité de destinations, et la concentration peut être absolue, c'est-à-dire correspondre à l'installation d'une population nombreuse de migrants dans un même pays (300 000 Brésiliens vivent au Paraguay qui compte 6 millions d'habitants), et/ou relative (le même nombre vivent aux États-Unis) lorsqu'elle représente un effectif important de la population totale du pays. L'Inde est le premier pays d'accueil, avec 5,7 millions d'immigrants en 2005, qui ne représentent pourtant que 0,5 % de la population indienne. Au Kazakhstan, les 2,5 millions d'immigrants comptent pour 16,9 % de la population. Situation identique en Côte-d'Ivoire, où 2,4 millions d'immigrants équivalent à 13,1 % de la population. La Chine et le Brésil sont des exemples atypiques. En Chine, l'immigration est à tous égards de faible ampleur, les 0,6 million d'immigrants pesant à peine 0,1 % de la population nationale. Puissance démographique et puissance économique émergente, le pays se trouve apparemment en marge des trajectoires migratoires internationales. Sur le continent américain, la situation du Brésil est quelque peu semblable. En 2005, 641 536 émigrants ont été recensés au Brésil (dont environ 150 000 seulement sont originaires du Sud) sur une population totale de près 190 millions d'habitants.

Les pays de départ

Si, en dépit des difficultés méthodologiques évoquées plus haut, on étudie l'origine des migrants, on constate que certains États du Sud sont plus des pays d'émigration que d'immigration. La Chine arrive en tête avec 35 millions de personnes dispersées dans de nombreux pays au Nord et au Sud, suivie de l'Inde (20 millions d'émigrés) et des Philippines (7 millions). Les pays africains ne comptent pas parmi les principaux pays d'émigration.

Dans certains pays, l'émigration s'apparente, par son importance, à une véritable hémorragie humaine. La migration acquiert une intensité exceptionnelle lorsque en raison d'une situation de crise sociale, économique ou politique, conjoncturelle ou structurelle, des populations vulnérables sont privées de l'accès à des ressources essentielles. La tension prolongée entre les besoins légitimes de la personne humaine et un environnement qui n'offre pas les garanties du développement humain provoque une accélération des mouvements migratoires. Le départ d'une partie des jeunes actifs, très qualifiés (*brain drain*) ou sans qualification, déstabilise souvent des systèmes politiques, économiques et sociaux (les structures familiales notamment) fragiles, sans que le bénéfice des effets compensatoires, à travers les remises de fonds des migrants (*remittances*), soit avéré sur le long terme. L'émigration paraguayenne, principalement à destination de l'Argentine, ou l'émigration nicaraguayenne au Costa Rica en sont des illustrations. Les effectifs peuvent sembler modestes – 323 000 immigrants paraguayens recensés en Argentine en 2000 et 226 000 Nicaraguayens recensés au Costa Rica la même année – mais l'Amérique latine est un sous-continent de faibles densités rassemblant des pays de faible poids démographique (6,3 millions d'habitants au Paraguay, 5,6 millions au Nicaragua) pour lesquels ces départs sont lourds de conséquences.

Des pôles régionaux

Une part importante des mouvements migratoires se déploie sur de courtes distances. La migration s'organise entre pays voisins, et pas uniquement en urgence, comme ce fut fréquemment le cas en Afrique ou en Amérique centrale ces dernières décennies avec les mouvements des réfugiés. La proximité géographique qui caractérise le mouvement migratoire s'accompagne d'une proximité historico-culturelle, essentielle. Les systèmes migratoires régionaux s'articulent autour d'un pôle, dont la fonction de moteur économique est souvent l'héritage d'un système colonial d'organisation des espaces. La centralité ivoirienne en Afrique de l'Ouest a ainsi été initiée ou relancée par la promotion coloniale des cultures d'exportation qui a converti le pays en *eldorado* pour de nombreuses populations originaires des pays frontaliers (Burkina Faso et Ghana). Dans la partie méridionale du continent, l'Afrique du Sud voit converger les routes migratoires de la main-d'œuvre de plusieurs pays voisins, en provenance notamment du Zimbabwe ou du Mozambique. Ce dernier pays ne possède certes pas le même passé colonial que l'Afrique du Sud, mais la longue guerre civile (1976-1992) qui s'y est déroulée a montré l'étroitesse des liens ambigus et conflictuels qui unissent les deux pays. En Amérique latine, on peut citer l'Argentine, où les migrants paraguayens et boliviens affluent depuis environ cinquante ans. En Asie, la Malaisie est un pôle migratoire régional dont le dynamisme initial repose sur l'économie de plantation (cacaoyer, hévéa, palmier à huile).

Des causes et des profils

Les moteurs de la migration dépendent des évolutions politiques, économiques et culturelles qui s'inscrivent dans la mondialisation, comprise comme un mouvement de développement et d'intégration généralisé à l'ensemble de la planète et construit autour d'un modèle culturel de référence, mais aussi facteur de forts déséquilibres sociospatiaux. Il n'existe pas véritablement de causes spécifiques aux migrations Sud-Sud qui les distingueraient des migrations Sud-Nord. Tout au plus, observe-t-on certaines différences ou caractéristiques plus affirmées. Ainsi, les mouvements de réfugiés, en dépit d'une diminution notable de leur ampleur, demeurent nettement marqués par le cadre géographique du Sud. En 2005, ils représentaient 7,7 % du total mondial des migrants internationaux, 14,4 % des migrants installés au Sud, 23,2 % du total des immigrants présents dans les cinquante pays les moins avancés, mais seulement 2,3 % des immigrants dans les pays développés.

Les migrations forcées liées à des bouleversements environnementaux sont quant à elles en augmentation. Identifiés pour la première fois au début des années 1980, le nombre de réfugiés pourrait atteindre 200 millions d'ici à 2050, avec l'accélération des changements climatiques. Nul doute qu'une partie importante d'entre eux traverseront des frontières internationales. Les pays du Sud, plus vulnérables, seraient plus sévèrement affectés : songeons, par exemple, aux effets de la montée des eaux océaniques dans les grands deltas asiatiques, et en particulier au Bangladesh dont les possibilités de redéploiement de sa population sur le territoire national sont limitées.

Les migrations de transit représentent également un volume important et croissant des migrations entre pays du Sud. Elles sont en grande partie la conséquence du durcissement des règles d'admission dans les pays du Nord, de l'augmentation des procédures de contrôle aux frontières et des expulsions des migrants illégaux. Une ceinture migratoire se dessine sur les marges méridionales des pays développés : dans les pays d'Afrique du Nord et en Libye, dans les pays de l'Est du pourtour méditerranéen (Turquie, Liban) ou encore au Mexique se pressent des migrants, originaires d'Afrique subsaharienne, du Moyen-Orient et d'Amérique latine, qui préparent leur entrée dans les « forteresses » du Nord. Bien souvent, ces migrations « intermédiaires » se prolongent dans le temps pour se transformer en destination finale.

Des flux spécifiques de migrations de main-d'œuvre s'organisent au sein des pays du Sud. Dans les pays du golfe Persique, la manne pétrolière a dans un premier temps favorisé le recours aux populations migrantes des pays proches (Yémen, Soudan, Égypte), puis, à mesure que les activités offertes par contrat se sont diversifiées (notamment dans le secteur des services), à des personnes venues de pays plus éloignés, du Pakistan, de l'Inde, du Bangladesh, d'Asie du Sud-Est (Corée, Thaïlande, Philippines, Sri Lanka, etc.). Dans les États pétroliers, les migrants représentent aujourd'hui entre 25 % et 70 % de la population totale. En Amérique latine, les flux internes de main-d'œuvre sont également en augmentation. Si une grande majorité des migrants est peu qualifiée, une part non négligeable possède une formation supérieure. Contrairement à ce qui se passe en Asie, les migrations de main-d'œuvre faiblement qualifiée ne sont pas encadrées par des contrats temporaires, et la part des travailleurs clandestins y semble donc plus élevée.

Enfin, il est intéressant de noter quelques évolutions récentes. De nouveaux flux migratoires Sud-Sud intercontinentaux se développent et témoignent de nouveaux équilibres géo-économiques. C'est le cas en particulier des populations chinoises s'installant en Afrique de l'Ouest. Le profil des migrants a également évolué : à mesure que les pays du Sud s'urbanisent, la part des migrants ruraux diminue. La participation féminine est en augmentation. Dans les années 1990, près de 800 000 femmes originaires d'Asie ont émigré au Moyen-Orient, la plupart comme employées domestiques. En 2005, plus 65 % de l'émigration philippine était féminine.

La dynamique contemporaine des migrations Sud-Sud

Trois éléments aux implications sur la nature, le volume et l'organisation géographique des migrations entre pays semblent déterminants dans la dynamique contemporaine des migrations Sud-Sud. On constate d'abord que les mouvements de refugiés, circonscrits aux pays du Sud au cours des dernières décennies, diminuent, en raison de l'évolution et de la stabilisation des équilibres politiques nationaux et régionaux, particulièrement en Afrique ou en Amérique. On peut cependant prévoir que le changement climatique et la crise mondiale actuelle, parce qu'ils aggravent principalement la situation des plus fragiles, pèseront lourdement dans les pays du Sud et activeront à très court et moyen termes des migrations d'urgence. On doit considérer ensuite le rôle des États du Nord, qui font une priorité politique de la fermeture des frontières aux migrants. Leurs politiques migratoires discriminatoires visent en premier les populations du Sud, et les multiples entraves à la migration, bien qu'elles réduisent peu la pression migratoire, alimentent le développement de toutes sortes de mouvements de population dans les pays du Sud. Une part des migrations Sud-Sud, qu'il s'agisse de va-et-vient, de migration de transit, de retour ou simplement d'une étape supplémentaire, existe sous l'effet de l'édification de forteresses au Nord. Enfin, d'importants transferts de main-d'œuvre intercontinentaux et régionaux s'organisent en marge et indépendamment des pays du Nord, à destination de pays émergents ou présentant un avantage spécifique. Les migrants, de moins en moins ruraux, circulent d'une métropole à une autre suivant des trajectoires complexes ; ils font parfois partie de l'« élite » mais sont le plus souvent pauvres et peu ou pas qualifiés. Au final, les migrations Sud-Sud ne sont pas radicalement différentes ou autonomes au sein de la géodynamique migratoire. Néanmoins, parce qu'elles soulèvent des questions spécifiques dans des contextes variés, elles offrent une possibilité, parmi d'autres, d'éclairer les équilibres globaux.

Pour en savoir plus

AMIN (Samir), *Le Développement inégal. Essai sur les formations sociales du capitalisme périphérique*, Paris, Éditions de Minuit, 1973.

BREDELOUP (Sylvie) et PLIEZ (Olivier), « Migrations entre les deux rives du Sahara », *Autrepart*, 36, 2005, p. 3-20.

DE HAAS (Hein), « Migration and Development : A Theoretical Perspective », *Working Papers. International Migration Institute*, 9 (61), 2008.

DE HAAS (Hein), *The Myth of Invasion. Irregular Migration from West Africa to the Maghreb and the European Union*, Oxford, International Migration Institute, 2007, disponible sur le site internet : www.imi.ox.ac.uk

DOMENACH (Hervé), « Les grandes tendances démographiques et l'environnement : l'enjeu d'une planète viable », *Mondes en développement*, 142, 2008, p. 97-111.

GUENGANT (Jean-Pierre), « Migrations internationales : Quels impacts sur le développement ? », *Sciences au Sud*, 36, 2006.

LE HOUEROU (Fabienne) *et al.*, « Migrations Sud-Sud », *Revue des mondes musulmans et de la Méditerranée*, 119-120, 2007, p. 119-120.

Organisation internationale pour les migrations (OIM), *World Migration 2005. Costs and Benefits of International Migration*, Genève, OIM, 2005.

Programme des nations unies pour le développement (PNUD), *World Migrant Stock. The 2005 Revision Population Database*, New York (N. Y.), PNUD, 2006, disponible sur le site internet : http://esa.un.org/

SIMON (Gildas), *La Planète migratoire dans la mondialisation*, Paris, Armand Colin, 2008.

Les nouveaux enjeux des migrations intra-africaines

Aurelia Wa Kabwe-Segatti

Principal moteur de la croissance démographique mondiale, le continent africain ne produit pas suffisamment d'emplois pour absorber la totalité de sa population active et lui offrir des perspectives d'avenir. En dépit de sa proximité avec l'Europe, l'Afrique subsaharienne est pourtant la partie du monde où la propension à émigrer vers les pays de l'OCDE est, de loin, la plus faible du monde. En 2000, moins d'une personne née en Afrique subsaharienne sur 100 vivait dans un pays de l'OCDE. La majeure partie des migrants et réfugiés africains circulent en fait à l'intérieur du continent. En 2005, 16,9 millions de migrants africains, soit 2 % de la population du continent, résidaient dans un autre pays africain, un chiffre en très faible augmentation par rapport à l'année 2000 mais considérablement plus élevé que le nombre d'émigrés africains vivant par exemple dans les pays de l'OCDE (autour de 4 millions en 2005).

Si le phénomène est substantiel, il n'est pas nouveau en Afrique. Ces migrations constituent depuis longtemps une stratégie de survie et de diversification des revenus. Remplaçant ou se superposant parfois aux grands systèmes commerçants d'Afrique de l'Ouest ou aux systèmes de travail migrant des bassins miniers d'Afrique australe, les mobilités se distinguent aujourd'hui par leur diversité, leur féminisation, leur relative spontanéité et leur articulation étroite au processus d'urbanisation. L'intégration croissante de l'Afrique à une économie mondialisée, mais aussi la crise du secteur agricole face à la libéralisation des marchés, la faible industrialisation de la plupart des pays africains, l'instabilité politique chronique et la crise des services publics sous l'effet des réformes successives de l'État en sont les principaux facteurs. Non encadrées par des accords bilatéraux de main-d'œuvre mais reposant sur les propres stratégies des migrants et les contraintes structurelles et conjoncturelles auxquelles ils sont confrontés, ces nouvelles mobilités africaines posent de multiples défis aux États africains.

L'état des stocks et des flux migratoires, la recomposition des marchés du travail et l'augmentation des migrations de commerce, les défis du développement à travers les transferts d'argent et les grands déséquilibres des mobilités de personnels hautement qualifiés sont les principaux enjeux de ces nouvelles migrations. On les confrontera avec la genèse des politiques migratoires nationales et l'influence de l'Union européenne sur leur formulation et sur le contrôle migratoire qui induit d'importantes recompositions des villes d'accueil et de transit.

Distribution des migrations africaines

Les déplacés internes (12,7 millions dans plus de vingt pays différents à la fin de 2007) ont de loin dépassé les réfugiés, passés de 6 à environ 3 millions sur la décennie 1995-2007. Ces flux nourrissent toujours plus la croissance urbaine et la mobilité internationale à partir des grandes villes et sur les pourtours frontaliers tout en reposant, par endroits, sur des migrations de remplacement (destinées à pallier le déficit de population), comme en Afrique de l'Ouest entre les

figure 33 : **Migrants permanents africains, 2006**

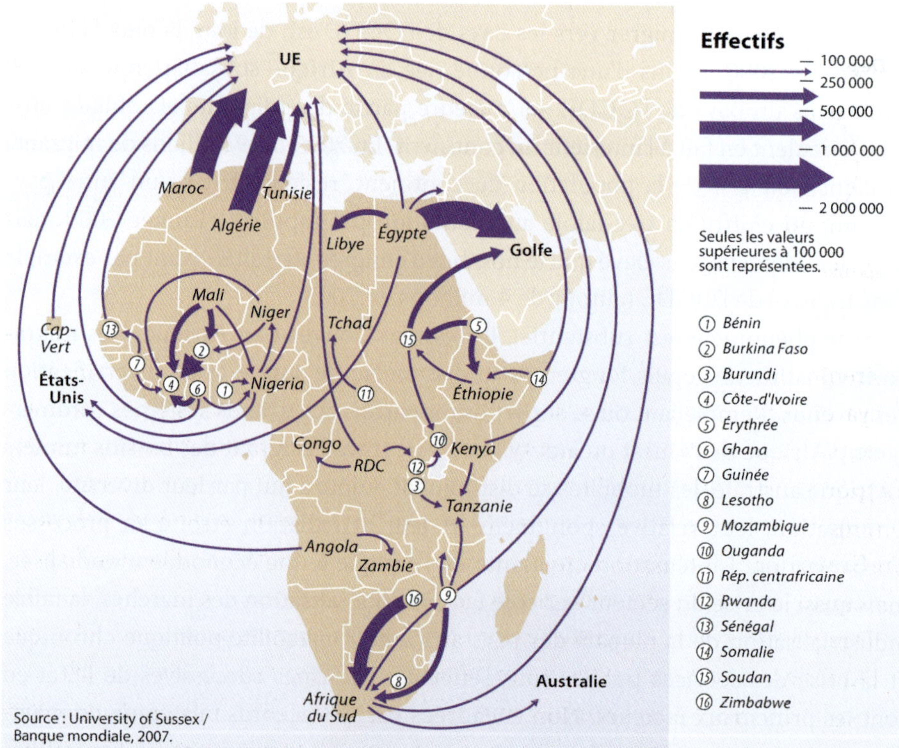

Source : University of Sussex / Banque mondiale, 2007.

Sciences Po / CERI et Atelier de cartographie, juillet 2009

figure 34 : **Réfugiés et déplacés internes en Afrique, fin 2007**

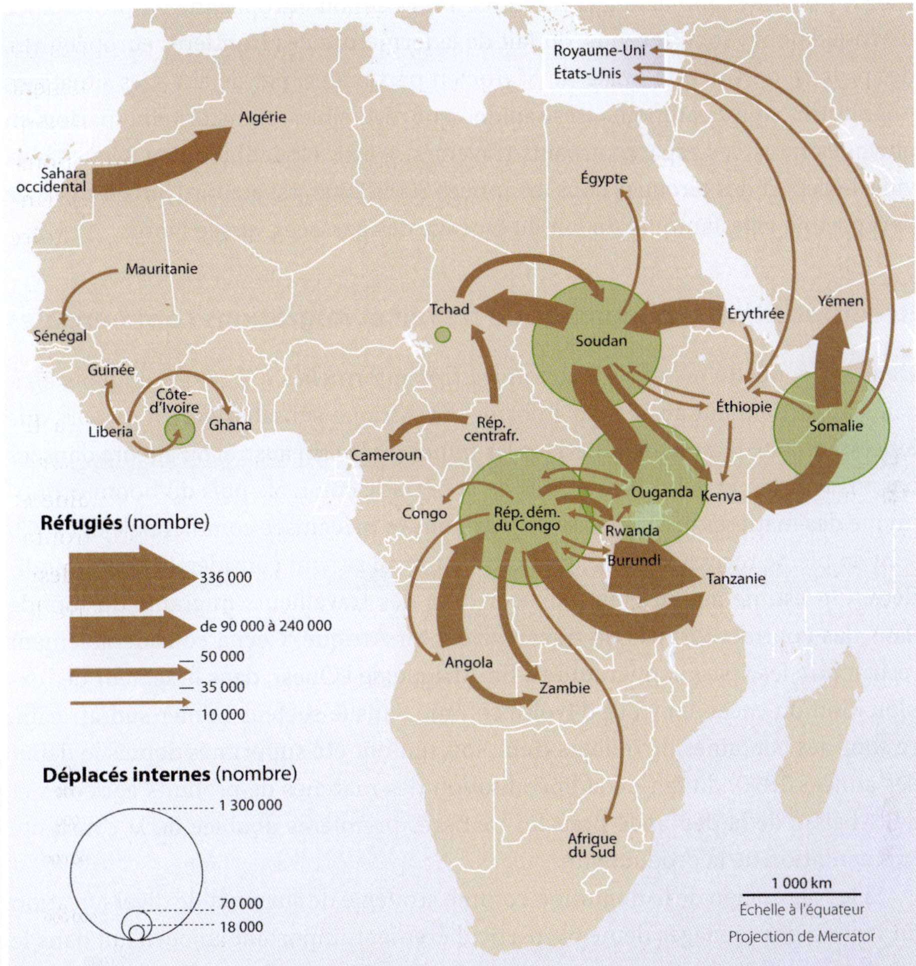

Source : UNHCR, *Tendances mondiales en 2007 : réfugiés*, www.unhcr.org

Sciences Po / CERI et Atelier de cartographie, juillet 2009

différentes échelles rurales et urbaines. La Côte-d'Ivoire, la Libye, le Gabon, le Kenya et l'Afrique du Sud, ainsi que le Botswana et la Namibie, demeurent les principaux pôles attractifs et foyers d'accueil malgré des crises qui ont impliqué d'importantes migrations de retour dans les pays d'origine, par exemple des Burkinabés de Côte-d'Ivoire ou des Mozambicains d'Afrique du Sud. L'Afrique des Grands Lacs et la zone allant du Tchad à la Somalie demeurent aujourd'hui les principaux foyers émetteurs de tous les types de migrations.

D'importants flux migratoires existent, traditionnellement vers l'Europe et l'Amérique du Nord, et ceux en direction des pays du Golfe augmentent. L'articulation entre ces systèmes internes et migratoires constitue l'originalité de la période récente faite de retournements inattendus de fonction migratoire.

Le Maroc, la Libye et la Mauritanie, pays d'émigration et plus récemment de transit pour les candidats à la traversée vers l'Union européenne en provenance d'Afrique noire, sont devenus, du fait de la fermeture des frontières européennes, des pays de destination finale (le Maroc en particulier) par défaut. Ces situations migratoires sont néanmoins très rapidement réversibles, transformant, parfois en quelques mois, les espaces urbains traversés. Ainsi, Nouadhibou en Mauritanie, ville de départ des pirogues dans les années 2005-2006, est aujourd'hui en passe de devenir une ville-fantôme du fait du blocage des passages vers le Nord.

Recomposition des marchés du travail et migrations commerciales

Dans un contexte africain d'économies très informelles (72 % des emplois africains appartiennent au secteur informel en Afrique subsaharienne), et alors que les systèmes de travail migrant dans les mines du bassin austral ou encore dans les bassins ivoirien et gabonais, hérités de la période coloniale puis du boom économique des matières premières et de l'agriculture mécanisée commerciale dès 1970 sont en pleine récession, les migrations de travail se sont considérablement modifiées. On estime aujourd'hui que seuls 8 % des travailleurs migrants du monde dans des contrats formels de travail vivent en Afrique. Ceci a considérablement restructuré les réseaux migratoires. En Afrique de l'Ouest, dans le secteur de l'exploitation du cacao en Côte-d'Ivoire comme dans le secteur minier sud-africain, ce sont des centaines de milliers d'emplois qui ont été supprimés depuis le début des années 1990, du fait de la libéralisation des marchés de produits agricoles et de la baisse de la demande pour les matières premières doublée de la constante augmentation de la productivité.

Si le rôle ancien de la migration comme stratégie de survie et de diversification du revenu des ménages demeure particulièrement important aujourd'hui dans le contexte de libéralisation du secteur agricole et de transformation des systèmes d'activité ruraux, les stratégies migratoires ont aussi dû s'adapter aux changements profonds des marchés du travail des zones d'accueil, à l'intérieur comme à l'extérieur du continent. De plus en plus de migrants s'engagent dans le commerce, aussi bien transfrontalier, en jouant sur les différentiels des barrières douanières (entre le Tchad et le Cameroun par exemple), qu'avec des pays plus éloignés. Ces vocations commerçantes sont le fruit de la structuration de réseaux en aval, en fonction des contraintes du pays d'accueil et de la demande de produits (par exemple entre l'Afrique du Sud et l'Afrique centrale avec le commerce d'objets touristiques). Des diasporas transcontinentales se disséminent ainsi au gré des opportunités du marché (les Mourides sénégalais se sont par exemple d'abord installés en Zambie puis en Afrique du Sud, les Bamoun camerounais au Zimbabwe puis en Afrique du Sud). Le bâtiment et le secteur touristique sont aussi des niches spécifiques en Afrique australe, principalement occupées par les étrangers, à la fois en raison des avantages comparatifs qu'ils offrent aux employeurs (plus faible coût, peu d'affiliations syndicales) mais aussi de compétences particulières (artisanat dans le bâtiment, connaissance de langues étrangères).

Lié aux difficultés des économies africaines mais aussi à l'émergence d'une capacité régulatrice de l'État, le durcissement de l'accès au marché du travail pour les non-nationaux touche par ailleurs l'ensemble du continent, en dépit de tentatives d'intégration régionales ayant officiellement pour objectif d'assouplir les conditions d'accès pour les États membres. La Communauté économique et de développement des États d'Afrique de l'Ouest (Cedeao) constitue à cet égard l'exemple le plus avancé sur le continent d'un accès privilégié au marché du travail mais sans qu'il soit possible aujourd'hui de tirer un bilan concluant, les conflits ivoirien, sierra-léonais, libérien des quinze dernières années ayant mis un frein à ces expériences. En Afrique australe, le Protocole sur la facilitation du mouvement des personnes, finalement adopté en 2005, ne prévoit plus l'accès aux marchés du travail et reflète la préférence de l'Afrique du Sud, du Botswana et de la Namibie pour des accords bilatéraux de main-d'œuvre par rapport à une voie régionale régulée par la Communauté de développement d'Afrique australe (SADC). Dans la Communauté d'Afrique de l'Est (EAC), les négociations entamées en 2006 devraient permettre une ratification en 2009 d'un protocole sur la libre circulation des personnes qui devrait être mis en place l'année suivante.

Transferts et mobilité des personnes hautement qualifiées

L'émigration d'une large partie de la main-d'œuvre la plus qualifiée représente non seulement une perte nette en matière d'investissements dans l'éducation mais constitue aussi depuis des décennies un énorme handicap pour le développement des pays africains. L'Afrique du Sud, l'un des pays les plus touchés par l'exode des cerveaux vers le Nord et qui possède la plus importante diaspora vivant hors d'Afrique, est aussi l'un des premiers foyers d'accueil des professions médicales, des enseignants, des spécialistes financiers et des ingénieurs du reste du continent. Le lourd déficit migratoire de personnels qualifiés a poussé le gouvernement sud-africain à reconnaître l'étendue et l'urgence de la situation. En 2002, l'institut sud-africain de la statistique, Statistics South Africa (Stats SA), indiquait que 322 499 Sud-Africains avaient émigré entre 1970 et 2001 ; en 2006, le gouvernement Mbeki annonçait un déficit d'1,2 million d'emplois qualifiés d'ici à 2014 (Accelerated and Shared Growth Initiative for South Africa – ASGISA), lié en partie aux départs pour l'étranger de personnes qualifiées mais aussi à l'incapacité du système éducatif et de l'économie sud-africaine à fournir des effectifs suffisants dans des secteurs à moyenne et forte qualification. Ceci n'a pourtant pas conduit à la mise en place d'une politique systématique de recrutement sur le continent, mesure qui demeure une impasse politique : critiquée par les autres

figure 35 : **Principaux transferts des migrants dans la Southern African Development Community (SADC)**

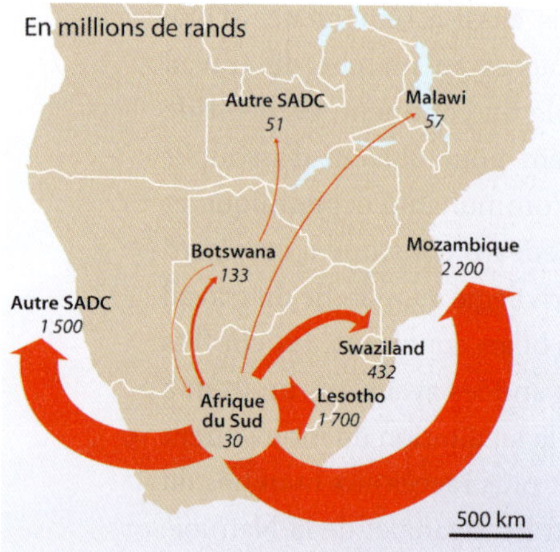

Source : Genesis Analytics, 2005.

Sciences Po / CERI et Atelier de cartographie, juillet 2009

pays africains, l'importation de compétences est aussi très mal vue des populations sud-africaines, profondément hostiles à toute présence étrangère, dans un pays où plus de 35 % de la population est au chômage, et 50 % vit sous le seuil de pauvreté national.

Dans le même temps, les transferts d'argent des migrants, qualifiés comme non qualifiés, n'ont cessé de croître, dépassant en 2005 l'aide publique au développement (APD) et alimentant le débat sur leur utilisation comme stratégie d'allégement de la pauvreté, voire de développement. Ils représentent une manne qui échappe pour l'instant presque intégralement à la fiscalité et aux établissements bancaires africains et que les États africains ne savent pas comment canaliser. Mal évalués par les bases de données internationales disponibles et mal compris dans leur mode de fonctionnement et leurs effets, les transferts de fonds en direction de l'Afrique (23,1 milliards de dollars en 2007) sont cependant les plus faibles des cinq continents et, contrairement à ce qui se passe dans d'autres endroits du globe, sont inférieurs aux investissements directs étrangers. Avec la crise financière internationale de 2008, cette source de revenu, cruciale pour certaines familles (elle représente par exemple 80 % du revenu des ménages au Lesotho – *via* les émigrés travaillant en Afrique du Sud – et un soutien essentiel au développement d'infrastructures dans plusieurs régions du Mali), pourrait fortement diminuer et provoquer une paupérisation accrue de certaines populations et régions. La faible fiabilité des données nationales – et plus encore locales – empêche de nombreux États africains d'intégrer cette ressource dans leur stratégie de planification et d'anticiper ses fluctuations. En outre, en dehors du système du paiement différé encore appliqué dans le secteur minier sud-africain, il n'existe pas d'accords gérant les transferts entre pays africains.

Impact et influence de l'Union européenne sur les politiques et les pratiques

Cette situation continentale doit être replacée dans le contexte de l'impact de la politique migratoire européenne sur les politiques migratoires nationales des États africains et les pratiques de contrôle des flux. Depuis l'adoption du programme de La Haye en 2004 et du Pacte européen sur l'immigration et l'asile en octobre 2008, le nouvel élan de la politique européenne se confirme.

Alors qu'en Afrique, les principaux pays d'accueil ont entamé des processus de formalisation ou de réforme de leur politique migratoire, l'Union européenne promeut son système de gestion migratoire de différentes manières sur le continent africain et exerce une pression croissante sur les États de la Méditerranée et d'Afrique de l'Ouest pour la signature d'accords de réadmission (article 13 de l'accord de Cotonou et directive retour) et le renforcement de leurs systèmes de contrôle aux frontières. Depuis 2006, le rythme des rencontres entre les différents pays africains et l'Union européenne (à travers les représentations de la Commission et les directions géographiques bruxelloises) s'est accéléré, et des processus consultatifs régionaux soutenus par l'Union, directement ou par l'entremise d'organisations internationales (Migration Dialogue for Southern Africa – MIDSA en Afrique australe, l'International Migration Policy Programme en Afrique centrale et le dialogue sur la liberté de circulation des personnes en Afrique de l'Est, entre autres), ont été organisés.

Jusqu'en 2007, l'Union européenne s'employait surtout à amener les acteurs étatiques et non étatiques africains à partager sa vision (Conférence euro-africaine de Rabat en 2006, Conférence interministérielle euro-méditerranéenne dite « 5 + 5 » de 2006 et Conférence euro-africaine sur la migration et le développement de Tripoli en 2007). Elle est ensuite passée à une mise sur agenda avec le Plan stratégique UE-Afrique. Aujourd'hui, une phase de mise en œuvre rapide est engagée mais celle-ci est focalisée sur la dimension sécuritaire au détriment de l'asile et du développement. Depuis le début des années 2000, l'Union européenne et ses États membres ont multiplié les postes d'assistants techniques dans le contrôle aux frontières de nombreux pays africains et consacré beaucoup de leurs moyens à Frontex, l'agence coordonnant le contrôle dans la Méditerranée et l'Atlantique.

Xénophobie et gouvernance locale : l'autre enjeu de développement

Alors que les politiques migratoires sont presque exclusivement définies au niveau national, c'est bien souvent au plan local que se joue la question de l'insertion socio-économique et politique des migrants dans des villes africaines davantage marquées par la fragmentation que par l'inclusion. La croissance urbaine africaine ne repose pas sur l'immigration internationale mais elle peut parfois être liée à elle pour le développement de certains secteurs. La transformation et l'exportation du poisson séché à Nouadhibou (Mauritanie) par les Africains de l'Ouest, le commerce de proximité assuré par les Somaliens dans les *townships* sud-africains, ou encore les niches commerciales occupées par les Burkinabés dans plusieurs villes de Côte-d'Ivoire en sont des exemples. Une partie du secteur bancaire, des assurances, de la médecine et de l'éducation en zones rurales sud-africaines dépendent aujourd'hui d'immigrés nigérians, ghanéens, kenyans, zimbabwéens et congolais qualifiés.

Malgré ces relations de dépendance, les manifestations xénophobes se sont multipliées ces cinq dernières années d'Abidjan à Libreville, de Rabat à Johannesburg et de Nairobi à Gaborone. Reprenant parfois d'anciens répertoires d'intolérance vis-à-vis de l'étranger, ces violences populaires ou d'État peuvent constituer l'expression exacerbée d'un questionnement, plus saillant aujourd'hui que par le passé, sur la légitimité d'accéder à la ville. Les migrations interafricaines sont plus que jamais liées au devenir des villes africaines à la fois comme enjeux de développement économique et lieux de refondation d'une gouvernance populaire inclusive.

Pour en savoir plus

ADEPOJU (Aderanti), « International Migration within and from Africa », communication présentée à la *Global Coalition for Africa, Policy Forum on Migration and Development in Africa*, Addis Ababa, 26-27 janvier 2005.

ADEPOJU (Aderanti), « Policy-Driven Research on International Migration in Sub-Saharan Africa », dans Kristof Tamas et Joakim Palme (eds), *How Migration can Benefit Development*, Stockholm, Institute for Future Studies, 2006, p. 69-84.

BRYCESON (Deborah Fahy), « Desagrarianisation and Rural Employment in Sub-Saharan Africa : A Sectoral Perspective », *World Development*, 24 (1), 1996, p. 97-111.

CRUSH (Jonathan) *et al.*, « The Perfect Storm : The Reality of Xenophobia in Contemporary South Africa », *Samp Migration Policy Series*, 50, 2008.

LESSAULT (Denis) et BEAUCHEMIN (Cris), « Migration from Sub-Saharan Africa to Europe : Still a Limited Trend », *Population et Sociétés*, 452, 2009.

LOSCH (Bruno), *Migrations and the Challenge of Demographic and Economic Transitions in the New Globalization Era*, New York (N. Y.), Social Science Research Council, 2008.

TOUEZ (Colleen) et CHANNAC (Frédérique), « Convergence and Divergence in Migration Policy : The Role of Regional Consultative Processes », *Global Migration Perspectives*, 20, 2005, disponible sur le site internet : www.gcim.org

Le défi international des migrations forcées

Catherine Teitgen-Colly

Comme celle des migrations volontaires, l'histoire des migrations forcées se confond avec celle de l'humanité. De tout temps, des circonstances diverses (conquêtes, transferts de population, persécutions, catastrophes naturelles...) ont contraint des hommes à quitter leur lieu d'habitation pour s'installer ailleurs. Tantôt ordonnées, tantôt dictées par les exigences de la survie, ces migrations prennent un tour individuel, mais aussi et plus souvent collectif. Que l'on songe par exemple au départ forcé des 300 000 protestants après la révocation de l'édit de Nantes, aux « migrations sous silence » des 11 millions d'Africains déportés en Amérique dans le cadre de la traite des Noirs (dont plus de 2 millions encore dans la première moitié du XIXe siècle) ; et au XXe siècle, aux 100 millions de personnes contraintes au départ notamment à cause des deux guerres mondiales, aux 17 millions d'individus obligés de quitter leur domicile lors de la partition de l'Inde et du Pakistan, de la création du Bangladesh en 1971 (10 millions) ou de la dissolution de l'Union soviétique en 1991 (9 millions), etc.

Loin de diminuer, les migrations forcées sont devenues plus massives. Face à ce phénomène, les pays industrialisés ont adopté une position de repli et les migrants forcés se trouvent cantonnés sur place – déplacés à l'intérieur de leur pays ou réfugiés dans les pays voisins – où leur protection reste aléatoire.

Des migrations forcées d'une ampleur inégalée

Malgré l'augmentation sans précédent du niveau du revenu mondial ces dernières années et le remplacement de certains régimes autoritaires par des régimes pluralistes, les exodes forcés se sont multipliés. En 2007, le Haut Commissariat des

figure 36 : **Déplacés internes, 2008**

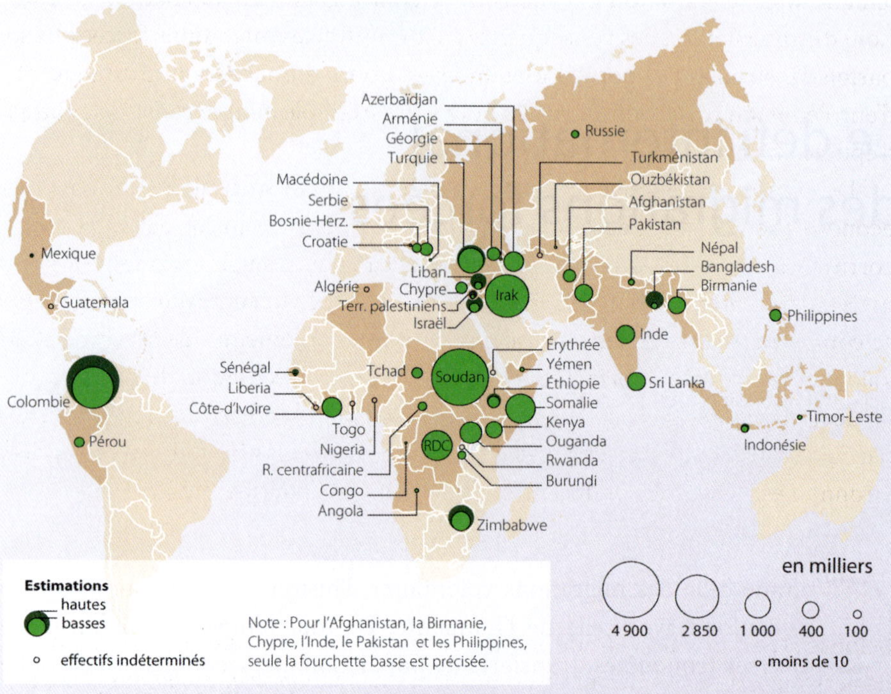

Sources : IDMC, *Global Overview of Trends and Developments 2008*, avril 2009.

Sciences Po / CERI et Atelier de cartographie, juillet 2009

Nations unies pour les réfugiés, créé en 1950, estimait à 67 millions, le nombre des migrants forcés, soit 1 % de la population mondiale. Parmi ceux-ci, les déplacés internes (*Internally Displaced Persons* ou IDPs), qui se distinguent des réfugiés par le fait qu'ils n'ont pas franchi de frontières internationalement reconnues, sont de plus en plus nombreux (51 millions) et dépassent désormais, et très largement, le nombre des réfugiés (16 millions)[1].

Un exode forcé aux causes multiples

Au-delà de la répression politique et des violations des droits de l'homme qui perdurent, des conflits armés internes ont remplacé depuis la fin de la guerre froide les conflits interétatiques opposant les deux grandes puissances par pays interposés et donné lieu à des exodes de grande ampleur. Ces conflits aux enjeux multiples (affirmation d'une identité communautaire, appropriation des ressources naturelles, etc.), qui se nourrissent de l'affaiblissement des États et du commerce incontrôlé des armes, sont l'occasion de toutes sortes d'exactions à l'égard des

1 UNHCR, *Tendances mondiales 2007*, Rapport annuel, Genève, UNHCR, juin 2008..

populations civiles (exécutions sommaires massives, violences sexuelles, enrôlement forcé, destruction des biens…) et contraignent les populations à la fuite. Loin d'être seulement les conséquences d'un conflit, les migrations forcées en sont parfois l'instrument – populations utilisées comme boucliers humains ou objet d'enrôlement forcé –, voire l'un des buts – par exemple dans le cadre de politiques d'épuration ethnique.

De plus en plus souvent, cette violence politique se conjugue à la violence économique liée au creusement des inégalités, à l'insécurité alimentaire, à la corruption des élites, à l'emprise de réseaux mafieux sur les économies locales mais aussi à la dégradation de l'environnement. À ces violences qui interagissent et se confortent mutuellement, comme l'ont montré les émeutes de la faim de 2008, s'ajoutent encore d'autres facteurs d'exode, comme la réalisation de grands projets de développement tels que la construction de routes, de barrages (par exemple le barrage des Trois Gorges en Chine), ou des événements affectant gravement l'environnement (accidents industriels, changement climatique, etc.).

Un confinement des migrants forcés dans le Sud

Selon le HCR, plus de la moitié des 51 millions de déplacés internes, soit 26 millions de personnes en 2007, fuyant un conflit armé, des situations de violence généralisée ou encore des violations des droits de l'homme viennent de 52 États, principalement de pays du Sud, et prés de la moitié d'entre eux (11,6 millions) sont originaires de pays d'Afrique (cf. figure 36). Le Soudan (4,9 millions), la Colombie (4,3 millions), l'Irak (2,8 millions), la République démocratique du Congo (1,4 million), la Somalie (1,3 million) et la Turquie (1,2 million) ont été principalement touchés. Ainsi 13 % de la population de la Somalie et 12,4 % de celle du Soudan sont des déplacés internes. Par ailleurs, les 25 millions de personnes contraintes à l'exode par la réalisation de grands projets de développement (*development displacees*) ou par des catastrophes naturelles (*environmental and disasters displacees*) se trouvent pour la plupart dans les pays ou et les régions les plus défavorisés[2].

Les foyers d'origine des réfugiés comme leurs lieux de destination restent eux aussi essentiellement localisés en Afrique et en Asie. Les 16 millions de réfugiés dénombrés en 2007, qui sont principalement d'origine palestinienne (4,6 millions), afghane (3,1 millions), irakienne (2,3 millions), colombienne (0,5 million) et soudanaise (0,5 million), ont fui leur pays d'origine le plus souvent pour les États voisins. Tel est le cas des réfugiés palestiniens (4,6 millions) sous la protection de l'Office de secours et de travaux des Nations unies pour les réfugiés de Palestine dans le

2 Sauf exception, comme lors du cyclone Katrina qui a contraint au déplacement un million de personnes aux États-Unis en 2006.

Proche-Orient (UNRWA), mais aussi de l'essentiel des 11,4 millions de réfugiés vivant sous la protection du HCR puisque seuls 1,6 million d'entre eux se trouvent hors de leur région d'origine. En 2007, l'Asie a accueilli le tiers d'entre eux – 98 % des Afghans ont trouvé refuge au Pakistan et en Iran, tandis que la Syrie et la Jordanie devenaient les deux principaux pays d'asile des Irakiens. L'Afrique a pour sa part accueilli 20 % des réfugiés, tandis que l'Europe en recevait 14 %, et le continent américain 9 %.

Ce déséquilibre flagrant est confirmé par les chiffres des demandeurs d'asile. Alors que plus de 3 millions d'Irakiens et 3 millions d'Afghans étaient exilés ou déplacés en 2007, le HCR a estimé respectivement à 45 000 et à 9 300 le nombre des ressortissants de ces deux pays qui ont demandé l'asile dans l'un des 51 pays les plus industrialisés (respectivement 144 et 184 en France).

figure 37 : **Demandes d'asile dans les pays du Nord, 2007-2008**

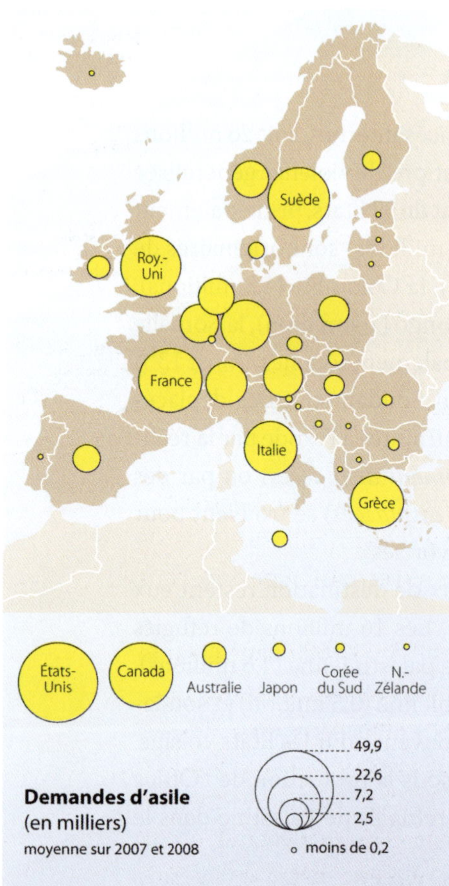

Sources : UNHCR, *Asylum Levels and Trends in Industrialized Countries 2008*, 24 mars 2009.

Sciences Po / CERI et Atelier de cartographie, juillet 2009

Au-delà des drames individuels qu'elles provoquent, ces migrations forcées, par leur ampleur et leur surgissement brutal, mais aussi leur concentration, désagrègent les économies locales, déstabilisent les équilibres démographique et politique, et engendrent souvent de nouveaux conflits pour l'appropriation des richesses et du pouvoir. Mettant en cause à la fois les droits de l'homme et la sécurité collective, elles constituent certainement l'un des plus grands défis à relever pour la communauté internationale au XXIe siècle.

Un asile illusoire dans les pays industrialisés

L'évolution des politiques d'asile

La communauté internationale était parvenue à imaginer à partir de l'entre-deux-guerres une protection des réfugiés qui a trouvé sa consécration après-guerre à la fois dans l'institution du HCR, dont ce fut le mandat premier, et dans l'adoption de la convention de Genève relative au statut de réfugié du 28 juillet 1951. Certes, cette protection fut d'abord eurocentrée puisque destinée à régler le problème des 30 millions de personnes que la seconde guerre mondiale avait contraintes à fuir. De cet eurocentrisme témoignent tant la réserve spatio-temporelle permettant alors de circonscrire l'application de la convention aux « événements survenus en Europe avant 1951 »[3], que l'usage fait ensuite de cette protection qui devint l'un des instruments de la guerre froide. La décolonisation et les guerres d'indépendance des années 1960 et 1970 mirent toutefois en exergue de nouveaux besoins de protection à l'origine de l'élargissement du mandat du HCR à des réfugiés non européens, tandis que le protocole de New York, en levant en 1967 la réserve assortissant la convention de Genève, en faisait un instrument de portée universelle ratifié depuis par la plupart des États.

Force est d'observer pourtant que confrontés à la fin des années 1980 à un essor sans pareil des demandes d'asile et à la diversification de l'origine de ces demandes (la majorité venant d'Afrique et d'Asie), les pays industrialisés ont mis en place des politiques d'asile de plus en plus restrictives et dissuasives. Le contexte économique plus difficile, qui avait quelques années plus tôt conduit à la fermeture de l'immigration économique, et le contexte politique, marqué en Europe par le souci premier de l'intégration régionale, ont alors nourri le fantasme d'une vague déferlante de demandeurs d'asile, très souvent suspectés de fraude. En dépit de l'attachement rappelé à la convention de Genève et au droit d'asile, et consacré par l'Union européenne dans la Charte des droits fondamentaux du 7 décembre 2000, les États occidentaux ont fait prévaloir une logique sécuritaire sur l'idée de protection inscrite au cœur de la convention de Genève qui est à l'origine de l'effondrement de la demande d'asile dans ces pays.

figure 38 : **Évolution de la répartition de la demande d'asile dans les pays industrialisés, 2005-2008**

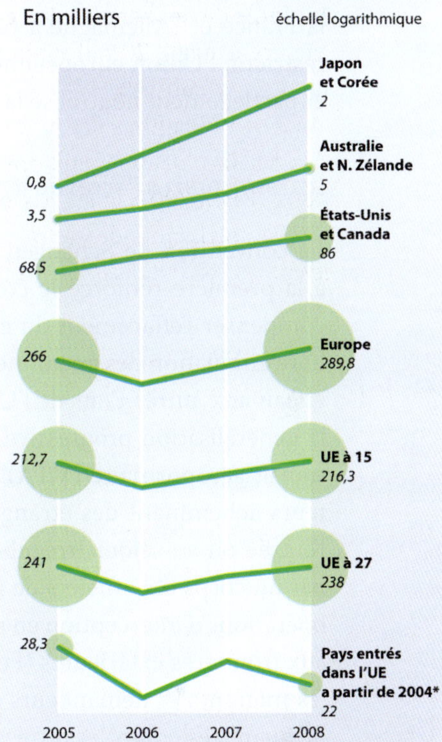

* Chypre, Estonie, Hongrie, Lettonie, Lituanie, Malte, Pologne, République tchèque, Slovaquie, Slovénie, Bulgarie, Roumanie.

Source : UNHCR, *Asylum Levels and Trends in Industrialized Countries 2008*, 24 mars 2009.

Sciences Po / CERI et Atelier de cartographie, juillet 2009

Ainsi, alors que le nombre des demandeurs s'élevait à 680 000 dans l'Union européenne en 1992 – chiffre modeste par rapport au nombre de demandes enregistrées dans les pays défavorisés ainsi qu'au regard des craintes qu'il a suscitées –, il s'établissait à 201 000 en 2006, soit une chute de près des deux tiers, sans que la situation géopolitique ait connu une amélioration, et alors même que l'Union était passée de 12 à 25 États. En dépit d'une légère reprise (238 000 demandeurs en 2008 dans l'Union), 383 000 personnes ont demandé l'asile cette même année dans

3 La réserve spatiale était en réalité une option laissée à la discrétion des États contractants.

les 51 pays les plus industrialisés (dont les Vingt-Sept). Sur les 468 600 décisions rendues en 2007 dans ces mêmes pays, l'asile n'a été accordé qu'à 209 000 demandeurs dont 93 300 par des pays européens.

Au-delà des politiques nationales qui ont conduit par exemple des États comme la France et l'Allemagne à réviser dès 1993 leur Constitution dans un sens plus restrictif, l'Union européenne a multiplié les obstacles à l'exercice du droit d'asile et partiellement neutralisé la protection conventionnelle de Genève.

Les restrictions à l'accès au territoire et aux procédures d'asile

La convention de Schengen de 1990, qui réunissait alors cinq États européens, a la première renforcé le contrôle migratoire aux frontières extérieures afin de compenser l'effacement du contrôle aux frontières intérieures lié au principe de libre circulation des personnes dans l'espace commun. En même temps qu'il s'élargissait aux autres États de l'Union, ce contrôle n'a cessé depuis de s'intensifier par la généralisation progressive des visas de court séjour, l'introduction de visas de transit aéroportuaire (VTA), l'établissement de sanctions à l'égard des transporteurs acheminant des étrangers en situation irrégulière, la répression de l'aide à l'entrée ou au séjour irrégulier, le contrôle dans les pays de départ ou de transit par un corps d'« officiers de liaison immigration » (ILO) issus des pays d'asile, les opérations d'interception en mer, la création d'une agence européenne de contrôle aux frontières extérieures (Frontex), etc. Le nombre de morts par naufrage parmi les migrants et demandeurs d'asile subsahariens tentant d'accéder en Europe en déjouant ces contrôles offre une tragique illustration de cette politique.

Certes, des précautions textuelles sont parfois prises pour réserver dans le cadre du contrôle migratoire le cas des demandeurs d'asile, mais elles ne sont ni générales ni vraiment efficaces. Ainsi, l'exonération de sanctions prévue pour les entreprises de transport qui acheminent des demandeurs d'asile dont la demande n'est « pas manifestement infondée » ne suffit généralement pas à les dissuader de prendre le risque de les acheminer. Le contrôle migratoire entrave donc bel et bien les demandes d'asile ainsi que la garantie conventionnelle la plus fondamentale que constitue le principe de non-refoulement des réfugiés vers les pays où leur vie ou leur liberté sont menacées, principe consacré par la convention de Genève en son article 33. Les juridictions elles-mêmes baissent parfois la garde : ainsi lorsque la Cour suprême américaine admet le refoulement en mer des *boat people* haïtiens[4] ou lorsque la Chambre des lords condamne le refus d'embarquement de demandeurs d'asile tchèques d'origine rom sur un vol Prague-Londres à l'issue d'un contrôle opéré dans le cadre d'un accord entre les deux pays par des

4 Cour suprême des États-Unis, 12 janvier 1993, *Sale vs. Haitian Centers Council*, 509 US 15 ; *The International Journal of Refugee Law (IJRL)*, 6, 1994, p. 71. Voir l'opinion dissidente du juge Blackmun.

agents britanniques de l'immigration, pour violation du principe de non-discrimination (ces contrôles visant prioritairement et effectivement les Roms) mais non pour violation du principe de non-refoulement[5].

L'accès aux procédures d'asile est également restreint. Au-delà de la banalisation par les pays industrialisés de la pratique de la détention des demandeurs d'asile dont le caractère stigmatisant est évidemment peu propice à l'expression de demandes sereines, l'Union européenne a interdit par la convention de Dublin de juin 1990 le choix du pays européen d'asile ainsi que les demandes multiples. Pourtant, les chances d'obtenir l'asile ne sont pas les mêmes d'un pays à l'autre. Ainsi, la Grèce n'a accordé l'asile à aucun Irakien en 2007 alors que 24 % des demandes déposées par des ressortissants irakiens ont été acceptées au Royaume-Uni et 80 % de celles déposées en Suède. Dans toute une série d'hypothèses développées dans la directive procédure du 1er décembre 2005, l'Union permet en outre aux États d'opposer une irrecevabilité aux demandes d'asile, ou de les traiter selon une procédure accélérée présentant des garanties moindres, voire de recourir à des procédures spéciales. Un certain nombre de ces hypothèses se rattachent à la notion de « pays sûr », notion qui se décline en « pays d'origine sûr », « pays tiers sûr », « pays tiers européen sûr » et renvoie à l'idée d'une protection qui pourrait être obtenue dans les pays en cause. Mais les garanties que doivent présenter les pays dits sûrs sont sujettes à caution. L'impossibilité à ce jour pour les États de l'Union de parvenir à un accord sur la liste des pays d'origine sûrs est particulièrement significative, comme l'est la diversité des pays envisagés où la prévalence de considérations diplomatiques et politiques laisse deviner la véritable fonction de la notion de pays sûr : constituer pour l'Union un instrument de régulation de la demande d'asile. La notion n'est d'ailleurs pas propre à l'Union, d'autres pays occidentaux y recourent comme en témoigne l'Entente entre le Canada et les États-Unis sur les pays tiers sûrs, entrée en vigueur fin décembre 2004.

La volonté des États de tenir à distance les demandeurs d'asile s'est exprimée plus clairement encore dans le programme de La Haye adopté par le Conseil européen de novembre 2004 sous l'euphémisme « dimension externe de l'asile[6] ». S'inspirant de l'idée d'externalisation du traitement des demandes d'asile au plus prés des pays de départ, défendue par le HCR en 2002 dans son projet de *Convention plus* et par certains États, l'Union a lancé une étude sur la faisabilité d'une telle externalisation dans les pays du Maghreb, en Libye et en Mauritanie, ainsi que des programmes de protection régionaux (PPR) visant à créer des zones de protection dans des pays situés à proximité des pays d'exil (l'Afrique des Grands

5 Chambre des lords, *Regina vs. Immigration Officer at Prague Airport* [2004], 9 décembre 2004, UKHL, 55, *IJRL* 2005, p. 217.

6 *Analyse de la dimension externe des politiques d'asile et d'immigration de l'UE. Synthèse et recommandations pour le Parlement européen*, Direction générale pour les politiques externes de l'Union, 8 juin 2006, PE 374.366.

Lacs, l'Ukraine ou la Biélorussie) pour en faire des lieux de premier asile, sans véritable souci du respect des droits de l'homme par les pays retenus. Par ailleurs, des clauses et des accords de réadmission avec des pays tiers se sont multipliés permettant le renvoi des illégaux vers ces pays, mais également des migrants ayant traversé leur sol. C'est ainsi qu'en vertu d'un accord italo-libyen, des personnes accostant sur l'île de Lampedusa sont régulièrement renvoyées vers la Libye par les autorités italiennes.

La neutralisation de la convention de Genève

Le champ d'application de la convention de Genève est lui-même affecté par l'introduction, par la directive dite de qualification du 29 avril 2004, de la notion d'alternative de protection interne qui permet d'opposer aux demandeurs d'asile la possibilité de bénéficier dans une partie de leur pays d'origine d'une protection nationale ou de celle d'un parti ou d'une organisation, notamment internationale. Pourtant, l'histoire récente a montré de façon particulièrement dramatique les limites de la protection assurée par des organisations internationales aussi renommées que le HCR ou le Comité international de la Croix-Rouge (CICR) dans les camps de réfugiés au Rwanda en 1994 ou à Srebrenica en Bosnie-Herzégovine en 1995. En permettant par ailleurs la prise en compte d'impératifs de sécurité nationale dans le pays d'accueil lors de la décision d'octroi du statut de réfugié, la directive précitée ajoute une condition non prévue par la convention de Genève, et en principe proscrite puisque limitant son champ d'application.

L'introduction de la protection subsidiaire par la directive de qualification concourt encore à la neutralisation de la convention de Genève dans la mesure où son champ d'application recoupe très largement celui de cette convention. Tel est le cas notamment des deux premières hypothèses qu'elle énonce, à savoir les risques de « peine de mort ou d'exécution » ou encore de « torture ou de traitements ou sanctions inhumains et dégradants », qui constituent des persécutions au titre de la convention de Genève pouvant être rattachées comme celle-ci l'exige à l'un ou l'autre des cinq motifs de persécution qu'elle retient (la race, la religion, la nationalité, l'appartenance à un certain groupe social, les opinions politiques). La troisième hypothèse d'octroi de la protection subsidiaire, « menaces graves et individuelles contre la vie ou la personne d'un civil en raison d'une violence aveugle en cas de conflit armé interne ou international », n'est pas non plus dépourvue de tout lien avec la convention de Genève. En effet, comme l'a relevé le HCR, « il n'y a rien dans la définition elle-même [du réfugié] qui exclurait de son champ d'application les personnes prises dans un contexte de guerre civile[7] ». La convention de Genève est indifférente aux circonstances, qu'elles soient de conflit armé, guerre

7 UNHCR, *Note d'information sur l'article 1er de la Convention de 1951*, mars 1995.

civile ou violence généralisée, et par conséquent n'exclut pas l'octroi du statut de réfugié dans de telles situations. La montée en puissance de cette protection subsidiaire qui n'offre qu'une protection précaire et réduite est perceptible – elle est par exemple appliquée dans des cas de menaces d'excision ou de mariage forcé. Ainsi l'Europe a, en 2007, plus souvent accordé la protection subsidiaire (49 200 décisions) que la protection conventionnelle (44 100 décisions). Qui plus est, le taux de progression de la première (45 % en un an) est supérieur à celui de la seconde (33 %). Cette dualité des protections est source de disparités importantes entre les pays d'asile. Ainsi en 2007, l'Allemagne a accordé le statut de réfugié à 99 % des Irakiens qu'elle a accueillis, la Suède à seulement 1,7 % d'entre eux.

Instituée pour répondre à des situations d'afflux massif comme celui qu'a connu l'Europe lors de la guerre en ex-Yougoslavie, la protection temporaire dont la mise en œuvre relève du Conseil européen pourrait aussi affecter la protection de Genève dans la mesure où la directive du 20 juillet 2001 qui l'a créée ne fait pas obligation aux États d'offrir à ceux qui en bénéficient le statut beaucoup plus protecteur de réfugié.

Une protection aléatoire des migrants forcés sur place

Alors que toute l'attention se focalise sur la pression qu'exerceraient les réfugiés sur les frontières des pays industrialisés, 90 % des 16 millions de réfugiés dénombrés en 2007 sont restés dans leur région d'origine[8]. S'ils y bénéficient d'une protection juridique propre dont sont privés les déplacés internes, leur sort quotidien fait de précarité et d'insécurité est largement commun ; un sort qui a conduit la communauté internationale à déployer une action humanitaire de plus en plus importante en leur faveur mais aussi en faveur des déplacés, du moins de ceux qui fuient les conflits et la violence politique.

L'absence de statut juridique des déplacés internes

Rompant avec la conception catégorielle (par groupes nationaux) de l'avant-guerre, le Statut du HCR de 1950 et la convention de Genève de 1951 offrent une protection juridique aux *réfugiés* qu'ils définissent de manière synthétique et quasiment commune à partir des craintes de persécution éprouvées qui doivent être fondées, pour être prises en compte, sur des motifs déterminés. Dans la mesure où la convention de Genève dote les réfugiés conventionnels d'un véritable statut, leur protection par les États parties est en principe plus aboutie que celle offerte aux réfugiés placés par le HCR sous son mandat mais l'effectivité de cette protection reste en pratique largement dépendante de la situation dans les États d'accueil. Des instruments

8 Estimation du HCR, 2007.

régionaux de protection ont par ailleurs vu le jour dans le contexte de la décolonisation et des mouvements d'exode massif provoqués par les guerres d'indépendance. Prenant en compte les nouveaux motifs d'exil forcé dans la définition qu'ils donnent du réfugié, ils s'attachent notamment, en privilégiant une détermination collective *prima facie*, c'est-à-dire une approche de groupe, à répondre aux situations d'afflux massif et soudain. L'Afrique, qui comptait déjà plus d'un demi-million de réfugiés en 1965, s'est ainsi dotée en 1969, dans le cadre de l'Organisation de l'unité africaine (OUA), d'une convention sur les réfugiés qui protège, outre les réfugiés répondant aux critères de la convention de Genève, toute personne obligée de fuir son pays d'origine « du fait d'une agression, d'une occupation extérieure, d'une domination étrangère ou d'événements troublant gravement l'ordre public » en même temps qu'elle renforce les garanties de Genève. La déclaration de Carthagène adoptée fin 1984 par l'Amérique latine, et qui a trouvé la force juridique dont elle était privée par son intégration dans les législations des États, a élargi de même la définition du réfugié pour faire face à la crise des réfugiés.

S'ils bénéficient, à la condition toutefois que leur État y ait souscrit, de la protection offerte par les instruments internationaux ou régionaux de protection des droits de l'homme, voire du droit international humanitaire (conventions de Genève de 1949 et ses protocoles) dans les hypothèses de guerre, guerre civile ou troubles intérieurs, les *déplacés internes* ne disposent en revanche pas d'un véritable statut juridique. La nomination en 1992 d'un représentant spécial du secrétaire général des Nations unies pour les personnes déplacées, Francis Deng, qui s'est alors attaché à déterminer, sur la base notamment des instruments internationaux précités, des « Principes directeurs relatifs au déplacement des personnes à l'intérieur de leur propre pays » qu'il exposera en 1998 aux Nations unies[9], témoigne pourtant du souci de prendre en compte leur besoin de protection propre. L'avancée est remarquable, d'une part, par la définition des déplacés internes[10], et partant, par la reconnaissance de la spécificité de leurs besoins de protection que contestait le Comité international de la Croix-Rouge (CICR) ; d'autre part, par l'énoncé de leurs droits qui comprend notamment l'interdiction des déplacements arbitraires, le principe du consentement au déplacement, la protection des femmes et des enfants, mais aussi des biens, ou encore le principe de réinstallation volontaire et l'interdiction de renvoi en cas de danger[11]. Largement promus et inspirant l'action

9 Francis Deng, *Les Réfugiés de l'intérieur. Un défi pour la communauté internationale*, Washington (D. C.), The Brookings Institution, 1993.

10 Définition large puisque comprenant « des personnes ou des groupes de personnes qui ont été forcés ou contraints à fuir ou à quitter leur foyer ou leur lieu de résidence habituel, notamment en raison d'un conflit armé, de situations de violence généralisée, de violations des droits de l'homme ou de catastrophes naturelles ou provoquées par l'homme ou pour en éviter les effets, et qui n'ont pas franchi les frontières internationalement reconnues d'un État » (Principe 2).

11 Doc. ONU E/CN.4/1998/53/Add.2 du 11 février 1998.

en faveur des déplacés, ces Principes directeurs ne les dotent toutefois pas d'un véritable statut juridique, lequel se heurte au principe de souveraineté des États sur leur territoire. À la différence des réfugiés dont le statut international mis en place il y a plus d'un demi-siècle repose sur la rupture du lien juridique les unissant à leur pays d'origine, les déplacés internes relèvent en effet de la juridiction du pays dont ils sont les ressortissants. Pourtant, force est de constater que ce lien juridique qui les unit à leur pays d'origine est en pratique privé d'effectivité puisque les États, quand ils ne sont pas eux-mêmes auteurs de ces déplacements forcés, sont le plus souvent incapables d'offrir à leurs ressortissants une protection contre les déplacements arbitraires. Le constat du caractère inopérant de la protection nationale devrait dés lors pouvoir inspirer la création d'un véritable instrument de protection internationale de ces déplacés. En l'état, c'est la voie de l'action humanitaire en faveur des déplacés qui reste privilégiée, sans toutefois leur être réservée.

L'action humanitaire en faveur des migrants forcés

Le plus souvent démunis et sans abri, les déplacés et les réfugiés restés dans leur région d'origine expriment des besoins similaires de protection et d'assistance auxquels la communauté internationale s'efforce de répondre par une action humanitaire, notamment par l'ouverture de camps.

Outre le CICR qui, comme garant des conventions de Genève de 1949 offre une protection indifférenciée aux victimes civiles de guerre, guerre civile ou de troubles intérieurs, le HCR s'est vu invité par diverses résolutions des Nations unies, sur le fondement de son Statut, à « user de ses bons offices » pour offrir protection et assistance à des destinataires ne relevant pas de son mandat initial. Utilisé d'abord en 1956 pour les réfugiés hongrois, puis les réfugiés chinois de Hong Kong en 1957, le recours à cette procédure des « bons offices » s'est banalisé ensuite et a conduit le HCR à apporter sans distinction une assistance matérielle « en faveur des réfugiés et des personnes déplacées[12] » faisant l'objet de migrations de masse comme ce fut le cas pour les déplacés indochinois[13]. À travers l'assistance des réfugiés restés dans leur région d'origine et des déplacés internes, le HCR est ainsi passé d'une démarche dite « réactive », centrée à l'origine sur la protection des réfugiés dans les pays d'asile et caractérisée par la recherche de « solutions durables au problème des réfugiés », à une démarche qualifiée de « proactive » qui est centrée sur les pays d'origine des réfugiés et notamment les causes de l'exil forcé et s'est

12 Assemblée générale des Nations unies, Résolution 3454 (XXX) du 9 décembre 1975, « Rapport du haut commissaire des Nations unies pour les réfugiés ». La notion de « personnes déplacées » fait son apparition dans ces résolutions ; on la retrouve dans d'autres textes, comme la déclaration de Carthagène qui inclut dans la protection régionale qu'elle institue en faveur des réfugiés celle des personnes déplacées.

13 Assemblée générale des Nations unies, Résolution 3455 (XXX) du 9 décembre 1975, « Assistance humanitaire aux personnes indochinoises déplacées ».

figure 39 : **Réfugiés et déplacés dans le monde, 1989-2008**

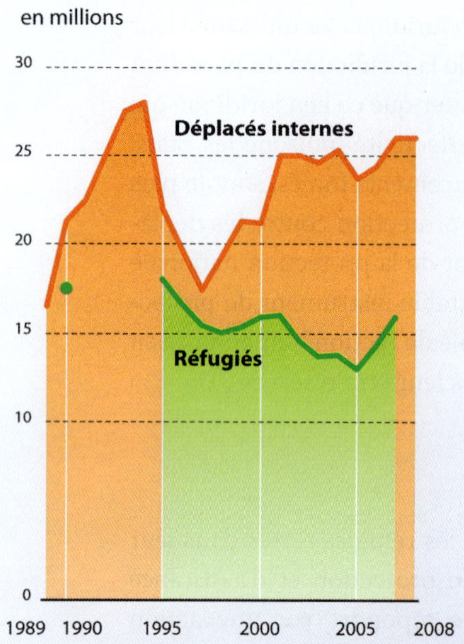

Sources : IDMC, *Global Overview of Trends and Developments 2008*, avril 2009 ; Banque mondiale, *World Development Indicators.*

Sciences Po / CERI et Atelier de cartographie, juillet 2009

élargie aux déplacés internes pour les concerner désormais majoritairement. Passé de 1 million en 1982 à 13,7 millions en 2007, le nombre des déplacés sous sa protection est désormais supérieur à celui des réfugiés (11,4 millions en 2007), ce qui porte à 25,1 millions le nombre des migrants forcés à sa charge en 2007, soit le plus haut chiffre jamais atteint et en hausse constante (+ 2,5 millions en un an). L'action humanitaire du HCR ne concerne toutefois ni tous les réfugiés – les réfugiés palestiniens relèvent en effet de l'UNWRA – ni tous les déplacés – il s'agit seulement des personnes déplacés du fait de la guerre ou de la violence politique[14] (et encore ne s'agit-il que de la moitié d'entre elles) et non des déplacés pour des motifs autres (développement économique ou motif d'ordre environnemental)[15].

L'ampleur des migrations forcées, qui a conduit le HCR à porter assistance à 50 millions de personnes en un demi-siècle, a suscité l'intervention d'autres acteurs : agences onusiennes, organisations internationales, organisations non gouvernementales, mais aussi des États et des personnes privées. Pour donner cohérence à cette action entreprise qui a pu souffrir de cette multiplicité d'acteurs, une nouvelle approche dite de « responsabilité modulaire » portant sur neuf domaines critiques de l'intervention humanitaire en faveur des déplacés a été retenue fin 2005. Le HCR est devenu le chef de file du module de protection des déplacés internes ainsi que, conjointement avec l'OIM, du module de coordination et de gestion des camps, tandis que d'autres organisations se sont vues confier des responsabilités sectorielles. Un *Guide de profilage des déplacés internes* a été également adopté en 2007 afin de mieux connaître cette catégorie de population et enregistrer les personnes concernées.

Mais outre qu'elle reste dépendante pour son financement des contributions volontaires – ainsi les Nations unies ne contribuent que pour 3 % au budget du HCR lequel s'élève à 2 milliards de dollars en 2009 –, l'action humanitaire n'est

14 Mais ces motifs peuvent être liés comme au Tchad et en Éthiopie en 1984 où le HCR s'est vu invité à porter assistance aux victimes de la sécheresse et de conflits internes.

15 Sauf circonstances exceptionnelles, comme par exemple lors du tsunami de 2004 à l'origine du déplacement de plus d'un million de personnes.

dépourvue ni d'ambivalence par la légitimité politique qu'elle donne à ceux qui la mènent, ni de risques d'implication des acteurs dans les conflits armés à l'origine de la migration forcée, mais également de légitimation des politiques restrictives d'asile des pays industrialisés. Aussi ne doit elle être qu'« un complément de l'action politique » et non « un substitut » à celle-ci[16].

À cet égard, l'intérêt porté par la justice internationale aux responsables des migrations forcées constitue une avancée. Les auteurs de certaines de ces migrations sont en effet susceptibles de relever de la compétence des juridictions pénales internationales, et notamment de la Cour pénale internationale, au titre de crime de génocide, de crimes contre l'humanité ou encore de crimes de guerre. Le mandat d'arrêt délivré par le 4 mars 2009 à l'encontre du président soudanais pour crimes contre l'humanité et crimes de guerre au Darfour illustre cette action de la justice internationale. Charles Taylor, Radovan Karadzic ou les leaders de la Lord's Resistance Army (LRA) en Ouganda ont déjà été poursuivis.

La redéfinition des politiques migratoires s'impose

Nul doute que les politiques défensives des pays industrialisés et le confinement sous assistance humanitaire des migrants forcés à proximité de leurs pays d'origine ne pourront indéfiniment perdurer et qu'en toute hypothèse, la nouvelle donne économique et environnementale imposera tôt ou tard une redéfinition des politiques migratoires. La crise économique internationale qui frappe plus durement les pays en difficulté devrait en effet affecter le financement de l'aide humanitaire. Par ailleurs, le réchauffement climatique va contraindre à s'interroger sur la différence entre migrations volontaires et forcées, couramment établie et pourtant discutable dès lors que la plupart des migrations dites volontaires – comme les migrations économiques – sont en réalité contraintes, notamment par la pauvreté des territoires. Les migrations climatiques devraient ainsi mettre en exergue l'exigence de protection de droits non seulement civils et politiques mais aussi économiques et sociaux, et ce faisant l'indivisibilité des droits de l'homme. Le changement de paradigme en cours est inhérent à la mondialisation qui implique la libre circulation. La mise à l'écart des migrants comme seule réponse aux tragédies personnelles qui les conduisent à quitter leur région ou leur pays est nécessairement condamnée par le principe de réalité, celui des migrations.

16 Philippe Lavanchy, « La communauté internationale face aux déplacements forcés de population », *Revue Arès*, 49 (19), fascicule 3, mai 2002.

Pour en savoir plus

ALLAND (Denis) et TEITGEN-COLLY (Catherine), *Traité du droit de l'asile*, Paris, PUF, coll. « Droit fondamental », 2002.

CASANOVAS (Oriol), *La Protection internationale des réfugiés et des personnes déplacées dans les conflits armés*, Leiden, Martinus Nijhoff Publishers, coll. « Recueil des cours de l'Académie de droit international de La Haye », 2003.

GOODWIN-GILL (Guy) et McADAM (Jane), *The Refugee in International Law*, Oxford, Oxford University Press, 2007.

LAVANCHY (Philippe), « La communauté internationale face aux déplacements forcés de population », *Revue Arès*, 49 (19), fascicule 3, mai 2002.

LAVOYER (Jean-Philippe), « Principes directeurs relatifs au déplacement des personnes à l'intérieur de leur pays », *Revue internationale de la Croix-Rouge*, 831, 1998, p. 503-516.

OLINGA (Alain Didier), « La protection des personnes déplacées à l'intérieur de leur pays », disponible sur le site internet : www.droit-migrations-ao.org

SIMON (Gildas), « Migrants et migrations du monde », *La Documentation photographique*, 8063, Paris, La Documentation française, mai-juin 2008.

UNHCR, *Les Déplacés internes*, Genève, UNHCR, septembre 2007.

UNHCR, *The State of the World's Refugees. Human Displacement in the New Millenium*, Oxford, Oxford University Press, 2006.

UNHCR, *Les Réfugiés dans le monde. Cinquante ans d'action humanitaire*, Paris, Autrement, 2000.

L'environnement, nouveau facteur de migration ?

François Gemenne

Depuis l'Antiquité, des récits relatent des déplacements, exodes et évacuations qui ont été occasionnés par des catastrophes naturelles. Des désastres, tels le tremblement de terre qui détruisit Lisbonne en 1755 ou le grand incendie qui ravagea Londres en 1666, ont produit d'importants flux de réfugiés. Pendant longtemps pourtant, décideurs et académiques ont continué de considérer que les facteurs susceptibles d'entraîner des migrations – fussent-elles volontaires ou forcées – étaient essentiellement d'ordre politique ou économique.

L'émergence du concept de réfugié environnemental

Il faut attendre les années 1970 pour que la relation entre dégradations de l'environnement et flux migratoires soit établie. Elle sera d'abord évoquée dans les cercles et *think-tanks* environnementalistes, avant d'être consacrée en 1985 par un rapport du Programme des Nations unies pour l'environnement (PNUE), sobrement intitulé *Environmental Refugees*, date à laquelle l'environnement fait son apparition sur l'agenda politique international. Il y prendra une place croissante du sommet de Stockholm de 1972 à celui de Rio en 1992.

Paradoxalement, alors que les questions environnementales se fraient peu à peu un chemin dans les cénacles internationaux, les liens entre changements environnementaux et flux migratoires restent largement ignorés et suscitent peu de recherches scientifiques. La généralisation progressive des connaissances sur les menaces liées au changement climatique va transformer la perception du concept par le grand public, les chercheurs et les politiques. Mais si le phénomène était connu et mesuré par les scientifiques depuis les années 1950, le changement climatique ne deviendra un véritable enjeu politique et un sujet de débat public qu'au début du XXIe siècle.

figure 40 : **Morts dues aux catastrophes naturelles, 2000-2008**

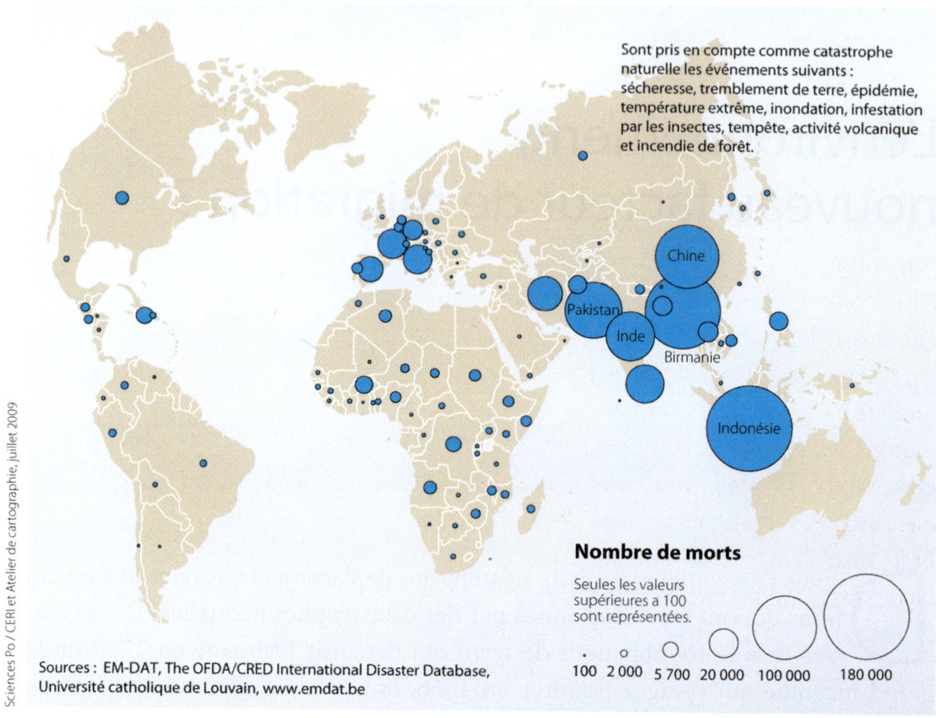

Au milieu des années 2000, une série de catastrophes dramatiques va définitivement imposer l'idée que l'environnement est un facteur de plus en plus important des mouvements de populations. L'ouragan Katrina s'abat sur la côte du golfe du Mexique en août 2005 et provoque le déplacement de plus d'un million de personnes en Louisiane et dans les États avoisinants. Un tsunami ravage l'Asie du Sud-Est au lendemain de Noël 2004 et un tremblement de terre frappe le Cachemire en octobre 2005, entraînant tous deux, fait jusque-là rarissime, une opération majeure du Haut Commissariat des Nations unies pour les réfugiés (UNHCR).

Une question liée aux conséquences du changement climatique

Les « réfugiés environnementaux » sont les premières victimes du réchauffement global. Les premiers cas reçurent un large écho dans les médias : habitants de l'atoll de Tuvalu menacés par la montée des eaux dans l'océan Pacifique sud ou du village de Shishmaref, aux confins de l'Alaska, établi sur un permafrost dont la fonte s'accélère continuellement. Des politiques commencèrent à se saisir de la question, et déposèrent plusieurs résolutions, notamment auprès du Sénat de Belgique, du Sénat d'Australie et du Conseil de l'Europe. Des estimations alarmistes quant au nombre de ces réfugiés commencèrent alors à circuler.

En novembre 2006, le rapport Stern sur les conséquences économiques du changement climatique reprend le chiffre de 200 millions de réfugiés potentiels d'ici 2050, chiffre avancé par l'écologiste Norman Myers en 1995. L'Institut pour l'environnement et la sécurité humaine de l'université des Nations unies établi à Bonn s'en tient au chiffre de 150 millions. En mai 2007, l'organisation non gouvernementale Christian Aid annonce quant à elle un milliard de « réfugiés environnementaux » à l'horizon 2050.

En réalité, ces chiffres signalent simplement le nombre de personnes habitant dans les régions les plus exposées aux effets du changement climatique et notamment à la montée des eaux : régions deltaïques et côtières, petits États insulaires, etc. Ils ne tiennent pas compte des efforts qui pourront être faits pour limiter l'ampleur du phénomène ni des mécanismes d'adaptation qui pourront être développés par les populations pour affronter ces situations. Ils servent davantage à attirer l'attention du public sur les effets dévastateurs du réchauffement global qu'à produire une mesure effective des déplacements de populations que ceux-ci pourraient engendrer.

Le débat sur les « migrants environnementaux » est aujourd'hui largement limité à celui sur le changement climatique. Pour autant, ceux qu'on appelle désormais les « réfugiés climatiques » et que l'on trouve dans diverses régions du monde font partie d'un ensemble bien plus vaste qui a largement précédé le changement climatique et qui inclut tous les personnes qui ont quitté leur lieu d'habitation à la suite d'une dégradation de leur environnement immédiat : catastrophes naturelles, accidents industriels, phénomènes de désertification et de déforestation, etc.

figure 41 : **Territoires touchés en cas d'élévation d'un mètre du niveau de la mer**

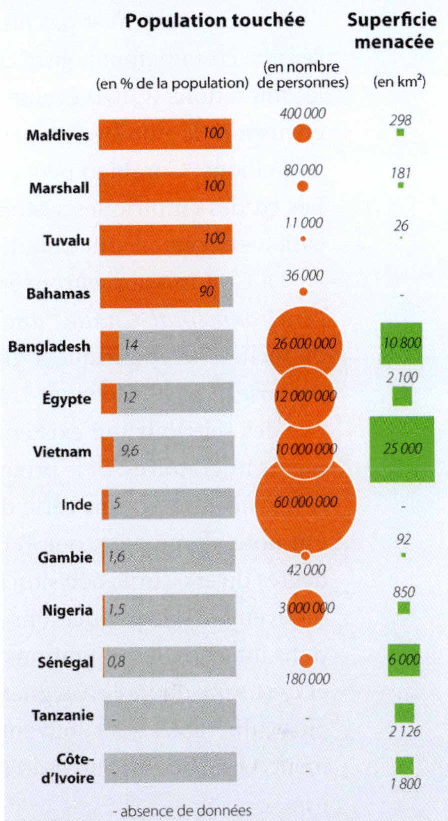

D'après Pierre JACQUET, Rajendra K. PACHAURIE et Laurence TUBIANA, *Regards sur la Terre 2009. La gouvernance du développement durable*, Paris, Presses de Sciences Po, 2009.

Sources : Nations unies, http://data.un.org ; rapport spécial du GIEC, *Incidences de l'évolution du climat dans les régions : évaluation et vulnérabilité - Afrique*, 2007, www.grida.no ; rapport spécial du GIEC sur les impacts régionaux du changement climatique ; Rapport du Groupe de travail II sur les impacts, l'adaptation et la vulnérabilité du changement climatique, www.ipcc-wg2.org

Sciences Po / CERI et Atelier de cartographie, avril 2009

Que savons-nous des migrants environnementaux ?

Avec l'émergence du concept, la tentation est grande d'imaginer que les « migrants environnementaux » puissent constituer une catégorie spécifique. En réalité, les facteurs environnementaux peuvent rarement être isolés du contexte socio-économique général et encore moins être séparés des autres facteurs, politiques, économiques ou culturels. Pour autant, s'il est impossible de réduire la complexité des processus migratoires à une seule cause, il semble tout aussi difficile d'affirmer que l'environnement n'est pas en cause dans certains processus migratoires. La vérité se situe certainement entre ces deux extrêmes. L'Organisation internationale pour les migrations (OIM) évalue le nombre de migrants dans le monde à 200 millions environ et le nombre de personnes déplacées à l'intérieur de leur propre pays à 24 millions. Combien peuvent être qualifiés de « migrants environnementaux » ? Les études empiriques systématiques qui pourraient permettre une telle quantification en sont à leurs balbutiements et ne permettent pas encore de le dire.

La Commission européenne a financé, entre 2007 et 2009, le projet *Each-For* (*Environmental Change and Forced Migration Scenarios*), premier programme de recherche empirique à grande échelle des migrations environnementales qui propose, à partir de vingt-trois études de cas, une mise en perspective comparative des relations qui existent entre modifications de l'environnement et mouvements migratoires. Si le projet ne constitue à ce stade qu'une étude exploratoire, il révèle néanmoins une série de résultats intéressants sur la nature de ces relations. On note, d'une part, que l'environnement joue un rôle significatif, quoiqu'à des degrés divers, sur la décision de migrer des personnes interrogées ; d'autre part, les mouvements de populations recensés dans ce cas sont essentiellement des migrations internes, les migrations internationales constituant plutôt l'exception. Enfin, et c'est sans doute l'enseignement le plus significatif du projet, les populations les plus vulnérables sont souvent incapables de fuir la dégradation de leur environnement, faute de ressources et de politiques migratoires adéquates.

Une difficulté définitionnelle

Différents auteurs ont proposé une définition des migrations environnementales, dont aucune n'est véritablement parvenue à s'imposer. Que s'agit-il en effet de prendre en compte ? Faut-il considérer tous les personnes dont la décision migratoire est liée à des facteurs environnementaux, quelle que soit l'importance de ceux-ci parmi d'autres facteurs ? Faut-il seulement comptabiliser les individus qui ont été forcés de se déplacer à la suite d'un changement brutal intervenu dans leur environnement ? La question est loin d'être purement académique. L'absence de consensus autour d'une définition commune empêche aujourd'hui tout débat sur le sujet. La plupart des définitions se fondent sur l'origine de la dégradation environnementale, distinguant les personnes poussées à l'exil par une modification brutale de leur environnement de celles qui ont mûri une décision qui découle de plusieurs facteurs. À n'en point douter, il s'agit d'une distinction fondamentale : une migration préparée et planifiée est sensiblement différente d'une évacuation en urgence. Pour autant, elle ne permet qu'une compréhension imparfaite des dynamiques migratoires à l'œuvre.

En réalité, il importe surtout de mesurer l'ampleur du caractère coercitif de la mobilité : la personne a-t-elle eu le choix de rester ? Cette distinction entre migrations volontaires et migrations forcées doit rester le critère fondamental d'une typologie des « migrants environnementaux ». Bien qu'il devienne, aujourd'hui, de plus en plus difficile de tracer une frontière entre les deux types de mobilité, on observe que la contrainte à la migration est significativement accentuée dans un contexte de menace sur l'environnement. Les impacts du changement climatique, même s'il s'agit souvent de phénomènes progressifs, n'offrent guère de choix. Il faut donc se garder d'établir, comme on le fait souvent, un lien exclusif entre migrations forcées et dégradations brutales de l'environnement : des changements environnementaux progressifs peuvent aussi être une cause d'exil forcé, tandis que des catastrophes naturelles peuvent également générer des migrations volontaires. Ainsi, les impacts du changement climatique bouleversent ce lien de causalité.

Il faudrait pouvoir distinguer les migrations internes des migrations internationales, les proactives des réactives ou les migrations de court terme de celles de long terme. Un lien direct et exclusif entre un type de dégradation environnementale et des caractéristiques migratoires particulières est impossible à établir, ce qui rend éminemment difficile la construction d'une définition et d'une typologie.

Des prédictions délicates

Les incertitudes qui entourent encore les impacts du changement climatique compliquent davantage encore la prévision des migrations environnementales futures. Ce changement n'est pas uniforme. Ses effets seront très divers. On distingue généralement trois types d'impacts susceptibles de provoquer des flux migratoires significatifs : l'intensité accrue des catastrophes naturelles, la hausse du niveau des mers et la raréfaction des ressources d'eau potable – également appelée stress hydrique. Leurs conséquences ne sont pas les mêmes au même titre qu'elles n'appellent pas les mêmes stratégies d'adaptation.

Première manifestation du changement climatique, *la fréquence et l'intensité des catastrophes naturelles* progresseront, avec des inondations toujours plus nombreuses et des ouragans plus violents. Au cours des dernières années, leur nombre a déjà significativement augmenté à cause de la plus grande vulnérabilité des populations exposées (davantage de personnes, très souvent parmi les plus pauvres, habitent dans des régions exposées aux risques naturels). Une catastrophe n'est jamais seulement « naturelle » mais résulte toujours de la rencontre entre un risque naturel et une population fragilisée. Ces catastrophes affectent déjà fortement les pays du Sud et, parmi ceux-ci, l'Asie est de loin le continent le plus touché. On a longtemps imaginé qu'elles n'étaient pas à l'origine de flux

figure 42 : **Principales catastrophes naturelles survenues au cours de l'année 2008**

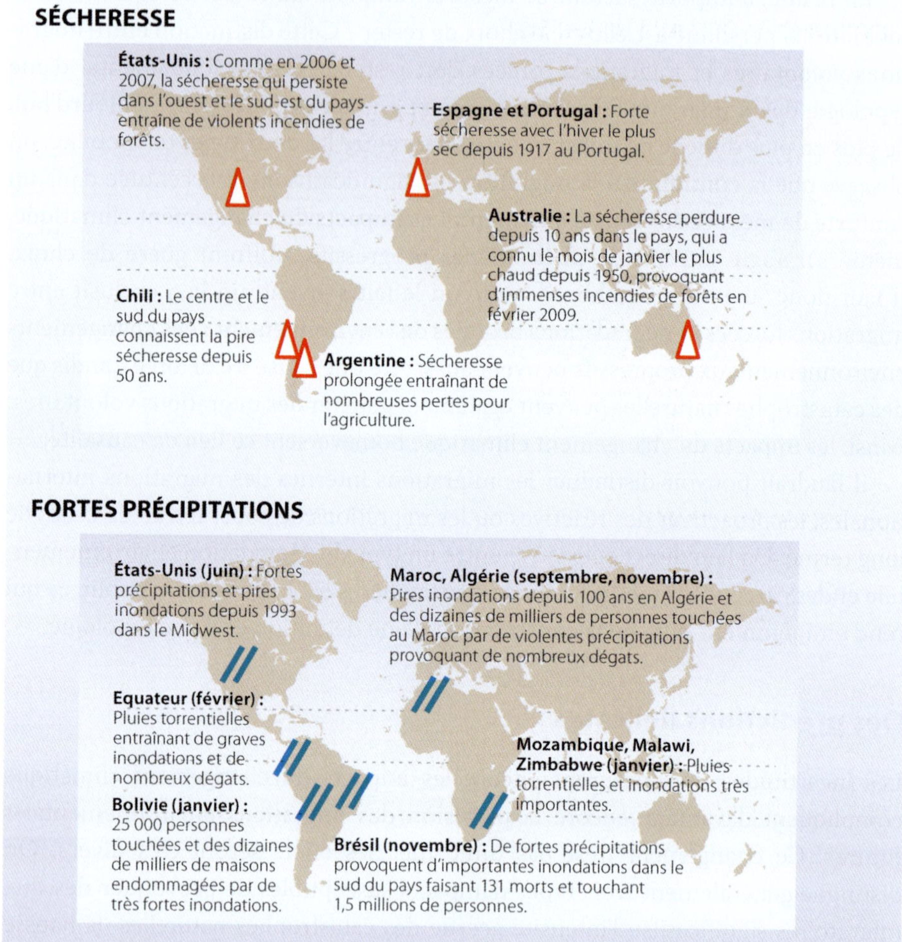

Sources : compilation de Dorian RYSER.

Sciences Po / CERI et Atelier de cartographie, avril 2009

migratoires à proprement parler mais provoquaient des déplacements temporaires de population. Depuis le passage de l'ouragan Katrina en 2005, on sait désormais que cette affirmation est fausse : seule la moitié de la population de La Nouvelle-Orléans est revenue dans la ville.

La hausse du niveau des mers, due à l'expansion thermique des océans et à la fonte des calottes glaciaires, constitue un autre impact du changement climatique. On estime que ce niveau montera d'environ un mètre d'ici à la fin du XXIe siècle. Les régions côtières et deltaïques seront directement menacées d'inondation si aucune mesure n'est prise (construction de digues, restauration des littoraux, etc.). Or, on le sait, ce sont les zones les plus densément peuplées, et de nombreuses

CYCLONES TROPICAUX INTENSES

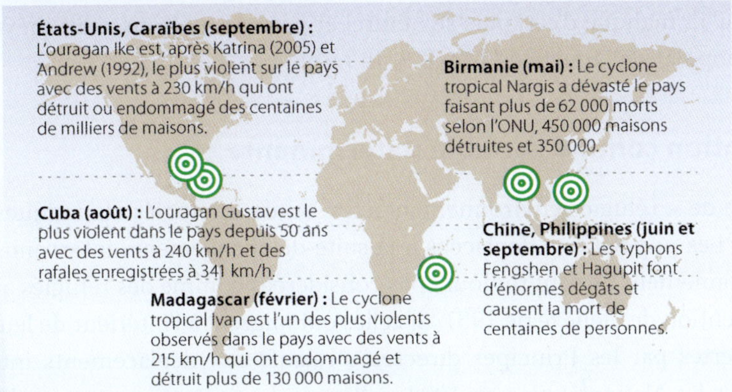

AUTRES ÉVÉNEMENTS

métropoles y sont installées. Les petits États insulaires sont également particulièrement vulnérables à toute hausse, même infime, du niveau des mers. Leurs populations pourraient donc être contraintes, à terme, de se déplacer.

Enfin, si *la raréfaction des ressources en eau potable* est l'un des aspects les moins visibles du changement climatique, elle n'en est pas moins l'un des plus dévastateurs. Trois facteurs y contribueront : la « contamination » par l'eau de mer des réserves en eau potable des nappes phréatiques affectées par la hausse du niveau des océans, l'intensification de la désertification dans de nombreuses régions et la fonte des glaciers qui provoquera une diminution conséquente des ressources d'eau douce de la planète. Les effets du stress hydrique sur les mouvements migratoires sont peu aisés à prévoir. Plusieurs études ont montré que les migrations avaient tendance à décroître lors des périodes de sécheresse, les familles préférant alors affecter leurs ressources disponibles à la satisfaction de besoins immédiats pour leur subsistance. On peut néanmoins émettre l'hypothèse qu'un manque d'eau plus structurel et permanent pousserait inévitablement les populations touchées à l'exil.

L'adaptation comme variable déterminante

Le vocable de « réfugiés environnementaux » ou de « réfugiés climatiques » est trompeur. Les populations déplacées à la suite de changements intervenus dans leur environnement ne sont toujours pas considérées comme des réfugiés au sens de la convention de Genève de 1951. Si celles qui migrent à l'intérieur de leur pays sont couvertes par les Principes directeurs relatifs aux déplacements internes, adoptés par les Nations unies en 1998, celles qui le quittent n'ont, pour l'heure, aucun statut juridique. La protection juridique de ces migrants reste, pour une large part, encore à construire, et les politiques d'adaptation aux changements environnementaux s'imposent aujourd'hui comme la variable déterminante des flux migratoires à venir. Imparfaitement définies, ces dernières peuvent prendre des formes diverses : renforcement des digues, transformation de l'habitat, diversification de l'économie, réorganisation des pratiques agricoles, etc. La relation entre migration et adaptation concerne à la fois les régions d'origine de ces populations, celles de leur destination, mais également le processus migratoire lui-même.

Outre la nécessaire et urgente réduction de nos émissions de gaz à effet de serre, le développement de stratégies d'adaptation dans les régions d'origine constitue le seul moyen de limiter l'ampleur des flux migratoires. Dans bien des cas, la migration constituera l'option ultime, qui ne sera envisagée que dans l'hypothèse où les différentes stratégies d'adaptation auront échoué. Cette adaptation ne saurait néanmoins être réservée exclusivement à la région d'origine : les migrations, surtout lorsqu'elles sont soudaines et massives, entraînent une pression démographique accrue sur les ressources des régions de destination (nourriture, eau potable, emplois, logements, etc.), généralement pauvres et souvent incapables de faire face à un afflux soudain de migrants, et obligent les régions d'accueil à développer des mesures d'adaptation pour faire face à une pression démographique accrue.

Enfin, la migration, loin de représenter un échec de l'adaptation, peut dans certains cas constituer une stratégie d'adaptation à part entière. Le choix migratoire relève alors d'un choix délibéré, qui permet aux migrants de réduire leur vulnérabilité aux impacts du changement climatique, tout en relâchant la pression démographique dans leur région d'origine. Ces stratégies peuvent être particulièrement efficaces dans les cas de dégradations progressives de l'environnement, et notamment face à la désertification. L'enjeu politique devient alors de faciliter la migration.

L'environnement constitue aujourd'hui un facteur croissant de mobilité et notamment de migrations forcées. Mais *in fine*, l'ampleur et la nature des mouvements migratoires à venir dépendront des politiques qui seront mises en œuvre, et en particulier les politiques d'adaptation.

Pour en savoir plus

BLACK (Richard), *Refugees, Environment and Development*, Harlow, Longman, 1998.

BOANO (Camillo), ZETTER (Roger) et MORRIS (Tim), *Environmentally Displaced People. Understanding the Linkages between Environmental Change, Livelihoods and Forced Migration*, Oxford, Refugee Studies Centre, 2007.

BROWN (Oli), « Migration and Climate Change », *IOM Migration Research Series*, Genève, Organisation internationale pour les migrations, 2008.

COURNIL (Christel) et MAZEGGA (Pierre), « Réflexions prospectives sur une protection juridique des réfugiés écologiques », *Revue européenne des migrations internationales*, 23 (1), 2007, p. 7-34.

Each-For, *Environmental Changes and Forced Migration Scenarios*, disponible sur le site internet : www.each-for.eu

GEMENNE (François), *Géopolitique du changement climatique*, Paris, Armand Colin, coll. « Perspectives géopolitiques », 2009.

GONIN (Patrick) et LASSAILLY-JACOB (Véronique), « Les réfugiés de l'environnement. Une nouvelle catégorie de migrants forcés ? », *Revue européenne des migrations internationales*, 18 (2), 2002, p. 139-160.

RENAUD (Fabrice), BOGARDI (Janos-J.), DUN (Olivia) et WARNER (Koko), « Control, Adapt or Flee. How to Face Environmental Migration ? », dans United Nations University Institute for Environment and Human Security (ed.), *InterSecTions 5*, Bonn, UNU-EHS, 2007.

Passeurs, passagers et points de passage

Smaïn Laacher

Depuis la fin des années 1980, avec une accélération à partir de septembre 2001, l'immigration clandestine est devenue une question politique et électorale dans toute l'Europe. L'enjeu, dans cette perspective, n'est plus de maîtriser les flux migratoires (contrôler, soumettre, etc.) mais de rendre très difficile, sinon impossible, les déplacements de populations et la circulation des personnes ou des groupes en dehors de leur espace national. Ce thème n'inspire pas seulement les responsables politiques qui ne manquent plus une occasion de l'inscrire en priorité à l'agenda des réunions internationales. Le théâtre, le cinéma et la littérature ont à leur tour mis en scène, avec plus ou moins de talent, la figure de l'immigré clandestin.

Derrière celle-ci se trouve, toujours dans l'ombre, aussi indispensable qu'invisible, une autre figure, celle du passeur. En réalité, ces deux figures sont inséparables, liées par nécessité, proprement inconcevables l'une sans l'autre. Si la première peut trouver quelques justifications morales et économiques (la misère, la persécution, etc.), la seconde est abhorrée, elle suscite l'indignation et la condamnation. La condamnation est totale de la part du pouvoir politique, c'est-à-dire de tous ceux dont la mission ou le mandat est d'agir contre le crime. Celui-ci se présente sous la forme d'une violence pouvant entraîner la mort et d'une exploitation sans pitié de la faiblesse et du dénuement de milliers d'êtres humains à la recherche d'un minimum de sécurité.

Mon propos n'est pas de remettre en cause l'indignation ou le bien fondé de la lutte contre le trafic d'êtres humains, Mon interrogation est ailleurs. Elle porte, d'une part, sur la perception et l'analyse de ce phénomène qu'en font les États et les institutions internationales, et, d'autre part, sur le poids réel des filières de passeurs dans l'immigration clandestine et de leur compétence géographique dans la production d'itinéraires et de routes pour immigrés clandestins.

Des migrants clandestins « pris en charge »

Soigner un corps victime de malnutrition sans s'attaquer aux causes de cette dernière n'a aucun sens, et surtout est voué à l'échec. Il en va de même pour les filières de passeurs. Les politiques de la faim et les filières de passeurs possèdent des propriétés communes : elles constituent, chacune à leur manière, un système de relations formelles contraignantes aux influences réciproques. Quand les mécanismes de fixation des populations dans le cadre de L'État-nation ont été perturbés, remis en cause ou sont devenus illégitimes, alors les populations se déplacent pour le pire et le meilleur. C'est parce qu'elles sont devenues étrangères dans leur propre pays qu'elles sont parties en quête d'un pays où elles pourront enfin compter pour quelque chose. Les filières ne constituent pas une aide au voyage illégal du pays d'origine jusqu'au pays d'accueil, mais une prise en charge, pour un temps et au sein d'un espace donné, de ceux qui doivent se déplacer sans être vus. Le travail des passeurs est réussi lorsque le passage entre deux filières a lieu sans dommage ni retard excessifs et selon les règles, orales ou écrites, préalablement établies entre les contractants.

Les observateurs, y compris les plus avertis, se focalisent sur l'horreur des traversées en mer ou dans le désert lors desquelles décèdent de nombreuses personnes. L'inhumanité de ce type d'expédition et la violence sociale qui règle les rapports entre voyageurs et passeurs n'est nullement nouvelle. Les mouvements migratoires ont toujours donné lieu à de tels phénomènes. Les Européens qui fuyaient la misère et la famine et se rendaient en Amérique aux XVIe et au XVIIe siècles les ont connus, tout comme la « servitude pour dettes » (*indentured servitude*) qui concernait surtout les travailleurs ou les personnes qui avaient trouvé un emploi outre-mer et devaient mettre leur force de travail en gage auprès du négociant du contrat ou du capitaine du bateau qui les avait conduits jusqu'en Amérique. L'obligation était faite à ces *servants* de rembourser le voyage une fois arrivé en travaillant entre trois et dix ans selon les contrats, une pratique qui s'apparentait dans bien des cas à une forme de travaux forcés. Cette dépendance extrême et violente se prolongea jusqu'au début du XIXe siècle sous la forme des *redemptioner* (remboursement). Cette émigration a souvent été comparée à la « traite des esclaves blancs » (*white slave trade*). On trouve la trace de ce système de remboursement parmi les immigrés allemands de Philadelphie à la fin du XVIIe siècle. Au XVIIIe siècle, un système de financement par « crédit » des traversées par bateau fut mis en place pour tous ceux qui voulaient émigrer définitivement et non plus seulement chercher du travail. Le remboursement du voyage était également obligatoire.

Des trajectoires au gré des opportunités et des aléas

L'inhumanité des relations entre ceux qui ont faim et ceux qui peuvent les transporter jusque dans des espaces de relative abondance est semblable quelle que soit l'époque. Il suffit de se replonger dans le récit de Gottlieb Mittelberger, un voyageur venu du Wurtemberg et arrivé à Philadelphie en 1750.

> « Lorsque les navires ont accosté à Philadelphie après cette si longue traversée, personne ne peut sortir avant d'avoir payé son voyage ou versé une bonne caution ; les autres, ceux qui n'ont pas de quoi payer, doivent rester dans le navire jusqu'à ce qu'ils aient été achetés et que leurs acquéreurs les aient fait sortir du navire [...]. Une fois qu'on s'est mis d'accord sur le marché, il arrive que les personnes adultes, pour cette somme, selon leur force et leur âge, s'engagent par écrit à servir, trois, quatre, cinq et même six ans. Mais les tout jeunes, de 10 à 15 ans, doivent servir jusqu'à leurs 21 ans. Beaucoup de parents doivent négocier eux-mêmes leurs enfants et les vendre comme du bétail, pour pouvoir sortir libre du bateau, leurs enfants servant alors à payer la traversée[1]. »

Hier, les voyages s'effectuaient du Nord vers l'Ouest et le Sud. Les temps ont changé ; aujourd'hui, les immigrés partent du Sud pour remonter vers le Nord. Contrairement à ce que beaucoup croient, on ne vient pas de tout le Sud. En outre, les « élus » arrivant dans un pays riche du Nord ont généralement pris de grands risques et accompli un parcours dont la rationalité (en termes d'économie de temps, d'argent, de risque et de sécurité) n'est bien souvent qu'une vue de l'esprit. Il est plus question d'opportunités, d'incertitude, d'approximation et d'aléas que de prévision et de maîtrise de sa destination.

Un exemple parmi des centaines d'autres, celui d'un mineur ghanéen interviewé dans une capitale européenne. Après un trajet presque en ligne droite du Ghana à Alger, il prend le chemin du Maroc mais arrivé à Oujda, plutôt que d'aller, comme la majorité des migrants, vers l'une des enclaves espagnoles (Ceuta et Melilla), il se dirige vers Rabat puis se rend à Casablanca, à Agadir puis à Laayoun. Là, il attend plusieurs jours dans le désert pour enfin embarquer dans une *patera* (petite embarcation mue à la rame, à la voile ou au moteur) qui sombrera au large des îles Canaries, faisant plus de trente victimes parmi ses compagnons. Tout le monde n'a pas les moyens de payer des « transporteurs » et des « intermédiaires » tout au long du trajet. Pour les voyageurs qui ne veulent pas renoncer, il ne reste plus qu'à errer à la recherche d'informations toujours aléatoires quand elles ne

1 Gottlieb Mittelberger cité par Klaus J. Bade, *L'Europe en mouvement*, Paris, Seuil, 2002, p. 158-159.

sont pas tout simplement fausses. Ce n'est donc pas tant la destination finale d'un pays qui commande les trajectoires et les itinéraires mais des variables infiniment moins contrôlables, comme l'argent disponible, les informations dont disposent les personnes, l'estimation subjective des risques, la réputation des passeurs et leur capacité à convaincre le migrant que le voyage qu'ils lui offrent est le moins onéreux et le plus sûr.

Les engagements du passeur

Mais on aurait tort de se représenter les passeurs comme de simples criminels. Si les passeurs « tiennent » leurs passagers parce qu'ils possèdent la connaissance des itinéraires, ils sont à leur tour tenus par les engagements qu'ils prennent devant la famille du candidat à l'immigration clandestine et les témoins de l'entourage des deux familles, celle du passeur et celle du partant. Ces engagements qui précisent les conditions de sécurité minimale du voyage, en particulier lorsqu'il s'agit d'un mineur, sont publics et mettent en jeu l'honneur de chacun. Ils peuvent être oraux mais aussi, plus souvent qu'on ne le croit, rédigés par écrit par les contractants. Ce type de configuration se rencontre plus fréquemment lorsque le voyage est pris en charge par une filière longue, du pays d'origine jusqu'au pays d'accueil. Réza, un jeune Afghan arrivé clandestinement à l'âge de 16 ans en France, illustre parfaitement ce propos.

> « [...] Avant mon départ d'Afghanistan, il y a eu une réunion de famille en présence de mon tuteur, qui était la personne qui me représentait. Le tuteur était marié, il avait deux enfants, c'est un homme de famille connu et tout le monde sait où il habite. Celui à qui on donne l'argent et qui le garde, c'est le banquier. Le banquier est un homme riche, il fait des affaires, lui aussi il est connu de tout le monde. Donc, il doit faire attention s'il ne veut pas avoir des problèmes avec ses affaires. Le « contrat » est rédigé par le banquier et tout le monde se met d'accord sur son contenu. Le contrat a été rédigé devant moi et ma famille. Il y a des consignes écrites. Par exemple : s'il arrive un accident au voyageur (la mort en général), les frais de transport sont à la charge des parents ; donner des nouvelles à la famille à chaque étape ; il faut indiquer à la famille les pays traversés ; il faut que le voyageur téléphone personnellement à sa famille ; les enfants doivent être nourris ; il ne faut pas affamer les enfants ; c'est une fois arrivé en Angleterre que l'argent sera remis à qui de droit. Le contrat fait une page et demie et il est rédigé en langue dari[2]. »

2 Smaïn Laacher, *Le Peuple des clandestins*, Paris, Calmann-Lévy, 2007, p. 80.

On peut répartir en cinq groupes les trajets parcourus par les clandestins. Nous avons tout d'abord l'immigration clandestine en provenance d'Asie, essentiellement du Sri Lanka, de Chine, du Pakistan, d'Afghanistan et du Bangladesh, puis celle issue de l'Afrique de l'Est, composée de clandestins venus du Soudan, du Kenya, d'Égypte, d'Éthiopie et de Somalie. Les clandestins qui partent de l'Afrique de l'Ouest viennent du Nigeria, du Niger, du Mali, du Cameroun, du Togo, du Ghana, du Liberia, de Guinée, de Côte-d'Ivoire. Ceux qui quittent l'Europe de l'Est sont issus de Russie, du Caucase, de Moldavie, d'Ukraine, de Biélorussie et de Géorgie. Enfin, les clandestins qui viennent du Moyen-Orient sont issus d'Irak, d'Iran et de Turquie.

Dans leur grande majorité, ces populations se rendent dans les pays européens, les États-Unis, la Russie et l'Ukraine. Les flux migratoires en provenance du sous-continent indien et d'Asie centrale se dirigent massivement vers le golfe Persique.

La concordance provisoire des intérêts de chacun

La multiplication des moyens de transport et donc leur nécessaire combinaison dépendent de la distance à parcourir. Pour les plus fortunés des immigrés venus d'Asie, l'avion est le moyen de transport bien sûr le plus cher (entre 10 000 et 15 000 euros avec un faux passeport coréen ou japonais) mais aussi le plus rapide, le plus sûr et surtout le plus direct vers Paris. Pour les moins fortunés désirant prendre l'avion pour un « bout de chemin », le voyage s'arrête dans les pays de l'Est. Puis ils prennent la route vers l'Europe en camion et à pied lorsqu'il s'agit de passer la frontière germano-tchèque. D'autres modes de transport sont mobilisés quand on quitte l'Afrique de l'Ouest. Remonter vers le Nord de l'Afrique pour atteindre Melilla, la « petite Espagne », s'effectue d'abord par la route en camion puis par *pateras* sur les côtes andalouses, enfin, on poursuit la remontée vers le Nord de l'Europe par camion. Tous ces voyages sont proprement impossibles à réaliser en solitaire, sans préparation ni soutien financier et technique de la part de tiers. Le départ, le parcours et les fréquents accidents qui peuvent survenir au cours du trajet sont pris en charge ou encadrés par des collectifs (la famille au sens large, les amis, les filières de passeurs, etc.) dont les intérêts divergent. Faux passeport, intermédiaire que l'on paye pour disposer d'informations fiables sur la réputation des passeurs, le clandestin est aidé, porté et transporté par les uns et avec d'autres.

Du point de vue du voyageur, être transporté illégalement n'a rien de condamnable. Le passeur veut de l'argent et son passager veut que son passeur lui facilite le passage. Le métier de passeur n'implique pas de certifier sur l'honneur que le voyage sera accompli sans dommage jusqu'à un pays d'installation, mais seulement de garantir autant que faire se peut une possibilité d'accès à tous les points de passage qui permettront de se rapprocher puis d'accéder à la destination choisie. Lorsque peu de personnes sont impliquées, il n'est pas infondé de dire que les relations entre le passeur et son passager sont proches de la complicité dans l'illégalité. Cette complicité repose en fait sur une situation de défiance spontanée dans laquelle chacun n'a d'autre choix que de faire confiance à l'autre. Une connaissance empirique de la concordance momentanée des intérêts de chacun, connaissance acquise par familiarité professionnelle pour le passeur, par les récits de voyage d'autrui pour les clandestins, structure la relation.

Ce marché du trafic d'êtres humains représente des sommes extrêmement importantes. Il représente la troisième activité de criminalité organisée derrière le commerce illégal des armes et de la drogue. D'après les services de renseignement allemands[3], les « recettes annuelles » des passeurs au sein de l'Union européenne seraient estimées à 5 milliards d'euros. J'avais moi-même, lors de mon enquête sur le centre de Sangatte, effectué de rapides calculs sur les montants en jeu. À Sangatte, à raison d'une vingtaine de passages pour l'Angleterre par nuit – probablement moins après octobre 2002, mais la baisse de l'effectif se conjugue alors à une hausse des tarifs : plus le passage est difficile, plus le coût est élevé – et de 600 dollars en moyenne par passage, les chefs de réseaux de passeurs locaux peuvent empocher plus de 12 000 dollars en une nuit, ce qui représente quelque 84 000 dollars par semaine. Ces chiffres restent probablement, au moins jusqu'au deuxième trimestre de 2002, nettement au-dessous de la réalité.

Porter un regard lucide sur les passeurs

Il ne suffit donc pas de s'indigner contre l'exploitation de la détresse pour faire disparaître l'une et l'autre. Il ne s'agit pas de résignation mais de lucidité politique. Les famines et les guerres mettent sur les routes des millions de personnes qui croisent des racketteurs, des associations humanitaires, des agences internationales, des militaires et bien évidemment des passeurs organisés en petites, moyennes ou grandes entreprises, ce que le langage commun et policier appelle des filières de passeurs. Par quel miracle seraient-ils absents de cet espace de professionnels en gestion du malheur ? La crise alimentaire actuelle n'a pas seulement des effets sur les plus pauvres, elle produit aussi des effets différés : dans quelques années (deux ou trois ans), ce sont des milliers de femmes, d'hommes et d'enfants qui prendront la route pour espérer manger tous les jours. Les plus pauvres, comme toujours, échoueront inéluctablement dans le pays voisin où ils rejoindront d'autres milliers de sans-rien. Là, seule l'assistance humanitaire pourra leur procurer la nourriture, la sécurité, quelques soins et peut-être l'accès à une école pour les enfants. Les autres, un peu moins pauvres, chercheront à se rendre dans les pays développés. Et pour les y conduire, ils ne passeront pas par les voies légales (demande de visa, regroupement familial, formation universitaire, asile, etc.) mais toujours par les filières de passeurs.

3 Cités par le journal *Le Monde* du 7 novembre 2003.

Pour en savoir plus

BADE (Klaus J.), *L'Europe en mouvement*, Paris, Seuil, 2002.

BELBAH (Mustapha) et LAACHER (Smaïn), « Migration de transit et asile au Maghreb », dans Luc Cambrézy, Smaïn Laacher, Luc Legoux et Véronique Lassailly-Jacob (dir.), *L'Asile au Sud. Un enjeu contemporain*, Paris, La Dispute, 2008.

CALOZ-TSCHOPP (Marie-Claire), *Les Étrangers aux frontières de l'Europe*, Paris, La Dispute, 2004.

GUICHAOUA (André) (dir.), *Exilés, réfugiés, déplacés en Afrique centrale et orientale*, Paris, Kartala, 2004.

LAACHER (Smaïn), *Après Sangatte*, Paris, La Dispute, 2002.

LAACHER (Smaïn), *Le Peuple des clandestins*, Paris, Calmann-Lévy, 2007.

LAACHER (Smaïn), *Mythologie du Sans-papiers*, Paris, Cavalier Bleu, 2009.

LAACHER (Smaïn) et MOKRANI (Laurette), « Passeur et passager, deux figures inséparables », *Plein droit*, 55, 2002.

MAGUER (Alain), « La coopération policière transfrontalière. Approche comparée des polices en Europe », *Cultures et Conflits*, 48, 2002.

MOBERG (Wilhelm), *La Saga des émigrants*, tome 2 : *La Traversée*, Paris, Éditions Gaïa, 1999.

TERRAY (Emmanuel), « Économie du travail des étrangers sans titre : première approche », dans Antoine Pickels (dir.), *À la lumière des sans-papiers*, Bruxelles, Complexe, 2001.

PARTIE 4

LE NORD, ENTRE REJET ET INTÉGRATION

Des migrants face aux murs d'un monde-frontière

Évelyne Ritaine

Dans ce monde globalisé, pourtant défini comme un espace de flux, ce sont les individus qui circulent le moins facilement. De nombreux murs de sécurité, destinés à contrôler la circulation des personnes, ont surgi le long des limites territoriales sous des formes très différentes. Simple rangée de barbelés ou technologies de surveillance les plus sophistiquées, barrière de béton ou espaces maritimes blindés, voire surveillance *offshore*, leur point commun est de concrétiser une action politique originale : celle d'« enfermer dehors » les indésirables.

Ces frontières blindées ont pour objectif de contrôler, plus strictement que par les seuls postes-frontières, l'accès au territoire national. La construction de tels murs relevant de la souveraineté de l'État qui l'entreprend, il s'agit donc – en temps de paix – d'un acte politique violent qui matérialise un rapport de force déséquilibré. Alors que la frontière est bilatérale, le mur est une réponse unilatérale et asymétrique à la perception d'un danger lui aussi asymétrique. Quand la frontière ne désigne que l'étranger symétriquement des deux côtés, le mur fabrique, asymétriquement, le suspect en triant la population étrangère. Aujourd'hui, sur une douzaine de frontières blindées dans le monde, les deux tiers ont explicitement pour objectif de contrôler les flux de migrants, même si, bien souvent, elles sont légitimées par leur polyvalence : lutte contre les trafics de drogue, contre les incursions terroristes, etc. Le mur participe ainsi de la construction politique de l'immigration comme menace.

Des remparts contre la peur de l'immigration

Le dispositif de contrôle d'une frontière blindée comporte des procédures d'obstacle (la barrière proprement dite), de triage (contrôles aux *checkpoints*, centralisation des

figure 43 : **Murs contemporains et frontières blindées**

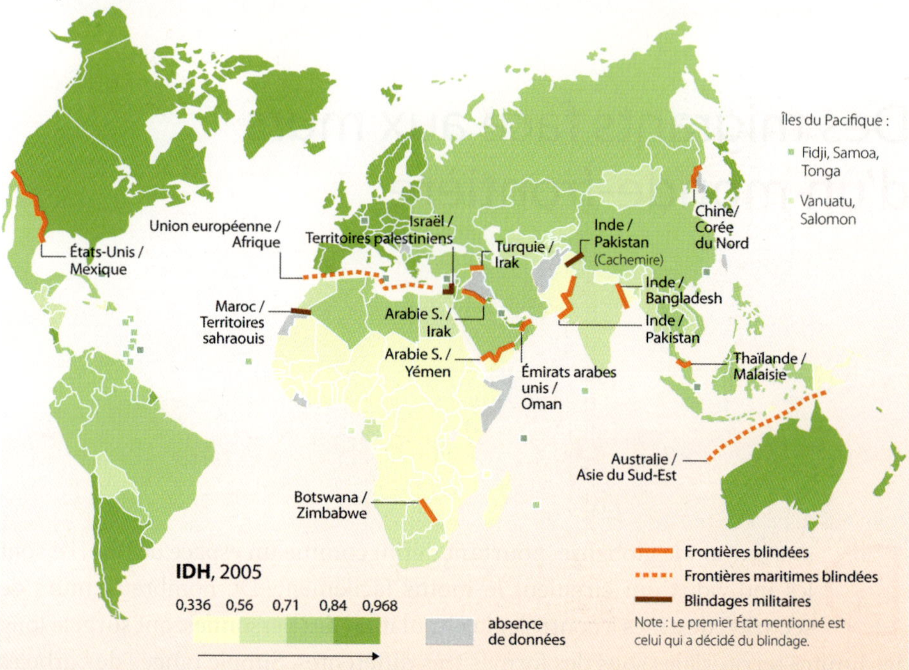

Sources : compilation d'Évelyne RITAINE et PNUD, *Human Development Report 2008*, www.undp.org

Sciences Po / CERI et Atelier de cartographie, avril 2009

données) et de rétention (surveillance des frontières et enfermement des illégaux dans des zones d'attente ou dans des camps). Il s'agit d'une véritable militarisation du rapport de voisinage.

Les plus imposantes de ces frontières s'intègrent dans des politiques migratoires de contrôle des flux. Face aux migrations en provenance (ou en transit) du continent africain, l'Union européenne a ainsi entrepris de blinder la Méditerranée. Sa surveillance par des unités d'interventions maritimes et aériennes est placée sous la responsabilité de Frontex (Agence européenne pour la gestion de la coopération opérationnelle aux frontières extérieures, créée en 2005). Elle s'appuie sur la généralisation du SIVE (*Sistema integrado de vigilancia exterior*), d'origine espagnole, véritable « rideau de fer technologique » (système de détection par des tours de surveillance équipées de radars, de caméras thermiques et à infrarouge, de capteurs sensoriels, installé le long du détroit de Gibraltar, de la côte andalouse et des îles Canaries, système centralisé de communication des données par satellite). L'Espagne a également renforcé sa frontière méridionale la plus exposée. Les enclaves espagnoles situées en territoire marocain, Ceuta et Melilla, sont entourées d'un système anti-intrusion (double muraille, réseau de câbles d'acier empêchant toute approche, diffusion de gaz lacrymogène, patrouilles permanentes).

figure 44 : **Les enceintes frontalières de Ceuta et Melilla**

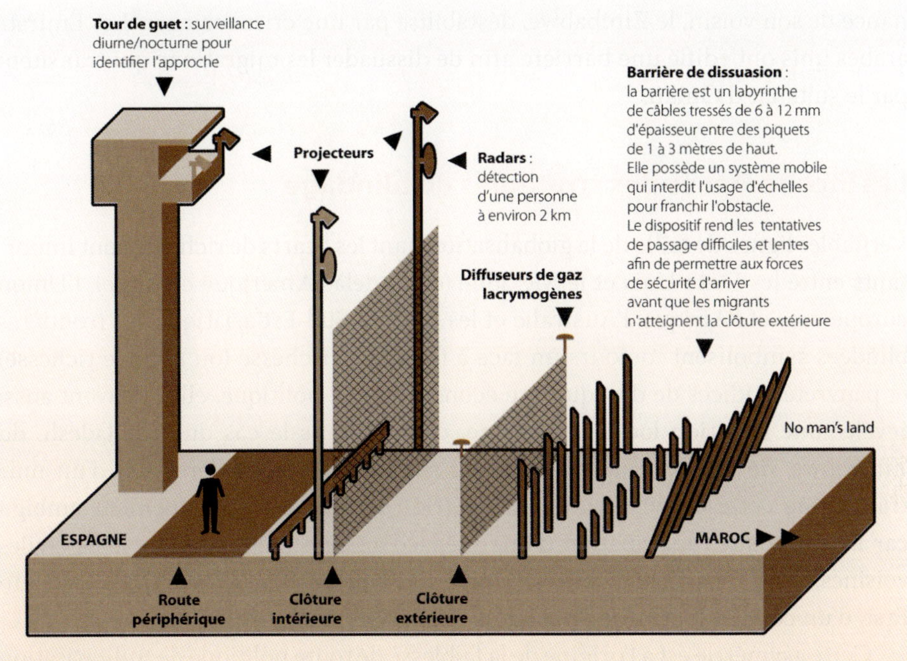

Source : www.elpais.com

Sciences Po / CERI et Atelier de cartographie, juillet 2009

Face aux pays d'Asie du Sud Est, la « solution Pacifique » australienne – bien qu'allégée par le gouvernement travailliste – repousse à l'extérieur la sécurisation de la frontière (*offshore border*) grâce au contrôle électronique des visas au départ, à la surveillance militaire de l'espace maritime et à la création de centres de rétention externalisés dans des îles du Pacifique. Les États-Unis ont quant à eux blindé leur frontière avec le Mexique en mettant en place dès les années 1990 une stratégie préventive de surveillance de la frontière (*prevention throught deterrence*). En 2006, le *Secure Fence Act* a prévu la construction d'un double mur de mille kilomètres et l'installation d'un puissant réseau de surveillance électronique de toutes les frontières terrestres, le *Secure Border Initiative Network* (SBInet). Il s'agit d'un « mur virtuel », équipé de moyens électroniques de surveillance permanente (tours munies de caméras à infrarouge et de radars, capteurs nouvelle génération, drones, réseau satellitaire, etc.) et connecté à des bases de données qui permettent de trier les candidats au passage.

Les murs contre les migrants peuvent aussi avoir un caractère préventif et anticiper une accentuation de la pression migratoire. L'Inde a ainsi entrepris de barricader sa frontière avec le Bangladesh, dont elle redoute l'instabilité économique, politique, religieuse et environnementale. La Chine a fait de même avec la

Corée du Nord pour se prémunir d'éventuels mouvements massifs de population. Le Botswana se protège par un grillage électrifié des flux d'immigration en provenance de son voisin, le Zimbabwe, déstabilisé par une crise majeure. Les Émirats arabes unis ont édifié une barrière afin de dissuader les migrations qui transitent par le sultanat d'Oman.

Les incohérences des stratégies de blindage

Véritables lignes de faille de la globalisation, tant les écarts de richesse sont importants entre les États-Unis et le Mexique (et au-delà l'Amérique centrale), l'Union européenne et l'Afrique, l'Australie et les pays du Sud-Est asiatique, les frontières blindées symbolisent toujours un face à face entre richesse (ou relative richesse) et pauvreté. Indices de déséquilibre économique et politique, elles peuvent aussi révéler une situation locale incertaine, comme dans le cas du Bangladesh, du Zimbabwe, de la Corée du Nord ou du sultanat d'Oman. L'érection d'un mur transforme cette dissymétrie en asymétrie : le mur est politiquement ambigu car il repose sur l'anticipation d'une menace au sein même des sociétés civiles voisines. Il n'y a pas, dans cette stratégie, deux protagonistes identifiés, mais un État, d'un côté, et toute une population suspectée, de l'autre.

Cette asymétrie est à l'origine de la faiblesse de toute politique de militarisation du voisinage. L'efficacité des murs par rapport à leur objectif explicite de contrôle des flux est plus qu'incertaine. Tout au plus parviennent-ils à modifier les trajets des clandestins (du détroit de Gibraltar vers les îles Canaries ; des zones urbaines de la frontière mexicaine vers le désert ; des côtes australiennes vers le reste de l'Asie ou de l'Europe, etc.). En favorisant indirectement l'activité des groupes de passeurs et en rendant les tentatives de franchissement toujours plus dangereuses, les murs sont devenus des pièges mortels pour des milliers de migrants qui s'obstinent à forcer le passage.

Les stratégies de blindage sont pour ces raisons très fortement contestées. Par les organisations de défense des droits de l'homme, tout d'abord, qui s'insurgent contre le fait que la liberté de circulation soit arbitrairement limitée et que les conditions de traitement des personnes retenues ne soient pas conformes aux normes internationales. Par les États voisins concernés, ensuite, humiliés dans leur souveraineté par ces décisions unilatérales, synonymes de méfiance : les protestations du Mexique, et avec lui des pays d'Amérique centrale et latine, contre la stratégie de blindage américaine sont récurrentes, tout comme celles des pays du Maghreb, et avec eux des pays d'Afrique subsaharienne, contre la « forteresse Europe ». Par les groupes nationaux issus de l'immigration, enfin, qui supportent mal le rejet de ceux qui leur sont demeurés proches : les Hispano-Américains sont descendus dans la rue pour protester contre la criminalisation de l'immigration mexicaine et latino-américaine ; les citoyens européens d'origine immigrée se mobilisent régulièrement pour protester contre le sort fait aux clandestins dans l'Union européenne.

À ces coûts politiques et diplomatiques s'ajoutent des coûts économiques élevés. Les investissements sont si importants que beaucoup de ces constructions ne seront sans doute jamais achevées. Ces blindages matérialisent surtout la négation de la zone d'échanges que constitue la frontière, souvent très intégrée sur le plan économique, comme la « Mexamérique », les deux rives de la Méditerranée, le Nord bangladeshi avec les États indiens du Bengale-Occidental et de l'Assam : les contrôles ralentissent la fluidité des échanges, et la suspicion implicite ruine les rapports de confiance. La contradiction est ainsi totale entre la volonté d'ouvrir un marché de libre-échange comme l'Alena (Accord de libre-échange nord-américain) et le blindage de la frontière entre la Californie et le Mexique, une contradiction que Peter Andreas a qualifié de paradoxe entre « *a barricaded border and a borderless economy* ». Ces murs sont aussi la marque d'une hypocrisie politique, puisqu'ils nient l'importance de la main-d'œuvre immigrée, y compris clandestine, pour les économies développées.

De telles incohérences sont possibles parce que la décision politique du blindage de la frontière va au-delà des strictes préoccupations de sécurité publique définies par les experts. Dans des contextes de forte incertitude sociopolitique, c'est autant l'identitaire comme enjeu politique que le sécuritaire comme question de défense qui produit cette stratégie. La frontière sud des États-Unis a ainsi été constituée en zone à risque à la suite de crises identitaires successives. Dans les années 1990, un mouvement anti-immigrés et nativiste, rassemblé autour de la Proposition 187 qui prévoyait d'exclure les clandestins des droits sociaux et scolaires, a entraîné une première militarisation et le déploiement de grandes opérations de maintien de l'ordre le long de la frontière. En 2004, les plus conservateurs des républicains ont – contre l'avis du gouvernement Bush – criminalisé l'immigration illégale au nom de la protection de l'identité WASP (*White Anglo-Saxon Protestant*) et de la lutte contre un risque d'hispanisation, et obtenu l'extension du blindage de la frontière. L'Inde, en proie à la montée d'un nationalisme hindou extrémiste et à des tensions internes entre hindous et musulmans, dresse des murs contre des pays musulmans, réassurance identitaire autant que geste sécuritaire. De même, la « solution Pacifique » mise en place par l'Australie répond à un virage conservateur d'une partie de la classe politique prête à abandonner l'idéologie du multiculturalisme au nom de la protection d'une « Australie blanche ». L'Union européenne, qui peine à construire une politique migratoire communautaire, est elle aussi tentée par la stratégie du rempart identitaire, entraînée par les plus conservateurs des gouvernements européens vers la protection d'une identité considérée comme chrétienne et occidentale. En ce sens, le mur répond surtout à une incertitude collective intérieure.

figure 45 : **Les camps d'étrangers en Europe et dans les pays voisins, 2007**

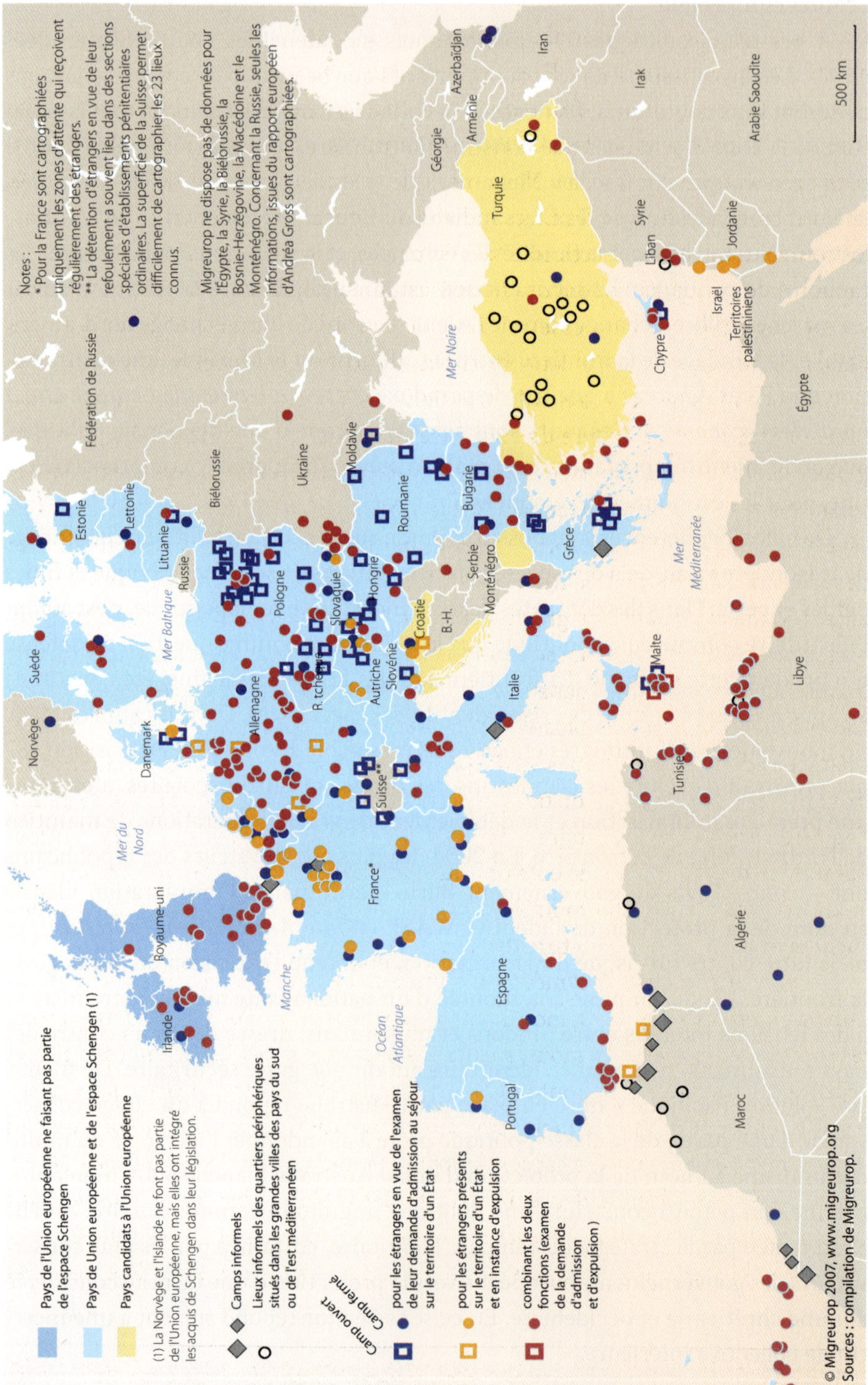

Sciences Po / CERI et Atelier de cartographie, juillet 2009

Élites mobiles et marginaux confinés

Dans sa façon de reterritorialiser la surveillance, le blindage de frontières n'est archaïque qu'en apparence. Il est en fait l'une des modalités de la société de contrôle. Dans un monde-frontière « parcouru par d'innombrables flux [...], les frontières constituées par les statuts (économiques, sociaux, juridiques) apparaissent toujours plus comme les éléments [...] qui permettent, entravent ou empêchent l'accès au réseau de flux. Les individus représentent en ce sens des manifestations éparses des frontières constituées par les statuts dont ils sont titulaires[1] ». Les murs contemporains sont des frontières de statuts : *intra muros*, les personnes voient leur statut reconnu et leur liberté de circulation assurée ; *extra muros*, les personnes sont suspectes et leur liberté de circulation est restreinte.

Dans ce monde-frontière, la liberté de circulation, basée sur une discrimination statutaire, est un critère de stratification essentiel. Le mur protège une élite globale mobile, qui se déplace de sanctuaire en sanctuaire (eux-mêmes blindés), selon des trajets réservés (également blindés). Il tolère la présence de migrants réguliers que cette élite autorise à séjourner sur son territoire. Les autres sont des illégaux pour lesquels la frontière statutaire est aléatoire, faite d'allers-retours entre légalité et illégalité, au gré du marché du travail et des modifications des lois migratoires. On peut dès lors se demander si le mur n'a pas pour seule fonction de maintenir les clandestins dans une marginalité économique et sociale utile aux sociétés développées. Les plus dominés, les « confinés », ceux qui n'approchent même pas du mur, sont cloués au sol par les règlements (la politique des visas par exemple) et les contrôles à distance, ou encore parqués dans des camps. Ces blindages territoriaux et statutaires enrichissent tous les transitaires, ceux qui font commerce de la dissymétrie économique (activités de sous-traitance délocalisée) et du contournement du contrôle (activités de passeurs), dont les intérêts fluctuent avec le degré de fermeture du mur et la plasticité des statuts.

Le mur révèle ainsi l'asymétrie intrinsèque des limites territoriales et statutaires contemporaines. Il est indifférent à la sortie et contrôle l'accès, laisse circuler les capitaux et restreint les mouvements des personnes, protège la communauté et réprime les *outsiders*, confronte richesse et pauvreté. La stratification s'opère sur les différences de droits à la mobilité et sur la détention du pouvoir de contrôler les déplacements. Qui contrôle l'accès détient le pouvoir. Aussi le passage aux *check-points* constitue-t-il la meilleure illustration des inégalités actuelles : plus le statut de la personne est reconnu, plus les moyens d'en attester sont sophistiqués (informatique et biométrie), plus aisé est le passage (par exemple pour les détenteurs du

1 Paolo Cuttitta, « Le monde-frontière. Le contrôle de l'immigration dans l'espace globalisé », *Cultures et Conflits*, « Circulation et archipels de l'exception », 68, 2007.

passeport Schengen), celui-ci pouvant même être automatisé (sur les autoroutes reliant États-Unis et Mexique par exemple, pour les ressortissants américains effectuant quotidiennement l'aller-retour). Pour les autres, dont le statut est inférieur et suspect, les files d'attente s'allongent et les vexations aux *checkpoints* se multiplient. Ainsi le mur est-il, aussi, une mise en scène de l'humiliation.

Pour en savoir plus

ANDREAS (Peter), *Border Games. Policing the U.S.-Mexico Divide*, Ithaca (N. Y.), Cornell University Press, 2000.

ANDREAS (Peter) et SNYDER (Timothy) (eds), *The Wall around the West. State Borders and Immigration Controls in North America and Europe*, Lanham (Md.), Rowman and Littlefield, 2000.

BAUMAN (Zygmunt), *La Société assiégée* [éd. originale, *Society under Siege*, Oxford, Blackwell, 2002], Rodez, Le Rouergue-Chambon, 2005.

BAUMAN (Zygmunt), *Vies perdues. La modernité et ses exclus* [éd. originale, *Wasted Lives. Modernity and its Outcasts*, Cambridge, Polity Press, 2004], Paris, Payot, 2006.

CALAVITA (Kitty), *Immigrants at the Margins. Law, Race, and Exclusion in Southern Europe*, Cambridge, Cambridge University Press, 2005.

CUTTITTA (Paolo), « Le monde-frontière. Le contrôle de l'immigration dans l'espace globalisé », *Cultures et Conflits*, « Circulation et archipels de l'exception », 68, 2007.

GUILD (Elspeth) et VANSELME (Joanna) (eds), *Threats and Assets of Migrants*, Leiden, Martinus Ninjhof, 2005.

RITAINE (Évelyne), « La barrière et le *checkpoint* : mise en politique de l'asymétrie », *Cultures et Conflits*, « Frontières, marquages et disputes », 73, 2009.

Contrôle migratoire et libre circulation en Europe

Didier Bigo

La libre circulation des biens, des capitaux, des informations, des services et des personnes figure au cœur du projet européen depuis le traité de Rome (1957). Les différentes interprétations du terme de regroupement familial par les cours européennes et le traité sur l'Acte unique de 1992 ont affirmé que la libre circulation concernait l'ensemble des personnes vivant sur le territoire de l'Union européenne, c'est-à-dire les citoyens des États membres mais aussi les ressortissants de pays tiers vivant régulièrement à l'intérieur des frontières de l'Union. Ceci a permis de différencier deux types de frontières de l'Union : les frontières dites intérieures et les frontières dites extérieures. Les accords de Schengen signés en 1985, leur convention d'application de 1990 et leur application en 1995 ont officiellement institué cette distinction en évoquant une levée des contrôles aux frontières intérieures, en contrepartie d'un renforcement des contrôles aux frontières extérieures.

Les pratiques sont loin d'avoir suivi ce schéma simple : des mécanismes de « police à distance » ont été mis en place pour bloquer les étrangers en amont ; des identifiants biométriques attachés aux visas et aux passeports révèlent une volonté de tracer les individus se déplaçant d'un pays à l'autre ; quelques États affichent une volonté d'expulsion effective et de retour forcé, supposant la collaboration interétatique entre pays de transit et pays d'origine. Pour autant, on ne note aucune inflexion notable des flux de personnes à l'échelle transfrontalière. L'inflation du nombre de lois sur l'immigration a certes suscité un travail législatif extraordinaire, des débats parfois virulents, une incertitude juridique sur la loi en application au moment des faits, une ambiguïté des procédures favorables à la liberté policière, mais elle n'a pas changé l'ordre des faits démographiques et économiques.

figure 46 : **Immigrés irréguliers appréhendés sur le territoire de l'Union européenne, 2005-2006**

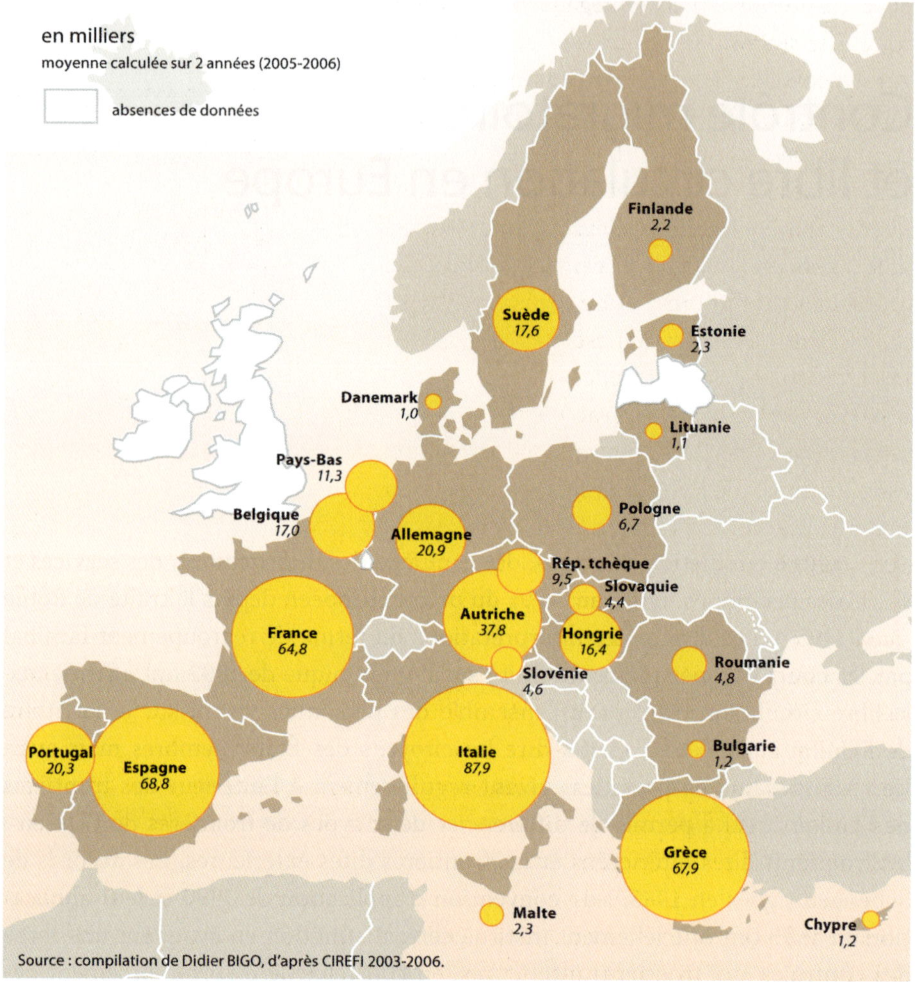

Sciences Po / CERI et Atelier de cartographie, avril 2009

Les conséquences ont été importantes pour le statut juridique des personnes vivant sur le territoire, sans que l'ordonnancement juridique et les politiques publiques décidés par les politiques n'aient eu l'influence dont ils se prévalent. La volonté politique, même soutenue par les opinions publiques, n'a guère d'impact en termes de contrôle effectif des pratiques transfrontalières qui existent dans les régimes d'économie de marché dont les frontières se doivent de rester ouvertes aux échanges.

Vers une dérive sécuritaire de la politique migratoire européenne

Un gouffre sépare les discours du ministre français de l'Immigration, de l'intégration et de l'identité Brice Hortefeux puis de son successeur Éric Besson insistant sur la volonté et la capacité du gouvernement à renvoyer l'ensemble des migrants illégaux, et la réalité des entrées illégales sur le territoire. Les statistiques d'Eurostat et de Frontex sur les passages aux frontières dans l'Union le montrent. La hâte avec laquelle les expulsions sont réalisées les rend arbitraires et le renvoi des clandestins ne permet pas de faire diminuer le nombre d'entrées illégales. La détention et le renvoi des étrangers créent de surcroît des problèmes de légitimité et de droit. La gestion policière de l'immigration est un échec massif mais masqué. C'est l'application maladroite à un ensemble non fédéral d'une politique américaine qui, dans son propre contexte, est elle aussi inefficace. Plusieurs rapports du Parlement européen et de la Commission l'ont souligné, la volonté des États membres de ne pas aller plus loin dans la communautarisation que les mesures policières concernant l'entrée aux frontières, les séjours de moins de trois mois, les visas, les fraudes documentaires, et éventuellement les renvois, crée une situation quasi ubuesque avec un contrôle qui s'applique de façon très rigoureuse dans certains lieux où il est facile de le mettre en place (par exemple les aéroports) et reste totalement inexistant sur des milliers de kilomètres de frontières terrestres ou maritimes où il est impossible de l'appliquer, le coût étant prohibitif.

figure 47 : **Nationalités des immigrés irréguliers appréhendés dans l'UE, 2006**

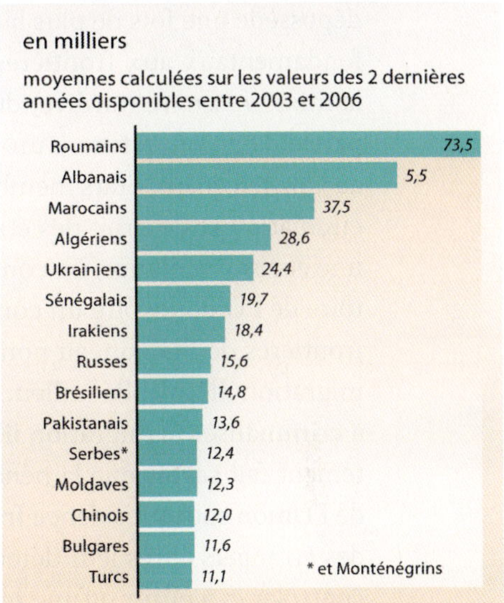

Source : compilation de Didier BIGO, d'après CIREFI 2003-2006.

Sciences Po / CERI et Atelier de cartographie, avril 2009

En matière migratoire, il est essentiel d'avoir une politique économique et sociale de long terme, prévoyant des conditions décentes de regroupement familial, de vie, de travail, de retraite et d'allers-retours facilités par des accords internationaux. La libre circulation peut entraîner des fraudes, mais une politique prohibitionniste crée plus de problèmes qu'elle n'en résout, dans la mesure où elle coûte toujours plus cher au contribuable, ne stoppe pas la fraude mais la professionnalise, et contribue fortement à la détérioration de l'accueil des étrangers, ce qui a des effets en termes de politique étrangère et même de sécurité. Mais les politiques actuelles maintiennent la croyance dans le dogme d'une frontière ouverte mais sous contrôle total (*smart border*) permettant ensuite à chaque État de plus ou moins agir à sa guise.

Le Pacte sur l'immigration proposé par la présidence française et adopté en 2008 a pour objectif de remédier en partie aux aberrations de la logique prohibitionniste en insistant sur une politique de plus long terme et en se désengageant en partie de l'optique policière et sécuritaire. Plus exactement, il cherche à la présenter comme une nécessité pour aller plus loin, sous la forme d'un compromis entre les différents États sur les logiques de renvoi et leurs effets sur les droits de l'homme et l'image de l'Union à l'étranger. Mais, le Pacte est loin d'être une solution. Il dépossède une fois de plus la Commission de ses attributions en termes de droits fondamentaux aux frontières au moment où elle pouvait enfin s'en servir avec la mise en œuvre (tardive) du calendrier du programme de La Haye. En contrepartie d'une ouverture à un plus grand nombre d'immigrés (qualifiés), il donne au Conseil et aux États membres les moyens de contrecarrer les principes de libre circulation et de droit des étrangers aux frontières, et les engage à s'orienter vers une eurosurveillance, un contrôle systématique des étrangers entrant sur le territoire de l'Union, voire un contrôle des citoyens européens à l'intérieur même des frontières de l'Union, au nom de la lutte contre le terrorisme et surtout de l'immigration illégale. Par ailleurs, la volonté de pousser les gouvernements étrangers à criminaliser l'émigration illégale – la Tunisie, le Maroc et l'Algérie ont explicitement fait savoir que la pénalisation de l'émigration illégale était une demande de l'Union sous présidence française – qui se surajoute à la directive sur le retour des étrangers après leur détention démontre que le Pacte est plus une machine à contrôler et à punir qu'une machine à faire mieux circuler les personnes.

Une infime partie de la Commission européenne en charge des systèmes techniques à travers l'étude prospective pour 2012 de la gestion intégrée des frontières en Europe (GIF) s'est opposée aux autres services et a joué le jeu de quelques États membres qui souhaitent remplacer la libre circulation par des couloirs d'accès privilégiés pour ceux qui acceptent les contrôles préalables et la biométrie, donnant ainsi une illusion de liberté. En créant une politique de contrôle des entrées et des sorties de l'Union pour détecter le nombre de personnes qui ont dépassé leurs visas touristiques (mais sans moyen d'identifier le lieu où ils se trouvent) et une politique d'interdiction maritime et terrestre le long du « flanc » sud de l'Union (au lieu d'une politique humanitaire), ce service particulier de la Commission, influencé fortement par les réunions avec les responsables du Homeland Security américain, a eu tendance à vouloir aligner la politique de l'Union sur les pratiques australienne et américaine, alors même que celles-ci sont critiquées par l'ensemble des juristes et des cours internationales pour leurs atteintes aux droits fondamentaux. L'on court ainsi le risque de mettre en place des systèmes extrêmement coûteux qui pourraient être condamnés par la suite par les cours nationales et européennes.

Cette évolution est pour le moins préoccupante. La force et la légitimité de l'Union européenne résident dans la promotion des valeurs de libre circulation des personnes que les autres regroupements régionaux, dont l'Alena réunissant États-Unis, Canada, Mexique, ont limité au maximum. En en faisant une valeur cardinale de ses relations avec les pays voisins, l'Union européenne est porteuse d'espoir au-delà de ses frontières grâce à une dynamique d'élargissement et

d'ouverture économique. Si elle s'aligne sur les autres blocs régionaux qui privilégient quasi exclusivement la dimension sécuritaire, elle générera du mécontentement et transformera ses voisins en acteurs hostiles. Les mesures coercitives prises au nom de la sécurité sont souvent les premières à créer l'insécurité et la violence qu'elles prétendent combattre. Il faut donc réfléchir avant de s'engager dans une voie technologique qui profite aux industriels de la sécurité et de la surveillance, pas forcément aux citoyens de l'Union.

La libre circulation : la fin d'une spécificité européenne ?

L'ouverture prônée par la Commission, surtout par les unités liées au premier pilier, revient à considérer les frontières comme des points de jonction et non des barrières. On notera d'ailleurs que pour se différencier de l'Amérique de George Bush et de sa guerre contre le terrorisme, la Commission mais aussi le Conseil de l'Union ont mis en avant la libre circulation des personnes et ont glorifié les valeurs de l'Union. Ces déclarations n'ont pas empêché une « normalisation » de l'Union au sein de l'espace sécuritaire transatlantique. Les projets d'Eurosur et d'un *entry-exit system* européens sont à l'étude et n'ont pas encore été acceptés. Ils font l'objet d'une lutte assez intense. D'un côté, la Commission et le Parlement considèrent que l'on ne peut se dédouaner de la libre circulation des personnes au nom de la lutte contre la migration illégale. Ils s'appuient sur le droit et les interprétations des cours de justice. Selon eux, la gouvernance européenne post-Amsterdam a contraint jusqu'à maintenant les gouvernements à respecter leurs engagements européens et internationaux. De l'autre, les États membres et le Conseil cherchent à s'émanciper de ce qui est perçu comme des contraintes liées à un lobby de juristes des droits fondamentaux et de profédéralistes européens qui n'auraient pas pris la mesure de la situation d'exception et du besoin de protection exprimée par l'opinion publique dans les Vingt-Sept. Ainsi, le Conseil déclarait sans équivoque lors de précédentes délibérations sur le concept européen de gestion intégrée des frontières : « la gestion des frontières est une fonction de sécurité dans laquelle tous les États membres ont un intérêt commun qui découle des accords de Schengen. La gestion des frontières est d'abord et avant tout un domaine de police, dans lequel les intérêts de sécurité doivent être respectés tout en reconnaissant pleinement les engagements dans le domaine de la protection internationale et des droits de l'homme[1]. » Si la première partie de la phrase relève des mesures opérationnelles, la dernière partie relève plus d'une déclaration de pure forme (un *lip service* comme disent les Anglo-Saxons). Cette tentative de dédouanement n'est pas simplement un syndrome sécuritaire post-11 septembre,

1 Conseil de l'Union européenne, *Integrated Border Management. Strategy Deliberations*, Bruxelles, 13926/06, FRONT 207/COMIX 826, 2006, p. 3.

il s'appuie sur un certain populisme qui a touché de nombreux partis politiques, y compris de gauche, et qui a envahi la presse populaire qui fait ses choux gras des faits divers mettant en cause des étrangers, réguliers ou pas, qu'elle accuse de profiter du système d'État providence auquel ils n'ont pas contribué. Des partis politiques extrémistes, parfois membres de certaines coalitions au pouvoir, reprochent aux gouvernements en place leur incapacité à régler la question de l'immigration illégale, de l'arrivée de flux d'étrangers ou de l'intégration de leurs enfants, voire exigent l'adoption de procédures permettant de clarifier (lire « purifier ») l'appartenance identitaire en sacralisant le lien citoyen par-delà l'appartenance territoriale et la socialisation culturelle. Autriche, Danemark, Pays-Bas, France, Royaume-Uni, Pologne, Hongrie, Bulgarie, il n'y a guère de pays qui, au cours des quinze dernières années, n'ont pas été tentés par ces discours de rejet de l'Autre : certains mettent l'accent sur les intérêts nationaux de l'État en termes de sécurité nationale et de croissance économique qui seraient remises en cause par les étrangers, d'autres sur l'identité nationale d'une population menacée de devenir minoritaire sur son propre territoire et s'alarmant de la perte de ses valeurs.

De multiples discours font état du danger lié à l'arrivée des étrangers ou à leur présence dans le pays. Interconnectés, mis en réseaux, se référant les uns aux autres, ils finissent par s'imposer comme une vérité globale. L'« immigrant », terminologie permettant de définir à la fois l'Autre déjà installé et celui qui arrive, a été le plus souvent ethnicisé et racialisé à travers la notion d'individu non communautaire issu d'un « pays tiers », expression qui renvoie toujours dans l'imaginaire aux pays pauvres, et plutôt du Sud, et jamais aux États-Unis, au Japon ou à l'Australie. Cet « immigrant »-là, dépourvu des ressources suffisantes pour être un bon consommateur, est devenu responsable des maux dont souffre la société (crime organisé, trafic de drogue, etc.). Des transferts de légitimité se créent sémantiquement et organiquement entre les instruments de lutte contre le terrorisme, le crime organisé, la drogue, le hooliganisme, le blanchiment d'argent, les différents trafics (de biens, d'œuvres d'art, de capitaux, de personnes), la délinquance et les incivilités urbaines, les protestations assorties de violence lors de manifestation ou certains discours de haine, jusqu'au piratage informatique, l'usage de logiciels cryptés sur internet ou l'accès a certains sites. Pour que ces transferts fonctionnent (qui s'opposerait à l'arrestation d'un dangereux terroriste ?), les discours et les agences de sécurité publique et/ou privée doivent lier entre eux ces différents phénomènes (la même technique d'enquête proactive, par exemple infiltration ou garde à vue étendue, sera utilisée contre une personne utilisant un logiciel interdit mais sur les bases de l'antiterrorisme ou du crime organisé) et se focaliser sur des individus ou des groupes « cibles » dont le profil laisse supposer qu'ils pourraient devenir plus dangereux. Au niveau européen, ils doivent mettre en évidence que leurs actions dépassent les frontières nationales. C'est ce que nous avons appelé le *continuum* d'(in)sécurité dont la focale est souvent le migrant et dont l'objet se nourrit de l'idée de l'insécurité du monde où crime, guerre et violence politique se mêlent, obligeant polices, armées et services de renseignement à travailler de concert. Anastassia Tsoukala et Alessandro Dal Lago ont montré aussi comment ce *continuum* d'insécurité se propageait dans les médias et comment les discours favorables aux migrants le reprenaient implicitement.

Les acteurs européens des politiques de contrôle

Il est tentant d'assigner les tendances et les effets contradictoires que nous venons de décrire à des groupes d'acteurs spécifiques selon des registres idéologiques (droite populiste, gauche d'ouverture) ou institutionnels – certains États membres et le Conseil privilégieraient la dimension sécuritaire, tandis que la Commission jouerait le jeu de l'ouverture et que le Parlement européen et les cours (CJCE et CEDH) se poseraient en gardiens du droit et de la libre circulation. Mais les analyses empiriques menées depuis plusieurs années, sans remettre en cause fondamentalement ces images, les complexifient sérieusement. Souvent, les compromis n'ont pas résulté de discussions approfondies sur la politique européenne migratoire à tenir, mais ont, bien au contraire, presque tous évité de traiter le sujet dans sa globalité et ont sectorisé les enjeux.

Les discours sur l'immigration

Les acteurs en charge des problèmes de police et de passage des frontières aux niveaux national et européen ont pendant longtemps mis l'accent sur les passages en fraude des frontières, les passeurs et tout ce qui ressort d'une politique à « trois » mois, c'est-à-dire le temps d'un visa de court séjour. Discuter des entrées régulières et du dépassement des dates d'un visa touristique leur semblait trop complexe pour mobiliser l'opinion et ne concernait pas les populations qu'ils visaient en priorité… même si cela représentait près de 75 % des flux irréguliers. Les acteurs en charge de l'asile ont préféré se focaliser sur les fraudes, le « shopping du droit d'asile » plutôt qu'évoquer le statut des camps (centres de rétention des étrangers et zones d'attente aux frontières). Les acteurs en charge de la police criminelle ont laissé les médias faire un lien entre la montée de l'insécurité dans les villes et celle de la criminalité des étrangers, alors que les taux d'homicide et les vols avec violence ont globalement diminué et que les criminologues répètent que les actes violents sont majoritairement le fait de l'entourage proche. Pour justifier leur rôle, les agences européennes ont souvent eu tendance à exagérer, en particulier à leur début, la dimension transfrontalière des crimes et à évoquer des réseaux internationaux de trafic de drogue ou de crime organisé là où les arrestations n'ont mis à jour qu'un bassin local de criminels circulant sur une cinquantaine de kilomètres en passant certaines frontières entre France et Belgique, Belgique et Pays-Bas, Pays-Bas et Allemagne. Les chefs d'État ont choisi de faire relever la politique migratoire quasi exclusivement des ministères de l'Intérieur et de la Justice plutôt que de ceux du Travail, de l'Industrie et du Commerce, se focalisent sur les enjeux de sécurité et d'identité et tiennent des discours assimilationnistes sur l'intégration. À l'échelle nationale ou européenne, au sein du Conseil ou de groupes (groupe de Schengen à ses débuts, groupes des accords de Prüm dorénavant) qui se veulent des « laboratoires », ou encore *via* leurs fonctionnaires détachés au sein de la direction générale Justice, liberté et sécurité, les ministères de l'Intérieur et de la Justice privilégient *de facto* une vision policière des activités liées à la libre circulation et au passage des frontières.

Quelle liberté d'action pour les polices ?

Selon les appartenances aux corps initiaux, les sensibilités peuvent diverger quant au danger et à la liberté d'action qui doit être laissée aux polices. Au sein d'Europol, l'exigence d'une vision de police judiciaire stricte supposant un recueil d'informations validées par les magistrats et permettant un niveau de confiance élevé entre les partenaires a été battue en brèche par ceux désirant, au nom de la logique proactive, une maximisation du renseignement, et ce même si les informations étaient d'origine douteuse et non confirmées. Une certaine foi dans les capacités technologiques de détection des individus « à risque » (à partir de l'élaboration de profils, dépendant de systèmes experts combinant savoir humain policier et critères psychosociologiques, ou de systèmes de géolocalisation intégrés dans des logiciels de calcul de risque portant sur des grands nombres) a favorisé l'immixtion des questions de renseignement et de prévention dans celles de police judiciaire. Le fait que les directeurs successifs d'Europol soient tous deux allemands a certainement joué : ils ont été influencés par l'expérience du BKA (Bundeskriminalamt) fédéral, un organisme limité en termes de pouvoirs opérationnels mais qui a su développer une expertise préventive pour se faire reconnaître. L'accumulation de données concernant les individus franchissant les frontières ou les étrangers possédant un casier judiciaire a été élevée au rang de priorité dès 1996. En parallèle, le projet d'un droit pénal cohérent à l'échelle européenne (*corpus juris*) et celui de la nomination d'un procureur européen ont été abandonnés au profit d'une vision plus intergouvernementaliste de « confiance mutuelle dans les règles de l'autre ». Celle-ci débouchera sur Eurojust qui, loin d'être le lieu d'établissement d'une justice européenne, favorise les possibilités procédurales de l'accusation sans véritable européanisation des droits de la défense. Les volets justice et libertés restent embryonnaires, alors que le volet sécurité se concentre toujours plus sur l'investigation prospective et tournée vers la surveillance des mouvements des étrangers entrant dans l'Union européenne ou même de leurs enfants, nés sur le territoire européen lorsque ceux-ci conservent la religion de leurs parents ou revalorisent cet engagement religieux en termes identitaires.

Le 11 septembre 2001 n'est donc pas une rupture. La sécurisation de l'immigration et son association au terrorisme existaient avant cette date même s'il est vrai que la décision du 13 septembre accordant au président américain des pouvoirs d'exception a très nettement accéléré les procédures en Europe et favorisé les partisans d'une posture proactive, de prévention, de renseignement technologique, de surveillance plus intrusive et plus globale. L'impact sur la gestion des flux migratoires de la lutte contre le terrorisme est important. Elle a clairement servi de justification au renforcement de mécanismes de contrôle dont l'efficacité contre les organisations clandestines est loin d'être prouvée mais qui « aident » les policiers dans leurs actions de surveillance et de contrôle des étrangers vivant dans l'Union. En revanche, on notera que les discours spécifiques à la politique migratoire ou à l'asile n'ont pas forcément utilisé l'argument du terrorisme *per se*. Il n'a jamais été dit que les migrants et leurs enfants (ou les personnes) de confession islamique étaient des terroristes potentiels. À l'échelle nationale comme européenne, on a plutôt exigé de ces personnes qu'ils clament haut et fort leur rejet du terrorisme d'Al Qaida. Plusieurs gouvernements ont essayé de distinguer les bons islamistes des mauvais (souvent qualifiés de salafistes alors même que l'analyse du recrutement des auteurs des attentats commis en Europe n'établit aucune corrélation sérieuse entre une tendance spécifique de l'islam et le passage à la violence) en mobilisant la criminologie et la science politique. À la suite de la condamnation pour apologie du terrorisme de certains imans, de nombreux musulmans ont dit avoir eu l'impression que l'affirmation de leur foi était suspecte aux yeux des défenseurs des droits fondamentaux concernés par la liberté d'opinion.

Le possible changement des rapports de force

La politique des tests d'intégration pour les étrangers aux Pays-Bas et en Allemagne n'a pas aidé à donner l'idée d'une ouverture, surtout lorsque celle-ci s'est accompagnée de la délivrance de visas liée à des technologies d'identification biométriques. Des analystes ont parlé d'une Europe forteresse, d'une politique des murs électroniques, d'un enfermement identitaire nationaliste blanc et à tendance raciste, d'une guerre à l'immigrant considéré comme un surplus humain négligeable et jetable en fonction des besoins de l'économie, d'une militarisation des frontières européennes *via* les opérations des États du Sud de la Méditerranée et les opérations de soutien de l'agence Frontex. Les nombreux décès d'étrangers tentant de traverser la Méditerranée révèlent une coercition disproportionnée qui rappelle la vieille pratique de la dissuasion coloniale où des groupes étaient punis pour l'exemple. Des associations et des universitaires se sont mobilisés contre les centres de rétention des pays de l'Union européenne et leur externalisation vers les pays du Maghreb, et ont prôné une liberté de mouvement des étrangers qui soit conforme aux obligations internationales des droits de l'homme et moins soumise au droit administratif et au droit spécial des étrangers. On a parfois parlé d'un « archipel de l'exception » où la multiplication des règles et des circulaires administratives transforme une zone hyperréglementée en un espace de non-respect des droits fondamentaux.

Certains gouvernements ont parfois dû reculer par peur de voir leurs projets initiaux de contrôle préventif être condamnés par leur opinion publique et les cours nationales et européennes. Les obligations internationales de non-refoulement et d'interdiction des expulsions massives ont été globalement respectées. Les discours exceptionnalistes justifiant les actions coercitives des services de renseignement et des militaires des forces d'opérations spéciales, très en vogue aux États-Unis, ont été contenus. Les politiques d'interdiction navale du territoire des Américains à l'égard des Haïtiens ou des Australiens à l'égard de l'Indonésie n'ont pu avoir lieu. Plus important encore pour l'avenir, il semble que l'on peut changer les rapports de force et limiter l'impact du populisme de certains groupes de presse et leur instrumentalisation par les jeux politiques ou les institutions et agences européennes grâce aux évolutions institutionnelles prévues dans le traité de Lisbonne (suppression du système de piliers malgré les nouvelles limitations prorogées en matière de police et de sécurité nationale, l'extension des pouvoirs et obligations du Parlement européen dans des domaines dont il était absent, le contrôleur européen de la protection des données et ses liens avec les offices nationaux, l'agence des droits fondamentaux et les médiateurs peuvent dans un nouvel agencement institutionnel dans lequel l'immense majorité des gouvernements reconnaissent le rôle des cours et l'importance de la Convention européenne des droits de l'homme).

Renforcement des mesures sécuritaires : quelle légitimité ?

La complexité des mécanismes, non réductible à une simple configuration entre deux acteurs, interdit les jugements hâtifs. L'ouverture européenne a toujours été ambiguë, même parmi ses promoteurs des années 1950 (avec leur notion de préférence européenne préfigurant certains discours sur la préférence nationale). L'échec d'une conception positive de la citoyenneté européenne s'appliquant à tous ceux vivant sur le territoire malgré les efforts postérieurs pour que les statuts de citoyens et de ressortissants des pays tiers vivant dans l'Union ne soient pas trop disparates a constitué un moment clé. Le développement de politiques sectorielles dites par piliers a sans doute été encore plus négatif pour la cohérence des politiques migratoires et a contribué à leur criminalisation croissante dans un contexte d'insécurité et de perte progressive de pouvoir des États, y compris sur le monopole des instruments de violence les plus massifs. En outre, les professionnels européens de l'(in)sécurité, qu'il s'agisse des agences européennes, des réseaux informels ou des groupes privés qui participent aux tâches policières ou leur fournissent des technologies, ont joué sur les peurs et les menaces globales pour justifier une Europe sécuritaire, souvent opposée à la libre circulation. Ils ont constitué des réseaux d'intérêt puissants et convergents malgré leurs désaccords sur les menaces à combattre en priorité.

La société civile a résisté à ces politiques, s'y opposant par voie juridique, par la mobilisation des étrangers, de leurs enfants et de groupes qui les soutenaient ainsi que par la volonté d'approfondissement des droits à une échelle européenne contraignant parfois les gouvernements nationaux. L'affirmation des droits et garanties des étrangers, le processus du traité de Lisbonne, l'augmentation des possibilités de droit de recours, etc., limitent ainsi les dynamiques politiques nationales de rejet et imposent souvent des règles minimales de bonnes pratiques. La tension entre un système normatif d'ouverture et une formation discursive sécuritaire gagne en ampleur et justifie les pratiques de coercition et de mise au ban des étrangers. Le phagocytage des questions migratoires par les enjeux de sécurité résulte de l'action des politiques, des professionnels de la sécurité et de celle de certains médias. Par ailleurs, les résistances en termes de droits fondamentaux, de cohérence juridique globale et de mobilisation sociale et politique, de même que l'ampleur effective des questions mises sous la terminologie migration font que ceci affecte *de facto* les plus précaires des étrangers, les jeunes issus de l'immigration et les musulmans les plus visibles dans leurs actes de foi, ainsi que ceux qui sont bloqués dans leur pays par refus de visa. Les flux sont loin de se tarir et le contrôle des frontières qui permettrait de choisir les étrangers sur une base individuelle est un rêve de technocrate qui tourne au cauchemar et crée de l'arbitraire sans assurer un ordre quelconque. Au-delà de l'inefficacité, la légitimité de tels contrôles est donc posée.

Pour en savoir plus

Pour l'ensemble des informations détaillées, consulter : www.libertysecurity.org ; www.statewatch.org ; www.conflits.org

BIGO (Didier) et GUILD (Elspeth), « La mise à l'écart des étrangers. Le visa Schengen », *Cultures et Conflits*, 49, 2003.

BIGO (Didier) et TSOUKALA (Anastassia), *Terror, Liberty, Insecurity : Illiberal Practices of Liberal Regimes after 9/11*, Londres, Routledge, 2008.

BIGO (Didier), BONELLI (Laurent) et DELTOMBE (Thomas), *Au nom du 11 septembre. Les démocraties à l'épreuve de l'antiterrorisme*, Paris, La Découverte, 2008.

BOSWELL (Christina), « Migration Control in Europe after 9/11 : Explaining the Absence of Securitization », *Journal of Common Market Studies*, 45 (3), 2007, p. 589-610.

CASTLES (Stephen), « Migration and Community Formation under Conditions of Globalization », *International Migration Review*, 36 (4), 2002, p. 1143-1168.

DAL LAGO (Alessandro), *Non-Persone : L'esclusione dei migranti in una società globale, interzone*, Milan, Feltrinelli, 1999.

KOBELINSKY (Carolina) et MAKAREMI (Chowra), « Confinement des étrangers : technologies et acteurs », *Cultures et Conflits*, 71, 2008.

VALLUY (Jérôme), « Du retournement de l'asile (1948-2008) à la xénophobie de gouvernement : construction d'un objet d'étude », *Cultures et Conflits*, 69, 2008.

Le Japon à l'épreuve de la démographie

Jean-Marie Bouissou

Contrairement aux idées reçues en Occident et à l'image de nation mono-ethnique (*tan-itsu minzoku*) que les Japonais ont de leur pays, celui-ci a une longue histoire d'immigration. Dans un Japon resté ouvert jusqu'au VIIe siècle de notre ère, nombre de clans aristocratiques, voire royaux, chassés de la péninsule coréenne ou de Chine à l'issue de guerres civiles, se sont ainsi fondus dans l'élite locale. Les annuaires de l'aristocratie de la période d'Heian (794-1185) recensaient d'ailleurs plusieurs centaines de lignages d'origine chinoise ou coréenne.

De 1639 à 1853, l'archipel a connu une période de fermeture complète, combinant interdiction d'y entrer et d'en sortir. Sa réouverture en 1854 l'a ramené dans le jeu migratoire. Des centaines de milliers de Japonais ont émigré en Amérique du Sud, aux États-Unis jusqu'à ce que la porte leur soit fermée en 1923, et plusieurs millions dans les colonies conquises par le Japon en Asie (Taiwan, Corée, Mandchourie). Parallèlement, des centaines de milliers de travailleurs coréens, devenus sujets d'empire, étaient recrutés par l'industrie nippone en quête de main-d'œuvre à très bon marché et se sont installés dans l'archipel.

1951-1982 : le principe de non-admission

La défaite de 1945 va entraîner le rapatriement massif des colons, l'arrêt *de facto* de l'émigration et la crainte du surpeuplement dans un pays en ruines. Les autorités décident alors de réduire l'immigration au strict minimum, en invoquant trois raisons : la faible étendue de l'archipel et son manque de ressources, la densité de son peuplement et le caractère mono-ethnique de la nation, qui ferait percevoir toute immigration comme une menace pour sa cohésion et sa culture. Le décret de 1951 sur le contrôle de l'immigration stipule bien l'existence d'une catégorie de « résidents permanents », mais ce statut ne sera jamais accordé à aucun étranger entrant au Japon jusqu'au remplacement du décret par la loi sur l'immigration de 1982. La porte est fermée à tous les travailleurs effectuant des « travaux non qualifiés », dont la liste est à l'appréciation du ministère de la Justice, qui a la haute main sur la « politique de contrôle de l'immigration » (*nyûkoku sanri seisaku*). En pratique, jusque dans les années 1990, les Français, à l'exception des cadres expatriés et des fonctionnaires en mission, ne pouvaient guère obtenir de visa de travail qu'au titre d'enseignants, de prêtres, de cuisiniers, de boulangers ou d'artistes...

En matière d'accueil des réfugiés, le Japon maintient également une fermeture totale, qu'il justifie par sa situation très exposée, au cœur d'une région où la guerre froide se traduit par une succession de conflits meurtriers, qui pourraient conduire de nombreux demandeurs d'asile à y venir chercher refuge si le pays ouvrait ses frontières.

Alors que l'Occident, pendant les Trente Glorieuses, recourt massivement à la main-d'œuvre immigrée, l'économie japonaise réussit à soutenir sa croissance sans faire appel à l'immigration, grâce à quatre facteurs. Ses campagnes, abritant autant de paysans qu'un siècle plus tôt (14 millions de personnes en 1950), constituent un vaste réservoir de main-d'œuvre. Nonobstant l'emploi dit « à vie », réservé de fait à une minorité de salariés, les entreprises japonaises disposent d'une plus grande liberté et d'une plus grande flexibilité qu'en Occident ce qui leur permet de recourir autant que de besoin aux travailleurs journaliers et aux *dekasegi* (paysans quittant leur exploitation pendant les six mois de morte-saison), mais aussi aux étudiants, aux femmes au foyer et aux seniors, que les insuffisances du système de retraite contraignent à prolonger leur vie active. Le temps de travail est supérieur d'au moins 20 % à celui des principales économies européennes (2 100 heures annuelles en 1982, contre 1 690 en Allemagne et 1 650 en France). Enfin, l'archipel recourt précocement et massivement à l'automation, et possède très tôt le plus important parc de robots industriels au monde.

Création et marginalisation de la communauté coréenne

Durant cette période, les Coréens forment la seule communauté étrangère d'importance installée au Japon. Leur nombre atteint 687 000 en 1990. Jouissant de la nationalité japonaise en leur qualité de sujets de l'empire depuis l'annexion de la péninsule en 1910, ils sont venus travailler dans l'archipel, d'abord volontairement, puis dans le cadre d'un service obligatoire quand le Japon s'est trouvé engagé dans la guerre. Au nombre d'environ 2 millions en 1945, leur présence terrorise la population, qui craint leur vengeance après les traitements souvent inhumains qu'ils ont subis dans les mines et les usines. Tout est mis en œuvre pour les inciter au rapatriement, mais la plupart de ceux qui avaient immigré volontairement dans les années 1910 et 1920 avaient fait souche et s'y refusent ; la division de la péninsule Coréenne dissuade une partie des autres. Quand la guerre de Corée éclate en 1951, le rapatriement des récalcitrants semblant désormais impossible, les autorités d'occupation américaines contraignent le gouvernement japonais à leur accorder le droit de résidence permanent, à eux ainsi qu'à leurs descendants, mais ils perdent la nationalité japonaise.

La création de deux Corées va compliquer encore leur situation. Alors que la majorité des Coréens résidant au Japon fait allégeance à Pyongyang, le traité par lequel Tokyo reconnaît la seule Corée du Sud en 1965 réserve le statut de résidents permanents à ceux qui prennent la nationalité sud-coréenne. Cette mesure ne sera jamais appliquée, mais elle fragilise encore la situation de la communauté coréenne, soumise par ailleurs à une discrimination sévère. En perdant le statut de sujets d'empire à la fin de la guerre, les Coréens du Japon avaient perdu la plupart de leurs droits sociaux, ainsi que celui d'être employés dans la fonction publique ; leurs écoles, non reconnues, n'ouvraient pas l'accès aux diplômes ni à l'université. La naturalisation leur est offerte, mais à condition d'adopter des patronymes japonais, ce à quoi très peu consentent. Au demeurant, cette assimilation forcée ne protègera pas ceux qui l'acceptent d'une discrimination raciale au quotidien, d'autant plus vive que selon tous les sondages, les Coréens étaient et sont encore, après les Russes, le peuple le moins aimé des Japonais.

Aujourd'hui, les Coréens sont en passe d'être supplantés par les Chinois comme première communauté étrangère de l'archipel. Leur nombre a diminué de près de 15 % depuis 1990, principalement sous l'effet des naturalisations de plus en plus nombreuses. Près des deux tiers de la communauté appartient à la troisième génération, pour laquelle l'identité coréenne a perdu beaucoup de son sens, et qui répugne d'autant moins à changer de nationalité que l'exigence vexatoire du changement de patronyme a été abandonnée.

Les années 1980 : le tournant de « l'internationalisation »

Dans les années 1980, le Japon amorce une ouverture limitée. Les critiques occidentales, qui dénoncent la répugnance de l'archipel à s'ouvrir aux étrangers et les obstacles qu'il met aux importations, sont de plus en plus virulentes. Dans le pays, la deuxième génération des Coréens se mobilise contre la discrimination. La première plainte contre l'État est déposée en 1976 par un Coréen auquel l'admission à l'École de la magistrature a été refusée bien qu'il ait réussi le concours. Dans ce contexte, le gouvernement de Yasuhiro Nakasone (1982-1987) place son action sous le signe de « l'internationalisation » (*kokusaika*). La ratification par Tokyo de la Convention de l'ONU sur les réfugiés est suivie en 1982 par l'adoption d'une nouvelle loi sur le contrôle de l'immigration, qui, si elle laisse la porte fermée aux travailleurs non qualifiés, crée un statut pour les réfugiés (mais depuis 1982, quatorze demandes d'asile seulement ont été acceptées en moyenne chaque année). Pour s'aligner sur les critères appliqués par les pays développés en matière de droits de l'homme, le Japon supprime progressivement les clauses qui conditionnent les droits sociaux (retraite, assurance maladie, prestation sociale) à la citoyenneté. Les élèves des écoles étrangères peuvent désormais accéder aux concours d'entrée à l'université après examen de leurs dossiers individuels.

Dans les années 1980, la communauté coréenne mène un combat emblématique contre le symbole le plus vexatoire de la discrimination : l'obligation faite aux étrangers de fournir leurs empreintes digitales – procédure réservée par ailleurs aux seuls criminels – pour l'établissement de leur carte de résident. Une large mobilisation (on comptera jusqu'à 13 000 réfractaires), la participation d'autres résidents étrangers et le soutien de Séoul assurent à ce combat un large écho international. Tokyo mettra néanmoins douze ans à rendre les armes (1993) sans renoncer d'ailleurs tout à fait puisque, depuis 2007, le Japon oblige sous couvert de lutte antiterroriste, tous les étrangers entrant dans l'archipel, touristes compris, à fournir leurs empreintes digitales.

L'affaire des empreintes digitales entraîne la révolte ouverte de certaines municipalités, en charge de délivrer les cartes de résident. À l'instar de Kawasaki, troisième pôle de la mégapole tokyoïte, nombre d'entre elles refusent de sévir contre les réfractaires. Au Japon, les collectivités locales jouent un rôle central dans la politique d'intégration des résidents étrangers : ce sont elles qui organisent leur accueil et leur assurent l'accès à la scolarité, aux soins et aux prestations sociales. Les mouvements associatifs sont également très actifs à ce niveau. De manière générale, les communautés locales font preuve de plus d'ouverture et de générosité que l'État central. Dans les années 1990, au grand dam de celui-ci, elles ouvriront aux résidents permanents tout ou partie des emplois de la fonction publique territoriale, et il faudra un arrêt de la Cour suprême pour leur interdire de les embaucher à des postes de direction (2005). Beaucoup de municipalités ont créé des conseils consultatifs de résidents étrangers, et certaines autorisent ces derniers à voter aux référendums locaux. Plus de la moitié ont même pris des résolutions demandant que le droit de vote soit accordé aux résidents permanents, mais les conservateurs du parti libéral-démocrate, au pouvoir jusqu'en septembre 2009, ont fait échouer tous les projets de loi présentés en ce sens.

Les années 1990 : la crise démographique et la nouvelle question de l'immigration

Le Japon connaît depuis le début des années 1990 un vieillissement rapide de sa population, sous l'effet conjugué de la dénatalité (le nombre d'enfants par femme stagne autour de 1,3) et de l'allongement de la durée de la vie. D'après l'Institut national de recherche sur la population et la sécurité sociale, si rien ne change, en

2025, la population japonaise aura diminué de 10 millions d'habitants et massivement vieilli. Les plus de 65 ans représenteront 30 % des Japonais alors que les moins de 15 ans seront inférieurs à 10 %. La population active aura diminué de 12 millions, et sera composée pour plus de 40 % par des personnes ayant dépassé les 50 ans, avec toutes les conséquences que cela peut avoir sur l'économie. D'ores et déjà, la crise démographique et l'accent toujours croissant mis par l'industrie japonaise sur la haute technologie pour faire face à l'émergence de la Chine ont fait apparaître un déficit chronique de main-d'œuvre dans certains secteurs. Il concerne au premier chef les services aux personnes âgées et le secteur médical (infirmières), mais aussi l'ingénierie et l'informatique, en raison des insuffisances du système d'enseignement et de la désaffection marquée des jeunes Japonais pour les métiers d'ingénieur.

figure 48 : **Projections de la population japonaise, 2008-2055**

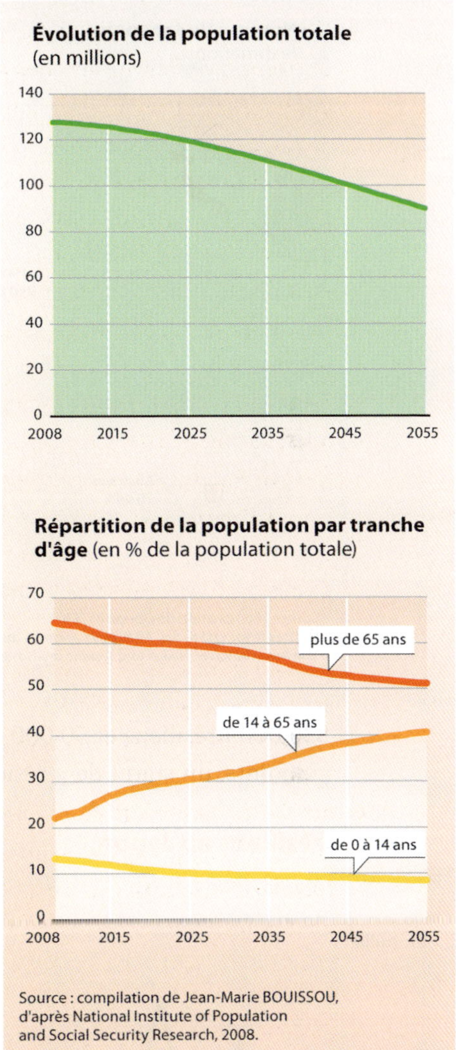

Sciences Po / CERI et Atelier de cartographie, avril 2009

Dans ce contexte, la question de l'immigration se pose avec une acuité nouvelle. D'après l'ONU, pour maintenir sa population active à son niveau actuel à l'horizon 2050, le Japon devrait intégrer plus de 600 000 nouveaux immigrants par an, ce qui porterait à 30 % le pourcentage de sa population issue de l'immigration – une perspective impensable. Pour leur part, les autorités japonaises, pariant sur une mobilisation massive des femmes et des seniors qui pourrait fournir 10 millions de nouveaux travailleurs, chiffrent l'immigration indispensable à seulement 90 000. Mais même ce chiffre implique une rupture avec les principes qui ont jusqu'ici présidé à la politique de l'immigration.

L'assouplissement sur une base ethnique : les *Nikkeijin*

En 1990, un amendement à la loi de 1982 introduit une première brèche dans le principe de non-admission de travailleurs non qualifiés en ouvrant l'archipel aux *Nikkeijin* (descendants des Japonais émigrés). Le nombre de ces derniers de par le monde est alors estimé à 1,4 million, dont 670 000 citoyens américains,

figure 49 : **Estimation des émigrés japonais et de leurs descendants (*Nikkeijin*), 2006**

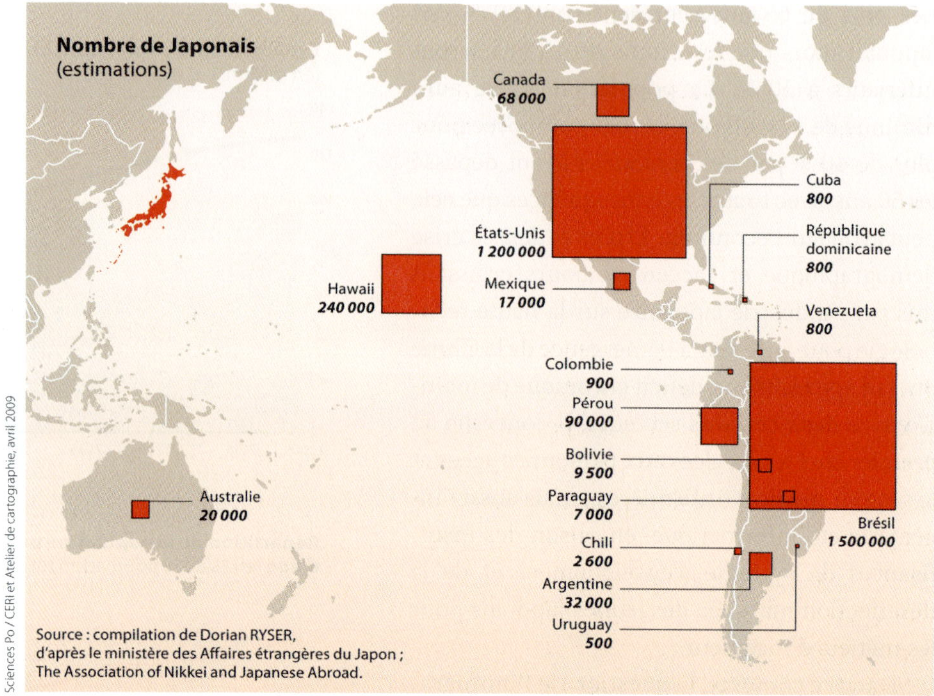

530 000 Brésiliens et 50 000 Péruviens. La nouvelle loi leur offre, à eux et à leurs conjoints, un statut de « résident à long terme », guère différent de celui de résident permanent, qui leur permet d'occuper n'importe quel type d'emploi. Significativement, la justification donnée à ce premier changement majeur est d'apparence humanitaire (permettre aux *Nikkeijin* de venir « visiter leurs familles ») et repose sur une conception ethnique de la nation, fondement du nationalisme japonais.

figure 50 : **Brésiliens au Japon, 1990-2005**

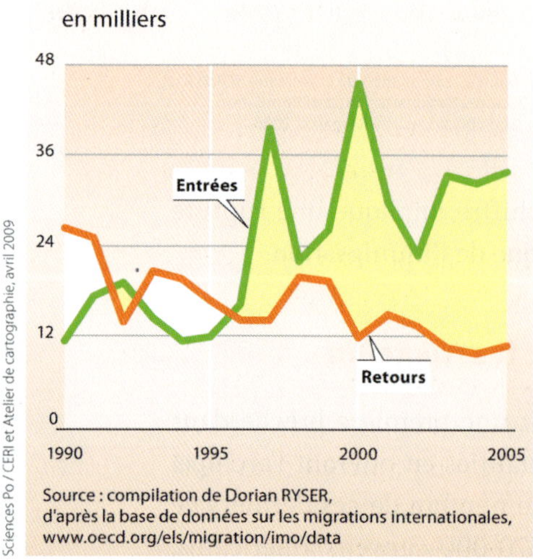

Cette loi a atteint son but en attirant un grand nombre d'immigrants sud-américains. On en comptait 368 000 en 2007 (dont 84 % de Brésiliens). Toutefois, l'espoir des autorités d'amener les *Nikkeijin* à réintégrer la nation risque d'être déçu. Beaucoup d'entre eux ne souhaitent rester que quelques années pour amasser un pécule avant de s'en retourner. Bien qu'ils représentent 17,5 % des résidents étrangers de l'archipel, ils comptent pour à peine 1 % des naturalisations et des mariages mixtes. Outre que l'origine japonaise d'une partie d'entre eux n'est pas certaine (présence de nombreux faux documents parmi les certificats censés l'attester), leur intégration est rendue difficile par le manque de programmes de formation professionnelle et linguistique.

L'accueil de « stagiaires » sous couvert d'aide au développement

Une deuxième brèche est ouverte sous couvert d'aider au transfert des savoir-faire japonais aux pays en développement. Depuis le milieu des années 1970, Tokyo fait de l'aide publique au développement l'un des axes majeurs de sa politique extérieure ; jusqu'au tournant du XXIe siècle, le Japon est le premier donateur mondial d'aide en volume. C'est donc au nom de l'aide au développement que les entreprises japonaises sont autorisées depuis 1993 à accueillir, pour des périodes d'un an, des « stagiaires » (*kenshûsei*), qui peuvent ensuite, après examen, être autorisés à poursuivre leur « formation technique » pendant deux années supplémentaires. La totalité d'entre eux vient des pays d'Asie : environ 60 % de Chine, les autres principalement d'Indonésie, du Vietnam, des Philippines et de Thaïlande.

figure 51 : **Évolution et origines des *kenshûsei* (stagiaires)**

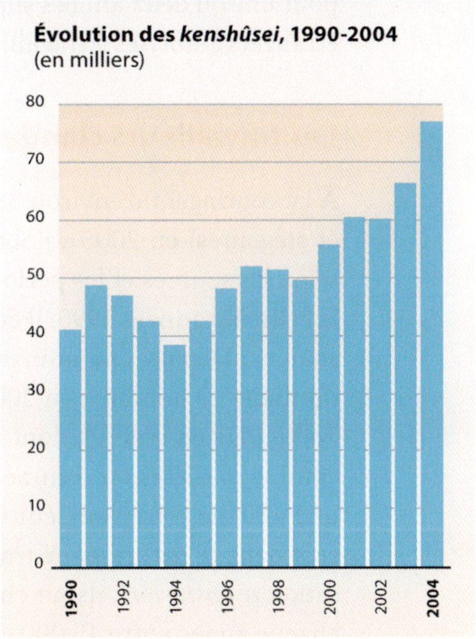

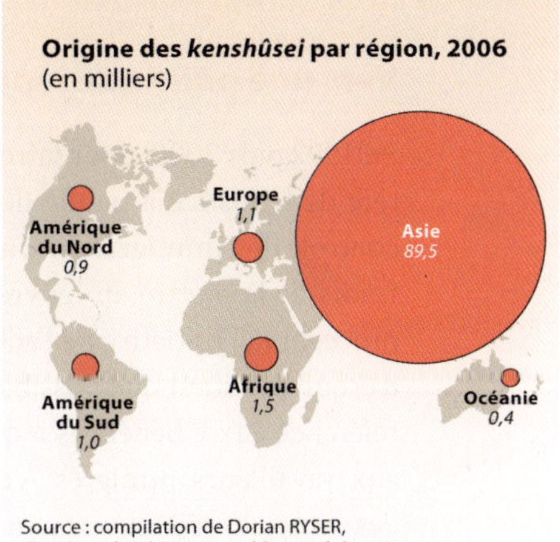

Source : compilation de Dorian RYSER, d'après Judicial System and Research Department, Minister's Secretariat, Ministry of Justice, Japan.

Sciences Po / CERI et Atelier de cartographie, avril 2009

Dans les faits, il s'agit souvent d'une main-d'œuvre bon marché utilisée par les PME. Les stagiaires ne sont pas payés pendant la première année, souvent cantonnés aux travaux dits « 3 K » (*kitanai, kitsui, kiken* : sale, pénible et dangereux), et à la merci de l'employeur, qui leur confisque parfois leurs passeports pour les empêcher d'aller chercher un travail clandestin mieux rémunéré. En fait de « transfert de savoir-faire », on trouve nombre de stagiaires aux caisses des supermarchés, sur les chantiers de construction et dans les petites entreprises du textile… Preuve de l'intérêt que suscite cette main-d'œuvre chez les employeurs, le programme est entaché par des scandales répétés de pots-de-vin versés aux fonctionnaires du ministère du Travail chargés de la répartir et de contrôler la formation qu'elle reçoit.

Le nombre des stagiaires recrutés chaque année a quadruplé depuis l'origine pour atteindre 88 000 en 2007, auxquels il faut ajouter les 44 000 admis à rester pour une ou deux années supplémentaires. Les stagiaires comptent pour 28 % des étrangers autorisés à travailler dans l'archipel, à l'exclusion des *Nikkeijin*.

Les travailleurs clandestins

À ce contingent d'environ 380 000 travailleurs immigrés non qualifiés (*Nikkeijin* et stagiaires) en 2008 s'ajoute un nombre de clandestins dont l'estimation varie selon les sources et les périodes. Lors de la surchauffe économique qui a précédé la crise des années 1990, il était estimé à 400 000, voire davantage selon certaines sources. Depuis une quinzaine d'années, la crise économique a fait beaucoup diminuer ce nombre ; en 2007, ils n'étaient plus officiellement que 150 000 (sans doute plus en réalité), dont une grande majorité de Chinois. La plupart entrent comme touristes ou comme étudiants sous couvert d'apprendre le japonais dans une officine privée qui leur délivre un certificat de complaisance, puis disparaissent dans la nature pour travailler. En l'absence de toute possibilité de régularisation *a posteriori*, ils ne cherchent pas à s'installer. Les autorités en expulsent chaque année entre 45 000 et 55 000, qui sont aussitôt remplacés.

Vers une politique japonaise de quotas d'immigration choisie

En 1992 puis 2000, pour faire face à la contraction de la population active, le ministère de la Justice a publié deux plans définissant les principes d'une politique de contrôle de l'immigration « adaptée à la nouvelle période », et les moyens administratifs de la mettre en œuvre. S'agissant d'un sujet très sensible, cette manière de procéder (à l'initiative de l'administration sans qu'il soit besoin de légiférer) permet d'esquiver autant que possible le débat. Les nouveaux principes innovent en faisant référence aux « bénéfices » que le Japon doit attendre d'une plus grande ouverture aux travailleurs immigrés. À cet effet, le plan de 1992 préconise d'accroître le nombre des secteurs déjà ouverts aux stagiaires étrangers (55), en y ajoutant notamment l'agriculture et la pêche, sinistrées par le vieillissement de la population. Celui de 2000 va plus loin en affirmant la nécessité, « quand un besoin spécifique a été identifié », de prendre les mesures nécessaires pour « accueillir des travailleurs étrangers auxquels le système actuel ne permet pas d'accorder de visa », y compris les ingénieurs et les travailleurs qualifiés. Mais le texte fixe également deux critères stricts d'acceptabilité : que l'entrée des travailleurs étrangers « n'affecte pas la vie sociale des citoyens japonais » et qu'ils soient « plus mobiles [que précédemment] ».

La nouvelle politique vise donc à opérer un ciblage précis des emplois que les travailleurs étrangers seront autorisés à occuper en fonction des « besoins identifiés », à les sélectionner au départ et à limiter strictement la durée de leur séjour.

La négociation de contrats bilatéraux avec certains « pays fournisseurs » semble constituer, aux yeux de Tokyo, la solution idéale. En 2007, des négociations ont été notamment menées avec les Philippines pour l'accueil de 6 000 infirmières, qui n'ont pas abouti à cause de la faiblesse des rémunérations offertes (l'affaire a été finalement conclue avec l'Indonésie). Toutefois, la nouvelle politique peine encore à se mettre en place, comme en témoigne un article accusateur paru le 26 mai 2008 dans le *Nikkei Weekly*, organe autorisé du patronat nippon. L'auteur déclare que l'ouverture aux *Nikkeijin* n'a pas produit les effets escomptés, faute qu'aient été prévus les moyens de former ces travailleurs. Il dénonce le fait qu'aucune mesure concrète n'ait été prise pour le secteur médical et celui de l'aide aux seniors depuis 2000, souligne que le programme d'accueil des stagiaires « fait l'objet de critiques internationales » et affirme que le Japon ne parviendra pas à attirer les travailleurs qualifiés qui lui manquent s'il continue à les contrôler de façon aussi stricte et à les payer aussi chichement.

L'opinion publique et les autorités nippones semblent aujourd'hui admettre, peut-être à contrecœur, la nécessité d'ouvrir davantage le Japon à l'immigration. Mais le fait que les résidents étrangers approchent aujourd'hui la barre des 2 % de la population, qu'il n'y ait plus une préfecture de l'archipel où l'on n'en compte plusieurs milliers et que les mariages mixtes représentent plus de 6 % des unions sont autant de signes d'un changement de fond dans la relation du Japon à l'immigration et, plus largement, de son rapport au monde.

Pour en savoir plus

DE CARVALHO (Daniela), *Migrants and Identity in Japan and Brazil : The Nikkeijin*, Londres, Routledge, 2002.

GOODMAN (Roger), PEACH (Ceri), TAKENAKA (Ayumi) *et al.* (eds), *Global Japan : The Experience of Japan's New Immigrant and Overseas Communities*, Londres, Routledge, 2003.

KOMAI (Hirosh), *Foreign Migrants in Contemporary Japan*, Melbourne, Trans Pacific Press, 2001.

PERROUD (Mélanie), « Migration de retour ou migration détour ? Diversité des parcours migratoires des Brésiliens d'ascendance japonaise », *Revue européenne des migrations internationales*, 23 (1), 2007, p. 49-70.

PERROUD (Mélanie), « Émergence d'une minorité brésilienne au Japon : déterritorialisation, politisation et universalisation des discours et des représentations communautaires », *Migrations Société*, 19 (113), septembre-octobre 2007, p. 19-33.

TAKEYUKI (Tsuda Lanham) (ed.), *Local Citizenship in Recent Countries of Immigration : Japan in Comparative Perspective*, Lanham (Md.), Lexington Books, 2006.

TARUMOTO (Hideki), « Un nouveau modèle de politique d'immigration et de citoyenneté ? Approche comparative à partir de l'expérience japonaise », *Migrations Société*, 17 (102), novembre-décembre 2005, p. 305-337.

Les politiques d'immigration aux États-Unis : entre ouverture et impuissance

Daniel Sabbagh

Nation d'immigrants en vertu de leur mythe fondateur, les États-Unis se singularisent par le fait que la prise de conscience et l'affirmation du rôle déterminant de l'immigration dans la formation de la communauté nationale précèdent et légitiment à la fois leur constitution en tant qu'entité politique souveraine. D'emblée, les restrictions imposées à l'émigration à destination des colonies américaines ainsi qu'à la naturalisation des étrangers y résidant figuraient en bonne place dans la liste des griefs envers le roi d'Angleterre George III inscrits

figure 52 : **Nombre d'étrangers ayant obtenu le statut de résident permanent, 1820-2007**

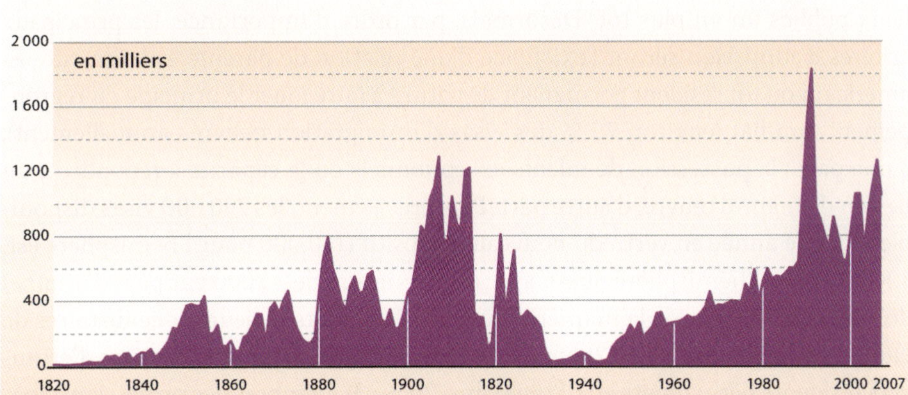

Source : compilation de Dorian RYSER, d'après le U.S. Department of Homeland Security.

Sciences Po / CERI et Atelier de cartographie, avril 2009

dans la Déclaration d'indépendance de 1776. Par la suite, la singularité et l'identité même du peuple américain ont souvent été définies en référence à la pluralité originelle de ses composantes, comme en témoignent la devise *E pluribus unum* qui figure sur le Grand Sceau des États-Unis, ou encore les descriptions enflammées de ce pays comme lieu de la fusion des « individus de toutes les nations [...] dans une nouvelle race » (St. John de Crèvecœur). Aux côtés de l'individualisme comme valeur et de la méfiance envers le pouvoir étatique comme principe politico-institutionnel, la centralité d'un fait migratoire largement perçu comme une source de perpétuelle revitalisation apparaît donc comme l'un des principaux traits distinctifs de l'expérience américaine. Cela se traduit par l'inexistence d'une formation politique fondée sur l'hostilité à l'immigration – à la différence de ce que l'on observe dans un certain nombre de pays européens –, mais aussi par l'échec global des mouvements néorestrictionnistes depuis le tournant majeur qu'a constitué la législation de 1965.

La loi de 1965 et ses conséquences

L'*Immigration and Nationality Act* de 1965 marque une rupture décisive par rapport à la législation antérieure. Adoptée dans les années 1920 et d'inspiration ouvertement raciste, cette dernière visait à restreindre l'immigration européenne à sa composante protestante *via* un système de quotas par origine nationale indirectement mais intentionnellement discriminatoires à l'égard des ressortissants des pays d'Europe méridionale et orientale, car indexés sur le nombre d'immigrés de chaque pays présents aux États-Unis en 1890 – juste avant le déclenchement des grandes vagues migratoires en provenance de cette région du monde. Par ailleurs, ces lois excluaient entièrement les Asiatiques (mais épargnaient globalement les Latino-Américains). Elles sont rendues caduques par le texte de 1965, qui, en quelque sorte, transpose au droit de l'immigration le principe de non-discrimination consacré par le *Civil Rights Act* dans les domaines de l'emploi et de l'accès aux lieux publics un an plus tôt. Désormais, par ordre d'importance, les principaux critères d'admission seront l'existence d'une relation de parenté avec un citoyen américain ou un résident permanent de nature à faire jouer le principe du regroupement familial (environ 75 % des visas d'immigration délivrés annuellement), d'une part ; la possession de talents exceptionnels ou la capacité à répondre à un besoin de main-d'œuvre, d'autre part. Plus précisément, les 290 000 visas disponibles chaque année en vertu du nouveau dispositif (170 000 pour l'hémisphère est, 120 000 pour l'hémisphère ouest, avec un maximum de 20 000 par pays d'origine) doivent être répartis de la manière suivante : 1) enfants majeurs et célibataires de citoyens américains, 20 % ; 2) conjoints et enfants majeurs et célibataires d'étrangers résidents permanents aux États-Unis, 20 % ; 3) membres des professions libérales, scientifiques ou artistiques dotés de talents exceptionnels, 10 % ; 4) enfants majeurs et mariés de citoyens américains, leurs conjoints et leurs enfants, 10 % ; 5) frères et sœurs de citoyens américains, leurs conjoints et leurs enfants, 24 % ; 6) travailleurs qualifiés et non qualifiés dans des secteurs en demande de main-d'œuvre, leurs conjoints et leurs enfants, 10 % ; 7) réfugiés en provenance de pays communistes ou du Moyen-Orient, 10 %. Ces différents plafonds ne s'appliquent pas à certaines catégories de postulants – parents, conjoints et enfants mineurs et célibataires de citoyens américains –, dont l'émigration vers les États-Unis ne fait plus l'objet d'aucune restriction quantitative.

Quoique non anticipés, les effets de la législation de 1965 se sont révélés à la fois spectaculaires et très difficilement réversibles. La conjonction entre le primat du regroupement familial et un régime de naturalisation relativement ouvert s'est traduite notamment par une augmentation considérable du nombre et de la proportion de résidents nés à l'étranger au sein de la population américaine : 9,6 millions en 1970 (4,7 % de la population), ils sont aujourd'hui plus de 38 millions (12,6 % de la population – soit un peu moins qu'en 1910 [14,7 %]). Par ailleurs, la composition des flux migratoires s'est modifiée en un sens imprévu, de sorte que les immigrés latino-américains et asiatiques représentent aujourd'hui plus de 70 % du total. En 2007, le Mexique se situait très nettement en tête dans l'ordre des États de provenance (30,8 % des immigrés), devant les Philippines (4,5 %), l'Inde (3,9 %), la République populaire de Chine (3,6 %), le Salvador (2,9 %), le Vietnam (2,9 %), la Corée du Sud (2,7 %) et Cuba (2,6 %). À l'échelle macro-historique, la singularité de la trajectoire américaine réside donc moins dans la dimension des flux migratoires par rapport à la population de référence que dans l'étendue de la diversification de l'ensemble des pays

figure 53 : **Principales origines des étrangers ayant obtenu le statut de résident permanent aux États-Unis, 1820-2007**

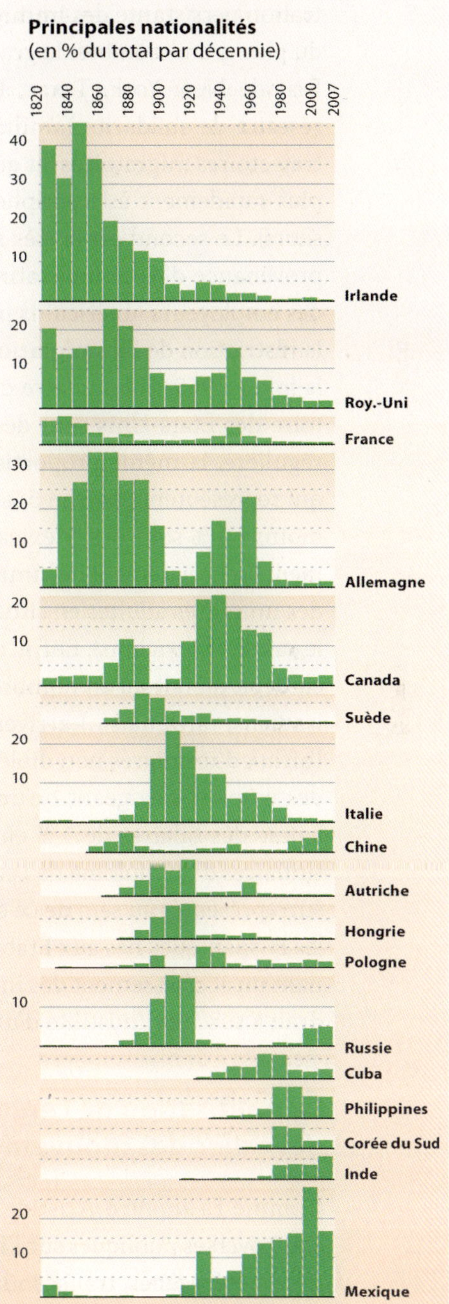

Source : compilation de Dorian RYSER, d'après le U.S. Department of Homeland Security.

Sciences Po / CERI et Atelier de cartographie, avril 2009

sources, qui fait des États-Unis pratiquement la seule nation au monde susceptible de se présenter comme le produit de l'humanité tout entière.

Plusieurs facteurs contribuent néanmoins à la constitution de l'immigration comme problème public – au niveau national ou local. Le premier est la concentration persistante des immigrés dans les États les plus peuplés et disposant donc du plus grand nombre de grands électeurs lors du scrutin présidentiel (Californie, État de New York, Texas, Floride...), concentration alimentée par le rôle des réseaux de solidarité familiaux et/ou « ethniques » dans la détermination des trajectoires migratoires (et qui voit cependant les nouveaux immigrants s'installer plus rapidement à la périphérie des grands centres urbains que leurs prédécesseurs). Le second est la très nette augmentation de l'immigration clandestine en provenance d'Amérique latine et du Mexique en particulier, résultat de l'appétit des employeurs américains pour une main-d'œuvre corvéable à merci conjugué à la restriction de l'immigration légale issue de cette « arrière-cour » consécutive à la loi de 1965. Si les quatre cinquièmes des « Hispaniques » résidant sur le territoire des États-Unis sont des citoyens américains ou des immigrés en situation régulière, la même proportion des quelque 12 millions d'immigrés clandestins qui représentent environ 5 % de la population active sont des Hispaniques – et au moins 60 % sont des Mexicains. Cette immigration clandestine alimente également l'accroissement de l'immigration légale par le jeu des régularisations (un tiers des immigrés adultes en situation régulière sont d'ex-clandestins, deux tiers dans le cas des Mexicains). Enfin, d'après les calculs de l'économiste George Borjas – et en dépit du fait qu'un nombre non négligeable de nouveaux immigrants (indiens, iraniens, taiwanais...) arrivent aux États-Unis avec un solide bagage éducatif –, l'afflux d'immigrés non diplômés, en intensifiant la concurrence pour l'obtention des emplois n'exigeant qu'un faible niveau de qualification, aurait entraîné une baisse des salaires de 4 % entre 1980 et 2000 – et de 7,4 % pour les salariés non titulaires d'un diplôme de l'enseignement secondaire –, au détriment des groupes surreprésentés au sein de ce dernier sous-ensemble, à commencer par les Noirs et les Hispaniques nés aux États-Unis. Dans cette perspective, l'immigration entraînant un accroissement des inégalités, c'est donc assez logiquement qu'elle en viendrait à susciter l'hostilité d'une partie des classes populaires.

La politisation de l'enjeu migratoire et l'échec des mouvements néorestrictionnistes

Comme l'a montré Aristide Zolberg, depuis la fin du XIXe siècle, l'analyse des controverses publiques sur l'immigration fait apparaître l'existence de deux coalitions hétérogènes, transcendant la division partisane entre républicains et démocrates et au sein desquelles intérêts de classe et préoccupations « identitaires » tendent à se superposer. La première, favorable au maintien ou à l'expansion des flux migratoires, rassemble notamment des employeurs avides de main-d'œuvre dans des secteurs aussi divers que l'agriculture (producteurs de fruit californiens, planteurs de coton texans...), l'habillement ou l'informatique, des représentants des communautés immigrées de fraîche date, ainsi que les défenseurs les plus résolus d'une économie de marché conçue comme impliquant la liberté de circulation de l'ensemble des facteurs de production, alliés pour l'occasion à la mouvance la plus « cosmopolite » (et la plus élitaire) de la gauche du Parti démocrate... À ce conglomérat singulièrement hétéroclite s'opposent, d'une part, des conservateurs soucieux de préserver le substrat ethnoculturel dominant de la communauté nationale et particulièrement pessimistes quant aux perspectives d'assimilation des immigrés mexicains, perçus comme le vecteur d'une « désoccidentalisation des États-Unis » (Samuel Huntington) ; d'autre part, jusqu'à la fin des années 1990, les principaux syndicats ouvriers, qui entendent protéger les travailleurs américains contre la concurrence évoquée plus haut. Largement majoritaire dans l'opinion publique – puisque, au milieu des années 1990, près des deux tiers des Américains déclaraient leur préférence pour une réduction de l'immigration –, cette seconde coalition a toutefois échoué à atteindre l'essentiel de ses objectifs, en dépit de la résurgence des mobilisations d'orientation restrictionniste dans les années 1980 et 1990 et de la « fenêtre d'opportunité » que le tournant sécuritaire de l'après-11 septembre aurait pu sembler constituer à cet égard.

Cet échec apparaît très nettement si l'on considère la législation fédérale. Ainsi, l'*Immigration Reform and Control Act* de 1986 a non seulement permis la régularisation d'environ 2,7 millions d'immigrés clandestins – dont 2 millions de Mexicains –, mais aussi limité le périmètre d'application des sanctions pénales prévues à l'encontre des employeurs coupables d'avoir recruté des étrangers en situation irrégulière à ceux qui auraient commis cette infraction en toute connaissance de cause. Il suffisait à l'employeur de demander au candidat un document attestant de la régularité de son séjour sur le territoire américain – sans nécessairement vérifier sa validité – pour passer entre les mailles du filet. De même, en 1990, en pleine récession, une autre loi a élevé à 675 000 le nombre maximal de visas d'immigration délivrés annuellement dans le cadre du système de quotas défini en 1965, tout en prévoyant une voie d'obtention alternative par tirage au sort afin d'accroître encore la diversité des flux migratoires à destination des États-Unis en compensant pour partie les effets homogénéisants de la priorité accordée au regroupement familial. (Initialement conçu pour promouvoir l'immigration des Irlandais, le dispositif, qui concerne aujourd'hui 50 000 visas par an et est réservé aux ressortissants des États dont seraient originaires moins de 50 000 immigrés installés sur le territoire américain au cours des cinq années précédentes, bénéficie principalement aux Européens de l'Est et aux Africains.) Enfin, même la plus restrictive des lois promulguées dans les années 1990, le *Personal Responsibility and Work Opportunity Reconciliation Act* de 1996, entreprenait non de réduire directement le nombre d'immigrés mais d'accroître la précarité des conditions d'existence d'une partie d'entre eux, en privant les étrangers en situation régulière installés sur le territoire américain après son adoption – ainsi que leurs éventuels enfants américains en vertu du droit du sol – de l'accès à certaines prestations sociales (Medicaid et coupons d'alimentation notamment), accentuant ainsi délibérément leur dépendance à l'égard de leur employeur. Quant aux événements du 11 septembre 2001, ils ont certes entraîné une réorganisation administrative de grande ampleur – le sort de l'Immigration and Naturalization Service (INS) ayant été scellé par l'attribution d'un visa d'études à deux des assaillants plusieurs mois après leur décès, dans un contexte où la réputation d'inefficacité de cette agence notoirement sous-financée et ses délais de traitement des dossiers étaient déjà légendaires... –, cependant, la mise en place du département de la Sécurité intérieure en mars 2003 ne s'est pas accompagnée d'une refonte globale du régime d'immigration en vigueur dans un sens beaucoup plus restrictif. En 2007, on comptait ainsi 1 052 415 nouveaux immigrés détenteurs du statut de résident permanent par rapport à l'année précédente, soit un flux de 25 % supérieur au chiffre de 2000 (841 002).

Plus spectaculaires mais guère plus efficaces en définitive, des initiatives ont aussi été engagées à l'échelle de certains États pour protester contre la répartition inégale des coûts et des bénéfices de l'immigration à l'avantage du gouvernement fédéral – récipiendaire de la majeure partie des contributions fiscales des immigrés alors que c'est sur le budget des États que doivent être prélevées les ressources nécessaires aux dépenses induites par leur présence sur le territoire américain. En novembre 1994, à l'issue d'un référendum d'initiative populaire, 59 % des électeurs californiens se sont ainsi prononcés en faveur de la Proposition 187 soutenue par le gouverneur républicain Pete Wilson, qui prévoyait d'exclure les étrangers en situation irrégulière et leurs enfants de l'accès à la totalité des services publics (prestations sociales, établissements d'enseignement et même hôpitaux – sauf cas d'urgence). Il était aussi exigé des agents publics qu'ils vérifient la régularité du séjour sur le territoire américain des usagers potentiels et transmettent à l'INS et à l'*Attorney General* de Californie les informations recueillies sur ceux que l'on soupçonnerait d'être des immigrés clandestins. Mais la réforme n'est jamais entrée en application, en raison d'une accumulation d'obstacles de nature juridique. En effet, non seulement la régulation – directe ou indirecte – de l'immigration demeure la prérogative exclusive du gouvernement fédéral, mais le Quatrième Amendement à la Constitution américaine interdit aux fonctionnaires de procéder à des contrôles d'identité en l'absence d'une présomption sérieuse d'infraction à la législation en vigueur de la part de l'individu contrôlé. Par ailleurs, la Proposition 187 entrait en conflit avec une décision de la Cour suprême de 1982, *Plyler v. Doe*, dans laquelle l'exclusion des enfants d'immigrés clandestins du système d'enseignement public texan avait été jugée contraire à la clause d'« égale protection des lois » du

Quatorzième Amendement, au motif que cette non-scolarisation réduirait à néant les chances d'ascension sociale d'individus ne pouvant décemment être tenues pour responsables des choix de leurs parents et risquerait ainsi de contribuer à la formation d'une « caste permanente d'étrangers en situation irrégulière ». En dernière analyse, l'effet principal du référendum de 1994 n'a donc été autre que l'accroissement spectaculaire du nombre de demandes de naturalisation – plus d'un million aboutiront en 1996, contre 300 000 par an en moyenne dans la décennie précédente – et d'inscription sur les listes électorales, phénomène qui n'a pas été pour rien dans le raz-de-marée démocrate à l'issue des élections californiennes de 1998. Déjà perceptible avec la défaite de Pete Wilson face à Robert Dole au terme de la campagne des primaires pour l'investiture du Parti républicain deux ans plus tôt, le danger de la stratégie consistant à faire de l'hostilité à l'immigration le cœur d'une plate-forme électorale apparaît alors au grand jour.

La fragmentation administrative et l'illusion du contrôle

Enfin, au niveau fédéral également, force est de constater que même les politiques visant exclusivement l'immigration clandestine présentent souvent un caractère ambivalent, quand elles ne se révèlent pas dysfonctionnelles.

D'une part, on observe dans ce domaine un défaut de coordination qui n'est nullement accidentel. Ainsi, de nombreuses municipalités s'engagent à préserver la confidentialité de toute information relative au statut – régulier ou non – du séjour sur le territoire américain de leurs résidents dont l'état de santé exigerait des soins médicaux dans un établissement public. Les services de police eux-mêmes s'abstiennent généralement de solliciter des renseignements à ce sujet concernant les victimes ou les témoins d'agissements criminels. Enfin, les fonctionnaires du gouvernement fédéral chargés de veiller à l'application du droit du travail ne communiquent pas aux agents du département de la Sécurité intérieure les données dont ils auraient pris connaissance quant aux salariés étrangers en situation irrégulière, et l'Internal Revenue Service délivre tous les jours des numéros d'identification pour contribuable (ITIN) à des personnes dont le séjour sur le sol américain est contraire à la législation en vigueur. Justifiable en vertu de considérations humanitaires, sociales ou budgétaires, ce cloisonnement délibéré de l'information, aux yeux des restrictionnistes, relève néanmoins d'une forme de schizophrénie administrative garantissant l'inefficacité de l'approche répressive officiellement adoptée.

D'autre part, il semble bien que l'intensification limitée du contrôle de la frontière américano-mexicaine intervenue à partir de 1993 et sa concentration autour des principaux points de passage se soient avérées globalement contre-productives. Elles ont en effet entraîné une dispersion des clandestins vers des zones de franchissement plus reculées et moins surveillées où leur probabilité de détection et de capture est moindre, tout en favorisant une augmentation du tarif des passeurs – multiplié par quatre entre 1993 et 2006 – et du risque de décès au cours de l'opération, mais pas jusqu'au point où celle-ci en perdrait tout attrait, loin s'en faut... En revanche, cette évolution contribue bel et bien à dissuader les immigrés en situation irrégulière déjà installés aux États-Unis de regagner provisoirement leur pays d'origine, en leur faisant craindre que le coût du trajet en sens inverse ne devienne véritablement prohibitif. Il en résulte un allongement de la durée moyenne de leur présence sur le territoire américain et, dans la mesure où les effets dissuasifs demeurent faibles pour ce qui est de leur entrée initiale, un accroissement de leur nombre, ce qui est contraire au but poursuivi. En dépit d'une amélioration récente (on comptait en moyenne 500 000 nouveaux immigrés clandestins par an entre 2005 et 2008, contre 800 000 entre 2000 et 2004), les modalités de la répression de l'immigration irrégulière, qui visent avant tout à produire l'illusion du contrôle, tendent ainsi à accroître son volume tout en lui conférant un caractère permanent.

Pour en savoir plus

ALBA (Richard) et NEE (Victor), *Remaking the American Mainstream. Assimilation and Contemporary Immigration*, Cambridge (Mass.), Harvard University Press, 2003.

BORJAS (George), *Heaven's Door. Immigration Policy and the American Economy*, Princeton (N. J.), Princeton University Press, 1999.

HIGHAM (John), *Strangers in the Land. Patterns of American Nativism, 1860-1925*, New Brunswick (N. J.), Rutgers University Press, 1988.

KASINITZ (Philip), MOLLENKOPF (John), WATERS (Mary) et HOLDAWAY (Jennifer), *Inheriting the City. The Children of Immigrants Come of Age*, Cambridge (Mass.), Harvard University Press, 2008.

RUMBAUT (Rubén G.) et PORTES (Alejandro) (eds), *Ethnicities. Children of Immigrants in America*, Berkeley (Calif.), University of California Press, 2001.

SMITH (Rogers M.), *Civic Ideals. Conflicting Visions of Citizenship in U. S. History*, New Haven (Conn.), Yale University Press, 1997.

TICHENOR (Daniel), *Dividing Lines. The Politics of Immigration Control in America*, Princeton (N. J.), Princeton University Press, 2002.

WALDINGER (Roger), *Still the Promised City ? African Americans and New Immigrants in Postindustrial New York*, Cambridge (Mass.), Harvard University Press, 1996.

WATERS (Mary), *Black Identities. West Indian Immigrant Dreams and American Realities*, Cambridge (Mass.), Harvard University Press, 1999.

ZOLBERG (Aristide), *A Nation by Design. Immigration Policy in the Fashioning of America*, Cambridge (Mass.), Harvard University Press, 2006.

Bilan de l'intégration des immigrants aux États-Unis

Dominique Daniel

Aujourd'hui, un Américain sur huit est né à l'étranger – la proportion la plus élevée depuis un siècle –, fruit d'une politique d'immigration généreuse mise en place en 1965 et d'une conjoncture économique et politique mondiale qui a fait des États-Unis un puissant pôle d'attraction. La moitié de ces Américains sont issus d'Amérique latine, un quart d'Asie et 13 % d'Europe. Les nouveaux immigrés représentent une multitude de régions, de cultures et de religions. Les groupes les plus importants viennent du Mexique, des Philippines, d'Inde, de Chine et du Vietnam.

figure 54 : **Origines des étrangers naturalisés aux États-Unis, 2006-2007**

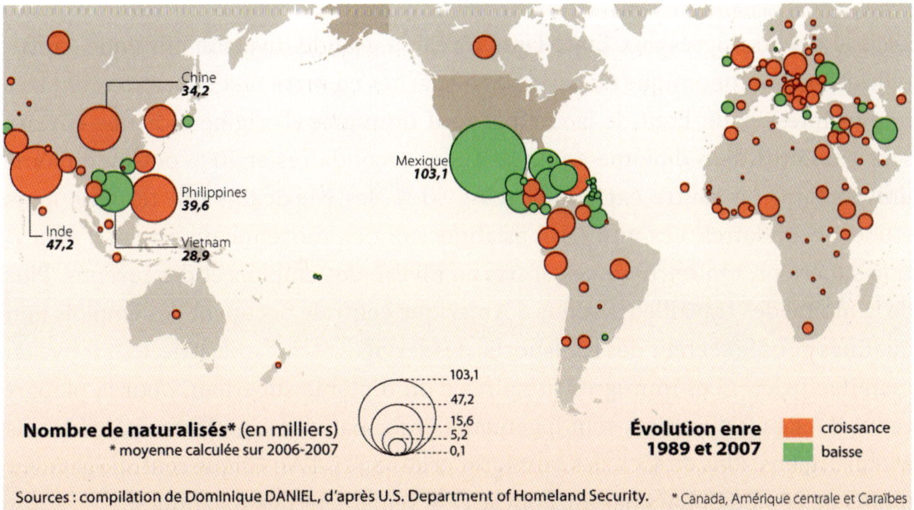

Sciences Po / CERI et Atelier de cartographie, avril 2009

L'impact de ces populations sur l'économie et la société américaine est difficile à évaluer, surtout si on prend en compte les 11,6 millions d'immigrés sans papiers qui résidaient aux États-Unis en 2006 selon les estimations du Bureau des statistiques de l'immigration. Il fait pourtant l'objet de nombreux questionnements : ces étrangers vont-ils s'assimiler à la société américaine comme leurs prédécesseurs du début du XXe siècle ? Les États-Unis sont-ils capables d'absorber un apport humain aussi vaste et varié ?

Certains Américains pensent que les immigrés « volent » les emplois des citoyens américains, gonflent les rangs d'un sous-prolétariat de couleur, refusent d'apprendre l'anglais et d'adopter la culture américaine. D'autres affirment au contraire que les nouveaux venus stimulent l'économie nationale, redonnent vie à certaines régions ou secteurs d'activité, et enrichissent la société. Révélateur de cette opposition, le dernier ouvrage du célèbre politologue américain Samuel Huntington, qui met en doute la capacité des Hispaniques à s'intégrer dans la société américaine, a provoqué un intense débat. Par ailleurs, les chercheurs ne s'entendent pas sur le sens exact et l'évaluation de l'intégration, sujet politiquement sensible, car lié à l'immigration clandestine.

L'intégration n'est en général plus conçue comme un processus à sens unique, requis pour se fondre dans la société américaine, mais comme un processus à double entrée, par lequel les immigrants et la société d'accueil s'adaptent l'un à l'autre. La plupart des sociologues s'accordent à reconnaître qu'elle dépend autant des facteurs contextuels auxquels les étrangers sont confrontés que des caractéristiques individuelles de ces derniers. Dans cette dynamique, le rôle des pouvoirs publics est capital.

La diversité des populations immigrées aux États-Unis

L'étude des immigrés aux États-Unis révèle la grande diversité ethnique, culturelle et socio-économique du pays. Les disparités en matière d'éducation sont très importantes : à un bout de la chaîne, neuf immigrés d'origine indienne sur dix sont titulaires d'un diplôme de fin d'études secondaires et 70 % ont un diplôme universitaire ; à l'autre extrémité, seuls 30 % des Mexicains ont terminé leurs études secondaires. Les immigrés asiatiques ont en moyenne un niveau d'éducation supérieur. On retrouve ces écarts au niveau des emplois et des revenus. Plus de la moitié des travailleurs venus d'Amérique centrale occupent des emplois non qualifiés dans le secteur des transports, des services et de l'industrie, extractive ou manufacturière. Les immigrés titulaires d'un diplôme supérieur, pour la plupart venus d'Asie ou d'Europe, sont ingénieurs, informaticiens, professeurs, médecins et chirurgiens. Plus de 45 % des immigrés originaires d'Amérique centrale gagnent moins de 20 000 dollars par an, contre 17 % seulement des Asiatiques.

figure 55 : **Secteurs d'activité des salariés nés hors des États-Unis, 2003**

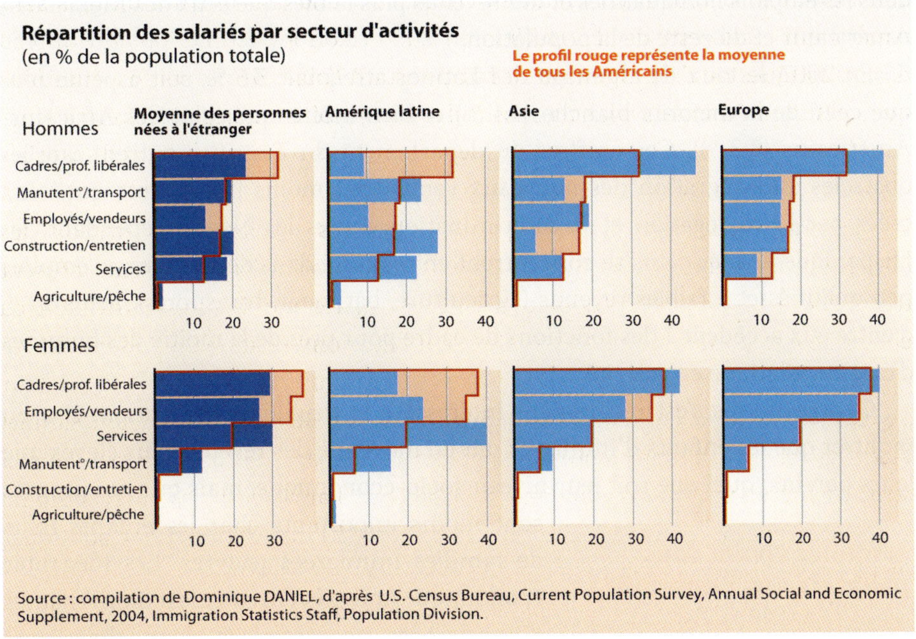

Sciences Po / CERI et Atelier de cartographie, avril 2009

Entre ces extrêmes, les Américains d'origine étrangère se rencontrent à tous les niveaux de l'échelle sociale et dans tous les secteurs économiques. Leurs pratiques sociales, culturelles et religieuses sont également diverses. Tous ces facteurs doivent être pris en compte pour appréhender leurs différents modes d'intégration.

Les causes du ralentissement de l'ascenseur social

Les débats suscités par l'intégration sont en partie dus au concept même. Malgré les multiples définitions données par des générations d'économistes, de sociologues et de politologues, cette notion reste difficile à cerner en raison de sa généralité et de la multitude d'indicateurs possibles.

Les économistes mesurent l'intégration des immigrés à leur taux d'emploi, à leurs qualifications, à leur profession et à leurs revenus par rapport à ceux de l'ensemble de la population. Dans une analyse du recensement de 1970, Barry Chiswick a démontré que les nouveaux venus réussissaient en moyenne moins bien que leurs prédécesseurs, mais rattrapaient leur retard avec le temps. Les conclusions plutôt optimistes de cette première étude ont été tempérées par l'économiste libéral George Borjas, dont les analyses des recensements successifs depuis 1970 montrent que les nouveaux immigrants progressent plus lentement dans l'échelle sociale et ne rattrapent pas les Américains nés aux États-Unis. Il relève en particulier les difficultés des immigrés mexicains, dont l'existence se caractérise par un niveau d'éducation moins élevé, une concentration supérieure dans les emplois non qualifiés et des revenus plus faibles que ceux des Mexicains-Américains et du reste de la population.

En 2007, le taux de chômage des Latinos atteignait 5,6 %, soit à peine plus que celui de la majorité blanche (4,1 %) et bien moins que celui des Africains-Américains (8,3 %). Ces chiffres du département du Travail montrent que les obstacles à l'intégration des nouveaux venus sont moins importants que ceux créés par la ségrégation et la discrimination envers les Noirs. Cependant, les Hispaniques-Américains se concentrent en majorité dans des secteurs d'emplois peu qualifiés et à faibles revenus (agriculture, bâtiment, transports). Seuls 14 % d'entre eux accèdent à des fonctions de cadre pour près de la moitié des hommes d'origine asiatique en activité.

George Borjas s'est récemment intéressé à la deuxième génération. Il a pu montrer que les enfants d'immigrés ont en moyenne des revenus plus élevés que leurs parents, quel que soit leur niveau socio-économique, mais que ces progrès sont moins importants chez les enfants issus de familles immigrées pauvres. Les inégalités économiques qui existent entre les communautés d'immigrants persisteraient donc chez leurs descendants. Dans une autre étude, Alejandro Portes et Rubén G. Rumbaut avancent que ces problèmes peuvent mener à la formation d'un sous-prolétariat (*rainbow underclass*). Roger Waldinger dresse quant à lui un portrait plus optimiste : les progrès socio-économiques des enfants d'immigrés par rapport à leurs parents sont modestes mais réels, même dans la population mexicaine. En fait, l'évaluation de l'intégration économique dépend des critères utilisés : les résultats diffèrent selon que l'on compare les enfants immigrés à leurs parents, un groupe d'immigrés à un autre ou encore les immigrés aux Américains nés aux États-Unis.

Les économistes s'accordent sur le fait que les immigrés des trente dernières années réussissent en général moins bien que leurs prédécesseurs. Alors qu'ils tentent d'évaluer l'importance relative des facteurs individuels et structurels, le débat porte sur les causes du ralentissement de l'ascenseur social. Pour George Borjas, il est dû à la baisse constante du niveau d'éducation

figure 56 : **Personnes vivant sous le seuil de pauvreté aux États-Unis, 2003**

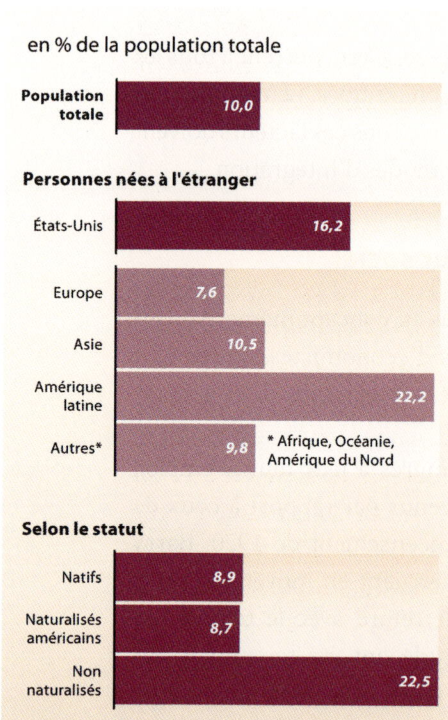

Source : compilation de Dominique DANIEL, d'après U.S. Census Bureau, Current Population Survey, Annual Social and Economic Supplement, 2004, Immigration Statistics Staff, Population Division.

Sciences Po / CERI et Atelier de cartographie, mai 2009

au moment de l'immigration, en grande partie à cause de l'afflux d'immigrants légaux et illégaux en provenance du Mexique et d'autres pays d'Amérique centrale, attirés par la perspective de salaires supérieurs à ceux de leur pays d'origine. Pour d'autres chercheurs, le retard des immigrants est principalement lié au contexte économique structurel dans lequel ils s'intègrent. À l'ère postindustrielle, l'économie américaine offre peu de perspectives aux travailleurs non diplômés et non qualifiés. Les inégalités socio-économiques et le retrait de l'État providence réduiraient en outre la mobilité.

Ces analyses divergentes mènent à des solutions politiques différentes. George Borjas prône un système d'immigration plus sélectif calqué sur le modèle canadien, qui éliminerait les candidats peu instruits. D'autres mettent l'accent sur le pouvoir d'intégration du système éducatif américain, que les pouvoirs publics devraient soutenir. Avec un enfant sur cinq dont les parents sont d'origine étrangère, les écoles américaines sont confrontées à des problèmes inédits pour répondre aux besoins d'une population parfois illettrée et parlant mal l'anglais. Depuis l'adoption de la loi fédérale sur l'éducation bilingue en 1968, confirmée par une décision de la Cour suprême en 1974, les écoles ont mis sur pied divers programmes d'assistance aux enfants non anglophones ou issus des minorités ethniques. En 2002, le *No Child Left Behind Act* a fait de l'intégration des groupes historiquement marginalisés une priorité. Pourtant, la persistance de nombreux problèmes complique l'application et le financement des programmes de soutien, et la position de George Borjas en faveur d'un système d'immigration plus sélectif a de plus en plus d'adeptes à Washington.

Le capital social, facteur d'intégration

De toute évidence, l'emploi et la réussite professionnelle sont indispensables à l'intégration sociale des immigrés et de leur famille, et ont une influence sur toutes les autres dimensions de l'intégration. Dans leurs études sur les immigrants européens de Chicago, les sociologues ont identifié quatre étapes dans l'intégration : le contact, le conflit, l'accommodation et l'assimilation. Les travaux de Milton Gordon dans les années 1960 ont permis de distinguer divers domaines d'assimilation, en particulier culturel, structurel, marital et identitaire. Les théoriciens d'aujourd'hui conçoivent l'intégration comme un processus multidirectionnel et multiforme ne menant pas forcément à une « fusion » avec la société américaine.

Ils mettent l'accent sur le capital social des immigrants, c'est-à-dire les réseaux de communication et d'entraide dont ceux-ci peuvent bénéficier au moment de leur installation et dans leur nouvelle vie. Les enclaves ethniques fournissent à des immigrants peu préparés à affronter la société et le marché de l'emploi américain une protection qui peut faciliter leur insertion. En comparant l'intégration de plusieurs groupes de la seconde génération d'immigrés, Alejandro Portes a démontré l'importance de ce capital social et ses limites. Les enfants d'immigrants chinois ou coréens, élevés dans des communautés aux liens familiaux et sociaux serrés qui renforcent les sentiments de loyauté et d'obéissance, ont des résultats scolaires supérieurs aux autres groupes immigrés et à la population américaine. En revanche, les jeunes Haïtiens, qui grandissent dans une société qui les perçoit en tant qu'Africains-Américains, sont confrontés aux préjugés des Blancs et obtiennent de moins bons résultats. L'intégration prend pour eux la forme d'une « racialisation » dont leurs familles ne peuvent les protéger et qui se traduit par une socialisation par le bas. « Segmentée », l'assimilation des immigrants aux États-Unis peut mener au progrès ou à la régression économique, inclure à la fois des éléments d'incorporation à la société d'accueil et la rétention de certains traits hérités de l'immigration. La complexité et la diversité de ces processus sur le terrain rendent difficile la tâche des législateurs.

L'intégration spatiale et culturelle

Aux yeux de l'opinion publique, la maîtrise de l'anglais est un signe majeur d'intégration. C'est cette question qui suscite le plus fortement l'hostilité des Américains à l'encontre de la nouvelle immigration, nourrie par la crainte que les nouveaux venus et leurs descendants « refusent » d'apprendre l'anglais et mettent en danger l'avenir même de la langue aux États-Unis. Les études montrent pourtant qu'une part non négligeable des immigrants parlent l'anglais au moment de leur installation, que la plupart des autres l'apprennent et que leurs enfants le parlent couramment. Selon le recensement de 2000, 72 % des personnes qui parlent l'espagnol dans leur foyer et 77 % de ceux qui parlent une langue asiatique déclarent parler l'anglais « bien » ou « très bien », avec une exception, le cas des immigrés mexicains qui sont près de 75 % à ne pas maîtriser l'anglais en 2006. Mais ce taux élevé est dû à une importante proportion d'immigrants récents. Si l'on compare les Mexicains aux autres immigrants au profil identique (installés aux États-Unis au même âge et résidant depuis le même nombre d'années), l'écart diminue sensiblement. Sur le long terme, l'adoption de l'anglais est quasi universelle, à l'exception de certaines personnes âgées. C'est l'afflux constant de nouveaux immigrants qui permet aux langues étrangères, notamment l'espagnol, de perdurer.

Pour répondre au défi que constitue la présence d'une large population d'enfants et d'adultes pour lesquels l'anglais est une seconde langue, les pouvoirs publics fédéraux et locaux ont développé des programmes bilingues d'éducation. Depuis la loi fédérale de 1968, sous l'effet de la décentralisation du système éducatif américain et des fluctuations politiques, les méthodes et les objectifs de ces programmes se sont diversifiés. Certains ont eu pour objectif de faciliter la transition vers l'anglais, d'autres de développer le bilinguisme. Sous l'influence du mouvement English Only apparu au milieu des années 1980, quelques États américains ont proclamé l'anglais comme langue officielle et limité l'éducation bilingue. En 1998, l'État californien, qui compte le plus grand pourcentage d'élèves non anglophones, a adopté par référendum une loi favorisant l'immersion en anglais des enfants. Ceux qui sont jugés incapables de suivre les cours dans cette langue peuvent néanmoins bénéficier d'un programme scolaire de transition qui doit, selon les termes de la loi, être effectué « pour la plupart » en anglais. Le flou de cette formulation, ainsi que la possibilité offerte aux parents de demander une exemption pour leur enfant, ont permis à l'éducation bilingue de se poursuivre en Californie. Son application demeure cependant inégale et dépend de la motivation des autorités scolaires locales.

La répartition géographique et le degré de ségrégation des minorités ethniques constituent un autre indicateur important de l'intégration sociale et culturelle. Les immigrants ont tendance à se regrouper, préférant vivre là où se trouvent d'autres foyers de même origine nationale ou ethnique. C'est là que les réseaux d'entraide peuvent le mieux se déployer. Le cas des *Chinatowns* de New York, de San Francisco ou de Chicago est bien connu. Mais d'autres communautés immigrées attirent l'attention : Dearborn, dans la banlieue de Detroit, abrite par exemple

figure 57 : **Population née à l'étranger, États-Unis, 2007**

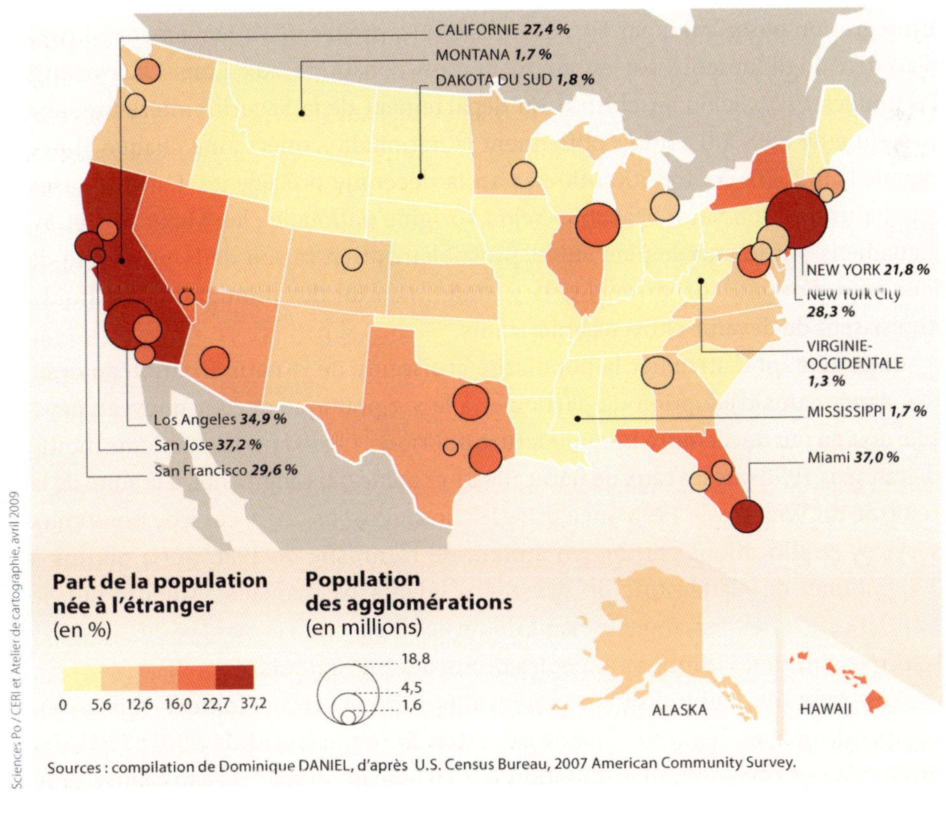

Sources : compilation de Dominique DANIEL, d'après U.S. Census Bureau, 2007 American Community Survey.

la plus grande communauté arabe des États-Unis. Même quand le gouvernement fédéral est intervenu pour disperser les nouveaux arrivants à travers le pays, comme pour les réfugiés cubains dans les années 1960 ou les Vietnamiens dans la décennie suivante, des migrations secondaires ont conduit à une reconcentration de ces populations.

Certains sociologues y voient la source de nouveaux ghettos et d'une « balkanisation » de l'Amérique, d'autres montrent que cette concentration géographique est en général temporaire : s'ils en ont les moyens financiers, les immigrés choisissent un quartier mixte, avec des différences sensibles selon les groupes ethniques. Les Américains d'origine asiatique et hispanique sont en moyenne moins ségrégés que les Africains-Américains, qui restent confrontés à une forte discrimination. Les Noirs de la classe moyenne continuent à vivre dans des quartiers ségrégés. Les Asiatiques sont relativement dispersés et résident en majorité dans les banlieues des classes moyennes, alors que la population mexicaine-américaine reste plus concentrée, même si cette dernière tend à se disperser avec le temps. L'intégration géographique dépend de la mobilité économique et sociale, elle-même liée à l'éducation.

L'intégration politique par la naturalisation

L'intégration passe aussi par les naturalisations, preuve de l'attachement au pays d'accueil. Leur nombre est en augmentation constante aux États-Unis depuis les années 1970. Selon les chiffres du département de la Sécurité intérieure, une moyenne de 680 000 adultes obtiennent la nationalité américaine chaque année depuis l'an 2000, contre 500 000 par an la décennie précédente. L'attitude face à la naturalisation varie beaucoup selon l'origine nationale : les Mexicains et les Canadiens ont le taux le plus faible, probablement en raison de la proximité de leur pays d'origine. En revanche, la grande majorité des immigrants asiatiques choisissent de devenir citoyens américains.

Il est tentant d'attribuer la popularité croissante de la naturalisation au désir des Américains d'adoption de participer à la vie politique de leur nouveau pays. Elle doit en fait beaucoup à la conjoncture politique. C'est dans la deuxième moitié des années 1990 que les taux de naturalisation ont le plus augmenté, à la suite de la réforme du Welfare de 1996 qui a privé les non-citoyens de l'accès à de nombreux services et allocations et, plus en amont, de l'amnistie de 1986 qui a permis à 2,7 millions de clandestins de devenir résidents permanents. Aujourd'hui, la multiplication des demandes est sans doute liée en partie à la menace de nouvelles réformes limitant l'immigration et les droits des immigrants.

Les taux de naturalisation américains restent étonnamment faibles en comparaison avec ceux du Canada où, selon le recensement de 2001, 72 % des immigrés ont obtenu la naturalisation – soit près du double du taux américain.

Irene Bloemraad, qui a analysé la différence de comportement face à la naturalisation entre immigrants de même origine et de même profil socio-économique résidant dans les deux États d'Amérique du Nord, montre que cette différence s'explique non par le seul choix des immigrants mais par les politiques publiques et les structures administratives mises en place au Canada pour faciliter les démarches de la naturalisation. En outre, le taux de participation électorale des minorités ethniques reste, aux États-Unis, inférieur à celui des Blancs. À l'élection présidentielle de 2004, selon le Bureau du recensement, 67 % de ces derniers ont rempli leur devoir civique contre 60 % des Africains-Américains, 44 % des Asiatiques et 47 % des Hispaniques. Ces chiffres s'expliquent par l'importance des citoyens récemment naturalisés parmi ces populations, ainsi que par la faiblesse du niveau d'éducation des minorités. Les élections de novembre 2008 ne semblent pas avoir modifié de façon significative les comportements des populations d'origine immigrée.

L'absence de politiques d'intégration américaines

L'intégration est donc fonction des comportements individuels, des structures économiques et sociales et des politiques publiques qui concernent les immigrants. Il y a un siècle, le gouvernement et les organismes caritatifs et philanthropiques s'étaient engagés dans un ambitieux programme d'instruction et d'américanisation. Aujourd'hui, si écoles, bibliothèques, hôpitaux, services sociaux et autres institutions publiques et privées aident toujours les nouveaux venus – par exemple, l'État de l'Illinois a lancé en 2005 le programme *New Americans Initiative* pour faciliter l'insertion sociale, l'apprentissage de l'anglais et la naturalisation –, certains acteurs de l'intégration comme les syndicats et les écoles publiques des centres-villes se sont affaiblis. Par ailleurs, un nombre croissant d'immigrés s'installent dans des États qui n'ont pas de tradition d'immigration et manquent de structures d'accueil, c'est le cas en particulier des petites et moyennes villes du Sud et du Middle West. Surtout, l'absence de politique d'intégration au niveau fédéral crée d'importantes inégalités locales et prive les nouveaux venus d'un soutien capital, freinant leur intégration.

En fait, les États-Unis, contrairement au Canada voisin, n'ont jamais eu de politique d'intégration. Le gouvernement fédéral a certes créé quelques programmes, principalement à destination des réfugiés et des travailleurs temporaires, et certains aspects des politiques fédérales, comme l'éducation, contiennent des mesures à destination des minorités. Mais ces programmes, limités et sans véritable financement, ne constituent pas une stratégie générale d'aide à l'insertion des centaines de milliers de personnes qui souhaitent chaque année devenir résidents américains. Surtout, les politiques sociales américaines ont été conçues dans un contexte historique dominé par les relations entre Blancs et Noirs. Issues du mouvement pour les droits civiques, elles ont ensuite été étendues aux

« nouvelles » catégories ethnoraciales créées par le Bureau du recensement (Blanc, Noir, Asiatique, Amérindien et Hispanique).

Ces politiques ne prennent pas en compte les besoins spécifiques des immigrés, notamment ceux des nouveaux venus, dont l'insertion dans la société et sur le marché du travail est rendue difficile par la méconnaissance de la langue, des institutions et de la culture du pays d'accueil. Les programmes de discrimination positive, institués dans la lignée des politiques mises en place pour le développement des droits civiques des populations noires, permettent aux universités publiques et aux entreprises de prendre en compte l'appartenance ethnique lors du recrutement, afin d'aboutir à une représentation équitable de chaque groupe présent dans la société. La logique qui sous-tend ces programmes est celle de l'intégration des minorités de couleur sous-représentées, victimes du racisme et de la ségrégation. Les catégories ethnoraciales sur lesquelles ils reposent ne permettent pas une prise en compte efficace de la diversité socio-économique et ethnique des immigrés et donnent lieu à d'évidentes absurdités. Par exemple, un chirurgien d'origine péruvienne peut bénéficier des programmes de discrimination positive en raison de son statut d'Hispanique tandis qu'un agriculteur polonais sans diplôme en sera exclu. C'est la raison pour laquelle ces programmes peuvent avoir un effet négatif sur l'intégration des immigrés en favorisant un esprit de concurrence en leur sein.

La conjoncture politique actuelle a même provoqué un recul des mesures d'aide à l'intégration. Dans certaines municipalités et certains États, les clandestins sont marginalisés par des mesures de restriction : les propriétaires se voient interdits de louer un logement à des sans-papiers, ces derniers ne peuvent s'inscrire à l'université, des policiers sont parfois contraints de vérifier le statut des résidents. Les restrictions affectent également les immigrés réguliers. L'État providence est en effet en retrait depuis 1996, année où le Congrès dominé par les républicains a mis fin à certains droits sociaux jusque-là accordés à des non-citoyens. Bien que certains droits aient ensuite été rétablis et que des États aient remplacé l'aide fédérale, les nouveaux immigrants restent privés de certains programmes d'aide. Ils n'ont par exemple pas accès à Medicaid, le système fédéral d'assurance maladie pour les personnes à faibles revenus. En conséquence, 44 % des non-citoyens n'ont pas d'assurance maladie et en sont réduits à utiliser les services des urgences des hôpitaux.

Quelles perspectives d'avenir pour les nouveaux migrants ?

Il est probable que les immigrants d'aujourd'hui connaîtront une évolution similaire à celle des vagues précédentes : les primo-arrivants et leurs descendants apprendront l'anglais, tisseront des liens avec les Américains de toutes origines et grimperont dans l'échelle sociale. Les nouveaux venus auront cependant plus de difficultés que par le passé, en raison de facteurs liés à la nature même de l'immigration et à l'évolution de la société d'accueil comme de celle de l'économie mondiale. Bon nombre d'immigrants sont issus de milieux pauvres, et l'économie américaine offre de moins en moins de perspectives d'avenir aux étrangers sans diplôme et sans qualification. Elle cantonne les nouveaux venus dans certains secteurs de l'économie qui offrent peu de perspectives d'avancement et où les conditions de travail et les salaires sont médiocres. Les progrès de la deuxième génération sont réels mais relatifs. Cette immigration va, selon toute vraisemblance, se poursuivre, ce qui dans un contexte de retrait de l'État fédéral rendra la tâche de plus en plus lourde aux écoles et aux services sociaux qui les accueillent.

La société américaine connaît une vague de méfiance et de rejet de l'immigration, due en partie à l'ampleur du phénomène et au nombre élevé d'étrangers sans papiers. Le gouvernement fédéral ne semble pas prêt à apporter une réponse aux nombreux problèmes d'intégration. À l'image de la société américaine, la population immigrée est de plus en plus polarisée : les États-Unis accueillent aussi bien des millions de défavorisés que des élites en provenance d'Asie, d'Europe et du Canada. Cette hétérogénéité de l'immigration, ajoutée à son ampleur, crée des difficultés supplémentaires aux législateurs.

Pour en savoir plus

BLOEMRAAD (Irene), *Becoming a Citizen. Incorporating Immigrants and Refugees in the United States and Canada*, Berkeley (Calif.), University of California Press, 2006.

BORJAS (George J.), *Heaven's Door. Immigration Policy and the American Economy*, Princeton (N. J.), Princeton University Press, 1999.

FIX (Michael) (ed.), *Securing the Future. US Immigrant Integration Policy*, Washington (D. C.), Migration Policy Institute, 2007.

HUNTINGTON (Samuel), *Who Are We ? The Challenge to America's National Identity*, New York (N. Y.), Simon and Schuster, 2004.

MASSEY (Douglas S.) (ed.), *New Faces in New Places. The Changing Geography of American Immigration*, New York (N. Y.), Russell Sage Foundation, 2008.

National Research Council, *The New Americans. Demographic, Economic and Fiscal Effects of Immigration*. Washington (D. C.), National Academy Press, 1997.

PORTES (Alejandro) et RUMBAUT (Rubén G.), *Legacies : The Story of the Immigrant Second Generation*, Berkeley (Calif.), University of California Press, 2003.

WALDINGER (Roger) (ed.), *Strangers at the Gate. New Immigrants in Urban America*, Berkeley (Calif.), University of California Press, 2001.

L'intégration des migrants au Royaume-Uni

Anne Daguerre

Le modèle d'intégration britannique essentiellement pluraliste, fondé sur la reconnaissance du droit des minorités ethniques au maintien de leurs spécificités culturelles et religieuses dans le cadre d'un strict système d'allégeance à la Couronne, s'oppose traditionnellement au modèle d'intégration français. Depuis 1961, soit bien avant la crise pétrolière des années 1970, ce modèle de tolérance multiculturel repose sur un contrôle très strict des flux migratoires. En ce sens, le Royaume-Uni a véritablement inauguré les politiques de fermeture des frontières que mettront ensuite en place l'ensemble des pays européens, notamment la France et l'Allemagne à partir du début des années 1970. Cette politique d'immigration restrictive est souvent présentée comme la contrepartie de la politique d'inclusion multiculturelle des minorités ethniques déjà installées sur le territoire. Un modèle de « tolérance », oui mais fondé sur une exclusion partielle des nouveaux arrivants.

Au Royaume-Uni, la grande majorité des immigrants, en tant que résidents de pays du Commonwealth (Inde, Pakistan, Hong Kong, Bangladesh, etc.), ont droit au passeport britannique dès leur arrivée et jouissent de prérogatives importantes en matière de droits culturels et religieux. Pourtant, en dépit de ces droits formels importants, les pouvoirs publics britanniques ont développé des politiques toujours plus restrictives, fondées sur la race ou l'appartenance à une minorité ethnique. Les droits concrets, notamment économiques et sociaux, des nouveaux arrivants sont plus sévèrement encadrés. Mais surtout, le modèle multiculturel fondé sur la reconnaissance des droits culturels et religieux des minorités est depuis quelques années soumis à des pressions exogènes et endogènes importantes. Les pouvoirs publics ont en effet multiplié les initiatives censées lutter contre la radicalisation

figure 58 : **Minorités ethniques au Royaume-Uni, avril 2001**

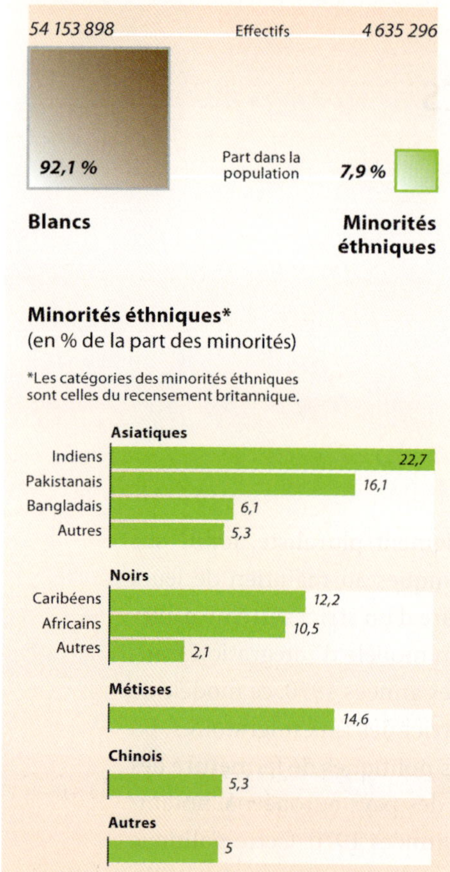

Source : compilation de Dorian RYSER, d'après Census, Office for National Statistics, avril 2001.

Sciences Po / CERI et Atelier de cartographie, avril 2009

des jeunes Britanniques d'origine étrangère tout en rendant l'accès à la citoyenneté beaucoup plus difficile que par le passé.

Un multiculturalisme britannique pragmatique

Le Royaume-Uni est définitivement un pays d'immigration. Les minorités ethniques représentaient 7,9 % de la population britannique en 2001, date du dernier recensement. La grande majorité d'entre elles sont concentrées en Angleterre et au Pays de Galles (9,1 %). Leur poids dans la population a beaucoup augmenté : elles étaient environ 80 000 en 1951, 1,5 million trente ans plus tard, 3 millions en 1991 et 4,6 millions en 2001. L'immigration d'origine caribéenne et d'Asie du Sud a été encouragée par les pouvoirs publics afin de satisfaire les besoins de main-d'œuvre entre 1948 et 1974. Les immigrants constituaient une population de remplacement dans les industries des Midlands et du Nord du pays, notamment à Leeds et à Bradford.

Les principales minorités sont, par ordre décroissant d'importance, celles originaires d'Asie du Sud (2,2 millions, dont 1 million d'Indiens, 747 000 Pakistanais et 280 000 Bengalis), celles originaires des Caraïbes (565 000) et enfin celles venues d'Afrique (480 000). Les familles indiennes expulsées des pays africains dans les années 1970 forment une immigration de cadres très qualifiés, qui se sont installés dans le Grand Londres et dans la ville de Leicester. La population d'origine mixte est également importante, avec 670 000 personnes. Dans les années 1990 et 2000, les flux d'immigration ont augmenté et se sont diversifiés : on compte désormais des travailleurs temporaires et des demandeurs d'asile en provenance des nouveaux membres de l'Union européenne (notamment de Pologne), mais aussi une immigration chinoise et brésilienne.

L'adoption d'une politique migratoire restrictive

La loi de 1948 (*British Nationality Act*) donna à tous les sujets de la Couronne l'accès à la citoyenneté. Cette politique d'ouverture impériale fut cependant contestée

figure 59 : Origines des étrangers résidant au Royaume-Uni, 2008

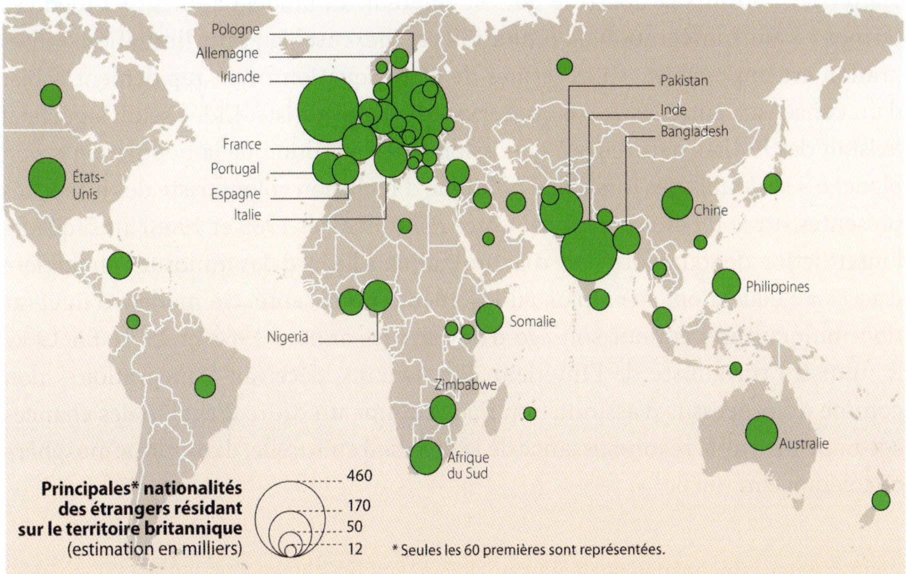

Sources : compilation de Dorian RYSER, d'après ONS, Annual Population Survey (APS)/Labour Force Survey (LFS).

Sciences Po / CERI et Atelier de cartographie, avril 2009

dès les années 1950, période durant laquelle les préjugés racistes à l'endroit des « gens de couleur » originaires des Caraïbes commencèrent à se manifester au sein même de l'administration conservatrice britannique. C'est dans ce contexte que fut adoptée la loi de 1962, le *Commonwealth Immigrants Act*, qui établit une distinction stricte entre les droits des citoyens britanniques et ceux du Commonwealth. Trois catégories de cartes de séjour furent établies, les cartes A pour ceux ayant un travail au Royaume-Uni, les cartes B pour les candidats qualifiés, et les cartes C pour les travailleurs les moins qualifiés. Le nombre de cartes C était contingenté. Il s'agissait de limiter le nombre d'entrées des travailleurs des Caraïbes, recrutés massivement dans les années 1950 pour répondre aux besoins de main-d'œuvre dus au développement du secteur public, notamment le Service de santé (NHS) et les transports.

Après avoir dénoncé cette politique restrictive, le Parti travailliste l'adopta sans

figure 60 : Résidents étrangers au Royaume-Uni, 2004

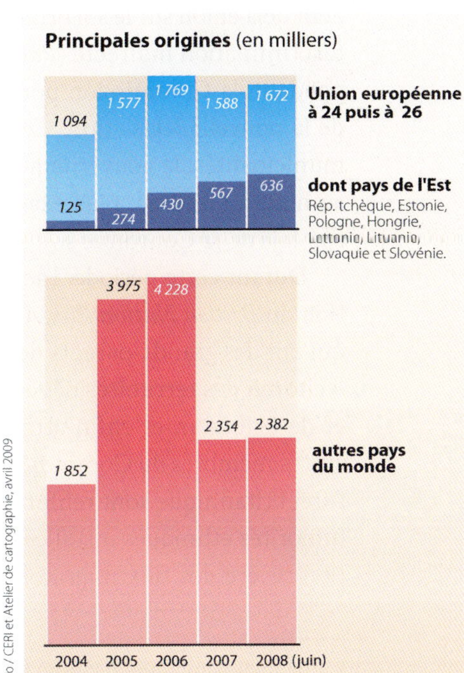

Source : compilation de Dorian RYSER, d'après ONS, Annual Population Survey (APS)/Labour Force Survey (LFS).

Sciences Po / CERI et Atelier de cartographie, avril 2009

états d'âme dès son retour au pouvoir en 1964. Le ministre de l'Intérieur, Roy Hattersley, formula la doctrine qui est au cœur du modèle d'intégration en ces termes : « Sans intégration, la limitation est inexcusable ; sans limitation, l'intégration est impossible[1]. » Les termes de cette équation firent rapidement l'objet d'un consensus entre les partis conservateur et travailliste. L'idée selon laquelle il existait des limites naturelles à la possibilité d'absorption de la population « non blanche » se doubla dès lors d'une politique d'inclusion volontariste des minorités présentes sur le territoire national (*Race Relations Act* 1965 et 1968) ainsi que de l'interdiction de toute forme de discrimination à l'égard des minorités en matière d'accès à l'éducation, à l'emploi, au logement et à la santé. Ce modèle d'intégration multiculturel connut son âge d'or dans les années 1960 et 1970. En 1966, le ministre travailliste de l'Intérieur, Roy Jenkins, décrivait l'intégration « non comme un processus d'assimilation mais comme un cadre d'égalité des chances accompagné par la reconnaissance de la diversité culturelle, dans une atmosphère de tolérance mutuelle[2] ».

Renforcement des termes de l'équation

Par la suite, dans les années 1970, les politiques d'intégration obéirent de plus en plus à cette logique duale, avec, d'une part, un accès de plus en plus restreint à la citoyenneté, réservé aux membres du Commonwealth dont un proche parent était déjà établi sur le sol britannique, et, d'autre part, une législation interdisant la discrimination indirecte (*Race Relation Act*, 1976), qui établit un organisme indépendant, la Commission pour l'égalité raciale, pour surveiller la mise en œuvre de la nouvelle législation. Ce système est en réalité entièrement contrôlé par les municipalités, le gouvernement central acceptant d'en déléguer la bonne gestion au niveau local, ou, plus exactement, à la communauté, pourvu que l'allégeance aux lois de la Couronne soit strictement respectée.

Durant cette période, l'accès à la citoyenneté est encore restreint avec l'adoption du *British Nationality Act* en 1981. La loi accorde le statut de citoyen à ceux qui ont des grands-parents déjà installés sur le sol britannique, octroie le statut de « citoyen des territoires dépendants » aux habitants de Hong Kong, des Falklands et de Gilbratar, et enfin attribue un statut dérogatoire, de troisième classe, aux autres membres du Commonwealth. Les termes de l'équation du modèle multiculturel britannique sont renforcés : reconnaissance du droit à la différence pour les minorités ethniques installées depuis longtemps sur le territoire national, restriction sévère des flux migratoires et de l'accès à la citoyenneté pour les nouveaux

1 Cité par Rosemary Sales, *Understanding Immigration and Refugee Policy. Contradictions and Continuities*, Bristol, The Policy Press, 2007, p. 141.

2 *Ibid.*

arrivants, qui se trouvent de plus en plus souvent privés de droits. Dans ce cadre, les minorités jouissent d'une grande marge de manœuvre pour préserver leurs us et coutumes, à l'exception de pratiques jugées « répugnantes » comme l'excision des filles (interdite en 1985).

Même l'affaire Rushdie de 1989, dite des versets sataniques, illustre le relativisme culturel des autorités britanniques par rapport aux groupes musulmans radicaux, en tout cas d'un point de vue français. Elles n'ont pas défendu Salman Rushdie sur la base du principe de la liberté d'expression ou de l'interdiction de l'autodafé, mais simplement parce qu'en proférant des menaces de mort à l'encontre de l'écrivain, les musulmans britanniques rompaient le pacte d'allégeance qui les liait à la Couronne et se mettaient *ipso facto* hors la loi. Députés travaillistes et conservateurs ont manifesté leur sympathie envers les groupes musulmans, pour des raisons clairement électoralistes, tout en condamnant la *fatwa* lancée contre Salman Rushdie. Ces menaces traduisent la colère de certains groupes musulmans qui ne se sentent plus représentés par le pacte multiculturel qui selon eux préserve un *statu quo* théoriquement multiculturel, mais en pratique fortement protestant et élitiste. Un auteur comme Tariq Modood exprime de manière éloquente ce point de vue. Après l'affaire Rushdie, l'attention des pouvoirs publics se portera de plus en plus sur les minorités musulmanes, notamment les jeunes, qui se sentent mis à l'écart et marginalisés dans la société britannique contemporaine.

La multiplication des tensions exogènes et endogènes

C'est à la fin des années 1990 et au début des années 2000 que les pressions à la fois exogènes et endogènes sur le modèle d'intégration se

figure 61 : **Origine des demandeurs d'asile au Royaume-Uni, 1997-2006**

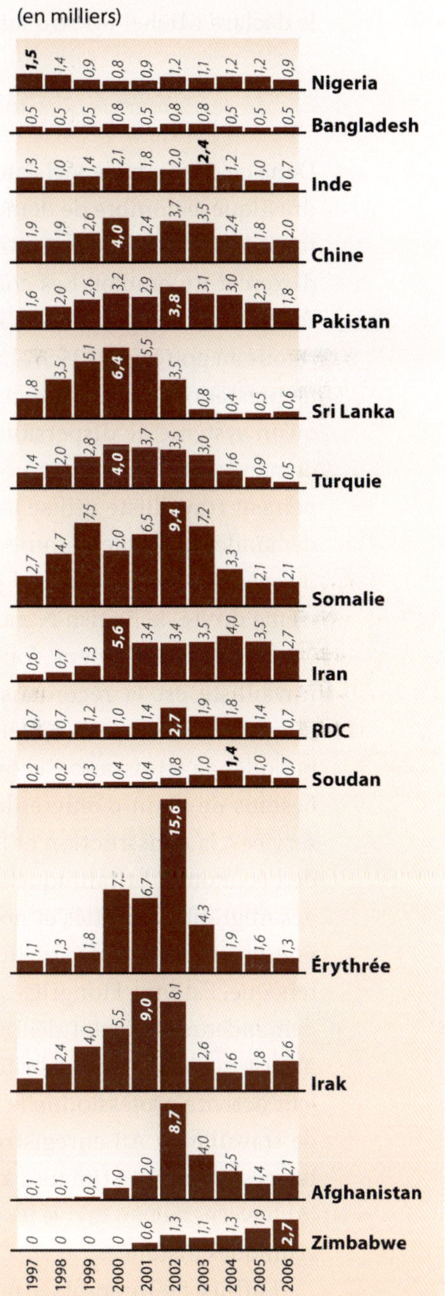

Source : compilation de Dorian RYSER, d'après OCDE, *Perspectives des migrations internationales. Sopemi 2008.*

Sciences Po / CERI et Atelier de cartographie, avril 2009

font jour, provoquant une crise durable. Pressions exogènes d'abord avec, à partir des années 1990, une croissance du nombre de demandeurs d'asile. Le système peut-il faire face à ces demandes ? Les pouvoirs publics mettent alors en avant l'idée que le Royaume-Uni ne peut accueillir toute la misère du monde, comme le déclare Michel Rocard au même moment pour la France.

Réduire le nombre de demandeurs d'asile

Dans ce contexte, le législateur multiplie les mesures visant à réduire de manière drastique le nombre de demandeurs d'asile, notamment en limitant considérablement leur droit aux prestations sociales, allant même jusqu'à les priver du droit d'exercer un emploi. Les conservateurs inaugurent cette politique avec la loi sur l'asile et l'immigration de 1996, qui est appliquée par les travaillistes dès leur retour au pouvoir en 1997. La loi de 1999 met ensuite en place un système de bons de prestations (*vouchers*) en lieu et place des droits aux prestations sociales ainsi qu'un système de dispersion destiné à limiter la concentration géographique des demandeurs d'asile dans Londres et le Sud-Est de l'Angleterre. Enfin, le gouvernement travailliste utilise un discours populiste présentant la vaste majorité des demandeurs d'asile comme « bidons » (*bogus*), censé rassurer sa base électorale ouvrière traditionnelle, qui pourrait être tentée de voter pour la formation d'extrême droite, le British National Party (BNP).

Le second élément fondamental de la politique d'immigration du Parti travailliste est la reconnaissance tacite des bienfaits de l'immigration économique « maîtrisée ». En effet, le Royaume-Uni a connu de 1996 à 2007 une période de croissance économique sans précédent qui a créé de nouveaux besoins de main-d'œuvre dans certains secteurs de l'économie, notamment les services, la construction et l'agriculture. On peut même penser que la prospérité de l'économie britannique a été pour partie alimentée par sa capacité à attirer des migrants, qualifiés et non qualifiés. De fait, les autorités ont autorisé l'immigration en provenance de huit des nouveaux États membres de l'UE (République tchèque, Estonie, Hongrie, Lettonie, Lituanie, Pologne, Slovaquie et Slovénie). Ces demandeurs d'emploi dénommés « A8 » sont tenus de s'enregistrer auprès du ministère de l'Intérieur britannique dans un délai d'un mois suivant le début de leur activité professionnelle au Royaume-Uni. Estimé à 15 000 par an, le nombre de travailleurs A8 enregistrés entre 2004 et 2006 s'élève à 427 000. En d'autres termes, en sous-estimant l'afflux de travailleurs en provenance des pays de l'Est, le gouvernement a ravivé les tensions entre les nouveaux arrivants et les minorités ethniques installées.

L'afflux de migrants a provoqué un débat sur la capacité du système britannique à intégrer une immigration certes blanche mais perçue comme problématique, notamment dans la compétition en termes d'accès au logement social et aux emplois. Ces craintes ne sont pas justifiées : un grand nombre de travailleurs en provenance des pays de l'Est, en particulier polonais, ont décidé de rentrer dans leur pays d'origine, l'économie britannique étant officiellement entrée en récession à l'été 2008. Pourtant, l'hostilité à l'égard des travailleurs étrangers reste importante. En effet, à la fin du mois de janvier 2009, des employés de la raffinerie Lindsey, dans le Lincolnshire, se sont mis en grève pour protester contre l'emploi de travailleurs italiens. Les grévistes ont demandé des comptes au Premier ministre Gordon Brown qui, lors de son discours à la conférence annuelle du Parti travailliste en septembre 2007, avait promis de créer des « emplois britanniques pour les travailleurs britanniques » (*British jobs for British workers*).

La radicalisation des minorités

Mais c'est surtout la multiplication des pressions endogènes, perçues comme autant de signes de craquement, qui a conduit à une certaine remise en question du modèle d'intégration multiculturel britannique. Longtemps très compréhensifs à l'égard des revendications des minorités musulmanes comme de l'ensemble des minorités religieuses – juive, catholique ou hindoue –, les pouvoirs publics manifestent aujourd'hui une certaine ambivalence à l'égard de demandes considérées comme trop radicales ou différentialistes, renforçant le sentiment de persécution des minorités musulmanes. Le débat public se cristallise sur la construction d'écoles de confession musulmane, sur le contenu des enseignements et sur la compatibilité de ces enseignements avec le curriculum national, la crainte étant que les écoles confessionnelles forment des jeunes gens coupés des lois et des règles de la société britannique. Après les attentats du 11 septembre 2001 et surtout ceux du 7 juillet 2005 à Londres, les minorités musulmanes seraient victimes non pas de « racisme ordinaire » mais d'islamophobie. Que des citoyens britanniques aient commis des attentats suicides contre leurs compatriotes a provoqué un électrochoc sans précédent, conduisant les pouvoirs publics à s'interroger sur les causes de la radicalisation de ces jeunes hommes jusqu'alors considérés comme parfaitement intégrés.

Dans ce contexte, l'attention des pouvoirs publics s'est concentrée sur les problèmes d'intégration socio-économique des jeunes musulmans britanniques, qui vivent dans des zones de grande pauvreté et sont relativement sous-qualifiés. Par exemple, la majorité de la population bengalie (musulmane) vit à Tower Hamlets, l'un des arrondissements les plus pauvres de la capitale. Victimes de discriminations fondées sur des préjugés négatifs associés à leur foi, les jeunes musulmans finissent par revendiquer leur religion comme un marqueur d'identité, ravivant ainsi les craintes d'une ghettoïsation perçue comme une atteinte fondamentale au modèle d'intégration multiculturelle dont le Royaume-Uni s'est longtemps enorgueilli.

En termes d'intégration économique et sociale, il existe une différence assez nette entre les minorités musulmanes et les autres groupes ethniques et religieux, notamment entre les Indiens et les autres groupes ethniques. Les minorités d'origine indienne, mieux formées et éduquées que celles d'origine pakistanaise et bengalie, symbolisent dans leur grande majorité l'exemple d'une immigration économique réussie. En revanche, les Pakistanais, venus travailler dans les industries textiles des villes de Bradford et de Leeds, moins qualifiés, sont beaucoup plus affectés par le chômage (le taux de chômage masculin en 2001 était de 13,8 %, soit le double de celui des Indiens, à 6,2 %). Ce taux est encore plus élevé chez les populations d'origine bengalie (15,9 %) et caribéenne (16,3 %).

Un accès toujours plus difficile à la citoyenneté

Depuis 2005, le débat sur les caractéristiques fondamentales de l'identité culturelle et politique britannique s'est intensifié. Les candidats à la citoyenneté doivent désormais multiplier les signes d'allégeance à la Couronne. L'accès à la citoyenneté est devenu plus difficile que par le passé pour les nouveaux arrivants, contribuant à valider l'idée que la nationalité britannique se mérite. Cette philosophie représente une rupture majeure avec l'attitude de pragmatisme et de laisser-faire qui a longtemps caractérisé l'attitude des pouvoirs publics dans ce domaine. Ce durcissement traduit une inquiétude fondamentale quant à la notion même de citoyenneté et d'identité nationale. De ce point de vue, les questionnements actuels ne sont paradoxalement pas si éloignés des débats qui traversent la France depuis, notamment, la création du ministère de l'Immigration, de l'intégration, de l'identité nationale et du développement solidaire.

Pour en savoir plus

The Financial Times, « Britain Loses Appeal to Polish Jobseekers », 21 août 2008.

FAVELL (Adrian), *Philosophies of Integration, Immigration and the Idea of Citizenship in France and Britain*, Basingstoke, Palgrave-Macmillan, 2001.

GEDDES (Andrew), « Maintaining "Fortress Britain" ? », dans Andrew Geddes (ed.), *The Politics of Migration and Immigration in Europe*, Londres, Sage, 2003.

PEACH (Ceri), « Sleepwalking into Ghettoisation : The British Debate over Segregation », dans Karen Schönwälder (ed.), *Residential Segregation and the Integration of Immigrants : Britain, the Netherlands and Sweden, Discussion Paper*, SP IV 602, 2007.

PENNINX (Rinus), « Integration of Migrants : Economic Social, Cultural and Political Dimensions », disponible en ligne sur www.unece.org

SALES (Rosemary), *Understanding Immigration and Refugee Policy.* Contradictions and Continuities, Londres, The Policy Press, 2007.

Le creuset français est-il brisé ? Vraies questions, faux diagnostics

Vincent Tiberj

Juin 2008, le Conseil d'État entérine le refus de naturalisation de Mme Faiza Mabchour, arguant que « si [elle], possède une bonne maîtrise de la langue française, elle a cependant adopté une pratique radicale de sa religion, incompatible avec les valeurs essentielles de la communauté française, et notamment avec le principe d'égalité des sexes ». Au-delà du cas particulier, cette décision est emblématique de la tournure qu'a prise le débat sur l'immigration et l'intégration dans la France post-11 septembre. La naturalisation ne peut plus se fonder uniquement sur les critères classiques de l'intégration comme le mariage « mixte » (ici avec un Français d'origine maghrébine), la maîtrise de la langue ou le fait d'être déjà mère de trois enfants tous de nationalité française. Désormais, cette focale par les valeurs permet d'opposer l'Islam et sa pratique aux principes républicains, ici la laïcité et l'égalité des sexes. Ce « cadrage républicain » autorise et légitime un débat autour de l'immigration lequel, il y a dix ans à peine, aurait été pour le moins miné pour tout responsable politique hors Front national.

Une sorte de « consensus multiculturel » selon l'expression de Paul Sniderman et Louk Hagendoorn s'était développé en Europe dans les décennies 1980 et 1990 notamment au sein des partis de gouvernement. Certes, le consensus n'était pas forcément explicite et variait selon les pays européens. Mais face à la montée des partis d'extrême droite, les élites politiques faisaient plus ou moins front contre le racisme et choisissaient de laisser la question de l'immigration en dehors du combat politique. Or on assiste aujourd'hui, notamment en France, à ce que Rogers Brubaker désigne comme « un retour de l'assimilation », autrement dit à une montée de l'exigence de cohésion de la part des sociétés d'accueil pour lesquelles la guerre contre le terrorisme n'est que l'un des facteurs déclencheurs.

Lorsque l'on parle d'intégration, on sous-entend les immigrés et leurs descendants nés en France, tandis que « l'intégration est perçue comme un processus de convergence uniforme des caractéristiques des immigrés vers la moyenne de celles de la société française[1] ». Que l'intégration soit considérée comme un *continuum* à la manière de l'École de Chicago ou comme un processus multidimensionnel et segmenté selon la théorie d'Alejandro Portes, les théories sociales de l'intégration tendent à minorer le rôle de la société d'accueil. Or, juge et partie, celle-ci a un double rôle. Juge par ce qu'elle en fixe les critères, et ceux-ci se sont nettement durcis aujourd'hui notamment sur les valeurs, allant jusqu'à refuser les différences culturelles. Mais aussi actrice de l'intégration, et de ce point de vue, le « cadrage républicain » du débat sur l'immigration sous-estime ses responsabilités dans le processus d'intégration, ne serait-ce qu'en oubliant ses conduites qui peuvent être discriminatoires et les tensions qui la traversent. D'ailleurs, même si la problématique des discriminations raciales est désormais rentrée dans les mœurs avec notamment la création et l'action de la Haute Autorité de lutte contre les discriminations (Halde), cette action s'accompagne quasi systématiquement d'un rappel des devoirs républicains[2].

C'est pourquoi on examinera ici la question de l'intégration dans sa dimension classique de l'insertion sociale mais aussi dans celle, plus nouvelle, de l'intégration normative. Nous verrons ainsi que la « crise du modèle français » doit être relativisée mais également que les responsabilités des échecs doivent nous conduire à réviser un prêt-à-penser souvent trompeur. Plusieurs enquêtes et travaux démontreront par ailleurs que la France, malgré des retards, dispose désormais d'outils performants pour traiter cet enjeu.

Qu'est-ce que la France plurielle ?

Bien que chaque vague migratoire ait été rejetée ou ostracisée par une partie plus ou moins importante de la population française, il est désormais coutumier de juger la crise actuelle à l'aune d'un passé idéalisé, où l'intégration républicaine aux valeurs de la communauté nationale fonctionnait à travers les grandes institutions et la volonté des migrants « d'en être » ; où l'instruction et les mérites

1 Mirna Safi, « Le processus d'intégration des immigrés en France : inégalités et segmentation », *Revue française de sociologie*, 47 (1), 2006, p. 5.

2 Ce balancement donnant-donnant est par exemple explicite dans l'exposé des motifs de la loi sur l'égalité des chances de janvier 2006 qui vise à répondre à la crise des banlieues : « Un certain nombre de nos concitoyens connaissent encore aujourd'hui des situations d'inégalité des chances qui non seulement ne sont pas acceptables au regard des principes de la République mais aussi nuisent à la cohésion nationale. À l'heure où notre pays sort d'une épreuve grave, il nous faut agir : nous devons refuser l'impuissance et trouver des solutions aux problèmes des Français. Nous avons également besoin de respect : nous devons nous rassembler autour des valeurs républicaines. »

individuels faisaient fonctionner l'ascenseur social. De ce point de vue, les immigrés d'hier seraient différents de ceux d'aujourd'hui ; et de fait, ils le sont, même si, nous le verrons, ils ne sont pas totalement maîtres de leur destin s'agissant de leur insertion sociale.

En 1962, l'immigration est essentiellement européenne (78,7 %, source Insee) et comprend 32 % d'Italiens, 18 % d'Espagnols. L'immigration portugaise n'en est qu'à ces débuts (2 %) et ne prend son essor que dans les années 1970. L'immigration algérienne est déjà importante (11,6 %) et constitue l'essentiel de l'immigration submédíterranéenne (15 %). En 1999 et pour la première fois dans l'histoire française, l'immigration extra-européenne dépasse l'immigration européenne, avec un total de 39,3 % pour l'Afrique dans son ensemble, soit une multiplication par 2,5 en un peu plus de trente ans. Derrière ces chiffres apparaît une diversification ethnique et religieuse éloignée de l'immigration blanche, européenne et catholique qui prévalait jusqu'alors.

Au total, les immigrés comptent aujourd'hui pour environ 7 % de la population française. Mais ils sont loin de représenter l'ensemble de la population d'origine étrangère en France : 23 % environ de la population française s'inscrit en effet dans le triptyque « première, deuxième, troisième génération », la composition des deux dernières générations reflétant l'histoire migratoire des parents. Selon les estimations de Michèle Tribalat, 25,9 % des individus de la première génération née en France sont d'origine maghrébine et 5,2 % d'origine africaine, tandis que 37,6 % sont originaires d'Europe du Sud et 11,7 % d'un autre pays d'Europe. Alors que, dans la deuxième génération née en France, on ne compte que 7,4 % de personnes d'ascendance maghrébine contre 49,9 % de descendants d'immigrants sud-européens et 21,8 % d'autres pays d'européens.

figure 62 : **Origine des immigrés en France, 1962-1999**

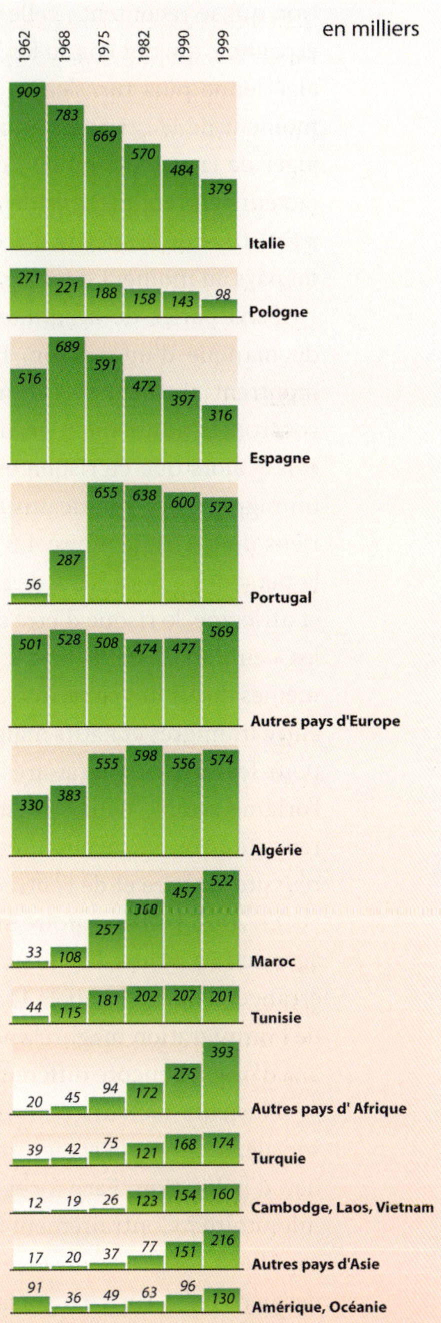

Source : compilation de Vincent TIBERJ, d'après l'Insee, Recensements de la population, 1962-1999.

Sciences Po / CERI et Atelier de cartographie, juillet 2009

Un marché du travail difficilement accessible

Par-delà la diversité des origines, c'est aussi des histoires différentes de l'insertion qui se racontent : celle par exemple d'enfants de l'immigration italienne ou espagnole qui ont connu les Trente Glorieuses ou celle d'enfants de l'immigration algérienne puis tunisienne, marocaine et africaine entrés dans la vie active au moment de la crise des années 1980 et 1990. On le voit bien, quand il s'agit de juger de la réussite ou de l'échec de l'insertion d'une vague migratoire, d'autres facteurs entrent en ligne de compte, allant des spécificités de la vague migratoire à l'attitude de la société d'accueil à leur égard, et à la situation socio-économique du pays au moment de cette insertion.

Sans parler de la faillite du système éducatif, de la crise des banlieues ou du manque d'intégration, Dominique Meurs, Ariane Pailhé et Patrick Simon montrent ainsi que les immigrés masculins originaires d'Europe du Sud sont confrontés au même niveau de risque d'être au chômage que les « natifs français » alors que ce risque est 2 fois plus élevé pour les immigrés asiatiques, les immigrés turcs, marocains et tunisiens près de 3 fois plus, et les immigrés algériens ou d'Afrique noire 4,5 fois plus. Le taux de chômage reste lié à l'origine de la personne : pour les « deuxièmes générations » marocaine, tunisienne, turque et africaine, le risque d'être au chômage est 1,6 à 1,8 fois plus important que pour les « enfants de natifs », et 2 fois plus pour les enfants algériens ou asiatiques. Ces mêmes disparités se retrouvent en matière d'emploi et de réussite professionnelle, entre immigrés et natifs mais également entre différentes vagues migratoires, sauf pour les vagues migratoires d'Europe du Sud pour lesquelles ce handicap lié à l'origine semble ne pas exister. Feraient-ils preuve d'une plus grande volonté de réussite ? Pour le savoir, intéressons-nous plus particulièrement à la question de la réussite scolaire et de l'entrée sur le marché du travail.

En 2002, l'Observatoire interrégional du politique (OIP) a interrogé 8 016 jeunes âgés de 15 à 24 ans. Un quart d'entre eux comptaient au moins un parent d'origine étrangère, parmi lesquels 11,5 % étaient issus de l'immigration européenne, 7,5 % de l'immigration maghrébine, 1 % de l'immigration de l'Afrique subsaharienne et 5 % d'origine encore différente.

Plusieurs facteurs peuvent influer sur la réussite dans les études : l'origine sociale, le genre, la structure familiale (famille bi- ou monoparentale, etc.) ou le lieu d'habitation. Face à ces facteurs traditionnels, quel est l'impact de l'origine migratoire ? Contrairement à ce que l'on entend souvent, il n'existe pas de handicaps liés à l'origine dans la réussite scolaire[3]. Le premier facteur explicatif de cette dernière reste l'origine sociale des personnes interrogées : toutes choses égales

3 Nous confirmons ici les résultats obtenus par Jean-Pierre Caille et Louis-André Vallet.

figure 63 : **Réussite professionnelle par origine et par niveau**

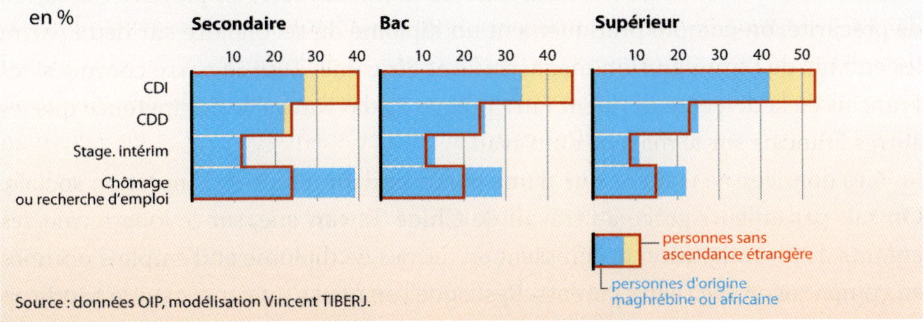

Source : données OIP, modélisation Vincent TIBERJ.

Sciences Po / CERI et Atelier de cartographie, juillet 2009

par ailleurs, les enfants de cadres ont 4 fois plus de chances d'arriver à un niveau Bac + 2 que les enfants d'ouvriers, 3 fois plus que les enfants d'employés (74 % des enfants de cadres et de professions intellectuelles supérieures sont bacheliers parmi les 18 ans et plus, et 53 % titulaires d'un Bac + 2 parmi les 20 ans et plus). Or parmi les enfants d'ouvriers d'origine maghrébine de 18 ans et plus, 51 % ont obtenu un baccalauréat et 29 % un diplôme de niveau Bac + 2 contre respectivement 48 % et 25 % pour ceux qui n'ont pas d'ascendance étrangère.

Les inégalités sont donc toujours présentes dans l'école de la République mais elles restent sociales. L'origine n'affecte pas la réussite scolaire. Les parents immigrés peuvent éprouver des difficultés à suivre le parcours de leurs enfants, mais ces dernières semblent être compensées par un surinvestissement dans les études. L'image de jeunes descendants d'immigrés majoritairement déscolarisés ou en échec doit donc être revue, elle ne correspond pas au vécu de la majorité des nouveaux Français.

Et c'est bien le problème. Car cette volonté de réussite trouve difficilement à se concrétiser dans une société où se perpétuent de nombreuses discriminations. À parcours scolaire égal, emplois et chômage inégaux. L'enquête de l'OIP donne un indicateur de cette précarité ou de la réussite professionnelle.

Si le diplôme est toujours protecteur en matière d'emploi, l'emploi dépend bien de l'origine des individus. Force est de constater que l'investissement scolaire des enfants de l'immigration maghrébine et africaine paie moins que celui des Français sans ascendance étrangère. Par exemple, un bachelier sans ascendance étrangère a autant, voire plus de chances d'obtenir un CDI qu'un enfant de l'immigration maghrébine ou africaine lui-même titulaire d'un diplôme du supérieur : soit 42 % des premiers pour 41 % des seconds. Les diplômés du secondaire sans ascendance étrangère réussissent mieux que les bacheliers issus de l'immigration maghrébine et africaine et donc aussi bien que les diplômés du supérieur pour peu que leurs parents viennent du Sud de la Méditerranée. Le taux de chômage déclaré est maximal parmi les diplômés du secondaire issus de l'immigration

(39 %), alors que parmi les diplômés de même niveau sans ascendance étrangère, il s'élève à 24 %. Au final, si l'on additionne les chômeurs et les employés en situation de précarité, on compte pratiquement un diplômé du secondaire sur deux parmi les enfants de l'immigration maghrébine et africaine. Tout se passe comme si les Français de la diversité devaient faire preuve de davantage de compétence que les autres Français sur le marché du travail.

Ces données ne traitent que d'une partie et d'un temps de l'insertion sociale. On sait par ailleurs grâce au travail de Chloé Tawan que, sur le long terme, les enfants de l'immigration progressent en termes de diplôme et d'emplois occupés en comparaison avec leurs parents. Reste que l'on peut s'interroger sur le handicap que la société française impose aux personnes d'origine étrangère, handicap semble-t-il lié à leur différence ethnique ou *color divide*. Comme dans les autres sociétés occidentales, les Français sont plus ouverts à la différence et plus tolérants. Mais la baisse générale des préjugés n'empêche pas l'ethnicité de peser, surtout si celle-ci est visible. Si, par exemple, les immigrés d'Europe de l'Est suscitaient au printemps 2005 plus de crainte dans l'électorat (41 %) que les immigrés maghrébins (35 %) ou africains (25 %), une différence subsistait. Les immigrés est-européens, comme leurs prédécesseurs sud-européens, pouvaient se « perdre dans la masse », à la différence des immigrés maghrébins et africains, et de leurs enfants qui souvent portent leur différence sur eux, et sont plus fréquemment victimes de comportements de rejet.

Lorsqu'on demande aux habitants des zones urbaines sensibles (ZUS) s'ils ont été victimes de racisme dans leur vie quotidienne, les Français d'origine italienne ou ibérique sont 67,5 % et 60 % à répondre « jamais », soit peu ou prou le taux des Français dépourvus d'ascendance étrangère (63,5 %). *A contrario*, 65,5 % des habitants d'origine maghrébine, 83 % des personnes d'origine africaine et 61 % des personnes originaires des DOM-TOM déclarent avoir souffert du racisme.

Au final, les enfants de l'immigration extra-européenne réussissent scolairement aussi bien que les enfants des catégories populaires. Si l'on compte moins de diplômés au sein de la population issue de l'immigration, c'est avant tout parce que l'école française ne peut corriger l'ensemble des inégalités sociales. Pourtant en situation de recrutement, pas systématiquement mais trop souvent, un double standard ethnique (selon l'origine des candidats) pèse sur les « deuxièmes générations ». La France est paradoxalement coincée entre un modèle qui se veut aveugle aux origines et la réalité de celles-ci qui continue de peser durablement sur le vécu des individus.

L'intégration normative en question

Ces dernières années, le débat sur l'immigration et l'intégration a largement dépassé la problématique de l'insertion sociale et de la participation économique à la vie de la cité des migrants et de leurs enfants. Leur volonté de faire société commune a régulièrement été mise en doute. Présomption de communautarisme, délit de repli sur soi, accusation d'islamisation de la séculaire société française, atteinte au modèle républicain, autant d'accusations qui depuis quelques années se sont installées au cœur du débat public. Qu'importe la représentativité des cas mis en lumière, il suffit d'une annulation de mariage ou de quelques foulards pour que l'on repose la question des relations entre Marianne et l'islam et qu'une loi nouvelle soit votée.

Au-delà des craintes légitimes et des cas d'espèce qui ont fait débat, s'agit-il d'un phénomène réel et mesurable ? Pour réaliser l'enquête intitulée *Rapport au politique des Français issus de l'immigration* (*Rapfi*), que j'ai co-dirigé avec Sylvain Brouard, nous avons mis en miroir un échantillon de Français d'origine maghrébine, africaine et turque, et un échantillon de la population française âgée de 18 ans et plus. Trente-six questions traitaient de l'intégration normative sous quatre angles : citoyenneté (implication politique et participation), confiance politique et soutien aux institutions (services publics, Parlement, etc.), identité (proximité à des groupes non issus de l'immigration) et valeurs républicaines. Cette dernière catégorie étant toujours complexe à définir empiriquement, il a été décidé d'une approche large incluant l'attachement à la laïcité, la solidarité face aux inégalités, le rejet de la peine de mort, l'égalité homme/femme et la tolérance à l'égard de la différence, autant de valeurs sur lesquelles les élites françaises s'accordent et qui, selon elles, forment le « pacte républicain ». Pour tester le niveau d'intégration normative, plusieurs variables sociodémographiques classiques (âge, genre, diplôme, profession) et l'origine de la personne interrogée (maghrébine, africaine, turque, etc.) ont été prises en compte. Il va sans dire que l'on cherchait à mesurer la significativité et le poids de l'origine sur ces 36 « critères d'intégration ».

Les résultats obtenus vont clairement à l'encontre du pessimisme ambiant. Sur 15 des 36 items, les Français issus de l'immigration ne se distinguent pas du reste de la population. Sur les autres points, 8 dénotent d'une moins bonne intégration normative et 13 d'une meilleure intégration des « nouveaux Français » comparativement au reste de la population française. Les débats ont tendance à idéaliser et homogénéiser la société française. Les enquêtes font apparaître que « l'électorat en général » en comparaison avec les « nouveaux Français » s'avère plus critique sur le fonctionnement de la démocratie, plus aliéné et moins intéressé politiquement, moins prêt à défendre les institutions politiques, moins favorable aux immigrés et à lutter contre les inégalités et plus attaché au rétablissement de la peine de mort. Paradoxalement, les Français de l'échantillon témoin s'avèrent également moins proches des « Français en général » que leurs concitoyens d'origine maghrébine, africaine et turque. L'intégration normative ne peut être comprise comme un tout, comme c'est trop souvent le cas, et surtout devrait concerner l'ensemble des individus faisant société, et non seulement les derniers arrivés.

On peut distinguer quatre domaines sur lesquels les « nouveaux Français » marquent un niveau moindre d'intégration normative par rapport au reste de la population : la tolérance sexuelle, l'antisémitisme, l'inscription sur les listes électorales et la confiance dans la police. Cette dernière est la conséquence des discriminations ordinaires car les « nouveaux Français » sont tout aussi attachés à la sécurité et à l'ordre public et tout aussi confiants dans la justice de leur pays que le reste de la population. Concernant l'inscription sur les listes électorales, l'enquête ayant eu lieu en avril 2005, il est possible que bon nombre des personnes interrogées aient rempli leur devoir citoyen lors des scrutins de 2007. En revanche, l'intolérance sexuelle et l'antisémitisme demeurent forts. On retrouve d'ailleurs la même origine à ces deux préjugés, à savoir l'islam, et plus exactement une certaine pratique de l'islam. Ainsi, parmi les nouveaux Français se déclarant sans religion (20 % de l'échantillon), 23 % peuvent être considérés comme antisémites, proportion identique à celle des Français, 18 % (chiffre rarement cité). Parmi les musulmans n'allant jamais à la mosquée, le chiffre s'élève à 30 % mais il atteint 46 % parmi les pratiquants réguliers. Les écarts sont encore plus marqués en matière de tolérance sexuelle puisqu'on passe de 10 % parmi les athées (soit 3 points de moins que dans la population générale) à 35 % chez les musulmans n'allant jamais à la mosquée et 70 % parmi ceux qui y vont une fois par mois au moins. On note d'ailleurs un écart frappant parmi les 18-24 ans, entre des jeunes filles qui ont tendance à adopter le mode de vie et les valeurs de leur génération (42 % de permissives) et des jeunes hommes qui se révèlent moins permissifs (27 %) que leurs aînés (44 %). Plus qu'une incompatibilité avec les valeurs républicaines, on observe une réelle polarisation des nouveaux Français sur ces deux attitudes puisque 40 % à 44 % d'individus ne partagent pas ces préjugés. Il ne faut pas non plus négliger la dynamique du renouvellement des générations. Les préjugés sont plus répandus parmi les immigrés naturalisés quand ils s'avèrent résiduels parmi les « troisièmes générations ».

Intégration, à chacun ses responsabilités

Au final, le bilan est plutôt positif. Comme pour le reste des milieux populaires, l'ascenseur social, même ralenti, continue à fonctionner. Au-delà des mots épouvantails comme « communautarisme » ou « islamisation », au-delà des diagnostics sans réel fondement, les immigrés les plus récents présentent plus de points communs que de singularités par rapport au reste de la société. On ne peut les accuser de préférer l'entre-soi à l'intégration dans la société française. Encore faut-il que celle-ci joue son rôle dans cette rencontre.

Pour en savoir plus

BROUARD (Sylvain) et TIBERJ (Vincent), *Français comme les autres ? Enquête sur les Français issus de l'immigration africaine et turque*, Paris, Presses de Sciences Po, 2005.

BRUBAKER (Rogers), « The Return of Assimilation ? Changing Perspectives on Immigration and its Sequels in France, Germany and the United States », *Ethnic and Racial Studies*, 24 (4), juillet 2001, p. 531-548.

CAILLE (Jean-Pierre) et VALLET (Louis-André), « Les carrières scolaires au collège des élèves étrangers ou issus de l'immigration », *Éducation et formations*, 40, 1995.

NOIRIEL (Gérard), *Le Creuset français*, Paris, Seuil, 1992.

MEURS (Dominique), PAIHLE (Ariane) et SIMON (Patrick), « Persistance des inégalités entre générations liées à l'immigration : l'accès à l'emploi des immigrés et de leurs descendants en France », *Population*, 61 (5-6), 2006, p. 763-801.

PORTES (Alejandro), *The Economic Sociology of Immigration. Essays on Networks, Ethnicity, and Entrepreneurship*, New York (N. Y.), Russell Sage Foundation, 1995.

SAFI (Mirna), « Le processus d'intégration des immigrés en France : inégalités et segmentation », *Revue française de sociologie*, 47 (1), 2006, p. 3-48.

SNIDERMAN (Paul) et HAGENDOORN (Louk), *When Ways of Life Collide. Multiculturalism and Its Discontents in the Netherlands*, Princeton (N. J.), Princeton University Press, 2007.

TAWAN (Chloé), « Les immigrés en France : une situation qui évolue », *Insee Première*, 1042, septembre 2005.

TIBERJ (Vincent), *La Crispation hexagonale*, Paris, Plon-Fondation Jean-Jaurès, 2008.

TRIBALAT (Michèle), « Une estimation des populations d'origine étrangère en France en 1999 », *Population*, 59 (1), 2004, p. 51-82.

PARTIE 5

DES DIASPORAS UTILES ?

Les cyber-diasporas à l'heure de la mondialisation

Souley Hassane et William Berthomière

Les diasporas constituent un espace de réflexion particulier au sein des études traitant des migrations internationales et des relations interethniques. L'existence d'un domaine à part entière, défini en termes de *diaspora studies*, s'explique par les bases conceptuelles sur lesquelles se fonde la notion même de diaspora.

Au sein des sciences sociales, cette notion, même si elle est d'usage récent, est avant tout réservée à des groupes dont la dispersion a bien souvent été contrainte et dont la mémoire du traumatisme a pu constituer le ciment d'une histoire longue poursuivie dans l'exil. La notion de diaspora recouvre ainsi l'histoire des populations juives (qui y puise son étymologie), grecque et arménienne mais aussi – quoique plus tardivement –, celle d'Africains descendants d'esclaves.

Quand l'objet échappe à la pensée scientifique

Avant les années 1980, on repère quelques mentions du terme dans le champ académique, avec notamment son emploi dans les années 1940 pour désigner les populations chinoises d'outre-mer, mais globalement sans aucune véritable volonté de définition. Diverses hypothèses ont tenté d'expliquer cette absence d'encadrement conceptuel du terme. Pour Judith Shuval, elle provenait sans doute du fait qu'avant les années 1960, les groupes immigrés devaient perdre leur identité ethnique et s'assimiler aux normes locales. Les groupes qui ne semblaient pas adopter ce modèle se voyaient refuser le droit d'entrée comme les Chinois au Canada, les « *non White* » en Australie, etc. Au cours des années 1970 et 1980, lorsque la théorie de l'assimilation et celle reposant sur la notion d'intégration ont montré leurs limites, le recours à la notion de diaspora s'est fait de plus en plus fréquent pour décrire des groupes migrants caractérisés par une identité ethnique et un sentiment communautaire affirmé. Une multiplicité de définitions a alors émergé, cherchant toutes, avec plus ou plus ou moins de précision et de restriction, à désigner des formes spécifiques d'organisation sociale (et d'une certaine manière spatiale) qui pourraient caractériser les groupes migrants décrits sous le nom de diaspora et les différencier d'autres communautés d'immigrés, que la structure spatiale et sociale tendrait pourtant à rapprocher.

Cet effort de typologie mené dans les années 1990 sera vite dépassé par les problématiques impulsées par le phénomène de globalisation. L'accélération des circulations à l'échelle planétaire, la mobilité des populations, la complexité des nouvelles formes de mobilité et la possibilité de maintenir un lien constant et étroit avec les espaces d'origine ont *de facto* déplacé la notion de diaspora pour l'inclure dans un champ sémantique plus large incluant les mots d'« immigrant », d'« expatrié », de « réfugié », d'« immigré », de « communauté exilée », de « communauté de l'étranger » et de « communauté ethnique » englobée progressivement dans la notion de « communauté transnationale ».

Ce mouvement de décloisonnement scientifique aura été d'autant plus fort que l'interpénétration croissante du global et du local (démultipliée par l'essor des nouvelles technologies) aura fait sortir l'étude des diasporas d'une problématique tournée vers la production de catégories et de typologies pour privilégier l'analyse de processus soulignant des capacités à « faire société » dans la dispersion. La révolution technologique n'a fait qu'embrouiller davantage la notion puisque l'ensemble des migrants d'aujourd'hui sont « les acteurs d'une culture du lien, devenue visible et très dynamique une fois que les migrants ont commencé à utiliser massivement les nouvelles technologies de l'information et de la communication[1] ». *A contrario*, ce brouillage aura ouvert une nouvelle frontière de la connaissance à explorer.

La révolution démocratique à l'heure du numérique

L'avènement de l'internet a constitué une révolution pour les diasporas. Les migrants utilisent le réseau et les nouvelles technologies pour communiquer, militer, acheter, s'informer sur leur pays d'origine et sur le monde et enfin pour agir dans la société d'accueil. Le faible coût de l'accès à internet et la gratuité de certaines prestations leur permettent de développer un espace diasporique numérique, et d'être visibles et présents dans l'espace public *via* de nombreux sites

1 Dana Diminescu, « Le migrant connecté : pour un manifeste épistémologique », *Migrations Société*, 17 (102), 2005, p. 276..

(communautaires, politiques, religieux, économiques, culturels). Il est à noter qu'une grande partie des sites créés s'approprient le terme « diaspora ».

L'importance de la *e-mobilisation* des diasporas révèle leur dynamisme et leurs implications dans des activités citoyennes, mais aussi leur pluralité et leur diversité à travers des voix, des images, des biographies, des histoires, des discussions, des débats, etc. Les diasporas s'affirment, s'expriment et prennent position. La fluidité et la flexibilité de la Toile mondiale leur ont permis de construire leur propre identité numérique, de devenir le « sujet de leur propre histoire » et de ne plus parler par procuration. Le fait de s'approprier ces outils a constitué une révolution démocratique : en créant leurs propres réseaux sociaux nationaux, locaux et internationaux, les diasporas font de « l'étranger » un homme comme les autres. Elles montrent qu'il n'y a pas lieu d'essentialiser les appartenances diasporiques qui doivent être pensées en termes de pluralité, de diversité et de contradictions. Les sites internet jouent quelquefois le rôle de plates-formes communautaires, de maisons virtuelles pour parler entre soi de la culture et des problèmes communs, collectifs ou individuels.

L'exploration de l'internet permet d'observer des dynamiques invisibles dans la vie réelle. Le processus de transnationalisation du religieux et des questions communautaires est ainsi très important sur la Toile (sites pentecôtistes ou musulmans). On distingue aussi bien des sites à vocation internationale, labellisés comme sites de référence faisant autorité sur les autres, que des sites à vocation nationale ou régionale. Ces derniers ont souvent une trame, un mode de rubriquage, des titres et des objectifs similaires. Les antagonismes, les convergences, les compromis, les consensus religieux y sont à l'œuvre. Les sites d'information sur la vie quotidienne des diasporas répondent à une classification identique. Les sites *e-influents* orientent les autres par leurs lignes éditoriales. Leur *e-reputation* les transformant en fabricants d'opinion au sein des diasporas, la *link-influence* devient un instrument de pouvoir.

Si l'internet classique 1.0 avait révolutionné la communication des diasporas, l'avènement du web 2.0 a amplifié leurs possibilités d'expression et d'échanges en introduisant de nouvelles facilités et de nouveaux outils : développement du commerce en ligne, « réutilisabilité » (utilisation dans un autre contexte d'applications et de contenus créés individuellement ou collectivement) des données, naissance de nouveaux formats audio et vidéo et standardisation des outils. Dès 2005, des milliers de blogs et de forums ont vu le jour permettant aux mots, aux sons, aux images, aux musiques de circuler. Pour la première fois, un outil permettait des échanges directs et instantanés pour des acteurs vivant dans l'éloignement de leur pays d'origine. Le migrant connecté éprouve une sensation de proximité. Cette coprésence, ce sentiment « d'être là », tente d'annuler le sentiment de la « double absence » de l'immigré (absence à son pays d'origine comme à son pays d'accueil) analysée par Abdelmalek Sayad. Le migrant du web 2.0 vit en multiprésence.

Internet s'adresse bien sûr à l'ensemble des diasporas, des communautés transnationales les plus structurées aux plus balbutiantes. La communauté française à l'étranger en est une parfaite illustration. Les deux millions de Français expatriés – dont un peu plus de la moitié sont officiellement enregistrés – sont présents sur un nombre réduit de sites au centre desquels figurent les sites institutionnels comme la Maison des Français de l'étranger ou encore des sites pratiques accompagnant les premiers pas de l'expatrié à l'étranger comme Français du monde ou la Fédération internationale des accueils français et francophones à l'étranger (Fiafe). On trouve en périphérie un ensemble de liens tissés sur la base des questions qui animent les expatriés : l'éducation des enfants, la non-activité du

figure 64 : **Les Français de l'étranger, « une diaspora institutionnalisée »**

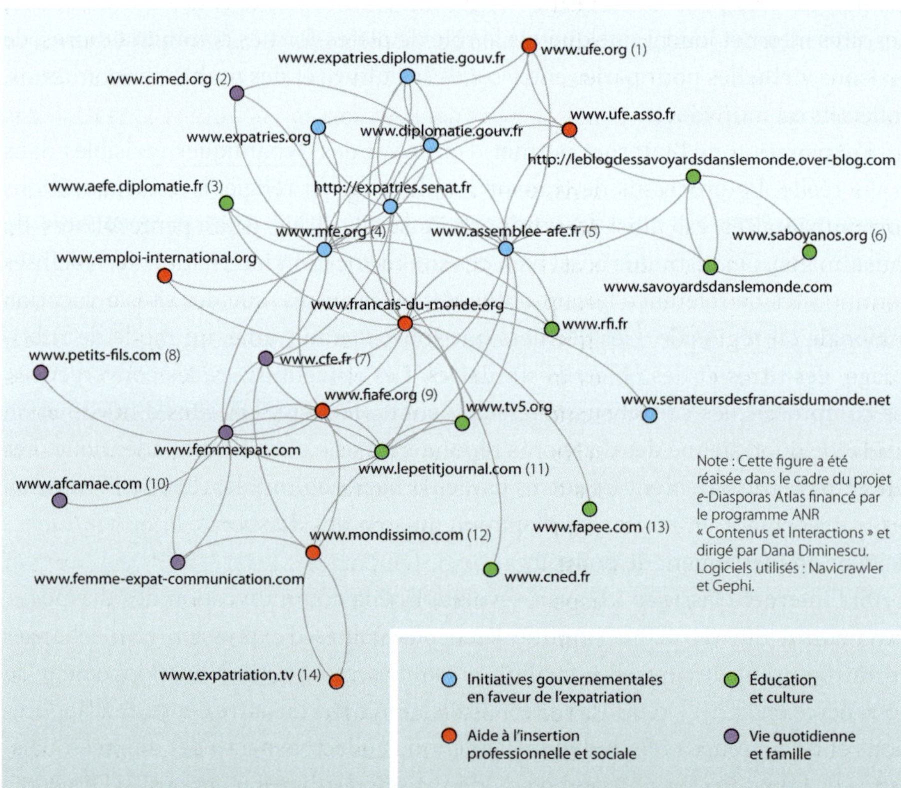

Légende des sites numérotés :

(1) : Union des Français de l'étranger
(2) : L'information santé des voyageurs et des expatriés
(3) : Agence pour l'enseignement français à l'étranger
(4) : Maison des Français de l'étranger
(5) : Assemblée des Français à l'étranger
(6) : Association savoyarde d'Uruguay
(7) : Caisse des Français de l'étranger
(8) : Service aux grands-parents
(9) : Fédération internationale des accueils français et francophones à l'étranger
(10) : Association française des conjoints d'agents du ministère des Affaires étrangères et européennes
(11) : Journal des Français et francophones à l'étranger
(12) : Expatriation et commerce international
(13) : Fédération des associations de parents d'élèves des établissements français à l'étranger
(14) : La télévision communautaire des expatriés

Source : Migrinter.

Sciences Po / CERI et Atelier de cartographie, juillet 2009

conjoint, le devenir des parents laissés au pays, etc. L'exploration de ces nouveaux *e-territoires* permet quelquefois de rendre visible une histoire migratoire ancienne comme celle des Savoyards d'Uruguay. Ces *e-territoires* sont d'autant plus riches que l'exil a structuré l'histoire politique de ces communautés.

Les diasporas noires et internet

Les diasporas noires sont fortement impliquées dans l'espace public numérique à travers des sites internet classiques et des sites web 2.0. Les plus nombreux et les plus importants ont été créés par des Africains-Américains qui se sont vite imposés comme leaders. Le premier, BlackPlanet, créé en 1997, est devenu le modèle des sites communautaires. Médias internet, sites politiques, culturels, familiaux, artistiques et musicaux, aucun domaine n'est exclu. Bien au contraire, ces internautes constituent le bras armé de l'opinion fondée sur une *link-influence* très diffuse et très imposante. On retrouve une organisation de l'information identique et parfois les mêmes thèmes dans les forums de discussions des sites européens ou caraïbéens.

La *cybernégritude* invite dans ses forums un large public, presque exclusivement « communautaire » : cadres, ouvriers, intellectuels, entrepreneurs, etc. Ses acteurs usent de toutes les ressources et outils disponibles sur la Toile. Les sites et les blogs permettent d'exposer et de récupérer des données importantes sur les Noirs dans le monde. Les concepteurs n'hésitent pas à dupliquer des mises en page, à traduire, à couper et à coller certaines informations (articles, discours…), à réutiliser des images, etc. Depuis un cybercafé de Chicago, Paris ou Londres, le *blackblogger* se rend en Californie, au Texas, à Niamey, à Johannesburg, à Brasília et à Lagos, et puise dans l'expérience de toutes les communautés noires sans distinction de contexte. Internet offre au cybernaute noir les ressources de son discours identitaire.

L'anonymat de l'internet est une ressource pour les activistes de ce nouveau terrain de lutte. Pour les diasporas noires, le réseau est plus qu'un outil d'information et de diffusion, c'est un terrain de combat contre des adversaires cachés derrière un pseudonyme et des identités de rechange. Cependant, le cybermaquis, en quête d'émancipation et de reconnaissance s'américanise, se formate à la vision afro-américaine, modèle identitaire écrasant. Les animateurs de ces sites, blogs, forums de discussions et réseaux sociaux convoquent les paradigmes, les revendications, la langue, les mots et la pensée des leaders historiques, de Marcus Garvey à Malcom X. Bien qu'elle dépasse les frontières raciales et ethniques, l'élection de Barack Obama contribue, symboliquement, à cette pratique.

Le commerce dit ethnique et les musiques urbaines y occupent également une place importante. On observe une volonté de réinterpréter les traditions africaines, de recycler les représentations, les affects, les sentiments et ressentiments, et la diversité culturelle et ethnique de l'Afrique dans le but de construire une culture propre à la diaspora (musique, spectacles, vêtements, objets ethniques, littérature, etc.), de fabriquer des biens symboliques identitaires, consommables par tous. Le *black style* des diasporas numériques noires ne serait-il pas un prêt-à-penser, un prêt-à-croire dérivé de l'*american way of life*, un produit de la société de consommation offert dans un emballage africanisé ? Le risque existe d'un internet véhiculant une négritude de marché, avec esprit de compétition, quête de réussite, excellence et profits, qui ne soit que l'utilisation commerciale d'une appartenance et d'une identité. L'activisme qui s'est emparé des diasporas noires dans le monde pourrait n'être que l'idiome d'un néolibéralisme dominant et d'un mouvement identitaire noir néoconservateur.

Les langues de l'internet des diasporas noires sont européennes et américaines. Il n'existe aucun site écrit dans une langue africaine. Dans les sites médias, l'information est centrée sur la vie communautaire, les pages pratiques, la publicité et le divertissement.

Cybermariage : les leçons du cas indien

L'internet n'occupe pas seulement le terrain de la mobilisation politique, culturelle ou identitaire. Comme le souligne l'étude de la diaspora indienne, le réseau permet aussi de rencontrer l'homme ou la femme de sa vie. Les migrants célibataires vivant loin de leur pays font appel à des agences matrimoniales qui leur offrent des services spécialisés. Installées en Inde, ces agences sont actives dans les pays de l'immigration indienne notamment aux États-Unis, au Royaume-Uni, au Canada, en Australie et au Moyen-Orient. Elles structurent un espace numérique transnational organisé sur des pratiques traditionnelles : malgré l'avancée technologique, le mariage, institution majeure dans la société des castes, reste « arrangé ».

L'internet impulse trois dynamiques matrimoniales : la première est la « numérisation » des rites de mariages et de ses traditions. Antichambre numérique du mariage arrangé, il ne remplace ni les agences matrimoniales ni les familles, mais devient un « lieu d'exploration ». La deuxième consiste à rassembler, sur un même site, tous les acteurs de l'économie du mariage indien (habilleurs, joailliers, astrologues, maquilleurs, conseillers juridiques en immigration, avocats, agences de voyages, photographes et vidéographes, *coach* pour jeunes couples, maîtres de cérémonie, musiciens, réceptionnistes, etc.). La troisième est l'accès à des bases de données comprenant des centaines de sites, des millions de profils, des milliers de photographies, de vidéos et des informations privées et personnelles.

Le cybermariage est devenu un véritable filon économique. Des centaines de plateformes virtuelles s'adressent aux Indiens de l'intérieur et de l'extérieur et leur proposent la gamme complète de mariages indiens. Dans ce commerce cyber-matrimonial, la diaspora indienne est à la fois actionnaire et cliente. En effet, les

Indiens-Américains et les Indiens-Britanniques, qui bénéficient souvent du statut de *Non Resident Indians* (NRI), font figures de pionniers. Le premier site internet matrimonial, bharatmatrimony.com, fut créé dès la naissance du *world wide web* en 1990. Son fondateur et directeur, Murugavel Janakiraman, s'est lui-même marié grâce à son site.

Créé en 1997 par Anupam Mitta, Shaadi.com contient plus de 3 millions de profils et totalise plus de 800 000 mariages et plus de 50 % du chiffre d'affaires de l'ensemble des entreprises matrimoniales. Son modèle économique se fonde sur une exploitation de la culture du mariage largement diffusée par les traditions indiennes et le cinéma de Bollywood. Shaadi.com est aussi une histoire de la double culture (*hyphenated culture*) puisque son fondateur vit entre Delhi et New York. Shaadi (mariage en hindi) propose une plateforme matrimoniale à toutes les ethnies, les religions et les castes de l'Inde. Sa valeur ajoutée réside dans la diversité des profils des shaadinautes. Un « profil shaadi » comprend quarante critères de tri alors que ses concurrents n'en offrent qu'une dizaine. La recherche se fait par la profession, le lieu de résidence, la religion, la taille, la couleur de peau et des yeux, l'état de santé, les valeurs religieuses personnelles et familiales, les valeurs ethniques et les appartenances de caste, le salaire annuel, le nombre de frères et sœurs, le nombre de parents vivants, le nombre de parents à charge, le statut en pays d'immigration (étudiant, résident, réfugié, résident permanent ou citoyen), le signe astral, la caste et la sous-caste, le régime alimentaire, etc.

L'environnement shaadi est interactif : des SMS et des mails sont envoyés par des robots informatiques aux millions de membres pour les tenir en haleine. Shaadi Messenger permet de converser exactement comme le réseau mondial MSN Messenger. Par ailleurs, des centaines de points de contacts physiques permettent de rencontrer les représentants locaux de l'entreprise ou de ses franchises, pour des conseils ou des recherches sur une base de données régulièrement mise à jour. Une *hotline* shaadi fonctionne 24 heures sur 24 pour régler tous les problèmes des clients. La suprématie organisationnelle, fonctionnelle et technologique fait de shaadi.com le plus important site matrimonial d'Inde et de la diaspora d'Amérique, d'Europe et du Moyen-Orient. Les logiciels libres de droits et les applications gratuites du web 2.0 sont utilisés exactement comme sur Facebook, Digg, Myspace et Youtube pour apporter aux utilisateurs proximité, interactivité, etc.

Les États du web

L'immixtion des États dans les nouveaux espaces transnationaux que sont les *e-territoires* constitue la meilleure preuve de l'importance de ces réseaux comme des enjeux dont sont porteuses les diasporas. Conscients, notamment, de la valeur cardinale des *remittances* (environ 240 milliards de dollars américains en 2007), les pays du Sud tentent de canaliser cette manne financière vers leurs États respectifs en développant le *community building* sur le web. Le Maroc (avec la création du Conseil de la communauté marocaine à l'étranger) et le Sénégal (avec la Fondation des émigrés sénégalais) se sont d'ores et déjà engagés dans cette voie. Ces dynamiques sont à inscrire au bénéfice des politiques de développement impulsées par le Sud et à replacer dans la perspective d'une lutte pour le maintien du lien communautaire dans un contexte d'exode des compétences. Avec ses *Non Resident Indian Online* et le développement de villes comme Bangalore, l'exemple indien fait ici figure de modèle.

Pour en savoir plus

ASSELIN (Christophe), « *E*-Réputation, quand la Toile ne se contente plus d'écouter », *Journal du Net*, 7 septembre 2007, disponible sur le site internet : www.journaldunet.com

BERTHOMIÈRE (William) et CHIVALLON (Christine) (dir.), *Les Diasporas dans le monde contemporain. Un état des lieux*, Paris, Karthala, 2006.

CARDON (Dominique), « Le *design* de la visibilité : un essai de typologie du web 2.0 », disponible sur le site internet : www.internetactu.net

DIMINESCU (Dana), « Le migrant connecté : pour un manifeste épistémologique », *Migrations Société*, 17 (102), 2005.

PACHE-HUBER (Véronique), *Le Mariage de l'amour et de la raison. Stratégies matrimoniales de la classe moyenne en Inde*, Münster, LIT Verlag, 2004.

SAYAD (Abelmalek), *La Double Absence. Des illusions de l'émigré aux souffrances de l'immigré*, Paris, Seuil, 1999.

SHUVAL (Judith T.), « The Dynamics of Diaspora : Theoretical Implications of Ambiguous Concepts », dans Rainer Münz et Rainer Ohliger (eds), *Diasporas and Ethnic Migrants. Germany, Israel and Russia in Comparative Perspective*, Londres, Frank Cass, 2003.

VARREL (Aurélie), *Back to Bangalore : étude d'un pôle urbain émergent dans la circulation migratoire des migrants indiens très qualifiés. Une approche géographique de la notion de migration de retour*, thèse, Migrinter-Université de Poitiers, 2008.

Diaspora et migrations chinoises

Emmanuel Ma Mung Kuang

Les migrations chinoises contemporaines s'inscrivent dans un processus amorcé au milieu du XIXe siècle qui s'est traduit par la naissance d'une diaspora nombreuse et dispersée dans le monde entier. Elles ne peuvent se comprendre que replacées dans le cadre diasporique qui les configure et qu'elles contribuent à renforcer. Ces migrations sont aussi aujourd'hui le révélateur des mutations profondes de la Chine.

Une diaspora historique et importante

« Partout où l'océan pousse ses vagues, accostent les Chinois » dit un vieux proverbe. Les migrations chinoises sont ultramarines, anciennes et marchandes. Les jonques sillonnaient dès les premiers siècles de notre ère les immenses archipels des mers au Sud de la Chine (région du Nan Yang) y collectant épices et bois précieux en échange de tissus soyeux, de riz et de produits manufacturés. Commerçants, marins, artisans s'étaient établis par milliers dans les ports du détroit de Malacca jusqu'aux mers de Java, des Célèbes, et jusqu'aux Philippines, y faisant souche en grand nombre.

La migration de masse ne commence qu'au milieu du XIXe siècle. Les guerres de l'opium menées par l'Empire britannique, la révolte consécutive des Taiping (mouvement politique d'opposition à la dynastie des Qing) provoquent une profonde désorganisation sociale et économique dans le Sud de la Chine. Parallèlement, l'expansion coloniale en Asie du Sud-Est et le développement des économies de plantation dans le monde créent une demande de main-d'œuvre que l'abolition progressive de l'esclavage et de la traite négrière ne permet plus de couvrir. Les puissances coloniales instaurent le *coolie trade* (la traite des *coolies*) c'est-à-dire le recrutement, parfois forcé, de travailleurs dans le cadre de contrats

figure 65 : **Diaspora chinoise, 2007**

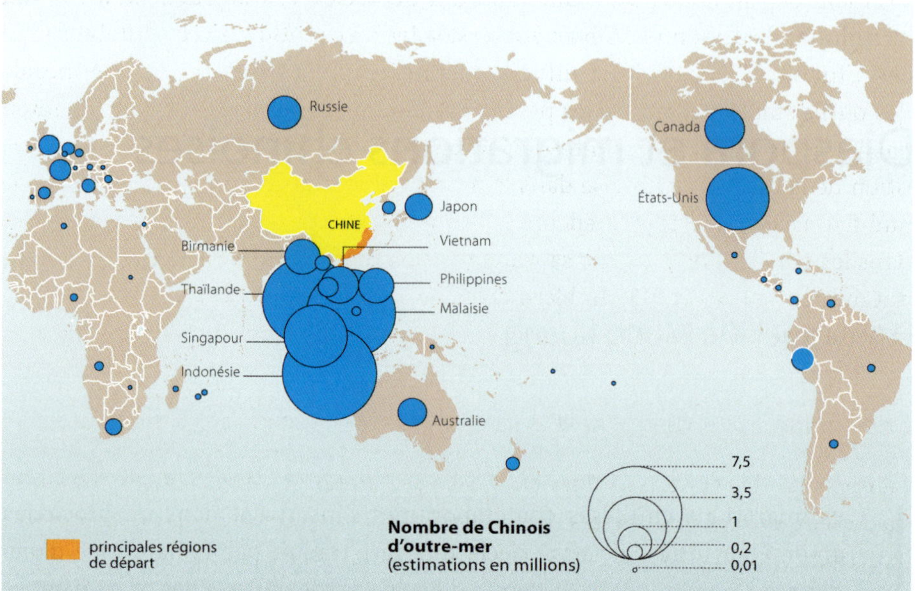

Source : compilation d'Emmanuel MA MUNG d'après différents recensements nationaux ; The Institute of Chinese Studies, Ohio State University ; The Overseas Compatriot Population Distribution, Republic of China, 2005.

Sciences Po / CERI et Atelier de cartographie, avril 2009

misérables pour remplacer la main-d'œuvre servile dans diverses parties du monde et pour exploiter les nouvelles colonies d'Asie (Indonésie, Indochine...). Dans le dernier quart du XIXe siècle, près de 8 millions de *coolies*, multitude considérable de paysans dépossédés de leurs terres, d'ouvriers agricoles sans travail, de boutiquiers ruinés, transitent par les ports des concessions européennes de la Chine méridionale en direction des îles sucrières de l'océan Indien, du Pacifique et des Caraïbes, des plantations et des mines d'Amérique latine et des nouvelles colonies asiatiques. À côté de ces migrations encadrées et temporaires, puisque en principe les *coolies* sont rapatriés chez eux, d'autres, spontanées, se multiplient. Au début du XXe siècle, on estime le nombre de Chinois d'outre-mer à 10 millions de personnes, la très grande majorité établie en Asie du Sud-Est, le reste étant localisé en Amérique du Nord et en Amérique latine, plus quelques foyers en Australie, en Afrique du Sud et dans les archipels déjà mentionnés. Durant les décennies suivantes, les migrations se poursuivent depuis la Chine du Sud, et notamment les provinces du Guangdong, du Fujian, du Hainan et du Zhejiang, lesquelles restent aujourd'hui les principaux foyers de départ : main-d'œuvre à la recherche de travail, commerçants en quête de marché dans les colonies chinoises d'Asie bien établies ou en partance vers des destinations plus incertaines. Certains migrent d'un pays à un autre, principalement en Asie du Sud-Est mais aussi entre le Mexique et Cuba, l'Australie et les États-Unis, Singapour et l'Afrique du Sud...

Prolétaires surtout, mais aussi marchandes, ces migrations ont progressivement donné naissance à une diaspora qui s'élèverait aujourd'hui à environ 40 millions de personnes. L'évaluation est sujette à caution car la comptabilisation des Chinois d'outre-mer est difficile (définition de la catégorie, qualité inégale des outils statistiques selon les pays, enfants issus de mariages mixtes, adoption par les générations précédentes de la nationalité du pays d'accueil...). La répartition de la diaspora chinoise dans le monde reste marquée par son histoire – le Sud-Est asiatique accueille encore les trois quarts de ses effectifs (contre 90 % dans les années 1960) – mais sa présence s'est renforcée dans le reste du monde, notamment en Amérique du Nord (près de 5 millions) et en Europe occidentale (1,3 million).

Les réseaux de réseaux d'une diaspora entrepreneuriale

La diversité des histoires migratoires, des implantations et des contextes nationaux, leur évolution au cours du temps ont produit une très grande variété de situations allant de l'assimilation presque totale à la discrimination la plus forte. Les positions sociales et économiques sont elles aussi très variables, de l'ouvrier des ateliers clandestins aux *tycoons* milliardaires de l'Asie du Sud-Est, en passant par les petits entrepreneurs de la restauration, de la confection et de bien d'autres secteurs, les ingénieurs de l'informatique, sans oublier quelques prix Nobel, de physique ou de chimie pour les États-Unis ou de littérature pour la France. La diversité s'exprime également sur le plan linguistique. La Chine méridionale, principale aire historique d'origine des migrations, est caractérisée par l'imbrication de nombreuses langues chinoises (chaozhou, cantonais, hakka, hokien, fujian, hainan, wenzhou...). Cette situation a produit des filières migratoires distinctes qui forment au sein de la diaspora des groupes différenciés constituant chacun ses propres réseaux relationnels, migratoires, informationnels, affectifs, économiques, sur la base d'une origine et d'une langue communes.

La diaspora chinoise se présente donc comme un réseau de réseaux, une diaspora de diasporas. Un élément important contribue à unifier cet ensemble : la pratique du *putonghua* (mandarin). Elle s'est développée au sein de populations qui, historiquement, ne parlaient pas cette langue, une grande partie d'entre elles n'ayant pas été scolarisées. Il est ainsi fréquent que des individus de la diaspora parlent le *putonghua* mais ne comprennent plus la langue de leurs ascendants contrairement aux migrants contemporains qui, à l'inverse de leurs prédécesseurs, ont été scolarisés.

Les Chinois d'outre-mer forment une diaspora multipolaire (installation dans plusieurs pays) aux relations interpolaires (liens migratoires, économiques, informationnels, affectifs entre les différents pays d'installation à travers le monde et avec la Chine). Ces caractéristiques suscitent chez les individus et les communautés locales qu'ils constituent des sentiments d'appartenance multiples articulant loyautés aux « pays d'origine » – la Chine pour les migrants contemporains, une Chine plus ou moins mythique pour leurs descendants, le pays de naissance pour les migrants nés dans un autre établissement de la diaspora que celui où ils vivent –, loyautés au pays d'installation – souvent par l'acquisition de la nationalité de ce pays – et fidélité à la diaspora, entité pensée comme corps social unifié par l'origine supposée commune de ses membres. Cette ethnicité multidimensionnelle organise le fonctionnement local et transnational de la diaspora qui s'entretient de son propre mouvement à travers les réseaux qu'elle dessine et qui constituent de véritables ressources migratoires, facilitant la mobilité des personnes, traçant des canaux de circulation, désignant les destinations et les points possibles de fixation, fournissant des moyens de circulation et d'installation. La diaspora acquiert sa propre autonomie migratoire : en tant que structure prédisposant à la migration, elle génère de la mobilité qui alimente son mouvement. Ce fonctionnement a des effets sur les personnes établies dans les différents pôles de la diaspora mais aussi, depuis les années 1980, sur les migrants directement originaires de Chine puisqu'elle influe sur le choix de la destination de nombre d'entre eux.

La forme entrepreneuriale est une caractéristique des migrations chinoises. Non que celles-ci concernent principalement les entrepreneurs – au contraire – mais plutôt parce qu'elles ont progressivement généré dans les pays d'installation une organisation économique constituée de petites entreprises commerciales ou artisanales articulées entre elles à l'échelle locale sur les plans de l'approvisionnement, du financement ou de la main-d'œuvre, formant ainsi des sortes de dispositifs économiques locaux, eux-mêmes souvent liés les uns aux autres à l'échelle internationale. Cette organisation en « diaspora entrepreneuriale », au sens où les entreprises jouent un rôle structurant, n'est pas sans effet sur les migrations contemporaines qui répondent plus souvent à la demande de main-d'œuvre de ces entreprises qu'à celle du marché du travail de chacun des pays concernés. La plus grande partie des migrants travaillent dans des établissements tenus par leurs compatriotes, lesquels emploient majoritairement une main-d'œuvre d'origine chinoise. L'espoir unanimement partagé par ces prolétaires de devenir à leur tour entrepreneurs les aide à supporter de difficiles conditions de travail et de vie. Certains d'entre eux y parviennent et entretiennent l'espoir des autres. La multiplication du nombre de ces entreprises encourage une immigration de main-d'œuvre qui contribue à leur développement, et renforce la demande.

Les *Chinatowns*, *hubs* migratoires et marchands

Les migrations chinoises ont créé des *Chinatowns* dans les pays où elles se sont établies. Les plus importantes se situent en Asie (Bangkok, Singapour, Saigon, Kuala

Lumpur, Nagasaki...) en Amérique du Nord (San Francisco, New York, Toronto, Vancouver) et en Amérique latine (Lima) mais aussi en Europe (Paris, Londres). Ces phénomènes essentiellement urbains et même métropolitains, puisqu'ils sont tous localisés dans les villes les plus importantes du pays, présentent une certaine unité à travers l'exhibition de symboles chinois : portails d'entrée (à l'exception de Paris) richement décorés signalant que l'on pénètre un monde chinois, multiples enseignes lumineuses aux larges idéogrammes des restaurants et boutiques débordant de produits, densité des activités et de la population... Un air de famille, une unité symbolique réelle qui masquent une grande diversité liée aux conditions locales de leur apparition et de leur existence. Car ces *Chinatowns* sont selon les cas et à des degrés divers le résultat de regroupements volontaires ou de la ségrégation. L'origine de la *Chinatown* de San Francisco, par exemple, est l'interdiction faite aux immigrants chinois de l'époque de s'établir dans un autre lieu de la ville. Sas d'entrée, espace d'accueil ou de transit des migrants qui y trouvent emploi et logement, dans des conditions souvent précaires ; lieux d'échanges, de rencontres, d'informations, d'investissement pour les Chinois établis ; espaces de mobilité des personnes et des marchandises, les *Chinatowns* sont les principaux nœuds du réseau de réseaux que forme la diaspora. Elles sont ses *hubs* où transitent et se mélangent des flux de toute nature. Concentrations commerciales et de services orientées vers les Asiatiques mais également vers la population locale, elles sont devenues des lieux de consommation exotique et de dépaysement figurant en bonne place dans les guides touristiques. Elles se présentent de l'extérieur comme les lieux où la diaspora se met en scène à travers des activités commerciales et des manifestations festives (nouvel an chinois, danses du dragon), s'ouvrant ainsi à la société d'accueil à qui elle offre l'image d'une population laborieuse, commerçante et accueillante ou, à l'inverse, celle tout aussi stéréotypée du trafic, de la prostitution, de la drogue, du jeu et de la dissimulation.

Les nouvelles migrations chinoises

Les migrations contemporaines en provenance de Chine s'inscrivent dans un contexte migratoire mondial marqué par une pression croissante dans les pays de départ et un durcissement des politiques migratoires dans les pays de destination. Ce contexte général favorise le développement de pratiques clandestines et réoriente les flux vers les pays où les conditions d'entrée et de séjour sont moins strictes.

Durant la seconde moitié du XXe siècle, les migrations chinoises se sont transformées, que ce soit en termes de forme, de flux, de destinations et de composition sociale. Les mouvements internes à la diaspora ont été importants, notamment ceux des réfugiés d'origine chinoise dans les années 1970 et 1980 depuis le Vietnam, le Laos et le Cambodge vers les autres pays d'Asie du Sud-Est et les pays occidentaux (environ 2 millions de personnes). Les migrations interpolaires

figure 66 : **Chinois d'outre-mer dans quelques pays, 1990-2008**

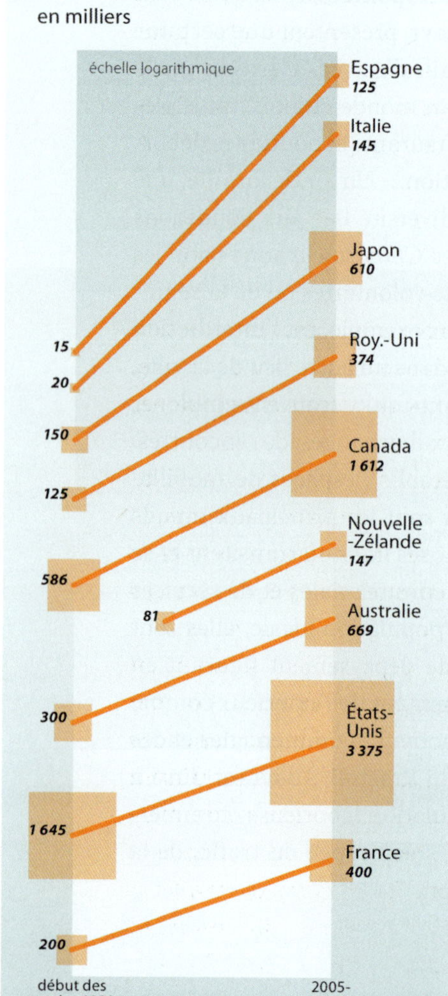

Source : compilation d'Emmanuel MA MUNG KUANG d'après différents recensements nationaux ; The Institute of Chinese Studies (Ohio State University) et The Overseas Compatriot Population Distribution (Republic of China, 2005).

Sciences Po / CERI et Atelier de cartographie, avril 2009

plus récentes ne se font plus dans des conditions aussi dramatiques – exception faite à la fin des années 1990 de l'Indonésie où 100 000 à 200 000 personnes quittèrent le pays à la suite des émeutes antichinoises qui firent plusieurs milliers de victimes –, et se dirigent vers d'autres pays d'Asie du Sud-Est, l'Australie, l'Amérique du Nord et l'Europe occidentale.

Aujourd'hui, elles sont moins nombreuses que les migrations en provenance de Chine continentale favorisées par la libéralisation des conditions d'émigration à partir de 1985. Le nombre annuel de migrants chinois est passé de 56 930 à 756 626 entre 1982 et 2000 selon les recensements de Pékin. Plutôt que l'Asie du Sud-Est, les migrants choisissent aujourd'hui les pays économiquement développés comme en témoigne (indirectement car les chiffres incluent les migrations interpolaires) l'augmentation du nombre de Chinois d'outre-mer dans certains de ces pays (figure 66). De nouvelles destinations sont apparues, comme les pays d'Europe centrale et orientale qui compteraient plusieurs dizaines de milliers de migrants, la Sibérie orientale où plusieurs centaines de milliers de Chinois auraient immigré, parmi lesquels de nombreux paysans qui reprendraient les terres délaissées par leurs prédécesseurs soviétiques, l'Asie centrale, et plus récemment l'Afrique et l'Amérique latine où la présence chinoise est de plus en plus manifeste.

Des migrants révélateurs des mutations chinoises

Cette reprise des migrations en provenance de Chine reflète les transformations sociales et économiques profondes du pays (restructurations industrielles, élévation du niveau d'éducation, augmentation de la production de biens de consommation, multiplication du nombre de petits entrepreneurs).

Les provinces méridionales du Guangdong, du Fujian et du Zhejiang restent les principales régions de départ (migrations légales mais aussi clandestines notamment en Europe), révélant ainsi la prégnance des réseaux migratoires. Depuis les années 1990, les migrants viennent également d'autres régions telles que les grandes concentrations urbaines de Pékin, de Tianjin et de Shanghai ou encore du Dongbei, au Nord-Est de la Chine, qui regroupe les provinces du Heilongjiang, du Liaoning et du Jilin. Ces dernières ont été le théâtre de profondes restructurations industrielles qui ont touché des millions de personnes sur le plan de l'emploi mais aussi du logement, de l'éducation des enfants, des soins médicaux, du système de retraite jusque-là organisés et gérés par les grandes entreprises nationales, et alimenté d'importants flux migratoires, notamment vers l'Europe.

Prolétaires, étudiants et commerçants

Les migrations prolétaires vers la « diaspora entrepreneuriale » restent sans doute les plus importantes mais s'effectuent dans les conditions difficiles déjà évoquées. Elles se maintiennent grâce aux réseaux historiques qui continuent à fonctionner au départ des provinces méridionales.

Une nouvelle forme de migration de main-d'œuvre s'est développée depuis les années 1990 : les migrations de travail temporaires et contractuelles pour le compte de grandes entreprises chinoises travaillant à l'étranger dans le cadre de grands chantiers internationaux de travaux publics et d'équipement en infrastructures routières, ferroviaires, pétrolières, notamment en Afrique où ils représenteraient entre 70 000 et 80 000 personnes, et en Amérique latine. Les entreprises importent la main-d'œuvre, l'encadrement et le matériel nécessaires pour la réalisation des travaux. À la fin du contrat, la plupart du personnel retourne en Chine. Une partie d'entre eux choisissent parfois de rester (Algérie, Mali, Tanzanie...). Ils s'établissent alors comme petits entrepreneurs du bâtiment, restaurateurs ou commerçants. Les migrations contractuelles s'effectuent également pour le compte d'agences chinoises qui vendent cette force de travail à des entreprises de pays demandeurs de main-d'œuvre dans le cadre d'accords bilatéraux, au Proche et Moyen Orient – dont Israël qui accueillerait 15 000 de ces travailleurs – et en Asie du Sud-Est. L'ensemble de ces migrations a concerné 597 000 personnes en 2004.

L'émigration d'étudiants et de personnes qualifiées ou très qualifiées est un phénomène nouveau lié à l'élévation du niveau d'éducation dans le pays. En 2001, 146 000 d'entre eux ont émigré, soit une augmentation d'environ 72 % en un an, principalement vers les pays occidentaux. Au début des années 2000, on comptait 460 000 étudiants à l'étranger dont plus de la moitié aux États-Unis, 20 % en Europe (dont 4 % en France). Leur nombre total est de 815 000 de 1985 à 2004. Ces migrations temporaires se transforment souvent en migrations définitives, ce fut d'ailleurs le cas des trois quarts d'entre elles durant cette même période.

Une autre migration, révélatrice des changements intervenus en Chine, s'est développée ces dix dernières années. Elle est liée à deux phénomènes : le développement de la production de biens de consommation destinés à l'exportation et l'accroissement du nombre de petits entrepreneurs. Une partie d'entre eux a émigré et distribue la production d'une Chine devenue « l'atelier du monde » (confection, textile, bicyclettes, motocyclettes, outillage, produits électroménagers, électroniques, informatiques...). À la différence des anciennes vagues, ces nouveaux commerçants immigrent la plupart du temps avec les fonds nécessaires à leur établissement quand leurs prédécesseurs avaient constitué ce capital dans le pays d'installation (économies personnelles, système de tontines...) selon un processus bien connu. On trouve aujourd'hui des commerçants chinois dans tout le monde entier, et cette migration commerçante se traduit encore par l'ouverture de centres de distribution pour l'approvisionnement des détaillants, qu'ils soient chinois ou autochtones, constituant ainsi des sortes de comptoirs commerciaux ou « emporiums ». Dans la région parisienne, plusieurs centaines de grossistes importateurs se sont établis depuis le début des années 2000 dans le 11e arrondissement de Paris, dans le Sentier et plus encore dans les entrepôts d'Aubervilliers où leur nombre a crû si rapidement qu'un nouveau centre a été créé en septembre 2006 pour accueillir 170 nouvelles boutiques. On retrouve le même cas de figure en Italie, notamment à Naples où le centre de distribution Cinamercato accueille plusieurs centaines de commerçants, ou encore en Afrique. L'énorme marché de China City à Johannesburg approvisionne des milliers de commerçants venus de toute l'Afrique du Sud et des pays voisins (Botswana, Zimbabwe, Angola). Au Maroc, le marché de Derb Omar à Casablanca remplit à une échelle plus réduite les mêmes fonctions, tout comme le marché Makola d'Accra au Ghana. Des centres chinois de commerce en gros ont également ouvert au Cameroun et au Togo, et près de 200 commerçants chinois sont installés dans le centre-ville de Dakar.

La Chine et la diaspora chinoise

La diaspora a joué un rôle prépondérant dans les transformations de la Chine. Sun Yat-sen qui a établi la Première République en 1911 déclarait : « Les Chinois d'outre-mer sont la force principale de la révolution. » Des décennies plus tard, la diaspora a joué un rôle décisif dans le développement économique du pays en fournissant une grande partie des investissements étrangers dès le milieu des années 1980. En 2001, elle apportait encore 63 % de ses investissements (sur un total de 47 milliards dollars), et en 2004, 60 % de 60 milliards de dollars. Les relations entre la Chine et les Chinois d'outre-mer sont, selon les époques, marquées par un désir de contrôle de la part des autorités, l'indifférence à leur égard ou encore l'hostilité. Son attitude a évolué sensiblement ces dernières années. Elle est illustrée par l'abandon en 2001 du slogan *huiguo fuwu* (« revenir et servir le pays ») au profit du *weiguo fuwu* (« servir le pays depuis l'étranger »). Si l'appel à un patriotisme naturel et supposé unanimement partagé est maintenu, l'obligation de retour que devait auparavant respecter tout patriote digne de ce nom, en dépit des mesures mises en place pour la favoriser, n'est plus d'actualité, hormis celle des plus qualifiés ou fortunés.

Ce qui pourrait apparaître comme une simple nuance sémantique d'un slogan à l'autre traduit en fait un changement important de la vision qu'a la Chine des Chinois d'outre-mer. Car l'appel ne s'adresse pas seulement à ses ressortissants établis à l'étranger et aux migrants les plus récents, supposés plus fidèles et proches de la patrie, mais à l'ensemble de la diaspora sans distinction de statut, de nationalité et d'ancienneté d'établissement. Une politique « pro-diaspora » s'est mise en place, dont les mesures visent à encourager et à renforcer les relations entre les communautés à l'échelle internationale, en promouvant les échanges et les réunions entre les associations établies dans les différentes régions du monde, notamment l'Amérique du Nord et l'Asie du Sud-Est ; et entre ces communautés et la Chine. Cette reconnaissance *de facto* de la diaspora comme entité autonome et distincte de la Chine est un tournant majeur dans les relations Chine-diaspora chinoise, et sans doute, plus profondément, dans la conception qu'a la Chine de l'exercice de sa puissance.

L'existence de cette diaspora réactive dans les pays asiatiques une ancienne polémique selon laquelle les Chinois d'outre-mer se sentent plus proches de la Chine que de leur patrie d'adoption et travaillent pour leur propre compte aux dépens des entreprises du pays qui les emploient. Ils ont été accusés par les mouvements de lutte pour l'indépendance nationale (auxquels, des Philippines à l'Indonésie en passant par l'Indochine, ils prirent pourtant part activement, y compris comme leaders) d'être des agents des puissances coloniales, par les gouvernements conservateurs d'être des agents révolutionnaires œuvrant pour la Chine communiste ou encore, comme dans un fameux tract thaïlandais qui lança au début du XXe siècle une campagne antichinoise, d'être des « Juifs d'Orient ». Aujourd'hui encore, on leur reproche parfois de vouloir s'accaparer les richesses nationales. En réalité, ils sont le plus souvent des individus de condition modeste ayant fréquemment adopté la nationalité des pays où ils se sont installés, changé leur nom pour des patronymes locaux et parfois convertis à l'islam comme en Indonésie ou en Malaisie.

L'autonomie de la diaspora chinoise

Les migrations chinoises, puissant révélateur de l'évolution de la société chinoise, nous permettent de mieux lire la politique extérieure de la Chine centrée sur la sécurisation de l'approvisionnement en matières premières et l'accroissement de ses exportations, la première garantissant le second en lui fournissant les moyens de la production de biens. Les marchands chinois colportent et diffusent son immense production à travers d'innombrables comptoirs partout dans le monde. Les migrations chinoises contemporaines contribuent à renforcer la diaspora tout en confortant ses liens avec la Chine qui, pour sa part, a abandonné sa volonté de la contrôler. Pékin a pris acte du découplage au sein de sa diaspora entre appartenance territoriale et appartenance nationale, et s'interroge aujourd'hui sur l'utilité du sacro-saint lien entre identité et territoire. Si la puissance ne s'exerce plus au travers de l'intégration d'un peuple, d'un appareil d'État et d'un territoire, et si elle se manifeste et se diffuse à travers des comptoirs et des emporiums, l'État-nation laisse la place à l'Empire.

Pour en savoir plus

BREDELOUP (Sylvie) et BERTONCELLO (Brigitte), « La migration chinoise en Afrique : accélérateur du développement ou "sanglot de l'homme noir" ? », *Afrique contemporaine*, 218, 2006, p. 99-224.

LIANG (Zai) et MOROOKA (Hideki), « Recent Trends of Emigration from China : 1982-2001 », *International Migration*, 42 (2), 2004, p. 145-164.

MA MUNG KUANG (Emmanuel), *La Diaspora chinoise. Géographie d'une migration*, Paris, Ophrys, 2000.

MA MUNG KUANG (Emmanuel), « The New Chinese Migration Flows to Africa », *Social Science Information*, 47 (4), 2008, p. 643-660.

SCHMOLL (Camille), *Une place marchande cosmopolite. Dynamiques migratoires et circulations commerciales à Naples*, thèse, Paris, Université Paris-X-Nanterre, 2004.

SIMON (Gildas), *La Planète migratoire dans la mondialisation*, Paris, Armand Colin, 2008.

WANG (Cangbai), WONG (Siu-Lun) et SUN (Wenbin), « Haigui : A New Area in China's Policy toward the Chinese Diaspora? », *Journal of Chinese Overseas*, 2 (2), 2006, p. 294-309.

WANG (Gungwu), *China and Chinese Overseas*, Singapour, Times Academic Press, 1991.

XIANG (Biao), « A New Mobility Regime in the Making : Policy Changes and Challenges in Chinese Internal and International Migration », communication présentée au séminaire de l'EHESS, Paris, octobre 2006.

ZHANG (Guochu), « Migration of Highly Skilled Chinese to Europe : Trends and Perspective », *International Migration*, 41 (3), 2003, p. 73-97.

La percolation mondiale des compétences

Jean-Baptiste Meyer

L'exode des compétences (*brain drain*) est longtemps apparu comme un phénomène univoque, un mouvement simple ou aisément explicable, aux logiques quasi naturelles. À l'instar des particules d'eau glissant immanquablement de haut en bas, les cerveaux, dans un espace mondial de moins en moins disjoint, se dirigeraient toujours vers les lieux où leurs qualités sont les mieux reconnues et valorisées. Les termes utilisés (flux, fuite, drainage, hémorragie, cascade) révèlent la prégnance de cette métaphore naturaliste dans la conception de ces mobilités, laquelle implique l'existence de zones arides s'asséchant de façon toujours accrue au profit de terres plus fertiles (*greener pastures*) et bien irriguées.

Pourtant, l'histoire récente semble démentir ces mouvements unilatéraux et la fatalité de leur détermination. Le constat de nombreuses situations de récupération ou d'expansion des compétences par l'émigration s'est fait jour, donnant naissance aux concepts de circulation, *brain gain*, *reverse brain drain*, et d'expatriation positive. Comme si les écoulements traditionnels pouvaient s'annuler, se disperser, éventuellement s'inverser ou se compenser. Depuis le début du siècle, on assiste ainsi à un renversement dans la géopolitique des mobilités de personnes qualifiées. Serait-ce la traduction d'un monde devenu plat ? L'effet de l'horizontalité des réseaux qui régissent aujourd'hui – plus qu'en nul autre champ – la circulation des compétences ? Pour répondre à ces questions, comprendre les dynamiques en cours et saisir leurs enjeux, seront successivement traités ici le passage historique de l'exode à la circulation des compétences, l'examen des situations et des approches nouvelles, puis enfin la discussion de celles-ci et le délinéament des perspectives qu'elles dessinent pour l'avenir.

Du *brain drain* à la circulation des compétences

La fuite des cerveaux, exode de compétence ou *brain drain*, a servi de référence majeure dans l'étude des migrations de personnes qualifiées depuis la fin des années 1950 jusqu'à la décennie 1990. Ce fut même l'un des premiers phénomènes globaux analysés par les sciences sociales contemporaines, incluant des mouvements d'ampleur planétaire, plus que dans le cas des migrations moins qualifiées, géographiquement plus circonscrites. Les modèles socio-économiques ou sociopolitiques fondant les approches du *brain drain* en termes de marché international des compétences (*internationalist approach*) ou de centre et périphérie (*nationalist approach*) fournissaient des explications macroscopiques solides. Les premiers montraient que les détenteurs de savoirs de tous les pays avaient une forte propension à migrer pour répondre à la demande du Nord, en offrant leurs compétences. Les seconds révélaient que les structures de la dépendance surdéterminaient et maintenaient en permanence une asymétrie Nord-Sud présidant au sens et aux orientations de ces flux de personnes qualifiées. Les deux approches fournissaient des arguments massifs et totalisants prouvant soit l'efficacité du marché international pour optimiser les ressources humaines en les affectant aux lieux où leur utilisation serait maximisée, soit l'existence de déséquilibres entre les deux hémisphères conduisant à l'élargissement du fossé et au développement du sous-développement par la défection de ceux qui pouvaient précisément remédier aux handicaps structurels.

Le *brain drain* a constitué un véritable paradigme pendant près de quatre décennies, encadrant les débats empiriques et théoriques, ainsi que leurs avatars politiques dans un contexte de guerre froide. Les migrations de personnes qualifiées s'alignaient sur l'axe Nord-Sud, depuis les pays dits du « Tiers Monde » ou du groupe des non-alignés vers les pays occidentaux, et fort peu vers les pays du bloc de l'Est. Pourtant, une proportion importante d'étudiants, d'ingénieurs et de chercheurs se sont formés dans les institutions de ces derniers sans toutefois s'y établir. Profitant de conditions juridiques de plus en plus favorables, d'autres s'installaient dans les pays capitalistes, notamment anglo-saxons. Bien que souvent dénoncée au plan international, l'immigration qualifiée y était un phénomène normal. L'effondrement du mur de Berlin et la transformation des pays de l'Est ont sonné la fin de ce régime migratoire ronronnant. La désarticulation des systèmes scientifiques et techniques de l'ex-Union soviétique et la mise à pied de nombre de leurs personnels ont engendré une vague migratoire nouvelle et inédite, et définitivement modifié le contexte de référence.

Le changement paradigmatique dans l'étude des migrations de personnes qualifiées est entériné depuis la fin des années 1990. Outre les transformations politiques, qui ont permis de décongeler les relations internationales et d'homogénéiser l'espace d'une circulation désormais perçue comme transnationale, d'autres facteurs sont intervenus. En premier, l'avènement des réseaux informatiques (arpanet, bitnet et internet) a bouleversé les modalités de communication à distance et ouvert des possibilités de connexion et d'identification des expatriés avec leurs pays d'origine, transformant profondément le sens même de l'éloignement ainsi que ses conséquences. Survenu au milieu des années 1990 et touchant d'abord des populations œuvrant dans des secteurs très qualifiés, l'apparition d'internet a eu une incidence quasi immédiate sur la constitution de liens diasporiques originaux. Le second facteur est l'émergence – en partie symbolique – d'une société et d'une économie mondiales basée sur la connaissance (*knowledge based global economy*). L'importance attribuée aux savoirs dans les processus d'innovation et de développement a conféré à leurs détenteurs un nouveau rôle mais aussi de nouvelles libertés. Il est apparu de moins en moins admissible d'entraver leurs mouvements et plus utile encore de laisser faire les forces du marché à leur endroit. Cette attitude a culminé au tournant du millénaire, lorsque le *Y2K*, le bug de l'an 2000, a attiré dans les pays riches des centaines de milliers d'informaticiens du Sud, agents et moteurs de la bulle spéculative de cette nouvelle économie qui éclata quelque temps plus tard.

Le *brain gain*, nouveau paradigme circulatoire

Le paradigme circulatoire qui s'est substitué à celui du *brain drain* depuis le début du siècle se fonde sur les idées et constats suivants : il existe des phénomènes de compensation, des retours, des contributions à distance et des effets induits qui font de la migration un phénomène intrinsèquement positif. Cette vision – le *brain gain* –, radicalement inverse à celle de la fuite des cerveaux, mérite une analyse point par point, également critique.

La compensation repose sur l'idée que la défection de certains personnels locaux peut être palliée par un afflux d'immigrants aux compétences comparables. L'Afrique du Sud a fourni un exemple intéressant de ce phénomène à la chute de l'apartheid. À l'exode massif de médecins « non africains » (essentiellement blancs) vers les pays du Commonwealth a répondu une immigration de professionnels de santé, en provenance du reste de l'Afrique vers ce pays, dès le début de la transition politique du milieu des années 1990 (voir le chapitre « Les nouveaux enjeux des migrations intra-africaines » d'Aurelia Wa Kabwe-Segatti). Si ce « remplacement » a bien eu des effets positifs – tels que le renouvellement des pratiques cliniques et la démocratisation de l'accès aux soins –, il a aussi eu des effets sur la politique de santé publique du pays qu'il a rendu plus instable. Il a par ailleurs affaibli les capacités des États les moins bien dotés sur le continent africain. Dans le jeu de chaises musicales de cette circulation des compétences, les perdants sont toujours les mêmes : ceux qui voient leurs ressources déjà déficientes s'amoindrir encore et qui ne parviennent pas à en attirer de nouvelles.

figure 67 : **Diplômés et étudiants chinois à l'étrangers, 1985-2006**

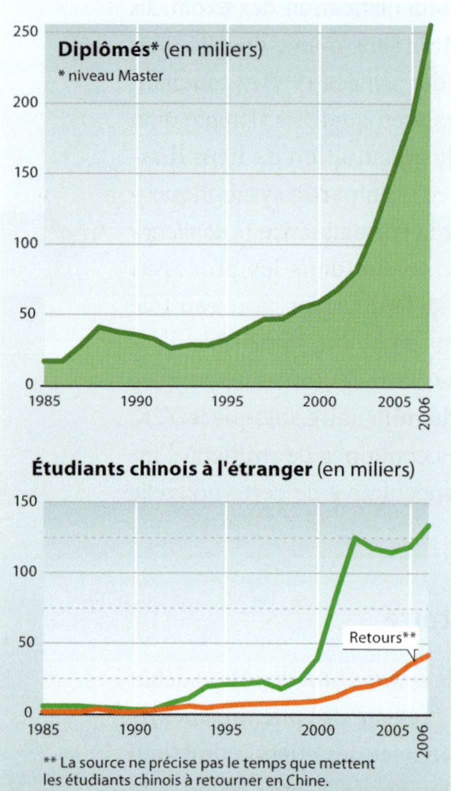

Source : compilation de Dorian RYSER, d'après National Bureau of Statistics of China, *ChinaStatistical Yearbook 2007.*

Sciences Po / CERI et Atelier de cartographie, avril 2009

Le retour des migrants qualifiés vers leur pays d'origine est aussi au fondement des approches circulatoires. Dans les années 1980 et 1990, on a vu des étudiants ou professionnels partis se former et exercer au Nord revenir officier dans leur pays d'origine, faisant bénéficier la société de leurs compétences acquises à l'extérieur. Les cas des nouveaux pays industrialisés d'Asie ont ainsi démontré que les flux de sortie étaient réversibles, si les conditions de développement du pays s'inversaient et que la constitution d'un tissu techno-industriel procurait des opportunités d'emploi pour ces personnels très qualifiés. Là réside la difficulté et le paradoxe de l'option du retour : elle ne se réalise que si le milieu local permet une véritable réinsertion des compétences expatriées dans des conditions comparables, sinon identiques, à celles qu'elles connaissent à l'extérieur du pays.

L'option diaspora répond au problème de l'enracinement des compétences dans un tissu productif. Elle consiste à laisser opérer les individus compétents de l'étranger au sein de réseaux, tout en les reconnectant avec le pays d'origine à travers des associations, parfois virtuelles, regroupant les individus dispersés. Un pays peut ainsi capitaliser sur de vastes réseaux socioprofessionnels dans lesquels sont insérés ses ressortissants et recevoir par leur entremise toutes sortes de transferts de savoirs, de technologies, d'investissements, d'équipements, etc. Cette option ne suppose guère de capacité préalable et plusieurs dizaines d'États se sont lancés sur cette voie « connexionniste » depuis le milieu de la dernière décennie, faisant croître de façon importante le nombre de réseaux diasporiques. Toutefois, les exemples patents de réussite concernent, là encore, les grands pays émergents et en particulier l'Asie. Le lien avec la dynamique de développement local est donc ici encore crucial. L'option diasporique ne relève pas du miracle : la mise en place de dispositifs techniques, organisationnels et politiques appropriés pour cette reconnexion est indispensable pour que cette stratégie – nouvelle – se transforme en succès.

Enfin, au-delà des effets directs du mouvement des personnes (compensation, retour et diaspora), certaines approches récentes considèrent que c'est l'esprit même de la migration qui a des effets positifs sur le développement. La perspective d'opportunités d'exercer un métier à l'extérieur constituerait ainsi une incitation majeure à la formation pour un individu originaire du Sud. Investir dans son propre capital humain revêtirait, en effet, d'autant plus de sens que cet investissement ouvre la possibilité d'un retour décuplé s'il permet d'accéder au marché international, les politiques actuelles d'immigration sélective au Nord justifiant complètement cette projection. Des analyses économétriques sophistiquées soulignent la corrélation existant entre cette perspective migratoire et le niveau des investissements destinés à la formation dans certains pays. Dans une telle vision, l'expectative migratoire opère comme un *stimulus* pour l'ensemble de la population. Mais des critiques pointent les nombreux présupposés qui fondent cette hypothèse : le lien de causalité non démontré entre variables migratoires et éducatives ; le caractère privé de la migration *versus* l'investissement public de la formation ; le fait que la formation professionnellement significative est souvent acquise non pas avant mais après l'émigration ; enfin, le caractère socialement restreint de l'effet potentiel de l'attraction migratoire disqualifiant une généralisation de son anticipation à l'ensemble de la population.

Vers quelle circulation mondiale des compétences ?

L'impact de l'émigration des personnes qualifiées sur le développement des pays du Sud est généralement minimisé. Les données statistiques issues des recensements dans les pays de l'OCDE et des chiffres de l'enseignement supérieur dans les pays en développement montrent que le taux d'expatriation de diplômés universitaires est relativement faible (autour de 15 %). Cependant, les chiffres datent de l'année 2000 et les estimations partielles plus récentes montrent une forte accélération du phénomène depuis le début du millénaire. Par ailleurs, des études

figure 68 : **Taux d'expatriation moyen de personnel hautement qualifié latino-américain dans le monde selon différentes études, 1999-2000**

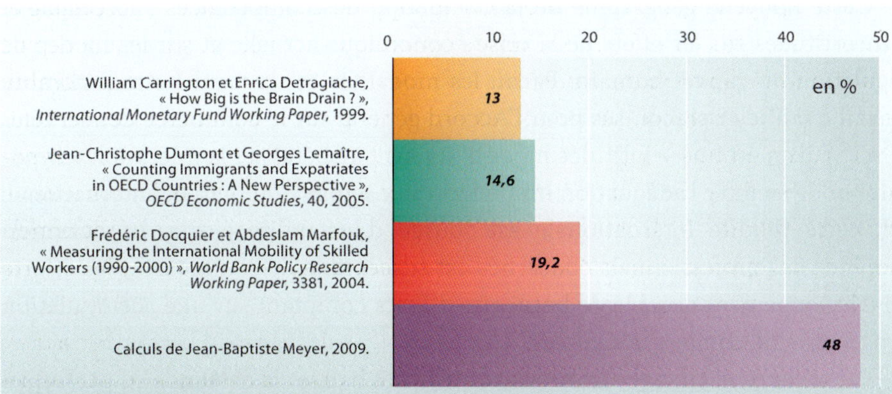

Source : compilation de Jean-Baptiste MEYER.

Sciences Po / CERI et Atelier de cartographie, juillet 2009

plus précises réalisées sur l'Amérique latine révèlent que le critère de la détention d'un diplôme universitaire pour caractériser la population qualifiée en mobilité, minimise considérablement le phénomène. En effet, si l'on prend en compte les professions impliquées dans des activités de recherche et développement (R&D) – chercheurs et ingénieurs réellement impliqués dans les activités dites « à forte intensité connaissance » de l'économie basée sur les savoirs –, les taux d'expatriation sont entre trois et quatre fois supérieurs (figure 68). Enfin, toutes les données convergent pour souligner les différences existant entre les pays : tandis que les grands émergents (Brésil, Chine, Inde) ont des taux minimes (inférieurs à 5 %), ceux des petits pays (notamment les insulaires ou enclavés, les plus pauvres ou dépendants) dépassent les 50 %, voire les 75 %. Cela signifie qu'une part importante, voire cruciale, de leurs ressources humaines se situe hors de leurs frontières, aggravant localement l'absence de masse critique mobilisable au niveau national pour quelque projet collectif requérant des compétences complémentaires.

Cette inégalité entre les pays perdure en dépit d'une réelle tendance à la déconcentration des flux mondiaux. À la polarisation des années du *brain drain*, où les États-Unis et l'Europe étaient les émetteurs planétaires de lumière scientifique et technique, captant la majorité des talents a succédé une période durant laquelle les capacités de production et de diffusion de savoirs se sont largement réparties sur l'ensemble du globe. Une nouvelle division internationale cognitive du travail s'esquisse, donnant lieu à des flux beaucoup plus diversifiés. Cette tendance est d'ores et déjà visible en Afrique australe et subsaharienne (voir ci-dessus), en Amérique latine où le Brésil accueille des doctorants et des chercheurs de tout le sous-continent, en Inde où les informaticiens forment des Africains (sur place ou dans leurs propres instituts) et en Chine où vient d'être lancé un vaste programme de recrutement de chercheurs dans le monde entier. Cette pratique de l'attractivité ne se limite d'ailleurs pas complètement aux pays développés ou émergents : le Maroc, par exemple, reçoit des étudiants d'Afrique subsaharienne et l'Égypte attire de nombreux Arabes.

Cette nouvelle géographie de la circulation des compétences s'accompagne d'incertitudes sur les effets de la crise économique actuelle et sur les modes de régulation du capital humain. Parmi les modalités concernant les mobilités du travail qualifié et préconisés pour l'Accord général sur le commerce des services (GATS), il en est une – intitulée mode 4 – visant à libéraliser la migration temporaire pour faciliter l'adéquation immédiate aux signaux du marché international. Or, cette fluidité internationale est source d'instabilité locale. La défection inopinée des professionnels concernés est susceptible de contrecarrer les efforts de développement durable de beaucoup d'États comptant sur une accumulation progressive de compétences utiles.

Par ailleurs, la crise économique actuelle fait baisser la demande en personnel qualifié dans les secteurs innovants, de façon probablement plus modérée mais toute aussi réelle que dans d'autres pans d'activité. Cependant, une recherche de sortie de crise par le haut peut aussi exacerber la compétition internationale dans la quête des talents, comme certaines orientations de la nouvelle administration américaine le laissent penser. La situation, volatile, requiert une attention d'autant plus grande que, dans cet univers aux multiples acteurs et décideurs, la prévision stratégique s'avère éminemment aléatoire alors même qu'elle demeure plus que jamais indispensable.

Une circulation devenue plus complexe

Les flux des personnes qualifiées ne répondent décidément plus au modèle de la gravitation universelle, où les écoulements s'effectuaient du Sud vers le Nord, d'une vaste périphérie vers un centre collecteur aux positions inamovibles. La circulation est devenue plus complexe. Elle est l'objet de pressions (politiques et économiques), de phénomènes de capillarité (*via* les réseaux sociaux) et de condensation (*via* les organisations captatrices). Pour ces trois raisons, l'image de la percolation est celle qui sied le mieux à cette nouvelle circulation. Loin de toute naturalisation, celle-ci sous-entend une intervention d'acteurs et une ingénierie parfois sophistiquée à l'origine de processus complexes de mobilité. Cette nouvelle complexité nous affranchit des interprétations associées aux modèles antérieurs et leur inexorable fatalité. Elle nous laisse responsables des choix que nous faisons pour en gérer les multiples manifestations.

Pour en savoir plus

BARRE (Rémy) *et al.*, *Diasporas scientifiques/Scientific Diasporas*, Paris, Éditions IRD, 2003.

BHAGWATI (Jagdish N.), *The Brain Drain and Taxation : Theory and Empirical Analysis*, Amsterdam, North Holland Publishing Company, 1976.

DOCQUIER (Frédéric) et RAPOPORT (Hillel), « How Does Skilled Emigration Affect Developing Countries ? Facts, Theory and Policy », communication présentée au *G20 Workshop on Demographic Challenges and Migration*, Sydney, 27-28 août 2005.

DUMONT (Jean-Christophe) et LEMAÎTRE (Georges), « Beyond the Headlines : New Evidence on the Brain Drai », *Revue économique*, 56 (6), 2005, p. 1275-1299.

Cnuced, *Development Aspects of the Reverse Transfer of Technology*, Genève, 1978.

KINDELBERGER (Charles P.), « Internationalist and Nationalist Models in the Analysis of Brain Drain : Progress and Unsolved Problems », *Minerva*, 15 (3-4), 1977, p. 553-561.

MEYER (Jean-Baptiste) et CHARUM (Jorge), « La fuite des cerveaux est-elle épuisée ? Paradigme perdu et nouvelles perspectives », *Cahier des sciences humaines*, 31 (4), 1995, p. 1003-1017.

MEYER (Jean-Baptiste), « Les diasporas de la connaissance, atout de la compétitivité du Sud », *La Revue internationale et stratégique*, 55, 2004, p. 69-76.

The Science and Development Network (Scidev), *China on the Lookout for Foreign Scientists*, 27 janvier 2009, disponible sut le site internet : www.scidev.net

TINGUY (Anne de) et WIHTOL DE WENDEN (Catherine), « La fuite des cerveaux : une chance pour l'Est ? », *L'Observateur de l'OCDE*, 184, 1993, p. 33-36.

Le développement, au carrefour des exils marocains

Thomas Lacroix

Les réseaux transnationaux tissés par des immigrés marocains installés en France lient entre eux collectifs informels et associations de migrants qui œuvrent au développement de leur région d'origine. La mise en commun de ressources financières et techniques assure l'électrification d'un village, la construction d'un dispensaire ou d'un système d'alimentation en eau potable des maisons.

On s'attachera ici à étudier le cas des migrants issus du Sud marocain, une zone qui inclut l'Anti-Atlas et le Haut-Atlas ainsi que les plaines côtières du Souss et du Massa. La région est habitée par les Chleuhs, l'un des trois principaux groupes berbères du pays, particulièrement actifs dans le domaine du développement. Un chiffre permet de mesurer l'importance de cette dynamique : entre 1990 et 1997, le taux d'électrification des foyers dans la vallée du Massa est passé de 15 % à 95 %. Le succès de cet engagement collectif est, en grande partie, dû au soutien apporté par une catégorie de migrants marocains, des syndicalistes et des réfugiés politiques, dont le savoir-faire a permis la concrétisation des projets. Une catégorie d'acteur porteuse d'un exil différent.

Vivre ailleurs et développer son village

La migration des Chleuhs est un phénomène très ancien. Interface entre les zones nomades sahariennes et les plaines agricoles au Nord, le Sud marocain est une région aride qui a paradoxalement toujours été très peuplée. Dès le Moyen Âge, on observe une émigration des étudiants et des commerçants vers Fès et Meknès et une migration saisonnière dans les plaines agricoles du centre du pays. Les premiers départs vers l'étranger remontent à la fin du XIXe siècle, d'abord vers

figure 69 : **Le Sud marocain**

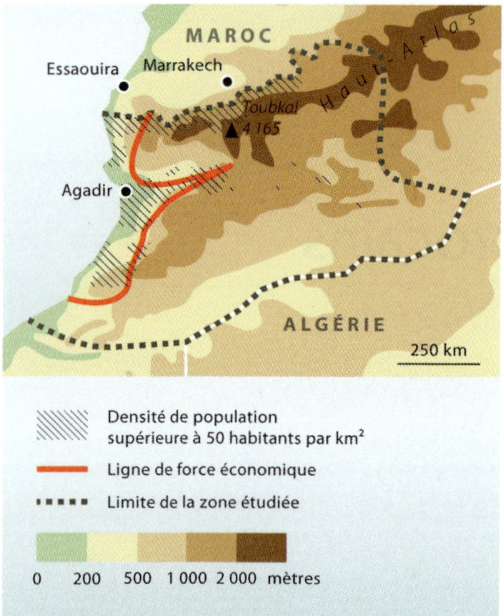

Source : ministère de l'Aménagement du territoire, *Le Territoire marocain, état des lieux*, Maroc, 2000.

Sciences Po / CERI et Atelier de cartographie, juillet 2009

l'Algérie puis vers la France. À partir de la première guerre mondiale, cette émigration est encadrée par les entreprises françaises et notamment les Houillères du Nord-Pas-de-Calais. Les premiers arrivants dans l'Hexagone essaiment progressivement vers d'autres secteurs d'activité, notamment l'industrie de la région parisienne, et vers d'autres pays, par exemple la Belgique et les Pays-Bas. Ils serviront par la suite de tête de pont à une migration autoproduite qui croît progressivement jusque dans les années 1970 et qui se féminise fortement avec le regroupement familial. Aujourd'hui, les Chleuhs qui vivent en Europe sont très présents dans le commerce de détail, prolongeant ainsi un savoir-faire ancestral.

La mobilité est une réponse à l'insuffisance structurelle des ressources du Sud marocain. La migration permet d'assurer l'équilibre économique de la région. Or l'équilibre migration-reproduction passe par la résolution d'un double problème : 1) comment une communauté humaine peut-elle exporter ses membres tout en conservant le lien avec eux afin d'assurer une rente migratoire ? 2) Comment prévenir une conversion du capital économique des migrants en capital politique afin que l'ordre politique (et le pouvoir des notables) du village ne soit pas menacé ? La réponse repose sur une stigmatisation des signes de l'ailleurs. Tout ce qui identifie le migrant, ses biens, ses vêtements, son vocabulaire, est associé à une corruption induite par le contact avec l'ailleurs : « Il s'est embelli de mèches, l'émigré, le bel Européen ! Il pue le vin comme un colporteur d'épices. Et sa bouche empeste la fumée autant que la gueule des fourneaux » chantent les poètes berbères. Cette stigmatisation crée un paradoxe identitaire puisque le migrant est sommé à la fois de refouler son identité d'immigré et d'afficher sa réussite, ce qui génère à la fois une subordination et une fracture entre l'identité d'émigré perçue par les villageois et celle d'immigré affectée par les années passée à l'étranger. Par ailleurs, perçus comme potentiellement subversifs car vecteur de changement social, les transferts sont soumis au contrôle social. L'argent et les cadeaux, et la construction d'une maison constituent l'essentiel des transferts qui arrivent dans le village.

Cet *ethos* migratoire donne sens à l'exil des émigrés, marqué par la culpabilité et l'attachement à la normativité villageoise. Les projets de développement apparus à la fin des années 1980 et au début des années 1990 sont étroitement liés à ce rapport migrant-villageois et trouve leur origine dans la règle coutumière qui enjoint les villageois d'entretenir l'équipement collectif du village : la mosquée, le

figure 70 : **Communes comportant une association impliquée dans le domaine du développement rural**

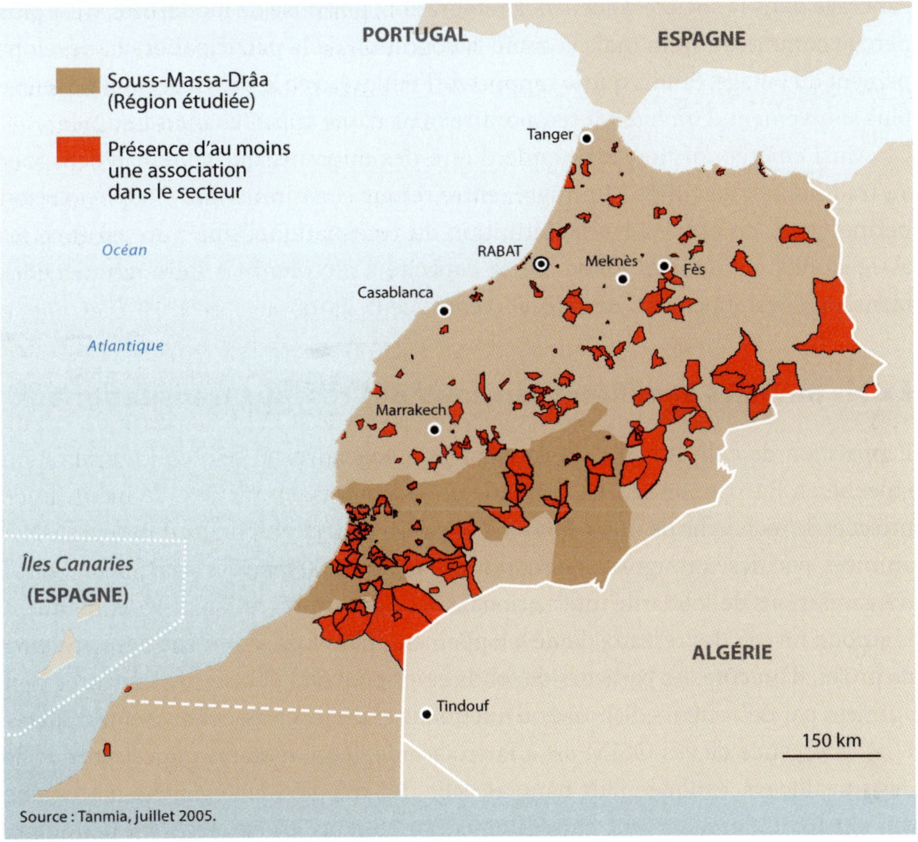

puits, le système d'irrigation, etc. L'émergence de cette dynamique de développement local est liée à l'échec, ou plutôt à l'inachèvement de la décentralisation marocaine des années 1980 qui a multiplié les collectivités territoriales sans leur donner pour autant les moyens financiers pour prendre en charge l'aménagement du territoire, ainsi qu'à la déréglementation des normes concernant les associations qui a provoqué une véritable explosion de la société civile en milieu rural. Pour mettre en œuvre l'aménagement du territoire, les villageois ont créé des associations de développement par le biais desquelles ils sollicitent les migrants pour le montage financier et technique des projets. La dynamique de développement local au Maroc a donc accompagné la formation des réseaux transnationaux du développement.

Ces projets bousculent l'organisation des relations établies et servent de supports de négociation à une nouvelle conception de l'exil. L'évolution de la communauté chleuhe en France, liée au changement des flux migratoires, et les dynamiques d'intégration de la société d'accueil ont profondément transformé le sens de cet exil. Les migrants utilisent de nouvelles formes de transferts et les projets de développement ouvrent la possibilité d'exprimer sur un mode positif l'ancrage dans la société d'accueil. L'intégration, porteuse de modernité, n'est plus perçue comme un frein mais comme la condition de la participation au développement du village, tandis que le rapport de l'émigré avec le pays d'accueil ne relève plus simplement d'un habitat temporaire mais d'une appartenance assumée.

Ainsi émerge un nouveau mode d'être des migrants qui tentent d'échapper au traditionnel destin de l'immigré, entre retour et assimilation. Cette évolution permet aussi de proposer une définition du transnationalisme : un jeu avec les assignations identitaires fondé sur la capacité à circuler et à faire circuler (des biens, du développement, des idées...) entre deux États.

Exilés ouvriers et militants au cœur des réseaux transnationaux

L'apparition de collectifs de développement a engendré, au sein de l'immigration chleuhe en Europe, une forte demande de savoir-faire en matière de montage de projet et de recherche de financement. Pour permettre d'y répondre, plusieurs ONG animées par des immigrés marocains ont été crées. Appelées également OSIM (Organisations de solidarité internationale issue de l'immigration), elles constituent le second niveau des réseaux du développement. Elles font le lien entre les porteurs de projet, d'un côté, les bailleurs de fonds et les pouvoirs publics, de l'autre, et sont animées par des acteurs disposant d'une solide expérience associative et militante.

L'émergence de ces OSIM est à la croisée de deux histoires migratoires, celle des travailleurs, évoquée plus haut, et celle des réfugiés de la gauche marocaine qui ont fui le durcissement du régime chérifien dans les années 1970. Ces deux histoires ont elles-mêmes engendré deux catégories de militants : les ouvriers syndicalisés formés aux mobilisations politiques sur leur lieu de travail et les réfugiés marxistes possédant un passé militant avant de venir en France. Sur cette base, il est possible de distinguer deux types d'OSIM.

La première et la plus ancienne est Migrations et développement. Elle a été créée en 1987 par un groupe de licenciés d'une usine Péchiney qui ont mené une réflexion autour de l'utilisation de la prime de retour qui accompagnait l'indemnité de licenciement. Grâce à cet argent, ils ont pu électrifier un premier village de la province de Taroudannt en 1989, puis un second en 1992. À partir de 1993, avec le soutien du Comité catholique contre la faim et pour le développement (CCFD), ils ont pu obtenir des subventions auprès du ministère des Affaires étrangères et de l'Union européenne. Aujourd'hui, l'ONG a à son actif des réalisations dans près de deux cents villages du Sud marocain. Son directeur, un ancien ouvrier devenu délégué syndical à la CFDT, a lui-même connu l'exil des travailleurs immigrants décrit plus haut. L'objectif de l'association est bien de donner corps à un investissement translocal porté par un *ethos* migratoire.

Le réseau des associations créées par les réfugiés politiques marocains (l'Association des travailleurs maghrébins de France, ATMF, en France, la KMAN aux Pays-Bas, l'Atime en Espagne) est aussi très présent dans le secteur du développement, et nombre de ces OSIM sont dirigées par des réfugiés. C'est le cas d'Immigration, démocratie et développement (IDD), créée en 1998 par des membres de l'ATMF. Les réfugiés sont porteurs d'une mémoire « militante ». La poursuite de la lutte pour la démocratisation du régime marocain a donné sens à leur exil. Leur investissement en faveur du développement au début des années 1990, après les grandes luttes syndicales de la décennie précédente, est devenu pour eux un champ d'activité. Il leur permet d'effectuer un « retour » politique au Maroc, terrain qu'ils avaient abandonné dans les années 1970 après la répression de la gauche radicale sous Hassan II, et leur offre un prétexte pour renforcer les structures de la société civile en milieu rural. Les villages deviennent pour les militants un laboratoire de démocratie locale.

Deux mythes du retour s'entrecroisent : le retour politique du réfugié et le retour projeté de l'émigré. Les OSIM sont à la jonction de ces différentes formes d'exil. Elles ont une fonction de transfert et de traduction, se tenant entre coutume et politique, entre tradition et démocratie. Les acteurs du développement fondent leur légitimité sur leur capacité à articuler les discours et à donner un sens au développement, à jouer avec les normes, à passer d'un univers bureaucratique où les échanges se font sur la base de normes écrites et de contrats à un univers de solidarités communautaires où prédominent la réputation et la parole donnée.

Il existe aujourd'hui près d'une vingtaine d'OSIM marocaines en Europe dont une quinzaine en France. Cette croissance est liée à une demande interne de savoir-faire de la part des migrants mais aussi à une demande externe venue des pouvoirs publics.

Les États et la politique de codéveloppement

Loin d'être absent de ces dynamiques transnationales, L'État a fourni à la fois les ressources et l'espace de la reformulation des exils. La politique de codéveloppement en est une illustration. Elle désigne en France les dispositifs qui ont pour objectif de prendre appui sur les flux migratoires pour développer les régions d'origine. Cette politique se base sur l'idée que leur développement est une solution pour juguler les flux de départ.

On peut distinguer quatre étapes dans la mise en place de cette politique en France. La première est celle des aides au retour (1977-1983). Instaurées en 1977 par Lionel Stoléru, alors secrétaire d'État chargé de la Condition des travailleurs manuels, elles se traduisent par une aide sèche de 10 000 francs destinée aux ouvriers licenciés. La deuxième est celle de l'aide au projet de retour (1983-1988). Le gouvernement socialiste transforme le dispositif de Lionel Stoléru en proposant un accompagnement des candidats au retour sur un projet spécifique. La troisième s'étend sur la décennie 1990 (1988-2001), avec une réflexion sur le travail des migrants en matière de développement et sur la possibilité de prendre appui sur les actions des OSIM. Cette phase se déroule en deux temps : l'expérimentation et la consultation entre 1988 et 1997, puis la période 1997-2001 ouverte par le rapport Sami Naïr, qui donne un cadre institutionnel et idéologique au codéveloppement, et se clôturant par la chute du gouvernement Jospin. Cette période donne lieu à la création de plusieurs institutions chargées de mettre en œuvre la politique de codéveloppement, dont une seule a survécu, le Forum OSIM (Forim), plate-forme qui regroupe les ONG des migrants en France et a pour but de structurer le dialogue entre ces OSIM, les ONG françaises et les pouvoirs publics. La quatrième étape, entamée en 2001, est celle d'une rétrogradation de la politique de codéveloppement au second rang des priorités gouvernementales, loin derrière celle de la lutte contre l'immigration clandestine, en dépit d'un indéniable succès international du concept[1]. Toutefois, les OSIM se sont progressivement inscrites comme des acteurs à part entière dans le champ de la coopération internationale. Cette nouvelle position leur a permis de peser sur la définition du codéveloppement.

Elle est de fait à l'origine d'une évolution sensible du discours sur le codéveloppement. Les dispositifs publics d'aide au retour ont longtemps été un échec en raison de l'absence de relais entre l'administration et les migrants. Ces deux catégories d'acteurs ne partagent pas les mêmes références ni le même langage. Le projet de développement a pu être assimilé à un projet de retour alors que, pour les migrants, il est avant tout un moyen pour justifier la circulation. C'est pourquoi, dès la fin des années 1990, les OSIM soutiennent la revendication d'un titre de séjour spécifique pour les acteurs du développement, permettant de circuler librement entre les deux rives de la Méditerranée. La question du retour, qui a sous-tendu la politique de codéveloppement tout au long des années 1990, est explicitement écartée par l'administration en 2002. Un autre processus de long terme concourt à l'alignement des discours, celui de la professionnalisation des OSIM. Un effort de formation en matière de conduite de projet et de demande de financements transforme lentement les linéaments sociologiques de leur fonctionnement.

Vers une transnationalisation du champ associatif marocain

Les revendications des acteurs du développement trouvent leurs fondements dans les nouvelles formulations d'un exil inclusif qui sous-tend les projets de développement. Il est probable que l'arrivée des militants issus de la seconde génération transforme encore ce champ associatif et donne une nouvelle dimension aux

1 Cf. le rapport du secrétaire général de l'ONU, *Migration et Développement* de mai 2006..

réseaux transnationaux de développement. En effet, les jeunes acteurs de développement nés à l'étranger ou ayant suivi leurs parents dans le pays d'accueil font montre d'une relation différente avec le pays d'origine, moins centrée sur le lieu d'origine et plus abstraite. Contrairement aux réseaux de première génération, les quelques associations de jeunes Marocains existantes en France orientent leurs activités vers des opérations humanitaires ou de développement à l'échelle du Maroc et non sur une région spécifique. Les catastrophes naturelles, inondations ou tremblement de terres, sont des occasions privilégiées d'intervention. Il existe par ailleurs nombre d'associations de Marocains en France dont le but premier n'est pas le développement mais qui lui dédient une part importante de leurs activités. Il s'agit principalement d'organisations professionnelles ou religieuses. Là encore, ces dernières tendent à développer un champ d'activité d'envergure nationale plutôt que locale. Tout semble donc indiquer une transnationalisation du champ associatif migrant marocain, par opposition aux relations strictement translocales maintenues par les organisations villageoises. Cette tendance accompagne la transformation du champ migratoire marocain, marqué par l'émergence d'une génération de descendants d'immigrés ou encore par les nouveaux immigrants issus de milieux urbains et plus qualifiés que leurs prédécesseurs.

Pour en savoir plus

DAOUD (Zakya), *Marocains des deux rives*, Paris, L'Atelier, 1997.

DAOUD (Zakya), *De l'immigration à la citoyenneté, itinéraire d'une association maghrébine en France : l'ATMF (1960-2003)*, Houilles, Mémoire de la Méditerranée, 2002.

DAUM (Christophe), *Typologie des organisations de solidarité internationale issues de l'immigration*, Rapport officiel, Paris, GREM/MAE/CCD/Panos, 2000.

LACROIX (Thomas), « Les commerçants soussis en France, entre communautarisme et mondialisation », *Panoramique*, 70 (6), 2003.

LACROIX (Thomas), *Les Réseaux marocains du développement. Géographie du transnational et politique du territorial*, Paris, Presses de Sciences Po, 2005.

LEFÉBURE (Claude), « France, terre d'écueil », *Annuaire de l'Afrique du Nord*, 251 (62), 1990.

MERIZAK (Moustapha), *Immigration, militantisme politique et mouvement associatif des Marocains en France : des origines aux évolutions*, thèse, Paris, Université Vincennes-Saint-Denis-Paris-8, 2006.

MERNISSI (Fatéma), *ONG rurales du Haut-Atlas. Les Aït débrouille*, Casablanca, Le Fennec, 1998.

SAYAD (Abelmalek), *La Double Absence*, Paris, Seuil, 1999.

Développement par l'exil : le cas de l'Inde

Ingrid Therwath

L'idée du *brain gain*, que l'on pourrait traduire par « développement par l'exil », repose sur les opportunités que crée pour les pays du Sud l'émigration de certains de ses ressortissants. Alors que traditionnellement le phénomène diasporique était envisagé dans une perspective catastrophiste, du fait de l'histoire de la dispersion juive puis arménienne, il est à présent considéré comme une force et une ressource. Le passage des théories du *brain drain* (l'exode des cerveaux) à celles du *brain gain* illustre ce revirement intervenu dans les années 1990. Alejandro Portes a étudié le phénomène en prenant l'exemple des Latinos vivant aux États-Unis qui contribuent au financement des infrastructures dans leur village natal. Le cas indien montre quant à lui que non seulement les émigrés contribuent au développement de leur pays d'origine mais aussi qu'un État peut, à la faveur d'un moment de crise, envisager la diaspora comme une ressource politique.

De l'exode des cerveaux au développement par l'exil

Depuis les années 1960, avec la montée du chômage et alors que l'éducation supérieure indienne produit chaque année des milliers de diplômés, un nombre croissant de jeunes Indiens des classes moyennes émigrent pour poursuivre leurs études ou trouver du travail dans les pays anglo-saxons. L'Inde a dû faire face aux conséquences de ces flux migratoires, et en particulier à l'importance des fonds rapatriés depuis le Moyen-Orient et à la perte de capitaux financiers, humains et techniques due à l'exode des cerveaux. Pravin et leela Visaria estiment à 88 milliards de dollars la perte liée au départ de la main-d'œuvre indienne qualifiée entre 1958 et 1966. Le boom pétrolier des années 1970 attira quant à lui une large

figure 71 : **La diaspora indienne**

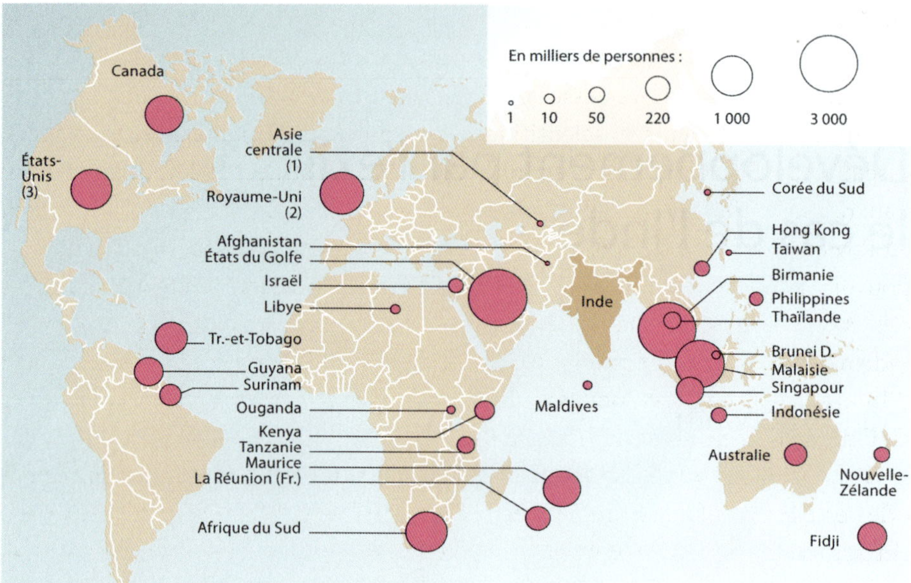

(1) Kazakhstan, Ouzbékistan, Turkménistan, Tadjikistan, Kirghizstan.
(2) Les deux tiers de la communauté indienne de l'Union européenne à 15 sont installés au Royaume-Uni.
(3) Surtout à Los Angeles, New York, San Francisco et Chicago.

Sources : ministère indien des Affaires étrangères, Haut Comité pour la diaspora indienne et www.hindustantimes.com d'après *Questions internationales*, 15, Paris, La Documentation française, septembre-octobre 2005.

Sciences Po / CERI et Atelier de cartographie, août 2008

main-d'œuvre non qualifiée vers le Golfe. Pourtant, dès la fin des années 1970, les Indiens remarquent que les fonds envoyés par les émigrés punjabis facilitent la « révolution verte » en permettant la construction de nouvelles infrastructures et l'adoption d'une agriculture intensive. Le rapatriement de fonds va également permettre à l'Inde de payer partiellement la facture énergétique après les chocs pétroliers des années 1970.

Les autorités indiennes concèdent en 1974 certains avantages fiscaux et des facilités d'investissement aux citoyens indiens émigrés et leur accordent le statut de *Non Resident Indian* (NRI). Le gouvernement Janata Party (1977-1980) s'intéresse plus que ses prédécesseurs aux Indiens de l'étranger, mais uniquement pour en limiter le nombre et adopter des mesures restrictives comme l'obligation d'obtenir un permis d'émigration pour les travailleurs non ou peu qualifiés. T. N. Kaul, ancien ambassadeur de l'Inde à Washington, envisage même d'arrêter ou de

figure 72 : **Les Indiens dans le Golfe**

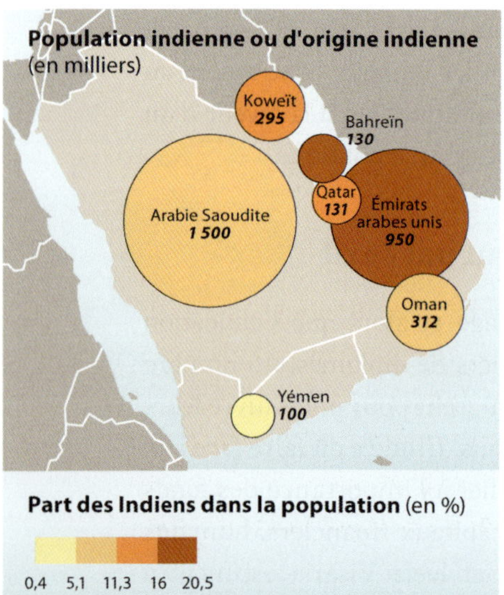

Source : compilation d'Ingrid THERWATH, d'après le Haut Comité pour la diaspora indienne, 2001.

Sciences Po / CERI et Atelier de cartographie, avril 2009

limiter l'émigration, qualifiée cette fois, en cessant d'accorder des passeports aux élites ou en leur demandant le remboursement des sommes publiques engagées pour l'éducation des émigrés. Malgré cette prise de conscience, l'Inde ne fait quasiment rien pour faire cesser ou faire revenir la main-d'œuvre indienne très qualifiée. En 1979, seuls 56 scientifiques et techniciens d'origine indienne sur 850 disent vouloir, à terme, rentrer en Inde[1]. Au début des années 1980, l'affaire Swaraj Paul raviva la méfiance des Indiens envers la diaspora : l'industriel indien résidant au Royaume-Uni avait tenté, grâce à ses relations avec la famille Gandhi alors au pouvoir, de profiter d'une nouvelle loi permettant aux non-résidents d'acquérir des portefeuilles d'actions dans le secteur bancaire pour investir des marchés indiens normalement fermés aux non-nationaux. Il faudra attendre la mort d'Indira Gandhi en 1984 pour que le gouvernement cherche à recueillir les fruits de l'importante présence indienne à l'étranger.

Parallèlement à la mise en place de mesures d'incitation à l'investissement offertes aux NRI, le discours du *brain drain*, qui prévalait dans les années 1980, s'efface progressivement devant celui du *brain gain* au sein des milieux de la recherche et des institutions internationales. À partir des années 1990, notamment grâce au développement en Inde du secteur informatique lié à la présence d'Indiens dans la Silicon Valley, les économistes proposent différentes stratégies pour non plus compenser la perte migratoire mais profiter de l'expertise de ces migrants. Il s'agit de favoriser à la fois leur retour physique au pays en leur attribuant des avantages spécifiques mais aussi de privilégier « l'option diaspora » en utilisant, favorisant, voire créant, des réseaux transnationaux. Ce changement de regard sur l'émigration n'est pas partagé par tous les pays : alors que les pays asiatiques et sud-américains en voie de développement, dont seule une partie des élites quitte le pays et dont les émigrés accumulent rapidement un capital social et financier dans leurs pays de résidence, incarnent ce passage du *brain drain* au *brain gain*, les pays africains n'adhèrent pas à cette vision.

En Inde, le tournant décisif se produit en 1998. Après les essais nucléaires et les sanctions imposées par les États-Unis, le gouvernement indien émet des bons spécifiquement destinés à la diaspora afin de faire face aux sanctions et à la baisse du flux de capitaux étrangers résultant de l'arrêt des prêts de la Banque mondiale, et, par ce biais, collecte 10 milliards de dollars. Les *Resurgent India Bonds* et les *India Millenium Deposits* rapportent respectivement 4,2 et 5,5 milliards de dollars. Les *India Development Bonds* (IDB) permettent quant à eux de réunir 2,4 milliards de dollars. L'aide financière apportée par la diaspora et la pression politique de la communauté indienne aux États-Unis pour contenir les sanctions marquent le

1 P. K. Balachandran dans J. Bahadur Singh (ed.), *The Other India. The Overseas Indians and their Relationship with India*, Delhi, Arnold Heinemann 1979.

début d'une nouvelle phase dans les relations entre l'Inde et les Indiens d'outre-mer. Contrairement à ce qui s'était passé lors de la crise de 1991, la diaspora a réagi à contre-courant du reste des investisseurs internationaux pour venir au secours de son pays d'origine. Réponse logique et intéressée aux avantages consentis depuis 1991 ou véritable réaction patriotique ? Peu importe, l'Inde change radicalement de position envers sa diaspora dont elle fait l'un des socles de sa politique d'investissement et l'une des composantes de sa politique de développement.

Les expatriés, partenaires de la bonne fortune financière de l'Inde

La diaspora, plus riche en moyenne que la population indienne, possède un potentiel économique considérable et largement sous-exploité. Avec 20 millions de personnes, elle représente 2 % de la population indienne totale mais croît tous les ans de 10 %. Son revenu annuel par tête est d'environ 8 000 dollars, revenus équivalents à ceux des 7 % des ménages urbains les plus riches en Inde en 2003. Dans les années 1990, la part des NRI dans la somme totale des capitaux en Inde (dépôts et transferts confondus) a considérablement augmenté. En 2001-2002, ils ont contribué à environ 26,33 % des flux de capitaux vers l'Inde.

Malgré des chiffres absolus en hausse, mais modestes comparés aux apports des Chinois d'outre-mer à leur pays d'origine, la diaspora indienne contribue de façon significative à l'excédent de la balance commerciale et de la balance des paiements indiennes. Selon N. Rangachary, président de la Insurance Regulatory & Development Authority à Hyderabad, les dépôts bancaires des NRI ont permis à l'Inde d'éviter une crise de la balance des paiements et de rembourser une partie de sa dette internationale. Pour Punita Kumar Sinha, directrice et responsable des investissements de portefeuilles de CIBC World Markets aux États-Unis, la diaspora indienne a également renforcé le marché des actions, soutenu la transparence du marché et apporté un grand nombre de liquidités. D'une façon générale, les transferts de fonds de la diaspora (23 milliards de roupies en 2006) (figure 73) ont conféré à la roupie stabilité et crédibilité, et permis d'endiguer l'inflation (par le canal des taux d'intérêt et de la dette), favorisant ainsi le développement des marchés en action et de l'investissement direct. Afin de capter cette manne et d'en assurer la pérennité,

figure 73 : **Rapatriements de fonds des migrants indiens expatriés, 1970-2008**

Source : compilation d'Ingrid THERWATH, d'après les estimations de la Banque mondiale basées sur le *Balance of Payments Statistics Yearbook 2008* du FMI.

Sciences Po / CERI et Atelier de cartographie, avril 2009

le gouvernement a même ouvert en mai 2007 un centre de facilitation, le Overseas Indian Facilitation Centre (OIFC), en partenariat avec la Chambre indienne de commerce et d'industrie (CII).

Bénéficier de l'expertise des émigrés

L'une des caractéristiques de la diaspora indienne, tout du moins des communautés indiennes dans les pays occidentaux, est son niveau d'éducation. 35 % des Indiens de la diaspora occupent des fonctions de management, sont cadres ou exercent une profession libérale. Plus de 5 000 *Persons of Indian Origin* (PIO) enseignent à l'université en tant que professeurs titulaires au Royaume-Uni, tandis que près de 25 % des médecins exerçant outre-Manche sont indiens. Enfin, 15 % des *start-up* de la Silicon Valley ont été fondées par des Indiens. La diaspora est conçue comme une tête de pont pouvant fournir à l'Inde des techniques de management ainsi que des connaissances scientifiques et techniques acquises à l'étranger. Le gouvernement a chargé en 2001 un groupe d'experts d'étudier les contributions de la diaspora dans le secteur des sciences et des technologies et de lui soumettre un rapport contenant plusieurs propositions. Certains parlent ainsi de deux Indes : l'Inde *high-tech* de la diaspora et l'autre. C'est cette Inde de l'étranger que les dirigeants, qui gardent à l'esprit le modèle de la « Chine bleue » – expression datant de l'empire chinois et abondamment reprise ces dernières années pour parler du développement régional dans ce pays – et des Chinois d'outre-mer, se tournent aujourd'hui pour assurer la croissance et le développement du pays.

De nombreux programmes de coopération bilatérale comme le Cefipra (Centre franco-indien pour la promotion de la recherche avancée) ou le Forum d'initiatives franco-indien utilisent déjà le capital scientifique des NRI et des PIO. Une minorité croissante de membres de la diaspora retourne également en Inde dans le cadre du programme *Tokten* (*Transfer of Knowhow Through Expatriate Nationals*) dépendant du Programme des Nations unies pour le développement (PNUD). Par ailleurs, le Indian Technology Board assure la liaison entre l'Inde et les scientifiques et techniciens de la diaspora afin d'établir des *joint ventures*. Le gouvernement indien suit les recommandations du rapport du comité de haut niveau sur la diaspora (*High Level Committee Report*) daté de 2001. Ce texte cite, afin que le gouvernement en prenne exemple, les mesures de la République populaire de Chine et d'Israël, celles du Safea (State Administration of Foreign Experts Affairs), du Caiep (Chinese Association for International Exchange of Personnel) qui gère l'intégration des ressources intellectuelles étrangères dans les programmes chinois nationaux et organise des partenariats pour les entreprises chinoises lors de salons internationaux en Chine, et enfin du National Incubators Program en Israël. Il s'agit à chaque fois de permettre à l'Inde de profiter de l'expertise scientifique et technique des NRI et des PIO.

La Fédération des chambres de commerce et d'industrie indiennes (Ficci), ainsi que le India Investment Centre, le ministère des Affaires étrangères et le Council of Scientific and Industrial Research (CSIR) ont commencé à établir des bases de données d'expatriés indiens dont l'expertise pourrait être utile à l'Inde. En 2003, le ministère des Affaires étrangères, conjointement avec le ministère pour la Science et la technologie, a lancé le site internet http://stio.nic.in qui a pour but de fournir aux STIO (*Scientists and Technologists of Indian Origin*) des informations sur les possibilités de recherche en Inde, de proposer leur aide dans leur champ d'expertise, d'établir une base de données et de mettre en place des réseaux transnationaux d'anciens élèves. Quelques mois après son lancement, 494 personnes venant de 40 pays s'étaient rendues sur ce site. En 2007, 25 des 40 professeurs titularisés du prestigieux Indian Institute of Technology (IIT) de Delhi sont d'anciens émigrés. De nombreux autres pays comme l'Afghanistan, la Corée du Sud, les Philippines et la Thaïlande suivent des stratégies similaires.

De nombreuses institutions éducatives et médicales ont également été créées en Inde grâce aux apports financiers et techniques de la diaspora, comme la Indian School of Business, le Indian Institute of Public Health, le Hinduja Hospital à Bombay et le L. V. Prasad Eye Institute à Hyderabad. Le pays est aujourd'hui très intéressé par la gestion d'entreprise. Les expatriés qui occupent des postes à responsabilités dans les entreprises multinationales sont mis en avant par la presse ainsi que par les officiels indiens. Rajat Gupta, PDG de McKinsey, était par exemple l'invité d'honneur de la première *Pravasi Bharatiya Divas* (Jour des Indiens de l'étranger, instauré par le gouvernement en 2003 et qui a lieu chaque année en janvier), tandis que l'édition 2008 recevait Indra Nooyi, dirigeant de Pepsi Co. Finalement, l'idée évoquée par le Premier ministre Atal Bihari Vajpayee en janvier 2003 que le gouvernement devait déployer tous ses moyens pour faire revenir la diaspora au pays semble abandonnée. Il semble que la coopération sur le mode chinois s'impose désormais dans les domaines financier, industriel et technique. Le potentiel économique de la diaspora est célébré par des campagnes gouvernementales destinées à attirer les Indiens de l'étranger (attribution de diplômes honorifiques, récompenses, inauguration de routes, de places et d'institutions portant les noms de certains de ses membres).

Les nouvelles mesures économiques favorisant la diaspora indiquent clairement l'intérêt sélectif du gouvernement pour les scientifiques et les entrepreneurs comme sa préférence pour les Indiens résidant aux États-Unis, au Royaume-Uni, en Australie ou encore à Singapour. Ainsi, quand le gouvernement parle de diaspora, il n'évoque qu'une fraction de cette population, soit seulement 20 millions d'individus. Par ailleurs, la motivation économique s'est parfois doublée, notamment sous le gouvernement du Parti du peuple (BJP) (1998-2004) d'un enjeu nationaliste et ethnique.

Une aide au développement local

figure 74 : **Le Kerala en Inde, principale région d'émigration vers le Golfe**

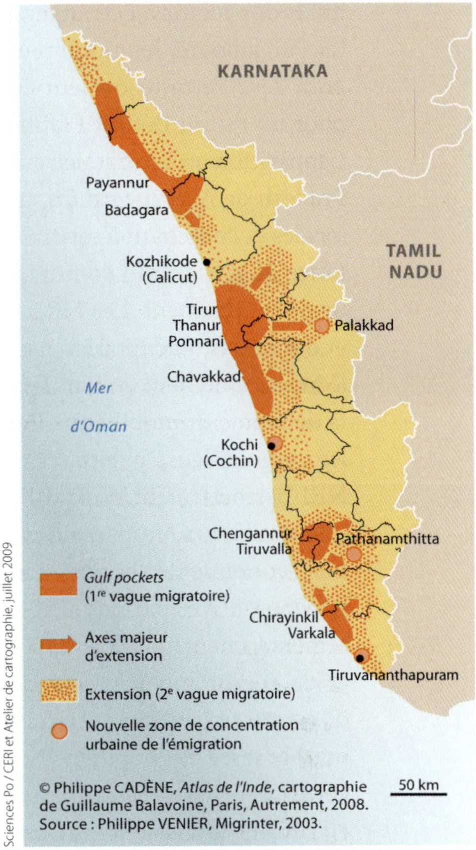

© Philippe CADÈNE, *Atlas de l'Inde*, cartographie de Guillaume Balavoine, Paris, Autrement, 2008. Source : Philippe VENIER, Migrinter, 2003.

Le terme de diaspora désigne les populations indiennes vivant à l'étranger, qu'il s'agisse des Indiens du Sud à Dubaï, des informaticiens de la Silicon Valley ou des descendants des travailleurs sous contrats à Trinidad ou à Fidji. On évoque aussi souvent la diaspora tamoule et la diaspora punjabie ou sikhe. Certaines régions indiennes sont plus que d'autres des foyers historiques d'émigration : le Punjab, le Gujarat, l'Andhra Pradesh et le Kerala (figure 74). De plus en plus d'États régionaux s'appuient, au niveau local, sur une coopération financière avec leur diaspora pour mettre en œuvre de grands travaux d'infrastructure. Ainsi, le gouvernement d'Andhra Pradesh a mis en œuvre un projet de réservoir de Pulichintala de 17 millions de dollars grâce au soutien des NRI télougous qui ont offert d'acheter des bons et ont fait pression sur la Banque mondiale et le gouvernement central.

Si la manne diasporique bénéficie particulièrement aux États du Punjab et du Kerala et contribue à de profonds bouleversements sociaux avec la création de « migra-villages » (villages dont les habitants, souvent eux-mêmes en attente d'émigration, vivent des fonds reçus de l'étranger), au niveau national, quatre secteurs de l'économie indienne sont concernés par la disponibilité de cette ressource : l'éducation, l'immobilier, la santé et les technologies de l'information. Devesh Kapur et John McHale notent d'ailleurs que les diasporas peuvent avoir un effet économique positif direct dans leurs pays d'origine dans d'autres secteurs de services comme le tourisme et le conseil aux entreprises. Les ressources des NRI, qu'elles soient financières ou scientifiques, affectent donc avant tout l'économie tertiaire.

Le secteur indien des technologies de l'information constitue l'exemple le plus connu de développement *via* la diaspora, notamment grâce aux NRI de la Silicon Valley. En leur permettant de trouver des clients ou d'obtenir des contrats, les réseaux diasporiques d'anciens élèves sont une ressource très utile pour les entrepreneurs indiens. Les émigrés servent de relais et de facilitateurs en projetant une bonne image de leur pays d'origine au sein des entreprises étrangères qui les emploient. Cette logique a d'ailleurs son équivalent en Inde : en 2000, la moitié des vingt plus importantes entreprises d'informatique ont été fondées et sont dirigées par d'anciens NRI, qui bénéficient d'un avantage non négligeable par rapport à leurs homologues grâce aux techniques de management et aux contacts qu'ils ont acquis à l'étranger.

Par ailleurs, les nombreux NRI désireux de se faire construire une maison pour leur retraite ou leur famille au pays et les quelques milliers ayant opté pour un retour définitif alimentent le secteur du logement et de la construction. L'apparition au Karnataka, au Kerala, à Delhi, en Andhra Pradesh et en Himachal Pradesh de *NRI townships*, quartiers réservés à ces populations par les autorités locales et cherchant à satisfaire un public plus occidentalisé, témoigne de l'importance de la diaspora comme nouveau marché porteur mais aussi comme vecteur de développement. Les NRI, notamment américains, peuvent y ouvrir des motels et des hôtels. L'adaptation à un mode de vie occidental, qui privilégie l'intimité et le fonctionnement en famille nucléaire, a également conduit à une forte hausse de la demande immobilière à Bombay, à Delhi, à Chandigarh et au Gujarat. Grâce à leur argent, leurs habitudes occidentalisées, leur exigence et leur expérience, les NRI permettraient donc à l'Inde de se développer et d'atteindre des standards internationaux, en passant directement d'une économie principalement rurale à une économie de services. La même logique a présidé à l'ouverture de nombreux hôpitaux privés par des NRI dans les grands centres urbains du pays. Ces établissements, chers mais exemplaires sur le plan de la gestion, du matériel, de l'hygiène et du recrutement, créent des emplois, permettent aux entrepreneurs indiens d'investir un secteur autrefois fermé, *via* des *joint ventures*, et servent de référence pour le reste des hôpitaux, désormais confrontés à la compétition. Ainsi, les NRI constituent une ressource précieuse pour l'Inde à laquelle ils permettent, tout en offrant le visage rassurant de la continuité ethnique, d'importer un modèle économique libéral souvent américain. À travers eux se pose donc également la question du type de développement souhaité par l'Inde.

Vers un développement sans l'exil

Delhi n'a jamais poussé ces citoyens à émigrer et encore moins à s'exiler. Bien au contraire, l'Inde a longtemps cherché à pénaliser le départ ou du moins à le prévenir. Depuis 1998, le gouvernement a pourtant changé de stratégie et considère les NRI comme des partenaires au service du développement intérieur et de l'affirmation de la puissance indienne sur la scène internationale. Le phénomène, encore marginal mais très visible, du retour des NRI en Inde depuis le début des années 2000 a renforcé la nouvelle vision plus positive de l'émigration de la main-d'œuvre qualifiée. Nous sommes d'ailleurs aujourd'hui entrés dans une nouvelle phase où les opportunités professionnelles non seulement incitent quelques milliers d'émigrés à rentrer au pays mais convainquent également de nombreux Indiens qualifiés, qui jadis auraient été tentés par l'émigration, à y rester. Le développement sans l'exil constitue *in fine* la véritable finalité du développement par l'exil.

Pour en savoir plus

BHAGWATI (Jagdish N.), *The Brain Drain and Taxation : Theory and Empirical Analysis*, Amsterdam, North Holland Publishing Company, 1976.

KAPUR (Devesh), « Diasporas and Technology Transfer », *Journal of Human Development*, 2, juillet 2001, p. 265-286.

KAPUR (Devesh) et MCHALE (John), *Give Us your Best and Brightest. The Global Hunt for Talent and its Impact on the Developing World*, Washington (D. C.), Centre for Global Devlopment, 2006.

KHADRIA (Binod), *The Migration of Knowledge Workers. Second-Generation Effects of India's Brain Drain*, Londres, Sage, 1999.

LALL (Marie-Carine), *India's Missed Opportunity. India's Relationship with the Non Resident Indian*, Aldershot, Ashgate, 2001.

MA MUNG KUANG (Emmanuel), « La dispersion comme ressource », *Cultures et Conflits*, 33-34, septembre 1999, disponible sur le site internet : http://conflits.revues.org

MEYER (Jean-Baptiste) et BROWN (Mercy), « Scientific Diasporas. A New Approach To The Brain Drain », *Discussion Paper*, 41, Unesco-MOST, 1999, disponible sur le site internet : www.unesco.org/

PORTES (Alejandro), « Le développement par l'exil. L'exemple latino », *Sciences humaines*, 173, juillet 2006, p. 49-51.

SAXENIAN (Anna Lee), « From Brain Drain to Brain Circulation : Transnational Communities and Regional Upgrading in India and China », *Studies in Comparative International Development*, automne 2005.

VISARIA (Pravin) et VISARIA (Leela), « India », dans William J. Serow, Charles B. Nam, David F. Sly *et al.*, *Handbook on International Migration*, New York (N. Y.), Greenwood Press, 1990, p. 89-113

Les Philippins, chez eux à l'étranger ?

David Camroux

Les Philippines possèdent un statut unique en Asie. Les trois cent cinquante années de colonisation espagnole, de 1565 à 1898, qui ont précédé le demi-siècle de contrôle américain jusqu'à l'indépendance en 1946 ont transformé en un État-nation moderne un archipel de peuples et de langages hétéroclites sans aucune architecture politique et sociale à l'exception de Mindanao. Comme la ville-État de Singapour, les Philippines sont une création coloniale. Bien avant que le terme de mondialisation n'appartienne au langage commun, l'archipel était déjà un acteur de l'économie mondialisée, Manille étant depuis l'origine un port de commerce entre l'Amérique latine et la Chine. Comme partout en Asie du Sud-Est la colonisation a ouvert les portes à une importante immigration, venue principalement des zones côtières chinoises. Au XIXe siècle, l'élite hispano-sino-malaise, issue d'un métissage culturel dominait le pays, grand exportateur de denrées agricoles. Au cours de la période américaine (1898-1946), cette élite économique est devenue politique. Elle gouverne aujourd'hui l'une des sociétés les plus inégalitaires d'Asie du Sud-Est.

Nous parlerons moins ici d'immigration *vers* les Philippines que d'émigration *au départ* des Philippines, que celle-ci soit temporaire ou permanente. L'analyse de l'émigration, sans doute plus encore que de l'immigration, doit se centrer sur les facteurs qui incitent au départ. Dans cette optique, l'étude du rôle des gouvernements successifs à l'égard de l'émigration se révèle cruciale.

Exporter la main-d'œuvre

Les Philippins constituent la première exportation des Philippines. Aujourd'hui, 8 millions de Philippins vivent à l'étranger, ce qui représente 10 % de la population totale. Ces émigrés sont rejoints par environ 3 000 personnes par jour, soit

figure 75 : **Diaspora philippine, 2007**

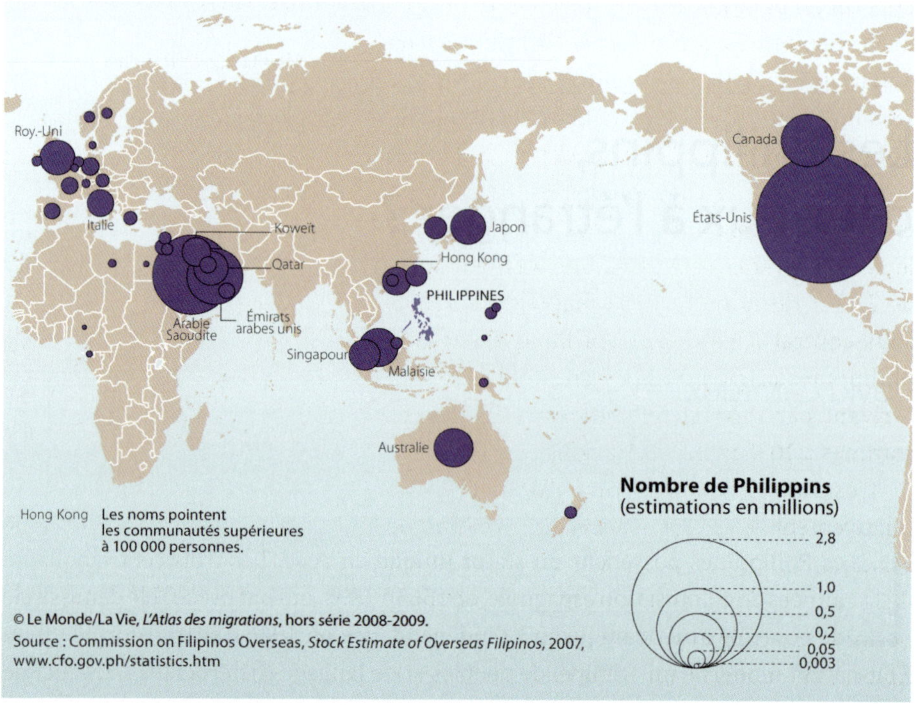

© Le Monde/La Vie, *L'Atlas des migrations*, hors série 2008-2009.
Source : Commission on Filipinos Overseas, *Stock Estimate of Overseas Filipinos*, 2007, www.cfo.gov.ph/statistics.htm

Sciences Po / CERI et Atelier de cartographie, avril 2009

un flux de plus d'un million de personnes par an. Les chiffres sont encore plus parlants lorsqu'on les met en relation avec la population active : 7 des 32 millions de Philippins travaillent à l'étranger, soit 22 % de la population active.

Depuis 2005, la Banque mondiale et ses partenaires, y compris la Banque asiatique de développement, le FMI, l'OCDE ainsi que des organisations liées aux Nations unies comme l'Organisation internationale pour les migrations, ont étudié l'importance des transferts d'argent versés par les Philippins vivant à l'étranger. Ceux-ci représentent la principale source de devises étrangères du pays et dépassent la totalité de l'aide aux pays en développement. L'exportation de la main-d'œuvre nationale apparaît alors comme un facteur de développement. Selon la Banque mondiale, le volume des transferts de fonds effectués par la diaspora philippine est l'un des plus importants au monde. L'archipel occupe la quatrième place derrière l'Inde, la Chine et le Mexique, les deux premiers pays possédant une population douze à vingt fois plus importante que celle des Philippines, et le Mexique se situant à proximité d'un pays pourvoyeur d'emplois et dont le marché du travail dual se nourrit d'une classe laborieuse bon marché qui se contente de vivre dans des conditions précaires. Toutefois, la contribution financière des migrants philippins au PNB de l'archipel atteint 13 % contre 2,3 % en 1981, dépassant de loin celle des émigrés des trois autres pays dont le maximum se situe à 2,9 %.

Ces remises (*remittances*), qu'elles soient effectuées par des canaux formels ou informels, ont représenté près de 17 milliards de dollars pour l'économie philippine en 2007 et 18,3 milliards (chiffres de la Banque mondiale) pour les mois de janvier à novembre 2008, soit la moitié de la réserve de devises du pays. La croissance est exponentielle avec, en 2008, selon le gouvernement philippin, une augmentation de 27,8 % du nombre de Philippins travaillant sous contrat à l'étranger. La Banque centrale philippine, qui ne prend pas en compte les flux arrivant par des canaux officieux, évalue ces sommes à 16,4 milliards de dollars.

Ces transferts ont permis à l'archipel d'être relativement épargné par la crise économique asiatique de 1997-1998. En 1998, au pire moment de la crise, les versements depuis l'étranger ont permis aux Philippines d'avoir un taux de croissance à peine négatif de - 0,6 % ; selon les estimations, celui-ci aurait atteint - 1,1 % sans les transferts de fonds. En 1997-1998, les revenus réels des Philippins ont augmenté grâce aux remises, en dépit de la dévaluation du peso. À noter que la crise de 1997-1998 touchait essentiellement l'Asie alors que les Philippins sont installés partout dans le monde.

figure 76 : **Remises des Philippins expatriés, 1981-2007**

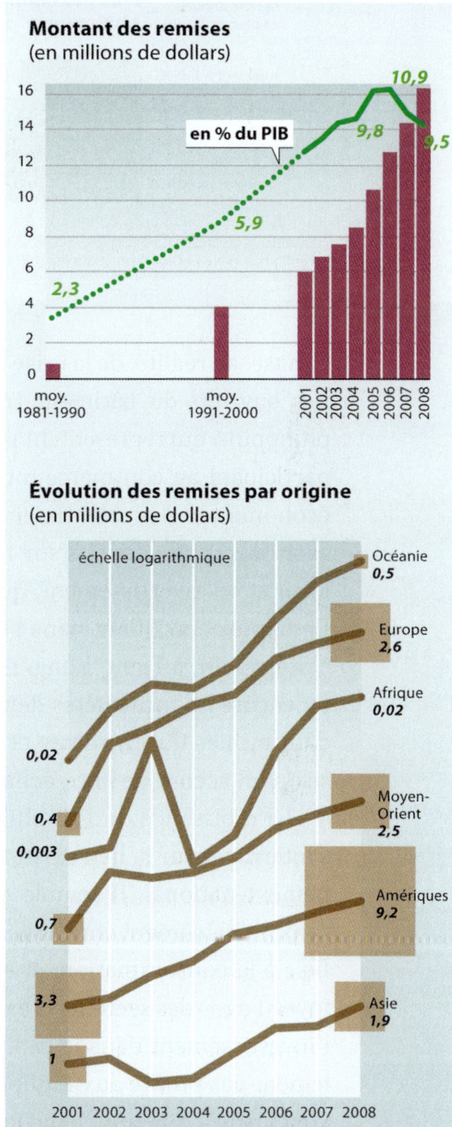

Source : compilation de David CAMROUX, d'après IBON à partir des données du Bangko Sentral ng Pilipinas (BSP), National Statistical Coordination Board (NSCB) et National Statistics Office (NSO).

Sciences Po / CERI et Atelier de cartographie, avril 2009

Ce paysage pourrait cependant s'assombrir. La crise économique de 2008-2009 devrait faire augmenter le taux de chômage et rendre la main-d'œuvre étrangère, notamment la moins qualifiée, plus vulnérable. La Banque centrale philippine reste toutefois assez optimiste et prévoit une augmentation des transferts d'argent de 6 % à 9 % dans le meilleur des cas, nulle dans le pire des scénarios pour 2009. D'autres estimations prévoient une évolution plus défavorable et tablent sur une évolution moyenne de - 6,7 % dans le scénario idéal d'une croissance nulle et de - 11 % dans un scénario catastrophe. Les scénarios les plus pessimistes semblent se confirmer : en décembre 2008, 30 000 Philippins actifs étaient menacés d'expulsion par la Corée du Sud, officiellement parce que leurs papiers n'étaient pas en règle,

figure 77 : **Distribution des revenus des familles par source, 2003**

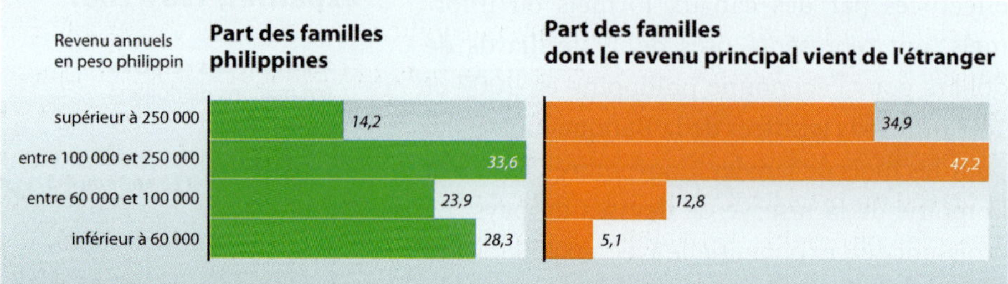

Source : compilation de David CAMROUX, d'après National Statistics Office (NSO), Family Income and Expenditure Survey (FIES), 2003.

Sciences Po / CERI et Atelier de cartographie, avril 2009

à cause, en réalité, de la crise économique qui réduit les besoins de main-d'œuvre. Les ouvriers du bâtiment travaillant au Moyen-Orient et les 275 000 marins philippins, qui représentent près d'un tiers de la main-d'œuvre maritime mondiale participant au commerce international, ont été les premiers touchés par la crise économique. Le ralentissement du tourisme international devrait également avoir des répercussions sur les employés du secteur hôtelier et de l'industrie du loisir et du divertissement, que ces activités soient licites ou non. En revanche, les Philippins travaillant dans l'aide à la personne, les domestiques – omniprésents à Singapour, à Hong Kong, au Moyen-Orient mais aussi en France et en Italie – ou encore les infirmières devraient être épargnés par la crise internationale. Plus d'un millier d'infirmières et d'aides à domicile philippines travaillent au Japon selon un accord de libre-échange signé récemment par Tokyo et Manille.

La croissance du PIB philippin s'est élevée à 6 % en 2008. On peut dès alors s'interroger sur le lien existant entre exportation de la main-d'œuvre et développement national. Il semble que les transferts d'argent ont nourri la croissance sans véritablement contribuer au développement du pays. L'argent a en effet bénéficié à la consommation, et en premier lieu au secteur immobilier, et n'a pas été investi dans des secteurs créateurs d'emplois. À l'exception notable de l'éducation, l'investissement dans le capital humain qui a été réalisé à l'étranger n'a généralement pas profité aux Philippins une fois les émigrés de retour au pays. Certains vont jusqu'à dire que l'exportation de la main-d'œuvre est utilisée par les autorités pour éviter de mettre en place les réformes économiques fondamentales dont le pays a besoin et la redistribution, lesquelles permettraient un véritable développement de l'archipel.

Quoi qu'il en soit, les Philippins de l'étranger sont des acteurs économiques essentiels dans leur pays. Le fait que les Philippins constituent la première exportation de l'archipel ne doit pas être lu comme l'échec des politiques de développement mais comme un choix rationnel fait par les autorités qui ont su transformer ces « nouveaux héros nationaux » en vecteurs de sa propre croissance.

L'État philippin et ses expatriés

L'émigration philippine n'est pas un phénomène récent. Les Espagnols ont engagé sur leurs navires des marins philippins qui pratiquaient le commerce inter-îles depuis des siècles. Dès 1898, l'État colonial américain aux Philippines va chercher à promouvoir ses intérêts en incitant au départ aux États-Unis, par le biais d'un marché du travail ségrégationniste, des infirmières ou des ouvriers agricoles philippins. Toutefois, les politiques de restriction de l'immigration, introduites aux États-Unis entre les années 1920 et la seconde guerre mondiale, freinent l'émigration philippine. Au cours des vingt années qui suivent l'indépendance en 1946, le pays est animé du sentiment que le développement économique national pourrait résoudre tous les problèmes, aussi bien la contestation politique que la pauvreté. Mais face à la poursuite du soutien paysan aux mouvements insurrectionnels, des Philippins sont déplacés vers les régions peu densément peuplées du Mindanao.

L'élection de Ferdinand Marcos à la présidence de la République en 1965 et la proclamation de la loi martiale le 23 septembre 1972 changent le cours des choses. En 1974, Marcos propose d'encourager « temporairement » l'émigration de la main-d'œuvre philippine, officiellement pour résoudre les problèmes de chômage engendrés par la première crise du pétrole. Plus de trois décennies plus tard, le temporaire est devenu permanent. La période qui s'ouvre en 1973 et se clôt avec la chute de Marcos marque la première d'une série de trois périodes d'interventionnisme étatique dans l'émigration philippine contemporaine et, de manière concomitante, dans ses relations avec les communautés nationales d'outre-mer.

L'exportation des hommes comme solution aux problèmes économiques

L'émigration joue un rôle spécifique dans la perpétuation du régime de Marcos. D'une part, elle permet un développement fondé sur l'exportation d'êtres humains, alors que celui-ci repose, ailleurs en Asie, sur l'exportation de biens. D'autre part, l'émigration masque l'incapacité, voire l'absence de volonté, des autorités à traiter les inégalités de la société, à mettre en place une réforme agraire pour permettre aux paysans sans terre de survivre et un programme de planning familial pour contenir l'explosion démographique, cause de l'arrivée sur le marché du travail de milliers de Philippins chaque année.

Si l'État souhaite à l'origine contrôler par le biais d'agences publiques le recrutement de sa population à l'étranger, la faiblesse de l'appareil d'État et le népotisme ambiant conduisent à une privatisation du système, néanmoins supervisée par le gouvernement. Entre 1974 et 1982, trois agences publiques supervisent les opérations : le National Seamen's Board, le Overseas Employment Development Board et le Bureau of Employment Services. Ces trois agences sont, en 1984, fondues en une seule, la Philippines Overseas Employment Administration (POEA), rattachée au ministère du Travail et de l'emploi et divisée en quatre services : accès à l'emploi, délivrance de permis et régulation, arbitrage et conciliation, et sécurité sociale et emploi. Son travail est de faciliter et de promouvoir l'emploi des Philippins à l'étranger, d'aider à leur réintégration lors de leur retour et de leur offrir protection et aides sociales ainsi qu'à leur famille.

Les opportunités d'emploi à l'étranger associées à la libéralisation des lois sur l'immigration aux États-Unis entraînent le départ de nombreux Philippins et contribuent à la chute de la dictature de Marcos. Ces expatriés se regroupent en effet autour de Benigno Aquino, principal opposant à la dictature de Marcos, qui a été autorisé à se faire soigner aux États-Unis après plusieurs années de prison. En exil à Boston, Aquino parvient à mobiliser les communautés philippines de l'étranger afin d'organiser son retour et à faire pression pour que cesse le soutien de Washington à Marcos. Aquino est assassiné dès son retour à Manille en 1983 mais Marcos est contraint de quitter son poste sous pression américaine et Cory Aquino, veuve de Benigno, est finalement élue en 1986 à la présidence de la République. Cette élection constitue le point culminant de l'activisme politique de la diaspora philippine.

Les « nouveaux héros nationaux »

Cory Aquino a immédiatement reconnu la force économique et politique de la diaspora. En 1988, elle qualifie les Philippins de l'étranger de « nouveaux héros nationaux ». Pendant son mandat, le Welfare Fund Administration, créé en 1980 sous la dictature de Marcos, est transformé en une agence financière indépendante, quasi gouvernementale, la Overseas Workers Welfare Administration (OWWA). L'OWWA est un fonds commun alimenté par une contribution obligatoire de la main-d'œuvre émigrée et des marins qui représente 25 millions de dollars américains. Ces fonds sont réinvestis et une partie des intérêts récoltés est redistribuée. Le renversement de la dictature a également amené le Congrès à s'intéresser aux émigrés. Entre 1987 et 1991, 23 projets de loi sont déposés au Sénat et 32 projets de loi à la Chambre des représentants pour permettre l'ouverture d'enquêtes sur les décès mystérieux de plusieurs membres de la diaspora philippine.

Cependant, en dépit de quelques actions symboliques comme l'instauration d'une journée nationale de la main-d'œuvre à l'étranger, la deuxième phase de l'action publique philippine en faveur des émigrés ne commence qu'avec le successeur de Cory Aquino, Fidel Ramos. En 1995, la condamnation à mort de Flor Contemplacion, une employée de maison philippine accusée de meurtre, entraîne un mouvement de protestation dans tout l'archipel et remet en question la politique de l'État en matière d'exportation de la main-d'œuvre. Le cas de Flor Contemplacion n'est pas une exception : entre 1996 et 2001, environ 1 224 corps de citoyens philippins décédés dans des circonstances obscures ont été rapatriés. La démocratisation du pays permet à la presse nationale d'enquêter et d'informer sur les abus subis par les Philippins de l'étranger, notamment les victimes du trafic d'êtres humains alimentant les réseaux de la prostitution. En 1995, le Congrès vote le *Migrant Workers and Overseas Filipino Act*, sorte de *Magna Carta* des droits de la main-d'œuvre philippine à l'étranger, qui instaure une nouvelle relation entre l'État philippin et les citoyens vivant à l'extérieur des frontières. En conséquence, la notion de droits citoyens, par exemple le droit à la protection de l'État sur le lieu de travail, est étendue aux nationaux de l'étranger dont l'ensemble des droits est détaillé dans un guide de l'expatrié, le *Handbook for Filipinos Overseas* publié par la Commission on Filipinos Overseas.

L'émigration comme contribution de l'archipel à l'économie mondiale

La troisième phase de la relation entre l'État et sa diaspora débute en 2003 avec le vote de la *Overseas Absentee Voting Act*, une loi visant à encourager les Philippins de l'étranger à participer à la vie politique de leur pays d'origi ne. Cette loi, associée au *Citizenship Retention and Reacquisition Act* de 2003 qui étend les possibilités de double citoyenneté, élargit les droits de la diaspora. Ces évolutions législatives s'inscrivent dans un ensemble de mouvements de contestation populaire massifs, plus connus sous le nom de *People Power II* ou *Edsa 2*, qui vont provoquer le départ du président de la République Joseph Estrada et son remplacement par sa vice-présidente, Gloria Macapagal Arroyo. Celle-ci, formée aux États-Unis, se présente comme le visage d'un pays moderne, cosmopolite et intégré dans un monde globalisé. Au cours de sa présidence, l'émigration – perçue comme une nécessité malheureuse (sous Marcos) puis un acte sacrificiel (sous Aquino et Ramos) – devient un élément de fierté nationale qui met en valeur la contribution des Philippines à l'économie mondiale.

Dans la réalité, les avantages réels dont peuvent bénéficier les citoyens revenant au pays sont minimes. Ainsi, en 2005 l'Overseas Workers Welfare Administration dispose d'un portefeuille d'investissement global de 134 millions de dollars américains principalement placés dans les banques nationales. Sur les bénéfices de ces investissements, 14 millions de dollars sont dépensés en moyenne chaque année entre 2002 et 2006. Plus de la moitié de ces dépenses concerne des dépenses d'administration et de fonctionnement, ne restent que 7,6 millions de dollars pour les programmes à l'attention de la main-d'œuvre expatriée. En outre, si les Philippins de l'étranger peuvent voter aux élections nationales, seules 360 000 personnes se sont inscrites sur les listes électorales pour l'élection présidentielle de 2004 et seulement la moitié d'entre elles ont effectivement voté. De nombreux facteurs peuvent être invoqués pour justifier ce faible taux de participation : la complexité de l'inscription, le manque d'information, la volonté de la main-d'œuvre clandestine de rester cachée, etc. L'importance de l'abstention met à jour les limites de l'interventionnisme d'État dans la mobilisation des communautés diasporiques.

Aider au développement... des pays développés

La situation des Philippines est celle d'un pays en voie d'industrialisation qui fournirait de la main-d'œuvre au monde développé. Dans son rôle d'orchestration de l'émigration puis dans sa volonté de coopter sa population d'outre-mer en faveur du développement intérieur de la nation, l'État philippin a suivi l'exemple de la Grande-Bretagne victorienne, de l'Italie de la fin du XIXe siècle-début du XXe ou du Portugal de la période fasciste. Le cas philippin est toutefois unique pour trois raisons : l'ampleur de la dépendance par rapport aux transferts de fonds de l'étranger ; la taille et la diversité socio-économique de la population expatriée ; enfin, le rôle déterminant du gouvernement dans l'organisation de l'émigration d'une partie de sa population et la place prestigieuse de la diaspora dans la culture nationale dont témoigne l'utilisation des termes de « nouveaux héros nationaux » pour qualifier cette main-d'œuvre expatriée.

Nous pouvons cependant nous interroger sur la pérennité du modèle philippin. N'est-il pas paradoxal qu'un pays ayant un potentiel agricole aussi important et qui a vu naître la révolution verte de la production de riz dans les années 1970 soit aujourd'hui l'un des principaux pays importateurs de riz ? Si les infirmières philippines font fonctionner les hôpitaux de Londres à Los Angeles en passant par Singapour ou Stockholm, les établissements de santé philippins souffrent, eux, de pénurie de main-d'œuvre qualifiée. De même, si les instituteurs de l'archipel sont très recherchés aux États-Unis ou en Australie, le système d'éducation public aux Philippines, pourtant l'un des meilleurs d'Asie du Sud-Est au moment de l'indépendance du pays, est aujourd'hui dans un état critique. Enfin, si les ouvriers du bâtiment philippins sont nombreux sur les chantiers de construction de Moyen-Orient, dans l'archipel, des millions de personnes vivent dans des conditions désastreuses.

Pour le dire simplement, lorsqu'on est à l'étranger, on ne peut offrir sa participation citoyenne qu'à distance. Les Philippins de l'étranger représentent de fait une aide au développement d'un pays en voie de développement à des pays développés ! Certes, les transferts de fonds ont permis aux Philippines de connaître une véritable croissance économique. Mais quel est le prix de cette croissance ? À l'exemple de leurs parents, les élites de la jeune génération n'ont qu'un rêve, celui de quitter le pays.

Pour en savoir plus

ABINALES (Patricio) et AMOROSO (Donna), *State and Society in the Philippines*, Lanham (Md.), Rowman and Littlefield, 2005.

AGUILAR (Filomeno) (ed.), *At Home in the World ? Filipinos in Global Migrations*, Quezon City, Philippine Migration Research Network et Philippine Social Science Council, 2002.

AGUNIAS (Dovelyn Rannveig) et RUIZ (Neil), « Protecting Overseas Workers : Lessons and Cautions from the Philippines », *Migration Policy Institute Insight*, septembre 2007.

CAMROUX (David), « Nationalizing Transnationalis ? The Philippine State and the Filipino Diaspora », *Études du CERI*, 152, décembre 2008.

PARRENAS (Rhacel Salazar), *The Force of Domesticity. Filipina Migrants and Globalization*, New York (N. Y.), New York University Press, 2008.

PERNIA (Ernesto), « Diaspora, Remittances, and Poverty », dans Rodolfo C. Severino et Lorraine Carlos Salazar (eds), *Whither the Philippines in the 21st Century ?*, Singapour, Institute of Southeast Asian Studies, 2007, p. 222-245.

PORIO (Emma), « Global Householding, Gender, and Filipino Migration : A Preliminary Review », *Philippine Studies*, 55 (2), 2007, p. 211-242.

Roubini Global Economics (RGE), « How Far Will Remittances to the Philippines Fall in 2009 », *RGE Analyst's EconoMonitor*, 2 mars 2009.

TIGNIO (Jorge), « Overseas Employment from the Philippines. The Nexus between Development and Governance », dans Teresa S. Encarnacion Tadem et Noel M. Morada (eds), *Philippine Politics and Governance. Challenges to Democratization and Development*, Quezon City, Department of Political Science, University of the Philippines, Diliman, 2006, p. 267-281.

TYNER (James), *The Philippines. Mobilities, Identities, Globalization*, Londres, Routledge, 2009.

Aide au retour et codéveloppement : quel impact ?

Jean-Jacques Gabas

Les politiques d'aide au retour et de codéveloppement ont dans chaque pays une histoire qui leur est propre, et l'on ne saurait les assimiler à de simples montages techniques. Leurs objectifs dépendent le plus souvent des équilibres internes du pays d'accueil concerné, de l'état de son opinion publique, de son marché du travail, etc. Notion spécifique à l'origine, le codéveloppement a connu depuis, et en France notamment, un glissement sémantique et politique important pour devenir un outil de maîtrise des flux migratoires.

Quel bilan peut-on faire de ces retours plus ou moins volontaires ? Sur quels critères évaluer les programmes ou juger de « l'efficacité » d'un programme de retour : au nombre de migrants concernés ? aux conséquences de ces programmes sur le développement des pays d'origine ? à la pérennité des actions initiées ? ou bien encore à l'articulation meilleure entre associations de migrants et pouvoirs publics des pays d'origine et d'accueil ?

Les politiques d'aide au retour et de codéveloppement

À l'origine, une notion cohérente…

Dans sa première acception, le codéveloppement peut être considéré comme une pratique de solidarité entre les migrants et leur pays d'origine. Les migrants sont censés participer au développement du pays d'accueil et rapatrier une partie de leurs revenus dans leur pays d'origine. De tels liens ont vu le jour en France dès les premières vagues d'émigration dans les années 1950 ; c'est à cette époque que les émigrés (en particulier originaires des pays subsahariens) ont commencé à envoyer collectivement des fonds dans leurs villages pour financer des stocks vivriers, mais aussi les funérailles d'un proche, voire la construction d'une mosquée ou d'un centre de santé. Ils couvraient ainsi des dépenses de consommation ou le financement d'infrastructures sociales locales. Ces actions de la diaspora avaient alors pour caractéristique d'avoir été conçues hors de toute intervention étatique, de leur pays d'origine comme de la société d'accueil. Il faut attendre 1981, en France, pour que les premiers migrants s'organisent en association type loi 1901. Dès lors, les associations vont se multiplier, et l'institutionnalisation du codéveloppement naître de la reconnaissance de ces associations de migrants par les pouvoirs publics.

On peut aussi concevoir le codéveloppement comme une mise en cohérence des politiques commerciales et des politiques de coopération. Il a alors pour objectif d'améliorer les termes de l'échange par l'achat à certains pays de produits primaires à des prix plus rémunérateurs pour permettre d'enclencher un processus de développement. Le commerce international se fixe ici un objectif d'équité.

Ces approches du codéveloppement, l'une très micro-économique et de l'initiative des associations, l'autre beaucoup plus large se référant à une cohérence relevant des politiques et à une autre « gouvernance » du commerce mondial et du financement du développement, ont subi une double attaque : celle liée à la montée en puissance du dogme de l'ajustement structurel, l'autre caractérisant la fin des Trente Glorieuses dans les pays de l'OCDE avec une montée du chômage et un frein à l'immigration. Cette conjonction d'un fait historique et d'un changement de paradigme a marqué un vrai tournant dans la définition du codéveloppement. Jusqu'à ce « moment » de la fin des années 1970, la politique de codéveloppement n'est pas envisagée comme un moyen permettant de maîtriser les flux migratoires.

En 1977, le secrétaire d'État français chargé de la condition des travailleurs manuels Lionel Stoléru lance une « prime au retour » des travailleurs immigrés. Cette prime durera jusqu'en 1983 et concerne peu de migrants, faute notamment d'un dispositif public d'appui ou d'accompagnement pour que ces migrants puissent exercer une activité professionnelle dans leur pays d'origine. Ensuite, et jusqu'en 1988[1], la politique se construit sur le financement et la création de petites entreprises par les immigrés souhaitant rentrer dans leur pays d'origine. Des programmes de développement locaux se mettent parallèlement en place, avec la participation d'acteurs de la société civile – des ONG comme le Groupe de recherche et de réalisations pour le développement rural (GRDR)[2] et des organisations de migrants –, afin de transférer des savoir-faire dans le domaine agricole (par exemple la vallée

1 D'autres initiatives ont vu le jour. Sous le gouvernement de Raymond Barre, une tentative de convention avec l'Algérie pour un retour d'environ 30 000 familles par an a échoué. En 1984, le Premier ministre Pierre Mauroy fait voter l'« aide publique à la réinsertion » et le gouvernement d'Édith Cresson lance en 1991 la « réinsertion aidée ».

2 Depuis 1969, le GRDR accompagne les dynamiques de développement induites par la migration et travaille à la mise en cohérence du développement et de la citoyenneté en Afrique et en France.

du fleuve Sénégal). Coopération à une petite échelle, le codéveloppement tisse des liens entre des acteurs essentiellement privés, dont l'objectif n'est évidemment pas de freiner les flux migratoires.

... qui se transforme en outil de maîtrise des flux migratoires

En 1997, à la demande du ministre français de l'Intérieur Jean-Pierre Chevènement, Sami Naïr est chargé d'une mission interministérielle « Migrations et codéveloppement ». Son rapport parle « d'originalité de la politique de codéveloppement » du fait de « l'articulation de l'intervention active des partenaires institutionnels, associatifs et économiques » mais aussi du fait que « le migrant devient acteur conscient du développement. C'est là qu'est le point central : nulle forme d'aide (pouvoirs publics, banques, associations, etc.) ne peut se substituer à l'action de l'immigré lui-même[3] ». Il s'agit bien, au-delà de la politique affichée qui place le migrant au cœur du dispositif de coopération pour le développement, de freiner les flux migratoires. Leur maîtrise devient désormais l'objectif principal des dispositifs publics d'aide au retour et de codéveloppement. Un poste d'« ambassadeur délégué au codéveloppement » est créé en 2002. Quelques programmes phares dits de codéveloppement, par exemple deux Fonds de solidarité prioritaires (FSP) initiés par le ministère des Affaires étrangères au Mali, illustrent la politique extérieure de la France à partir du début des années 2000[4].

La stratégie consistant à lier codéveloppement et maîtrise des flux migratoires se confirme en 2006 avec le rapport des députés Jacques Godfrain et Bernard Cazenave rédigé à la demande du ministre des Affaires étrangères Philippe Douste-Blazy. Ce dernier indique en effet dans sa lettre de mission : « Les mouvements migratoires du continent africain vers le continent européen, mais aussi à l'intérieur de l'Afrique, sont aujourd'hui au cœur des questions de croissance et de sécurité[5]. » Un pas supplémentaire est franchi vers le lien entre migrations et sécurité : le rapport préconise une mobilisation plus importante de l'épargne des migrants, une orientation des flux financiers vers l'investissement productif, une aide à la réinsertion dans le pays d'origine et la mobilisation des personnes qualifiées. « L'épargne des migrants constitue à ce titre la piste la plus crédible pour pallier la faiblesse de l'engagement des États dans la réalisation de ces objectifs [du Millénaire] » peut-on lire dans le rapport.

3 Sami Naïr, *Rapport de bilan et d'orientation sur la politique de codéveloppement liée aux flux migratoires*, mission interministérielle « Migrations et codéveloppement », Paris, ministère des Affaires étrangères, 1997, disponible sur le site internet : www.bok.net.

4 D'autres programmes ont été mis en œuvre au cours des décennies 1990 et 2000 avec le Mali, le Sénégal, la Mauritanie et le Maroc : le Programme de développement local et migrations (PDLM), le Programme migrations et initiatives économiques (PMIE), le Programme solidarité eau (PS-Eau).

5 Bernard Cazenave et Jacques Godfrain, *Rapport sur le codéveloppement*, Paris, Assemblée nationale, 2007.

Le parallèle établi entre flux d'aide publique au développement et transferts de revenus des migrants date de cette époque ; le rapatriement des revenus des travailleurs migrants aura pour objectifs de compléter l'APD des États donateurs et de compenser les manquements à leurs promesses.

La mise en cohérence de ces multiples objectifs s'achève en 2007 avec la création du ministère de l'Immigration, de l'intégration, de l'identité nationale et du développement solidaire. On assiste à un nouveau glissement sémantique : dorénavant, il sera essentiellement question de développement solidaire[6]. Éric Besson alors secrétaire d'État chargé de l'Évaluation et de la prospective définit en septembre 2008 – avant de prendre lui-même ce ministère en charge – ce que doit être une politique de développement solidaire : « Dans le cadre de la politique de développement solidaire, qui s'appuie sur et participe à une meilleure gestion des flux migratoires, le codéveloppement est une des modalités de l'aide au développement. Il est défini comme l'aide au développement à laquelle participent les migrants vivant en France. Il se trouve ainsi à la croisée des politiques de développement et des politiques migratoires, c'est-à-dire au cœur des grands enjeux du XXIe siècle[7]. »

Cette expression de « développement solidaire » totalement « dépolitisée » va s'incarner dans les accords de gestion concertés (AGC) des flux migratoires et de développement solidaire initiés en France par le ministère chargé de l'Immigration. Huit pays signent ces accords – le Bénin, le Burkina Faso, le Cap-Vert, le Congo, le Gabon, Maurice, le Sénégal et la Tunisie – qui ne seront ratifiés par les deux États qu'au Gabon. Ils prévoient que les pays échangent régulièrement des informations sur les secteurs professionnels qui connaissent une pénurie de main-d'œuvre et pour lesquels on pourrait avoir recours à l'émigration[8].

Au niveau européen, l'accord de Cotonou signé en juin 2000 qui régit les relations entre l'Union européenne et les pays d'Afrique des Caraïbes et du Pacifique (ACP) aborde les liens entre migrations et développement dans son article 8, mais surtout dans son article 13 : « Les parties considèrent que les stratégies visant à réduire la pauvreté, à améliorer les conditions de vie et de travail, à créer des emplois et à développer la formation contribuent à long terme à normaliser les flux migratoires ». Il évoque ainsi la nécessité « d'appuyer le développement économique et social des régions d'origine des migrants » et met l'accent sur la formation des ressortissants ACP. Le dernier volet de l'article 13

6 Cette expression proviendrait d'un souhait du président du Sénégal estimant que le codéveloppement n'était pas un accord d'égal à égal et se trouvait trop fortement associé à des retours forcés de migrants.

7 Éric Besson, *Les Migrants, acteurs du développement solidaire. Soutenir les initiatives des migrants en faveur du développement de leur pays d'origine*, Paris, secrétariat d'État chargé de la Prospective, de l'évaluation des politiques publiques et du développement de l'économie numérique, septembre 2008.

8 Cette clause, simple dans son énoncé, masque les difficultés que l'on rencontre lorsque l'on veut recueillir des informations sur le marché du travail des pays signataires.

porte sur les questions liées à l'immigration illégale « en vue, le cas échéant, de définir les moyens d'une politique de prévention ». Le programme cadre de solidarité et de gestion des flux migratoires du Fonds européen de développement (FED) (Com [2005] 123 final) pour la période 2008-2013 comprend en particulier un fonds retour (que ces retours soient volontaires ou non).

figure 78 : **Nombre de retours forcés dans quelques pays de l'OCDE**

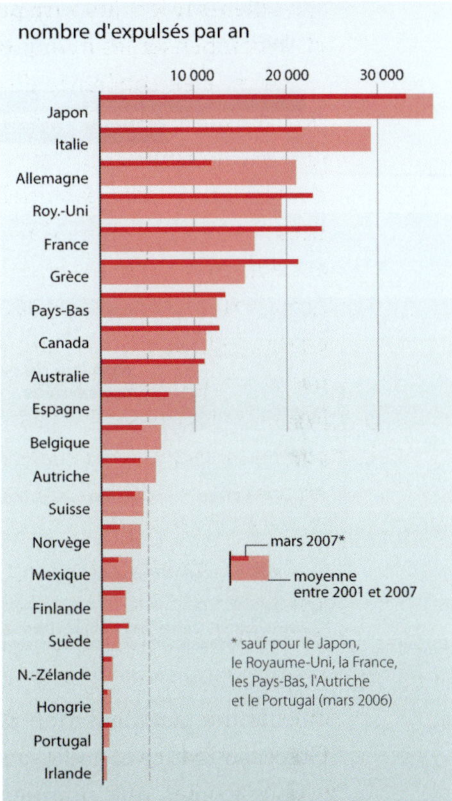

Source : compilation de Jean-Jacques GABAS d'après OCDE, *Perspectives des migrations internationales. Sopemi 2008.*

Sciences Po / CERI et Atelier de cartographie, juillet 2009

Le « développement solidaire » : une spécificité française ?

Dès la fin des années 1970, de nombreux pays ont initié des programmes d'incitation au retour : programme d'aide au retour en 1979 en Allemagne, puis en Suisse, en Belgique, aux Pays-Bas et plus généralement dans les États nordiques. Dans les autres pays de l'OCDE, de tels programmes ont vu le jour à la fin de la décennie 1990 ou au début des années 2000. Ils concernent aussi bien les migrants en situation irrégulière au regard de la législation des pays d'accueil – pour lesquels il s'agit donc de retours forcés – que des migrants légalement installés depuis des années, incités à retourner dans leur pays d'origine. Ces derniers ne bénéficient pas de programmes d'accompagnement des migrants dans leur pays d'origine, mais d'une aide à l'investissement, de conseil ou de formation, etc. Toutefois, les politiques de maîtrise des flux migratoires accompagnées de programmes de retours volontaires assistés (RVA) n'ont jamais emprunté le vocable de développement solidaire ou de codéveloppement dans les autres pays de l'OCDE. Ces expressions ne semblent avoir de sens que dans l'enracinement historique et politique propre à la France.

Quel bilan ?

Les retours forcés représentent en moyenne 10 000 à 20 000 départs par an pour l'Espagne, l'Australie, le Canada, les Pays-Bas, la Grèce, la France et le Royaume-Uni sur la période 2001-2007. Ils sont nettement supérieurs à 20 000 pour l'Allemagne, l'Italie ou le Japon. Les données de l'OCDE indiquent par

figure 79 : **Les effets de quelques programmes de retours volontaires assistés**

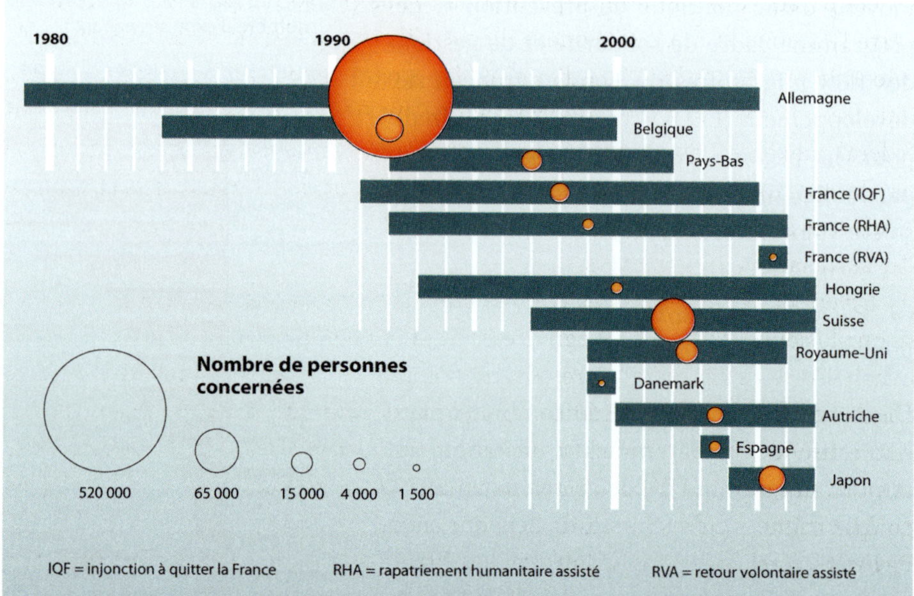

Source : compilation de Jean-Jacques GABAS d'après OCDE, *Perspectives des migrations internationales. Sopemi 2008.*

Sciences Po / CERI et Atelier de cartographie, juillet 2009

ailleurs une augmentation des retours forcés sur les deux dernières années[9] en Grèce, en France et au Royaume-Uni.

Les formes que prennent les incitations au retour, le volume du soutien financier, les populations que chacun des pays de l'OCDE souhaite inciter, voire obliger, à l'émigration, de même que l'organisation administrative et la mobilisation ou non d'une organisation internationale telle que l'Office international des migrations (OIM) diffèrent d'un pays à l'autre. Ainsi, le Canada, comme l'Australie ou la Nouvelle-Zélande, n'a pas de programme de retour volontaire assisté mais poursuit une politique d'intégration de ses immigrants, tandis que ceux-ci peuvent être enjoints de quitter le territoire sans aucune aide financière au Japon, pays fermé à l'immigration à l'instar de la Corée voisine. Les États européens comme la France, l'Allemagne, l'Autriche, le Danemark, l'Italie, la Norvège ou encore le Portugal ont mis en œuvre des systèmes complexes et singuliers d'incitation au retour. Entre les États-Unis et le Mexique, il n'existe aucun programme de codéveloppement dans lesquels les autorités du pays

9 *Ibid*. En France, cette tendance a été confirmée par le ministre de l'Immigration, de l'intégration, de l'identité nationale et du développement solidaire lors de sa conférence de presse du 13 janvier 2009. Le nombre d'éloignements a concerné 29 796 personnes en 2008, résultat considéré comme « sans précédent », dont 10 072 retours volontaires, soit une augmentation de 204 % par rapport à l'année 2007.

d'accueil seraient impliquées. Les clandestins qui sont arrêtés aux États-Unis sont déportés au-delà de la frontière *manu militari*. Il existe un programme de coopération bilatérale qui permet aux sans-papiers expulsés à la frontière entre l'Arizona et l'État de Sonora d'être (s'ils le souhaitent) reconduits jusqu'à une ville proche de leur lieu d'origine. Le programme 3 x 1 pour les migrants, qui tire son nom de son mode de financement (participation du gouvernement fédéral mexicain, des autorités des États et des municipalités), a été impulsé par les organisations de migrants, d'abord mis en place dans le seul État de Zacatecas avant d'être étendu au plan national sous l'effet du lobbying politique des associations de migrants.

Divers dans leurs finalités comme dans leurs instruments, on peut analyser selon plusieurs critères ces programmes d'aide au retour. Si l'objectif est d'abord de « maîtriser » les flux migratoires, il faut prendre en compte le nombre de migrants concernés pour mesurer l'efficacité de toute politique d'incitation au retour. L'incertitude subsiste malheureusement quant à la fiabilité des données issues des travaux de l'OCDE présentés dans le tableau ci-dessous et à leur degré de comparabilité. Quelles conclusions peut-on d'ailleurs tirer du succès ou de l'échec de l'aide au retour ? La politique du « chiffre absolu », consistant pour un État à communiquer sur le nombre de retours, aura évidemment un impact au niveau

Les effets de quelques programmes de retours volontaires assistés

Pays	Année de mise en place des programmes	Effectifs concernés
Autriche	2000	9 340 personnes jusqu'en 2007
Belgique	1984	25 196 personnes depuis 2000
Danemark	1999	1 415 personnes depuis 2000
France	RVA depuis 2005 IQF depuis 1991 RHA depuis 1992	1 991 personnes en 2006 12 778 personnes jusqu'en 2005 4 444 personnes jusqu'en 2006
Allemagne	1979	Plus de 519 200 personnes jusqu'en 2005
Hongrie	1993	4 471 personnes jusqu'en 2007
Japon	IQT depuis 2004	24 245 personnes jusqu'en 2007
Pays-Bas	REAN depuis 1992	14 842 personnes entre 2002 et 2007
Espagne	2003	4 669 personnes depuis 2003
Suisse	1997	65 000 personnes jusqu'en 2007
Royaume-Uni	1999	16 800 personnes jusqu'en 2006

IQF – injonction à quitter la France ; RHA = rapatriement humanitaire assisté ;
IQT = injonction à quitter le territoire ; REAN = loi sur la ré-émigration des étrangers.
Source : tableau élaboré à partir de OCDE, *Perspectives des migrations internationales. Sopemi 2008*, Paris, OCDE, 2008, p. 242-246.

politique sur certaines franges de l'électorat national hostiles à la présence des immigrés, ou encore au niveau économique sur la lutte contre le travail illégal.

L'OCDE considère que « les programmes de retours volontaires assistés ont un impact limité, du moins si on les évalue à l'aune des effectifs concernés et en comparaison avec l'ensemble des retours[10] ». En effet, l'incitation au retour ne peut reposer sur la seule incitation financière : le retour n'est en lui-même envisageable par le migrant que si « les conditions politiques, économiques et sociales dans son pays d'origine sont stables et attractives[11] ».

Le second aspect à évaluer porte sur l'impact de ces programmes de retour sur le développement des pays d'origine. Théoriquement, avec une aide financière, le migrant peut trouver des opportunités d'investissement, en créant par exemple, dans le but d'un retour définitif, une micro-entreprise dans son pays d'origine. Avec une aide financière ponctuelle, le migrant diplômé pourrait retourner de façon temporaire dans son pays d'origine, pour des conférences s'il est professeur, pour des actes chirurgicaux s'il est médecin, etc. La migration hautement qualifiée pourrait éviter l'écueil de la fuite des cerveaux. Recensé dans une base de données dans laquelle sont répertoriés ses diplômes et son niveau de qualification, le migrant pourrait trouver du travail dans son pays d'origine. Toutes les hypothèses retenues dans la logique des programmes dits de codéveloppement sous-entendent que les marchés sont fluides et fonctionnent sans imperfection, que l'information circule, etc. Or la réalité est tout autre : les coûts de transaction sont importants, la réalisation des opérations de développement reste incertaine, la situation réelle du marché du travail est difficile à connaître, la pérennité des opérations d'investissement est loin d'être garantie, etc. En prenant le cas de la France, les évaluations des programmes financés dans le cadre des fonds de solidarité prioritaires ont certes montré la réalisation d'un nombre d'opérations assez significatif : 133 en 2006 au Mali, 5 au Sénégal en 2006, 67 en 2006 dans le cadre du Programme codéveloppement-migration avec la Roumanie. Mais l'ampleur de chacun de ces projets varie fortement d'un pays à l'autre et nous disposons de peu d'informations quant au suivi de ces opérations et à leur impact dans le tissu économique local à moyen terme.

Politique de coopération et nouvelle conditionnalité migratoire

La représentation même de la migration est fondamentalement ambiguë : perçue plus souvent comme une menace que comme une opportunité, comme une source de déstabilisation pour le pays d'accueil, voire un risque sécuritaire, elle permet dans le même temps de pallier les insuffisances de l'aide publique au développe-

10 *Ibid.*
11 *Ibid.*

ment. Dans ce contexte, associer un processus de codéveloppement à la maîtrise d'un flux migratoire, et « mobiliser des crédits de coopération sur les actions ayant un impact direct sur les flux migratoires et en négociant des partenariats avec les pays d'origine[12] » fabrique une politique de coopération intégrant une nouvelle conditionnalité « migratoire »[13]. La commission d'enquête sur l'immigration clandestine[14] en 2006 a d'ailleurs estimé « qu'il serait concevable de moduler l'aide apportée en fonction des efforts faits par les États bénéficiaires en matière de flux migratoires ». L'aide pourrait-elle être désormais subordonnée à l'existence d'un partenariat avec les pays ayant signé un accord de gestion concerté ? Cette question sur la sélectivité de l'aide en implique nécessairement une autre : peut-on élaborer une réelle politique de coopération au développement à partir d'objectifs aussi différents, voire peu conciliables ?

Pour en savoir plus

Association Co-Développement.org : www.co-developpement.org

CAMBREZY (Mélanie), *Le Codéveloppement : de la pratique à la politique. Une notion ambiguë entre développement des localités d'origine et gestion des flux migratoires*, mémoire de Master 2 CIAHPD, Paris, Université Paris-1-Panthéon-Sorbonne et GIS-Gemdev, 2007.

CAZENAVE (Bernard) et GODFRAIN (Jacques), *Rapport sur le codéveloppement*, Paris, Assemblée nationale, 2007.

DAUM (Christophe), « Les immigrés et le codéveloppement », *Projet*, 288, septembre 2005, disponible sur le site internet : www.ceras-projet.com

GUBERT (Flore), « (In)cohérence des politiques migratoires et de codéveloppement françaises. Illustrations maliennes », *Politique africaine*, 109, mars 2008.

NAÏR (Sami), *Rapport de bilan et d'orientation sur la politique de codéveloppement liée aux flux migratoires*, mission interministérielle « Migrations et codéveloppement », Paris, ministère des Affaires étrangères, 1997, disponible sur le site internet : www.bok.net

NDIONE (Babacar) et BROEKHUIS (Annelet), « Migration internationale et développement. Points de vue et initiatives au Sénégal », *working paper, Migration and Development Series*, 8, Nimègue, Radboud University, 2006.

12 Conférence de presse de Brice Hortefeux, 19 juin 2008.

13 Même si le budget 301 « Développement solidaire et migrations » ne représente guère plus de 1 % de la mission d'aide publique au développement, les pays avec lesquels des accords de gestion concertés sont envisagés font partie de la zone de solidarité prioritaire (ZSP).

14 Georges Othily et François-Noël Buffet, *Immigration clandestine : une réalité inacceptable, une réponse ferme, juste et humaine*, rapport fait au nom de la commission d'enquête sur l'immigration clandestine, 300 (2005-2006), Paris, Sénat, 6 avril 2006.

OCDE, *Perspectives des migrations internationales. Sopemi 2008*, Paris, OCDE, 2008.

SALCEDO (Lisa), *Les Accords de gestion concertés des flux migratoires et le développement solidaire. Un instrument de la nouvelle politique migratoire de la France au service de l'« approche globale » des migrations*, mémoire de Master 2 CIAHPD, Paris, Université Paris-1-Panthéon-Sorbonne, 2008.

Conclusion
Pour une gouvernance mondiale des migrations

Fred Constant

> « J'ai refait tous mes calculs. Notre idée est irréalisable.
> Il ne nous reste qu'une chose à faire : la réaliser. »
> Pierre Latécoère

À l'évidence, le phénomène migratoire connaît aujourd'hui un processus d'universalisation sans précédent. Selon une estimation des Nations unies, les migrants représentaient, en 2005, près de 3 % de la population mondiale. 190 à 200 millions de personnes, dont 10 % environ en situation irrégulière, alimentent ainsi flux et circuits migratoires, reliant, plus ou moins directement, foyers d'émigration et pôles d'immigration qui se jouent des frontières et des places assignées jusque-là, dans l'histoire des mouvements de population, aux pays traditionnellement « exportateurs » de main-d'œuvre et aux nations importatrices de « force de travail ». En ce début de XXIe siècle, toutes les régions du monde sont concernées, d'une manière ou d'une autre, par ces flux, qu'il s'agisse du départ, de l'accueil ou du transit, parfois l'un et l'autre à la fois, compte tenu de la banalisation des « migrations de substitution » (où l'émigration des uns est compensée par l'immigration des autres). Pourtant, ce n'est que récemment que l'on a commencé à comprendre combien les migrations internationales contribuent au développement, un phénomène qui peut être amplifié par des politiques adaptées.

Un enjeu de premier plan, une prise de conscience insuffisante

Avec l'accélération de la mondialisation, la circulation des capitaux, le développement des technologies de communication, l'urbanisation des pays du Sud, le changement

figure 80 : **Principaux mouvements migratoires, situation en 2005**

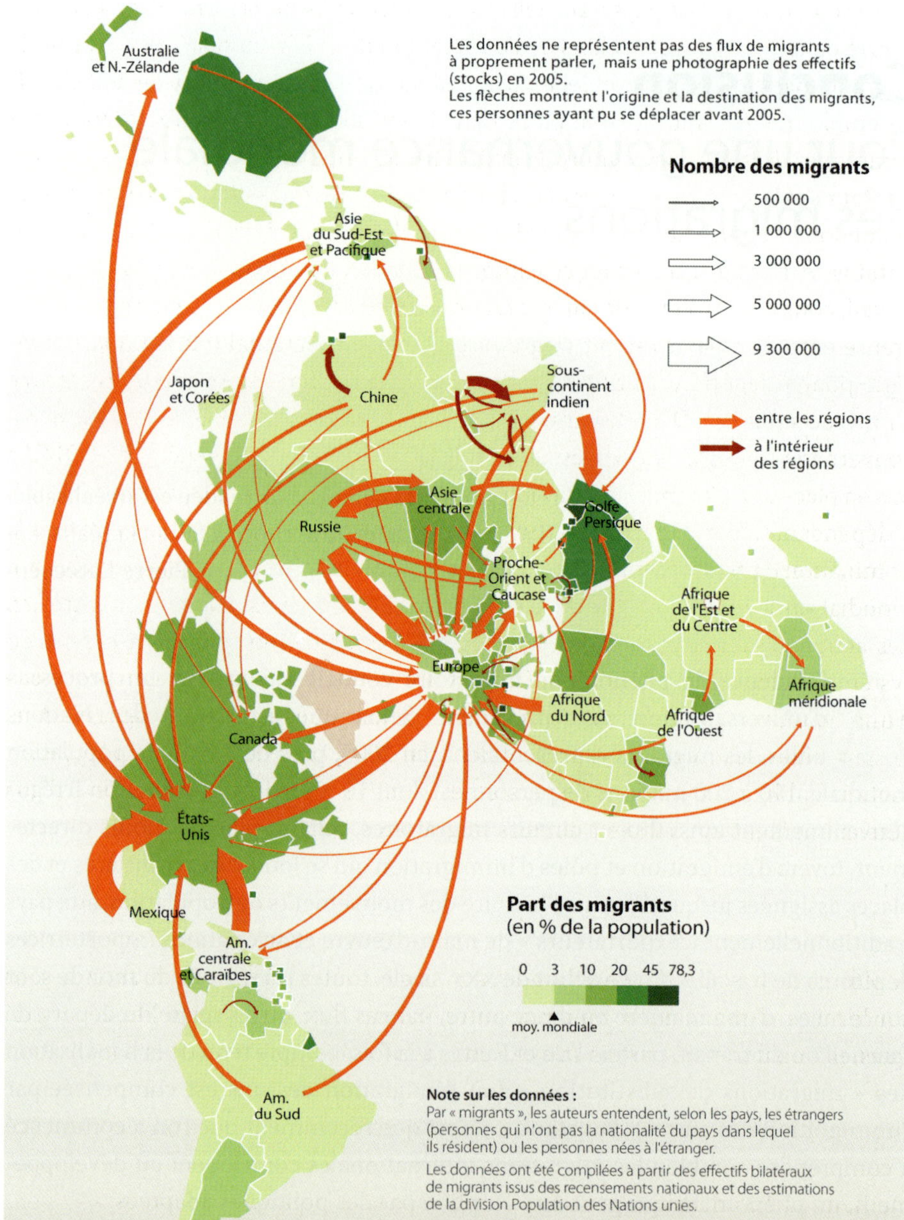

Note sur les données :
Par « migrants », les auteurs entendent, selon les pays, les étrangers (personnes qui n'ont pas la nationalité du pays dans lequel ils résident) ou les personnes nées à l'étranger.
Les données ont été compilées à partir des effectifs bilatéraux de migrants issus des recensements nationaux et des estimations de la division Population des Nations unies.

D'après Marie-Françoise DURAND, Philippe COPINSCHI, Benoît MARTIN et Delphine PLACIDI, *Atlas de la mondialisation*, Paris, Presses de Sciences Po, 2009.

Sources : Development Research Centre on Migration, Globalisation and Poverty, *Global Migrant Origin Database Updated March 2007*, Washington (D. C.), Banque mondiale et Brighton, Université du Sussex, www.migrationdrc.org.

Sciences Po / CERI et Atelier de cartographie, juillet 2009

climatique, l'instabilité et les crises politiques, le déclin démographique des pays du Nord (et notamment du continent européen), les déplacements de population vont s'accroître, en se diversifiant, soulevant de nombreuses questions dans les pays de départ comme dans les pays d'accueil qui se présentent sous la forme d'oppositions : liberté de circulation *versus* liberté d'installation, droit à la mobilité *versus* droit du migrant, insertion professionnelle *versus* intégration sociale (puisque le fait d'avoir un emploi ne garantit pas une place dans la vie sociale du pays d'accueil), règles communes de vie *versus* pluralisme culturel et identitaire, etc.

Pour s'en tenir à deux de ses caractéristiques (universalisation et massification), le phénomène migratoire est sans doute l'un des grands défis mondiaux contemporains. À l'instar d'autres enjeux internationaux (santé publique, protection du travail, commerce international, protection de l'environnement, etc.), l'écart qui se creuse entre l'ampleur du fait migratoire et le cadre national (ou régional) privilégié pour y répondre justifie la recherche de nouvelles formes de gouvernance au niveau mondial. Dans les années 2000, après s'être prononcé en faveur d'une gouvernance globale des processus de migration, le secrétaire général de l'ONU a mis en place une Commission mondiale sur les migrations internationales (CMMI) indépendante, tout en favorisant un dialogue de haut niveau sur le sujet grâce à la nomination d'un représentant spécial. Cette initiative donnera naissance au Forum mondial sur la migration et le développement (FMMD) ainsi qu'à la multiplication des actions et programmes des agences internationales au sein et en dehors du système onusien (OIM, OIT, PNUD, HCR, OMC, HCDH, etc.). Pour autant, l'idée d'une gouvernance des migrations au niveau mondial n'a guère progressé dans les faits. Elle ne pourra prospérer qu'au prix d'un changement du paradigme de l'action publique (nationale, régionale) et de la mise en œuvre progressive d'une gouvernance internationale à acteurs et niveaux multiples.

Les migrations, un bien public mondial

À plus d'un titre, il est devenu urgent aujourd'hui de promouvoir un autre regard sur le fait migratoire et de construire un nouveau référentiel des politiques publiques, nationales et internationales, dont il est à la fois l'objet et l'enjeu.

Des paradoxes et contradictions de la situation actuelle

De haut en bas de l'échelle sociale, de la droite à la gauche de l'échiquier politique, le fait migratoire suscite, dans de nombreux pays du Nord comme du Sud, l'image banale de la contradiction : d'un côté, l'opinion publique commence à prendre la mesure de son caractère vital pour l'économie nationale et le bien-être collectif ; de l'autre, elle continue à l'appréhender avec méfiance au point de justifier périodiquement le maintien de son contrôle répressif. On pourrait multiplier à l'envi les illustrations de cette perception contradictoire qui conduit invariablement le phénomène migratoire dans une impasse. Perçu comme une anomalie et une menace, il reste avant tout un objet de craintes qui appelle un combat sans relâche des acteurs de la société civile (organisations de défense des droits de l'homme, associations de protection des migrants, fédérations religieuses, ONG spécialisées dans l'humanitaire et le développement) qui essaient de lutter contre les idées reçues sur lesquelles s'appuient les politiques répressives.

À l'échelle régionale, l'Europe n'échappe pas à cette ambivalence qui se traduit par un double « standard » (fermeture des frontières communautaires aux uns et ouverture conditionnelle aux autres) « plébiscité » par une opinion publique manipulée par les décideurs politiques. Pour autant, cette situation n'est pas une fatalité. Il est possible de dissiper, progressivement, les stéréotypes et préjugés négatifs associés au fait migratoire, en mettant en valeur ses fonctionnalités positives. C'est par définition l'objet même d'une « bonne gouvernance » que de concevoir ce « fait social total » comme un bien public mondial susceptible de contribuer à la paix et à la sécurité du monde.

Les vertus d'un modèle « gagnant-gagnant-gagnant »

Cette approche alternative, proposée récemment par une équipe d'experts[1], vise à partager les bénéfices de la migration entre pays de départ, pays d'accueil et migrants. Son objectif immédiat est de réunir l'ensemble des parties prenantes autour d'intérêts communs. Plusieurs éléments concrets plaident en sa faveur.

Tout d'abord, la capacité de la migration à générer de la richesse. Longtemps considérés comme peu productifs, les transferts de fonds sont devenus un facteur essentiel du développement des pays d'origine. Selon une estimation courante, ces envois d'argent ont triplé en une décennie pour atteindre 300 milliards de dollars en 2007, soit trois fois le montant de l'aide au développement. Dans certains pays, ces transferts sont la seule ressource véritable qui permette aux personnes d'avoir accès à l'eau,

figure 81 : **Évolution des remises des migrants vers leur pays d'origine, 1997-2007**

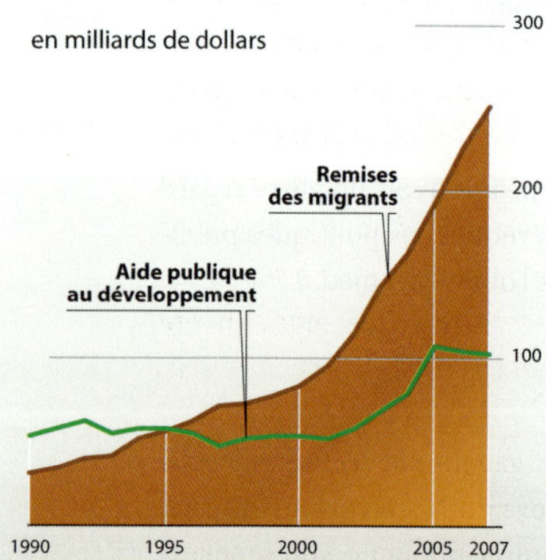

D'après Marie-Françoise DURAND, Philippe COPINSCHI, Benoît MARTIN et Delphine PLACIDI, *Atlas de la mondialisation*, Paris, Presses de Sciences Po, 2009.
Source : Banque mondiale, www.worldbank.org

Sciences Po / CERI et Atelier de cartographie, juillet 2009

1 Bertrand Badie, Rony Brauman, Emmanuel Decaux, Guillaume Devin et Catherine Wihtol de Wenden, *Pour un autre regard sur les migrations. Construire une gouvernance mondiale*, Paris, La Découverte, 2008.

figure 82 : **Transferts financiers des migrants vers leur pays d'origine, 2007**

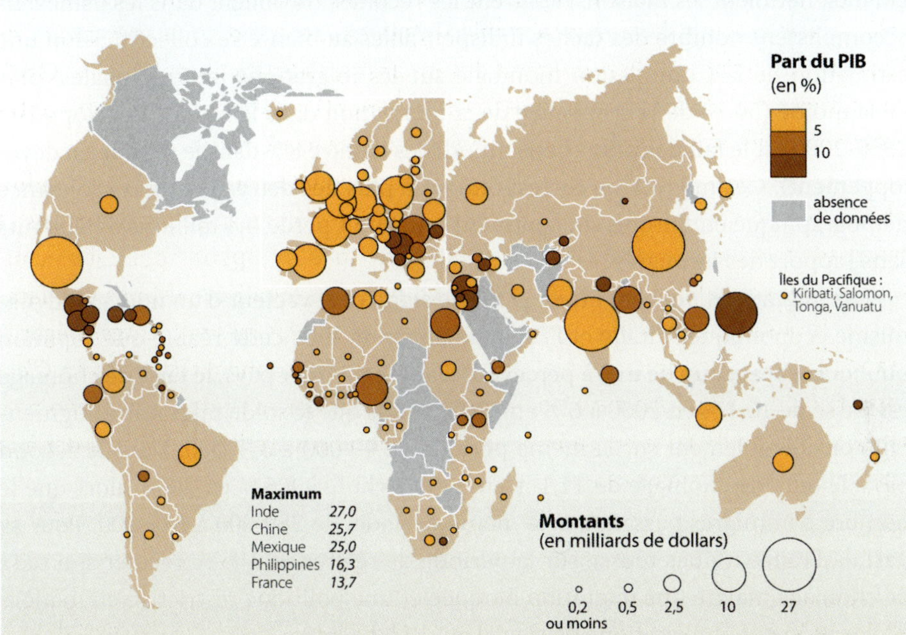

D'après Marie-Françoise DURAND, Philippe COPINSCHI, Benoît MARTIN et Delphine PLACIDI, *Atlas de la mondialisation*, Paris, Presses de Sciences Po, 2009.

Source : Banque mondiale, www.worldbank.org

Sciences Po / CERI et Atelier de cartographie, juillet 2009

à l'électricité, à l'éducation et d'acquérir les biens de consommation vitaux. Alejandro Portes et son équipe du Center for Migration and Development (Université de Princeton) l'ont montré : au Salvador, en République dominicaine ou au Mexique, des centaines de villages d'émigration ont pu réparer leurs églises, goudronner leurs rues, équiper leurs hôpitaux et construire des écoles grâce aux contributions financières des émigrés. Face à un cataclysme naturel (cyclone ou tremblement de terre), les ressortissants d'un même village ou d'une même région forment spontanément des comités de solidarité pour venir en aide à leur terre d'origine. Ces transferts constituent des sources directes d'investissement qui ont un impact macro-économique considérable, notamment dans les petits pays où ils affectent significativement le processus de développement.

Dans le même temps, les migrants contribuent au progrès et au bien-être des pays développés. Ils font souvent preuve d'esprit d'entreprise et sont à l'origine de la création de nombreuses entreprises, dont certaines, comme eBay, Mittal, Google ou Intel, portent des noms devenus familiers. Mais le succès économique d'une élite, si spectaculaire soit-il, n'est pas la seule mesure de l'apport de la masse des migrants à leurs pays d'adoption. Les moins qualifiés jouent aussi un rôle crucial, en remplaçant des populations vieillissantes et en pourvoyant aux emplois créés par ce vieillissement. Ils s'occupent des malades, des personnes âgées, des enfants, nettoient les maisons, assurent les récoltes, travaillent dans les usines. Ils accomplissent nombre des tâches indispensables au bien-être collectif. Selon une estimation de la Commission mondiale sur les migrations internationales, plus de la moitié (56 %) de la croissance de la population dans le monde développé en 1999-2000 est le fait des migrations mondiales (contre 8 % dans le monde en développement). Ces migrations correspondent à plus des deux tiers de la croissance démographique en Europe, un continent qui aurait perdu 4,4 millions d'habitants sans l'apport des immigrés.

Les migrations peuvent être à la fois le signe et le vecteur d'un nouveau dynamisme économique. L'Italie et l'Espagne illustrent bien cette réalité que l'opinion publique a beaucoup de mal à percevoir. Dans le premier pays, le taux de chômage est passé de 10,1 % en 2000 à 6 % en 2007, tandis que le solde migratoire augmentait considérablement sur la même période de 49 000 à 377 000. Dans le second pays, le taux de chômage de 11,1 % en 2000 a chuté à 8,5 % en 2006, alors que le nombre d'immigrés passait, sur la même période, de 389 000 à 611 000. Pour sa part, la France n'a pas réussi, sur la période de référence, à faire reculer son taux de chômage malgré une migration bloquée et une politique restrictive en matière d'allocation des autorisations de travail aux étrangers.

À rebours de la perception dominante, les migrations contribuent donc de façon importante au dynamisme économique des pays développés. Dans un article souvent cité, Alejandro Portes[2] propose le concept de « communautés transnationales » pour appréhender les activités transfrontalières – économiques ou politiques – de groupes d'entrepreneurs immigrés. Ceux-ci travaillent à la fois dans leur pays de départ et dans leur pays d'accueil, nourrissent la croissance cumulative de réseaux et d'entreprises auxquels s'ancrent des communautés transfrontalières dont les membres vivent parfois simultanément dans plusieurs sociétés nationales. Des commerçants et entrepreneurs animent ainsi des circuits économiques d'ampleur mondiale, souvent souterrains mais toujours liés à l'économie officielle. Ces entrepreneurs nomades participent de cette « mondialisation par le bas » qui tire parti des failles et des carences des États. Une enquête pionnière, publiée en France en 2002, en offre une illustration précieuse. Menée au départ dans un quartier populaire du centre de Marseille, elle se poursuit dans le Sud de la France, en Italie, en Espagne, tout autour du bassin méditerranéen, en Afrique et vers le Nord de l'Europe. Monographie passionnante d'un capitalisme nomade qui repose sur l'activité incessante de « fourmis » du négoce international, elle dévoile une toile

2 Alejandro Portes, « Globalization from Below : The Rise of Transnational Communities », dans Don Kalb, Marco Van Der Land, Richard Staring, Bart van Steenbergen et Nico Witterdink (eds), *The Ends of Globalization : Bringing Societies Back In*, Lanham (Md.), Rowman and Littlefield, 2000.

faite d'innombrables réseaux où l'échange marchand, loin d'être seulement économique, se révèle également lieu de diffusion des différentes manières de vivre et d'entrer en relation.

Dans le même ordre d'idées, il convient de rappeler que les travailleurs migrants – dont l'immense majorité est salariée – versent autant de cotisations sociales que les actifs nationaux. Contrairement aux représentations dominantes, ils concourent ainsi au rééquilibrage des budgets sociaux au même titre que le reste de la population active. En outre, ils participent à la diffusion des standards sociaux de leurs foyers d'adoption vers leurs pays d'origine ; diffusion que la généralisation du principe de libre circulation – entre les premiers et les seconds – pourrait davantage encore favoriser.

Par ailleurs, la migration est partie de la mondialisation du savoir. Elle tisse des réseaux internationaux assurant la circulation des idées et des connaissances d'un pays à l'autre. Elle alimente une trame humaine, dense et dynamique, reliant les cultures, les sociétés et les économies. Hautement qualifiés, ces entrepreneurs scientifiques sont à la pointe de la recherche au service de l'innovation. Faut-il rappeler ici combien de lauréats du prix Nobel sont arrivés dans leurs nouvelles patries comme immigrés ou réfugiés ? Combien d'autres sont d'anciens étudiants boursiers d'un gouvernement étranger ? D'où l'importance capitale d'une politique de recherche ambitieuse et ouverte à l'international. Les milliers de chercheurs étrangers, accueillis chaque année dans les pays du Nord, apportent une valeur ajoutée au potentiel de recherche des pays qui les reçoivent et permettent de tisser des réseaux de recherche transnationaux, précieux en termes d'influence et de transfert de savoir-faire pour les pays d'origine. On sait aujourd'hui que la fuite des cerveaux (*brain drain*) peut être compensée par des expériences de renforcement des capacités professionnelles (*brain gain*) dans les pays d'origine, grâce à une mobilisation intelligente de la diaspora scientifique.

Certes, l'identification des aspects positifs des migrations ne gomme pas certaines de leurs conséquences négatives, notamment à court terme, pour les pays de départ comme pour les sociétés d'accueil. Concernant les premiers, la perte d'une élite qualifiée est le premier élément cité. Ainsi, les médecins togolais ou béninois sont aujourd'hui plus nombreux en région parisienne que dans leurs pays d'origine où la couverture des besoins en santé primaire et secondaire est pourtant loin d'être satisfaisante. Du côté des sociétés d'accueil, l'augmentation des flux migratoires peut avoir, dans certains secteurs économiques, un effet négatif sur l'évolution des salaires et accroître la compétition avec les actifs nationaux. D'où les phénomènes de « spécialisation ethnique » de certaines filières professionnelles que connaissent de nombreux pays européens. En Espagne, en France ou en Italie, l'agriculture ou le BTP emploient une main-d'œuvre, peu ou non qualifiée, presque entièrement d'origine étrangère, les salariés nationaux ayant progressivement déserté ces secteurs. De même, l'augmentation des flux migratoires peut exercer une pression sur les comptes sociaux des pays d'accueil, compte tenu de la vulnérabilité des migrants qui sont souvent les premières victimes des ralentissements périodiques de l'activité économique. Toutefois, ces externalités négatives attachées au phénomène migratoire, pour réelles qu'elles soient, n'en sont pas moins parties de représentations sociales collectives. Souvent dramatisées et caricaturées à des fins politiques, elles traduisent avant tout les limites de politiques publiques élaborées sous le prisme déformant du seul intérêt national. Là encore, il n'y a pas de fatalité. D'autres voies sont possibles. Les migrations sont riches de nombreuses fonctionnalités. Tout dépend des perceptions publiques que l'on encourage, des discours politiques que l'on privilégie et des usages que l'on en fait.

L'identification de ces fonctionnalités positives permet d'envisager des alternatives crédibles à l'approche principalement sécuritaire des phénomènes migratoires. Les pays développés se livrent une concurrence féroce pour attirer des migrants très qualifiés alors même que leurs frontières restent fermées à ceux qui le sont moins, malgré des besoins considérables dans certains secteurs (notamment santé, bâtiment, agriculture, services à la personne). Ces politiques contradictoires,

figure 83 : **Indice de développement humain (IDH), 2005**

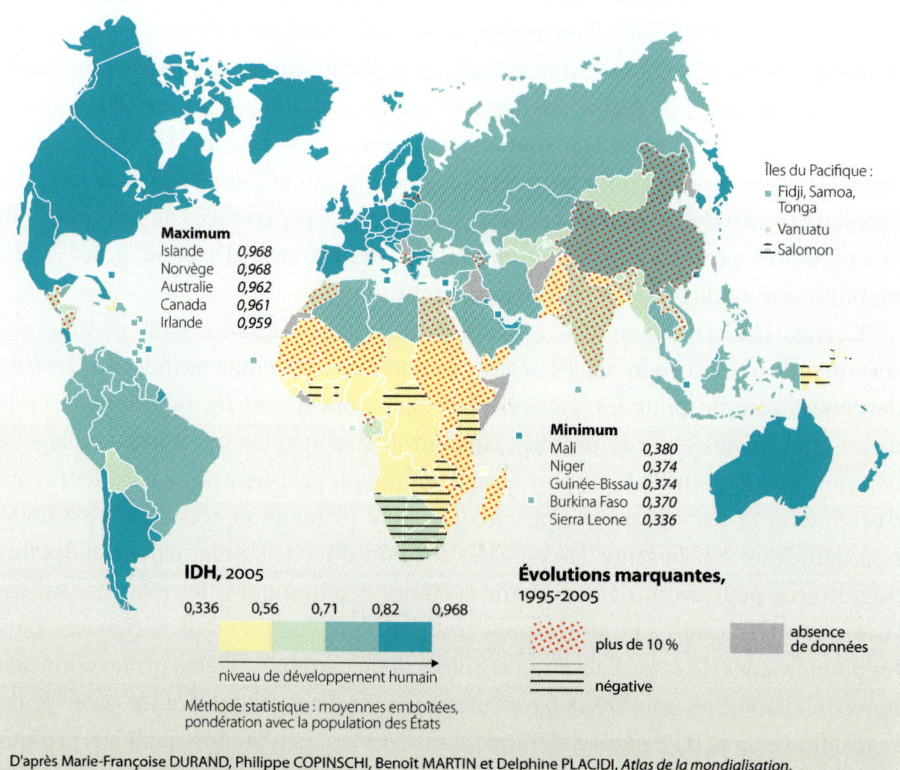

D'après Marie-Françoise DURAND, Philippe COPINSCHI, Benoît MARTIN et Delphine PLACIDI, *Atlas de la mondialisation*, Paris, Presses de Sciences Po, 2009.
Source : PNUD, *Human Development Report 2008*, www.undp.org

Sciences Po / CERI et Atelier de cartographie, avril 2009

dictées par le court terme, ne sont manifestement pas adaptées au défi colossal du maintien des équilibres démo-économiques à l'échelle mondiale. Qu'on le veuille ou non, le déséquilibre fondamental entre les richesses et les populations continuera à affecter durablement la dynamique des migrations internationales. Faut-il

figure 84 : **Développement humain et inégalités, 2005**

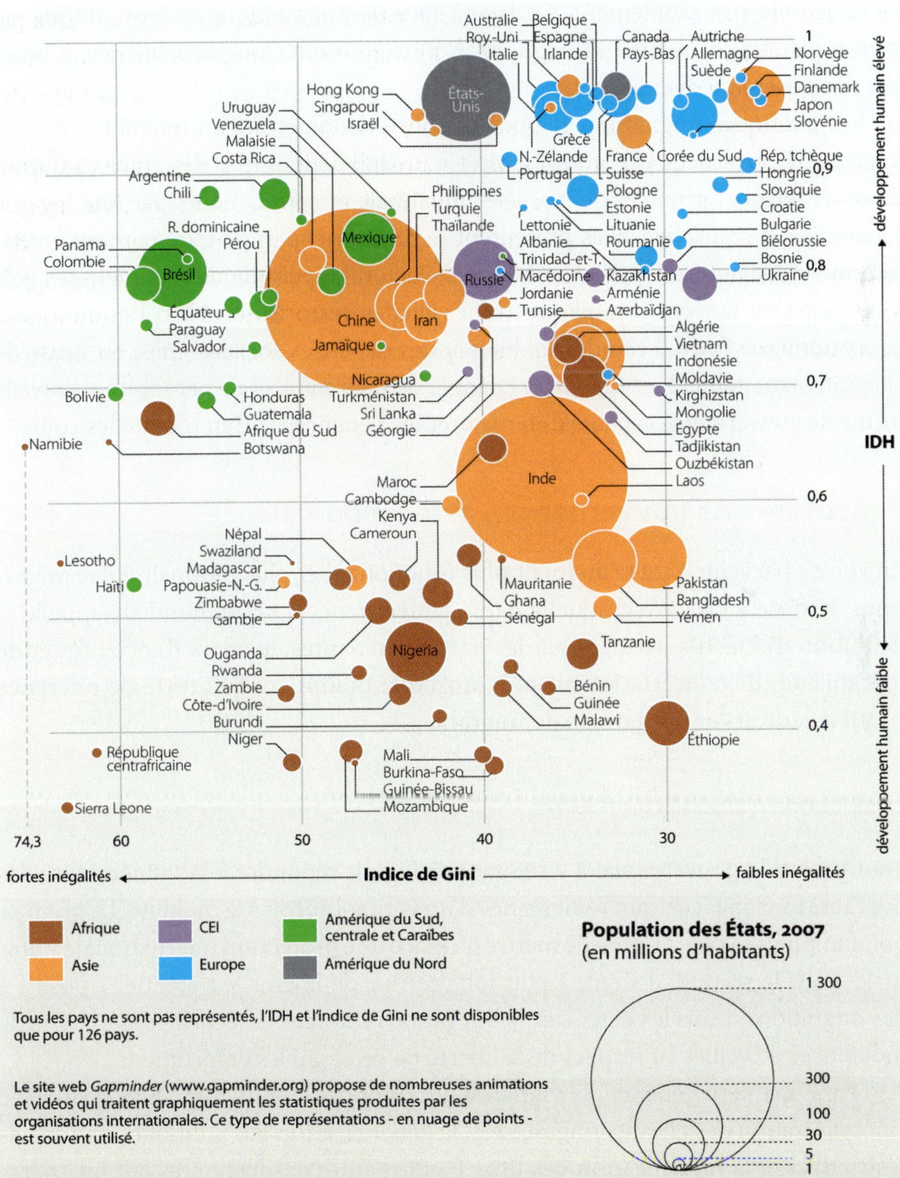

Tous les pays ne sont pas représentés, l'IDH et l'indice de Gini ne sont disponibles que pour 126 pays.

Le site web *Gapminder* (www.gapminder.org) propose de nombreuses animations et vidéos qui traitent graphiquement les statistiques produites par les organisations internationales. Ce type de représentations - en nuage de points - est souvent utilisé.

D'après Marie-Françoise DURAND, Philippe COPINSCHI, Benoît MARTIN et Delphine PLACIDI, *Atlas de la mondialisation*, Paris, Presses de Sciences Po, 2009.

Sources : PNUD, *Human Development Report 2008*, www.undp.org ; Nations unies, division Population, *World Population Prospects : The 2006 Revision*, www.un.org.

Sciences Po / CERI et Atelier de cartographie, avril 2009

rappeler que l'Europe produit 32 % du PIB mondial alors qu'elle représente moins de 7 % de la population du globe ? Dans un peu plus de dix ans, l'Italie perdra 3 millions d'actifs alors que des pays comme l'Égypte, le Nigeria ou la Turquie en gagneront, chacun, entre 20 et 25 millions qui viendront saturer un marché de l'emploi (national) déjà tendu. L'espérance de vie des pays les plus avancés (78 ans) et celle des pays les moins avancés (58 ans) présente un différentiel qui ne se réduira pas rapidement. Ce face-à-face démographique et économique, au niveau planétaire, ne peut être ignoré. À plus ou moins longue échéance, il finira par s'imposer aux décideurs.

Les politiques migratoires nationales sont prisonnières d'un référentiel daté et inadapté. Gouvernées par le seul intérêt national, définies par des enjeux internes de court terme, formulées de manière unilatérale et commandées par une logique sécuritaire et restrictive, elles présentent le phénomène migratoire comme potentiellement dangereux, agitant, à échéances électorales périodiques, les menaces qu'il ferait peser sur la sécurité publique (trafics illicites, terrorisme) et la cohésion sociale et économique (travail clandestin, hausse des dépenses sociales, mise en cause de l'identité nationale). Il est urgent de changer de référentiel et de penser une nouvelle forme de gouvernance capable d'en majorer les bénéfices et d'en réduire les coûts.

Construire une gouvernance à visée mondiale

En vue de parvenir à un traitement plus fonctionnel et plus rationalisé des migrations, la mise en œuvre graduelle d'une gouvernance à visée mondiale appelle la définition d'objectifs partagés par les parties prenantes, le choix d'enceintes et de mécanismes de concertation adaptés ainsi que l'adoption d'un texte de référence relatif aux droits et obligations du migrant.

La définition d'objectifs prioritaires

Tout projet de gouvernance à visée mondiale doit répondre à la vulnérabilité des migrants tout en favorisant l'émergence d'un véritable droit à la mobilité. Le premier point implique à court terme de mettre en place une protection internationale minimale. Pour le second, il s'agit, à plus long terme, de libérer le potentiel « positif » des migrations. Dans les deux cas, le but est de renforcer la sécurité des circuits de mobilité et de veiller au respect de la liberté de ceux qui les empruntent.

D'une manière générale, la vulnérabilité des populations migrantes croît avec l'inorganisation des circuits migratoires, la généralisation des politiques nationales restrictives et la massification des flux. La fermeture des frontières fait prospérer les filières d'immigration clandestine. Moins les migrations légales sont possibles, plus les migrants s'installent dans des situations précaires. À l'image des travailleurs domestiques dans de nombreux pays d'Asie et du Golfe, des millions de migrants se trouvent aujourd'hui, sans aucune possibilité d'appel, totalement dépendants d'employeurs sans scrupule. Quatre-vingt des deux cents millions de migrants que compte la planète se concentrent sur le continent asiatique qui constitue le plus grand réservoir démographique du monde. Les migrations interasiatiques concernent, à elles seules, plusieurs millions de migrants économiques, réfugiés politiques ou environnementaux, victimes de trafics de main-d'œuvre et de la traite des êtres humains. Là encore, les mêmes causes produisent les mêmes effets. Des pays pauvres et très peuplés (Indonésie, Philippines, Sri Lanka) font face à des pays en déclin démographique, moins peuplés, mais dont l'économie reste dynamique (Japon, Thaïlande, Corée du Sud, Malaisie, Singapour, Brunei).

figure 85 : **Population par État et territoires, 1968-2008**

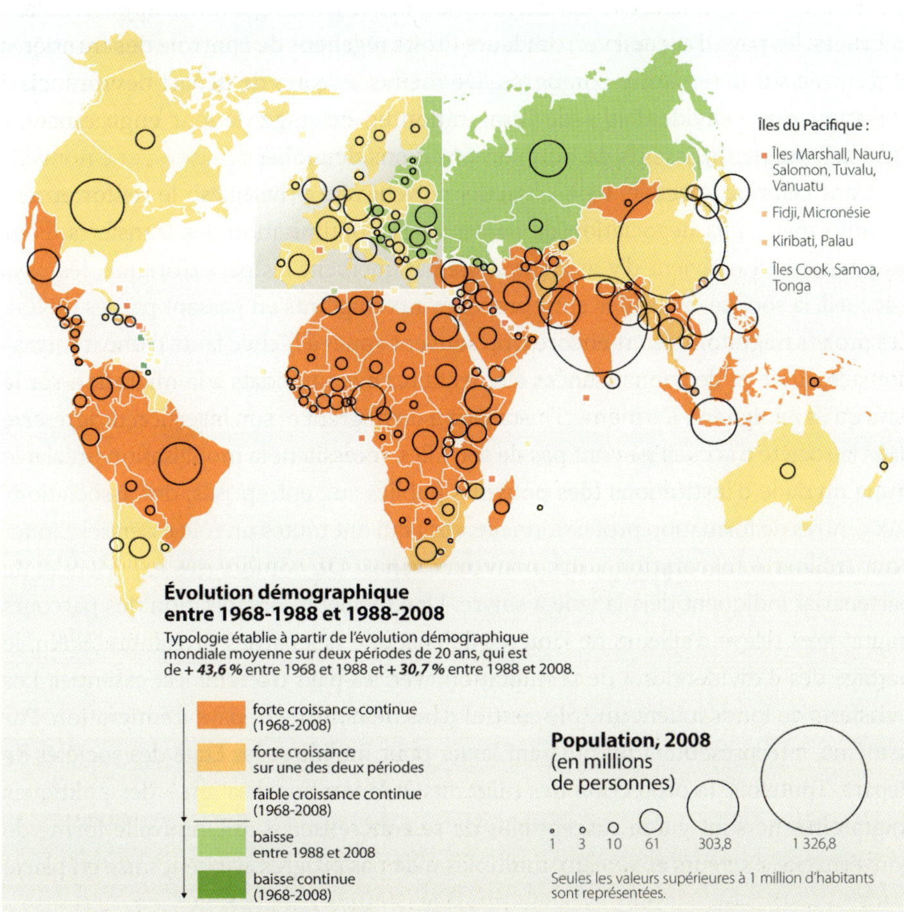

D'après Marie-Françoise DURAND, Philippe COPINSCHI, Benoît MARTIN et Delphine PLACIDI, *Atlas de la mondialisation*, Paris, Presses de Sciences Po, 2009.

Source : Angus Maddison, *Historical Statistics for the World Economy*, OCDE, 2004, www.ggdc.net/maddison
Pour tous les pays, estimations, sauf pour la Chine et l'Indonésie, statistiques officielles. Les données ont été révisées et mises à jour pour 2008 d'après Population Division, US Census Bureau, International Programs Center, *International Data Base*, avril 2005.

Sciences Po / CERI et Atelier de cartographie, juillet 2009

Face à cette situation et compte tenu de l'inefficacité des instruments juridiques internationaux disponibles, il est urgent d'élaborer un statut international du migrant susceptible d'apporter à celui-ci un premier niveau de protection ainsi que de fournir la base de négociations multilatérales visant à réguler les flux migratoires. Afin d'éviter les écueils de la Convention internationale sur les migrants, adoptée par l'Assemblée générale des Nations unies en 1990, ce projet de texte de référence devra dépasser l'opposition classique entre protection des migrants et souveraineté nationale. À ce stade, il pourrait se limiter à la formulation d'orientations générales partagées par les parties prenantes (notamment pays d'origine, pays d'accueil et migrants) en vue de permettre d'engager, dans une étape suivante, la préparation d'un texte normatif plus contraignant. Ce dernier devra prévoir un dispositif de droits et d'obligations en tenant compte des intérêts et attentes de chacune des trois parties concernées. En échange des garanties apportées aux migrants, les pays d'accueil verront leurs droits régaliens de contrôle des frontières et d'entrée sur le territoire consacrés. De même, les pays de départ devront aussi percevoir des « dividendes » de l'émigration en échange de leur engagement à offrir à leurs ressortissants de bonnes conditions de mobilité.

Dans cette perspective, trois objectifs doivent être privilégiés : le renforcement de l'information, la négociation de partenariats, l'optimisation des transferts. Pour les atteindre, il convient d'y associer systématiquement les pays d'origine, les pays d'accueil, la société civile (des entrepreneurs aux migrants en passant par les ONG). Les projets migratoires sont encore trop souvent voués à l'échec faute d'une information actualisée et de connaissances élémentaires des candidats à la migration sur le pays qu'ils rejoignent. De même, l'installation du migrant et son insertion progressive dans la société d'accueil ne vont pas de soi. Elles nécessitent la mobilisation préalable d'une myriade d'institutions (des pouvoirs publics aux entreprises, des associations aux centres de formation professionnelle, etc.) qui ont toutes un rôle essentiel à jouer pour faciliter « l'absorption » des nouveaux venus. De nombreuses expériences de partenariat indiquent déjà la voie à suivre. Une meilleure organisation des parcours migratoires relève d'ailleurs de l'intérêt de chacune des parties prenantes. Enfin, le partage des « dividendes » de la migration avec les pays d'origine est essentiel. Les transferts de fonds jouent un rôle central dans de nombreux pays d'émigration. Par là même, ils représentent un puissant levier pour mobiliser les États des sociétés de départ. Toutefois, la protection des migrants et la « rationalisation » des politiques migratoires ne sont guère susceptibles de se concrétiser si une nouvelle forme de gouvernance à acteurs et niveaux multiples n'est pas progressivement mise en place.

La recherche d'un dispositif de gouvernance approprié

Le nouveau dispositif de gouvernance – que de nombreux acteurs appellent de leurs vœux – devra répondre aux incohérences et limites du système actuel en

figure 86 : **Les acteurs de la gouvernance des migrations**

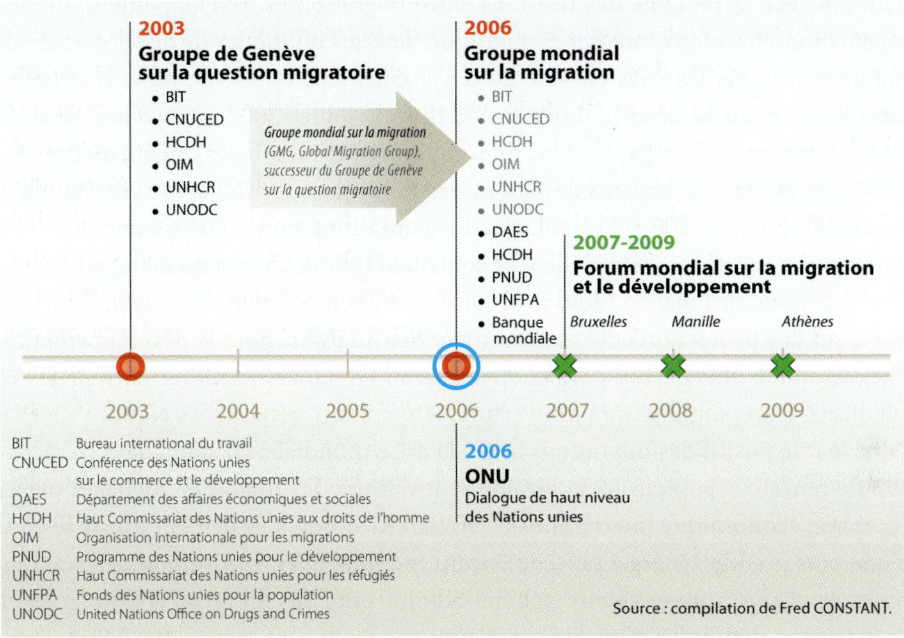

Sciences Po / CERI et Atelier de cartographie, septembre 2009

poursuivant au moins trois objectifs. Tout d'abord, l'articulation entre les niveaux de gouvernance existants (notamment régionaux et nationaux) devra prendre en compte les organisations internationales existantes (en particulier l'OIM, l'OIT, le PNUD, le HCR, le HCDH et l'OCDE) dont les capacités institutionnelles restent fortement dispersées. Deuxième objectif : la réunion de toutes les parties prenantes des politiques migratoires, à chacun des niveaux d'intervention concernés et quel que soit le statut des acteurs (des collectivités locales aux ONG nationales, des entreprises aux syndicats, des associations des droits de l'homme aux pouvoirs publics nationaux ou internationaux). Enfin, dernier objectif : la promotion d'un dispositif pluraliste et original de concertation et de délibération, qui tirerait profit de l'essor récent d'un multilatéralisme souple et ouvert, mieux adapté au traitement des enjeux mondiaux que la formule, plus classique et restrictive, qui l'a précédé.

Ce dispositif de gouvernance multi-acteurs et multi-niveaux, dont les modalités pratiques restent toutefois à définir par les parties prenantes, pourrait néanmoins s'inspirer du Forum mondial sur les migrations et le développement (FMMD) qui s'est tenu en 2007 en Belgique et en 2008 aux Philippines. Issu du « Dialogue de haut niveau sur la migration et le développement » engagé par l'Assemblée générale des Nations unies en octobre 2006, le FMMD est un nouveau processus qui permet aux gouvernements des pays développés et à ceux des pays en voie de développement d'aborder les méthodes pratiques pour le renforcement des liens entre migration et développement. Ce processus informel, mené au niveau gouvernemental mais aussi avec de multiples acteurs non étatiques, a pour but de favoriser l'émergence d'un nouveau paradigme des relations entre migration et développement, d'envisager comment mieux intégrer la migration dans les politiques de développement, notamment dans les pays en voie de développement et en vue de la réalisation des Objectifs du Millénaire. Lors de l'édition de juillet 2007 à Bruxelles, plus de 120 gouvernements, organisations internationales et régionales ont été invités. Au total, près de 600 participants de haut niveau politique ont pris part au volet gouvernemental. Environ 200 représentants d'organisations non gouvernementales ont participé au volet « société civile » et contribué indirectement au débat au niveau gouvernemental. Lors de l'édition d'octobre 2008 à Manille, les travaux qui ont porté sur la « protection et le renforcement des migrants pour le développement » ont rassemblé plus de 150 pays et environ 250 ONG, associations, entreprises et syndicats. Dans son discours d'ouverture, le secrétaire général des Nations unies a salué le rôle positif des migrations face à la crise mondiale, en soulignant la nécessité de renforcer la sécurité, la légalité et les droits des migrants, menacés par la récession économique internationale. M. Ban Ki-moon a également formé le vœu d'une plus grande synergie entre le Forum mondial et l'Organisation des Nations unies et chargé son secrétaire général adjoint pour les affaires économiques et sociales d'en définir les modalités pratiques.

Les deux forums ont permis de faire avancer la réflexion en vue d'une nouvelle gouvernance des migrations à visée mondiale. Tout d'abord, ils ont favorisé le désenclavement du traitement de la question migratoire trop souvent appréhendée sous le prisme déformant de l'intérêt national et enfermée dans le champ clos des relations bilatérales. Ensuite, ils ont offert un espace de discussion et de débat d'autant plus ouvert que l'exercice n'avait aucune visée normative (aucun texte juridique ni décision politique ne devait en sortir). À côté des acteurs officiels traditionnels (notamment les délégations des États et les organisations internationales), les ONG et les syndicats mais aussi les associations de migrants ont pu opérer des rapprochements, esquisser des coopérations et formuler des positions communes. Malgré leur caractère officieux, les FMMD ont mis en relief le potentiel réel d'un multilatéralisme souple et ouvert en vue d'une approche renouvelée du défi migratoire. Plus précisément, en soulignant le décalage entre la dimension mondiale des migrations et le cadre national privilégié pour leur traitement, les FMMD ont fait clairement apparaître la nécessité d'une articulation des décisions aux niveaux national, régional et mondial. Enfin, la confrontation des points de vue d'acteurs rarement réunis dans une même enceinte, occupant des positions institutionnelles différentes et représentant des intérêts sociaux parfois opposés, a permis de desserrer « l'étau du court terme » et de replacer les politiques migratoires dans une vision à plus long terme.

S'ils contribuent indéniablement à construire la question migratoire comme un enjeu mondial, les FMMD n'en présentent pas moins d'importantes faiblesses auxquelles le futur dispositif de gouvernance – en cours de définition – devra impérativement répondre. En premier lieu, le FMMD ne dispose pas de structure susceptible d'assurer sa pérennité administrative, financière ou politique. En aucune manière, il ne peut donc constituer un cadre permanent de délibération et de décision. Deuxièmement, la thématique retenue (migration et développement) n'a pas permis d'aborder les autres dimensions du sujet ni suscité l'émergence d'un paradigme commun. Les points de vue exprimés restent marqués par de profondes divergences entre ceux qui mettent l'accent sur le développement des sociétés de départ et cherchent à réduire les flux d'émigration et ceux qui, au contraire, se préoccupent avant tout des besoins démographiques des pays d'accueil et valorisent la contribution des migrants au développement de leurs pays d'origine. Enfin, le FMMD n'a pas réussi à atténuer le clivage existant entre États et sociétés civiles. Les États ont fixé l'ordre du jour et tenu leurs délibérations à huis clos ; les sociétés civiles ont pu faire entendre leurs revendications mais pas débattre avec les délégations des États. D'où la tendance des ONG à privilégier la perspective des droits de l'homme au détriment d'autres approches possibles du sujet.

Les migrations, vecteur des transformations en cours

Pour toutes ces raisons, le FMMD ne saurait être considéré – en l'état actuel de son organisation – comme un embryon de gouvernance à visée mondiale. À condition d'être élargi, approfondi et consolidé, il peut néanmoins servir de point de départ. Il a ainsi permis de poser les jalons d'une concertation entre des acteurs qui n'avaient jusqu'alors guère eu de possibilités d'échanger autour de sujets par ailleurs peu débattus dans les enceintes internationales. De toute évidence, la diversité des intérêts en présence, la variété des contextes migratoires, le rôle revendiqué par les États ne jouent pas en faveur de l'adoption rapide d'un cadre partagé de références susceptible de fonder l'action commune. Pourtant, lentement mais sûrement, la perception des migrations internationales comme enjeu mondial progresse. Si les États ne sont pas prêts à abandonner leurs prérogatives régaliennes, ils commencent néanmoins à comprendre l'inanité des choix nationaux unilatéraux. Beaucoup reste à faire mais l'accélération prévisible des migrations internationales corollaire du déséquilibre mondial croissant entre « ressources » et « populations » constitue sans aucun doute le vecteur le plus sûr des transformations en cours.

Pour en savoir plus

ANNAN (Kofi), *Migrations internationales et développement*, New York (N. Y.), ONU, 2006.

BADIE (Bertrand), BRAUMAN (Rony), DECAUX (Emmanuel), DEVIN (Guillaume) et WIHTOL DE WENDEN (Catherine), *Pour un autre regard sur les migrations. Construire une gouvernance mondiale*, Paris, La Découverte, 2008.

BENOÎT-GUYOD (Madeleine) et WIHTOL DE WENDEN (Catherine), *Atlas mondial des migrations*, Paris, Autrement, 2009.

Commission mondiale sur les migrations internationales (CMMI), *Les Migrations dans un monde interconnecté : nouvelles perspectives d'action*, Genève, CMMI, 2005.

Fondation du roi Baudouin, *Rapport du Forum international sur la migration et le développement*, Bruxelles, 2007-2008.

KAUL (Inge), GRUNBERG (Isabelle) et STERN (Marc) (dir.), *Les Biens publics mondiaux*, Paris, Economica, 2002.

OCDE, *Perspectives des migrations internationales. Sopemi 2007*, Paris, OCDE, 2007.

PORTES (Alejandro), « Globalization from Below : The Rise of Transnational Communities », dans Don Kalb, Marco Van Der Land, Richard Staring, Bart van Steenbergen et Nico Witterdink (eds), *The Ends of Globalization : Bringing Societies Back In*, Lanham (Md.), Rowman and Littlefield, 2000, p. 253-286.

PORTES (Alejandro), ESCOBAR (Cristina) et WALTON RADFORD (Alexandra), *Immigrant Transnational Organizations and Development : A Comparative Study*, Princeton (N. J.), Center for Migration and Development, Princeton University, 2005.

TARRIUS (Alain), *La Mondialisation par le bas. Les nouveaux nomades de l'économie souterraine*, Paris, Balland, 2002.

Les contributeurs

William Berthomière est chargé de recherche CNRS et directeur du laboratoire Migrations internationales, espaces et sociétés (Migrinter), Université de Poitiers.

Didier Bigo est maître de conférences à Sciences Po et chercheur au Centre d'études et de recherches internationales de Sciences Po (CERI) et *visiting Professor* au King's College de Londres. Il est également rédacteur en chef d'*International Political Sociology* (International Studies Association) et de *Cultures et Conflits.*

Jean-Marie Bouissou est directeur de recherche à Sciences Po, Centre d'études et de recherches internationales de Sciences Po (CERI). Il a publié récemment *Le Japon contemporain* (Fayard, 2007).

David Camroux est maître de conférences à Sciences Po et chercheur associé au Centre d'études et de recherches internationales de Sciences Po (CERI). Il travaille sur les questions de nationalisme et de régionalisme, la consolidation des régimes politiques en Asie du Sud-Est et sur les relations entre l'Union européenne et l'Asie.

Rémi Castets est doctorant rattaché au Centre d'études et de recherches internationales de Sciences Po (CERI) et ATER à l'Université Bordeaux-3.

Fred Constant est professeur des Universités (science politique), ancien recteur de l'Université internationale d'Alexandrie, actuellement détaché au ministère des Affaires étrangères et européennes. Ses travaux portent sur les questions de citoyenneté, les politiques de cohésion sociale et le pluralisme culturel et identitaire dans une perspective comparée.

Anne Daguerre est docteur en science politique, maître de conférences en management des ressources humaines à l'Université du Middlesex (Londres) et chercheuse associée au Centre d'études et de recherches internationales de Sciences Po (CERI). Spécialiste des politiques sociales comparées, elle a publié *Active Labour Market Policies and Welfare Reform : Europe and the US in Comparative Perspective* (Palgrave, 2007).

Dominique Daniel est professeur de civilisation nord-américaine à l'Université François-Rabelais de Tours. Elle a publié *Immigration aux États-Unis, 1965-1995. Le poids de la réunification* (L'Harmattan, 1998).

Chloé Froissart, diplômée de Sciences Po, est actuellement chercheuse post-doctorante à l'École des hautes études en sciences sociales. Sa thèse porte sur la question de la citoyenneté des travailleurs migrants en Chine.

Jean-Jacques Gabas est économiste, maître de conférences/HDR à l'Université Paris-Sud-11 et à Sciences Po, responsable du centre d'analyse des mutations économiques, des technologies de l'information et des sociétés (Ametis) du Collège d'études interdisciplinaires (CEI) de l'Université Paris-Sud-11.

François Gemenne est chercheur à l'Institut du développement durable et des relations internationales (Iddri) et enseigne à Sciences Po.

Souley Hassane est chercheur rattaché à l'équipe d'excellence Marie-Curie MinorityMedia et membre du laboratoire Migrations internationales, espaces et sociétés (Migrinter), Université de Poitiers.

Bertand Hervieu est inspecteur général de l'Agriculture.

Christophe Jaffrelot est directeur de recherche au CNRS et a dirigé le Centre d'études et de recherches internationales de Sciences Po (CERI) de 2000 à 2008. Il a dirigé *L'Enjeu mondial. Les pays émergents* (Presses de Sciences Po, 2008).

Riva Kastoryano est chercheuse au CERI et enseigne à Sciences Po. Elle a récemment dirigé *Les Codes de la différence. Race – Origine – Religion. France – Allemagne – États-Unis* (Presses de Sciences Po, 2005) et *Quelle identité pour l'Europe ? Le multiculturalisme à l'épreuve* (Presses de Sciences Po, 2005).

Smaïn Laacher est sociologue au Centre d'étude des mouvements sociaux, École des hautes études en sciences sociales. Il a récemment publié *Femmes invisibles* (Calmann-Lévy, 2008).

Thomas Lacroix est chargé de recherche à l'Institut des migrations internationales de l'Université d'Oxford.

Christian Lequesne est directeur du Centre d'études et de recherches internationales de Sciences Po (CERI).

Emmanuel Ma Mung Kuang est directeur de recherche au CNRS, laboratoire Migrations internationales, espaces et sociétés (Migrinter), Université de Poitiers.

Jean-Baptiste Meyer est directeur de recherche à l'Institut de recherche pour le développement (IRD). Ses travaux portent essentiellement sur la relation entre savoirs et développement, sur les mobilités des personnes hautement qualifiées et les liens transnationaux. Il coordonne actuellement le projet européen Création d'incubateurs de diasporas du savoir pour l'Amérique latine (Cidesal).

Christian Olsson est doctorant à Sciences Po en relations internationales, chercheur associé au Centre d'études sur les conflits, chercheur junior au Centre d'études et de recherches internationales de Sciences Po (CERI) dans le cadre du projet de recherche européen Challenge (FP6) sur la liberté et la sécurité en Europe.

Sébastien Peyrouse est chercheur au Central Asia and Caucasus Institute (Washington) et chercheur associé à l'Institut des relations internationales et stratégiques (Paris). Il a écrit et dirigé plusieurs ouvrages sur la situation politique, économique et sociale de l'Asie centrale contemporaine.

François Purseigle est maître de conférences en sociologie à l'Institut national polytechnique École nationale supérieure agronomique de Toulouse.

Évelyne Ritaine est directrice de recherche à Sciences Po Bordeaux (SPIRIT, Science politique, relations internationales, territoire), Université de Bordeaux.

Daniel Sabbagh est directeur de recherche à Sciences Po. Il a récemment publié (avec Stéphanie Balme) *Chine/États-Unis : entre fascination et rivalité* (Autrement, 2008).

Sylvain Souchaud est géographe, chargé de recherche à l'Institut de recherche pour le développement (IRD) et au Núcleo de estudos de população (NEPO) à l'Universidade estadual de Campinas (Unicamp) dans l'État de São Paulo. Il travaille sur les transformations spatiales liées aux mouvements de populations, internes et internationaux.

Catherine Teitgen-Colly est professeur de droit public à l'Université Paris-1-Panthéon-Sorbonne, membre de la Commission nationale consultative des droits de l'homme (CNCDH) et vice-présidente de la Commission Droit international humanitaire. Elle a été juge assesseur à la Commission de recours des réfugiés au titre du Haut Commissariat pour les réfugiés (HCR) de 1990 à 2006.

Ingrid Therwath est chercheuse et l'auteur d'une thèse consacrée aux relations entre le gouvernement indien et les émigrés. Elle travaille sur la diaspora, les politiques publiques indiennes, le nationalisme et le Sangh Parivar. Elle est par ailleurs la journaliste responsable de la zone Asie du Sud pour l'hebdomadaire *Courrier international.*

Vincent Tiberj est chargé de recherche au Centre d'études européennes de Sciences Po (CEE) et maître de conférence à Sciences Po. Il a dirigé l'enquête *Rapfi* (*Rapport au politique des Français issus de l'immigration*) avec Sylvain Brouard et participe à l'enquête INED-INSEE *Trajectoires et Origines* (*TeO*). Il a publié avec Sylvain Brouard, *Français comme les autres ? Enquête sur les citoyens d'origine maghrébine, africaine et turque* (Presses de Sciences Po, 2005).

Anne de Tinguy est professeur des Universités rattachée à l'Institut national des langues et civilisations orientales (Inalco) et au Centre d'études et de recherches internationales de Sciences Po (CERI). Elle a récemment publié *Moscou et le monde. L'ambition de la grandeur : une illusion ?* (Autrement, 2008).

Michèle Tribalat est directrice de recherche à l'Institut national d'études démographiques (INED).

Aurelia Wa Kabwe-Segatti, ancienne directrice scientifique de l'Institut français d'Afrique du Sud, a travaillé sur les politiques migratoires en Afrique australe et les migrations de transit sur le continent africain. Aujourd'hui accueillie à l'Institut de recherche pour le développement (IRD) et affectée à Johannesburg, elle se consacre à un programme d'étude de la gouvernance locale des mobilités dans différentes villes d'Afrique.

Catherine Wihtol de Wenden est spécialiste des migrations internationales. Directrice de recherche au CNRS, Centre d'études et de recherches internationales de Sciences Po (CERI), et enseignante à Sciences Po, elle a dirigé le Research Group Migration de l'Association internationale de sociologie de 2002 à 2008.

Aristide Zolberg est professeur de science politique à la New School University (New York City).

Depuis 1995, l'**Atelier de cartographie** assure la formation des étudiants et la production de cartes et graphiques pour les enseignants et les chercheurs. Il est également lié par de nombreuses conventions de partenariat avec la presse, des éditeurs, des administrations, des entreprises et des musées. Une partie des documents est accessible sur son site : www.sciences-po.fr/cartographie

IMPRESSION, BROCHAGE

imprimerie CHIRAT

42540 ST-JUST-LA-PENDUE
SEPTEMBRE 2009
DÉPÔT LÉGAL 2009
N° 200909.0268

IMPRIM'VERT 2009

IMPRIMÉ EN FRANCE